PASSE NA OAB 2ª Fase COMPLETAÇO®

PRÁTICA PENAL

CB131447

www.editorasaraiva.com.br/direito
Visite nossa página

Coordenação

MARCELO HUGO DA ROCHA

Autores

IVAN LUÍS MARQUES

Mestre em Direito Penal pela Faculdade de Direito da Universidade de São Paulo (USP). Professor de Direito Penal e Prática Penal na Faculdade de Direito da Universidade Presbiteriana Mackenzie. Autor de diversos livros e artigos jurídicos. Advogado criminalista.

Instagram: @prof.ivanmarques

LEONARDO CASTRO

Especialista em Direito Penal. Professor de Direito Penal.

Instagram: @leonardocastroprofessor

E-mail: contato@leonardocastroprofessor.com

PASSE NA

OAB 2ª Fase COMPLETAÇO®

5ª edição
atualizada e
ampliada
2ª tiragem

Marcelo Hugo da Rocha
Coordenação

Ivan Luís Marques
Leonardo Castro

PRÁTICA PENAL

teoria e modelos
+ questões e peças comentadas
+ cronograma de estudos

- *Roteiros passo a passo*
- *Modelos de peças*
- *Súmulas selecionadas*
- *Questões discursivas comentadas*
- *Peças profissionais comentadas*
- *Cronograma como guia de estudos*

saraiva jur

saraiva EDUCAÇÃO | saraiva jur

Av. Paulista, 901, 3º andar
Bela Vista – São Paulo – SP – CEP: 01311-100

SAC | sac.sets@saraivaeducacao.com.br

DADOS INTERNACIONAIS DE CATALOGAÇÃO NA PUBLICAÇÃO (CIP)
VAGNER RODOLFO DA SILVA – CRB-8/9410

M357p Marques, Ivan Luís

Passe na OAB 2ª Fase - Completaço® - Prática Penal / Ivan Luís Marques, Leonardo Castro ; coord. Marcelo Hugo da Rocha. – 5. ed. – São Paulo : Saraiva Educação, 2021. (Coleção Completaço®)
504 p.

ISBN 978-65-5559-521-5 (Impresso)

1. Direito. 2. OAB. 3. Prática Penal. I. Castro, Leonardo. II. Rocha, Marcelo Hugo da. III. Título.

2021-479 CDD 340 CDU 34

Índices para catálogo sistemático:

1. Direito 340
2. Direito 34

Direção executiva Flávia Alves Bravin
Direção editorial Ana Paula Santos Matos
Gerência editorial e de projetos Fernando Penteado

Novos projetos Dalila Costa de Oliveira

Gerência editorial Isabella Sánchez de Souza
Edição Liana Ganiko Brito

Produção editorial Daniele Debora de Souza (coord.)
Daniela Nogueira Secondo

Arte e digital Mônica Landi (coord.)
Camilla Felix Cianelli Chaves
Claudirene de Moura Santos Silva
Deborah Mattos
Guilherme H. M. Salvador
Tiago Dela Rosa

Projetos e serviços editoriais Daniela Maria Chaves Carvalho
Kelli Priscila Pinto
Marília Cordeiro
Nicoly Wasconcelos Razuk

Projeto gráfico Mônica Landi
Diagramação Nelson Mitsuhashi
Revisão Willians Calazans
Capa Tiago Dela Rosa
Produção gráfica Marli Rampim
Sergio Luiz Pereira Lopes
Impressão e acabamento Edições Loyola

Data de fechamento da edição: 12-8-2021

Dúvidas? Acesse www.editorasaraiva.com.br/direito

Nenhuma parte desta publicação poderá ser reproduzida por qualquer meio ou forma sem a prévia autorização da Saraiva Educação. A violação dos direitos autorais é crime estabelecido na Lei n. 9.610/98 e punido pelo art. 184 do Código Penal.

CL 607085 CAE 760144

Para Gabriela Marques. Meu amor, obrigado por acreditar na felicidade que estamos vivendo hoje. Nossos frutos perpetuarão a nossa história. Treze com Trevo para nós.
Para Miguel, Faísca e Fred, os nossos bebês.

Ivan Luís Marques

A você, amigo aluno, que sonha com dias melhores, e que confiou em nosso trabalho em busca da aprovação.

Leonardo Castro

Agradecimentos

In memoriam, ao meu querido pai, Ivan Marques da Silva, por me ensinar, com exemplos, a ser um homem correto. Saudades.

Aos nossos anjinhos de quatro patas, Meggy e Farofa.

Ivan Luís Marques

À minha família – mãe, pai, Kei, Dani, Paulo e Paola –, que me apoia em todos os meus projetos.

E não poderia deixar de agradecer ao amigo Marcelo, por sempre confiar em meu trabalho.

Leonardo Castro

Sumário

Cronograma de estudos

Cronograma de estudos – 36 dias

1º DIA	O que estudar hoje?
TEMA	**Primeiros passos**
Conteúdo	Para hoje, seu primeiro passo, você conhecerá seu novo melhor amigo, o *vade-mécum* (se ainda não o adquiriu, veja o tópico *Escolhendo o Vade-Mécum*). Leia o texto intitulado *Como Resolver as Questões* e, em seguida, resolva as questões do XX Exame de Ordem (escolhidas ao acaso, sem qualquer motivo específico). Aproveite e leia os tópicos *Material Permitido/Proibido* e *Principais Causas de Reprovação*. Se tiver dúvida, fale com a gente pelo *Instagram*.
LEMBRE-SE!	Este cronograma tem por fundamento a evolução gradual em sua preparação. Não pule os passos.

2º DIA	O que estudar hoje?
TEMA	**Resolvendo questões**
Conteúdo	Eu sei, você quer logo começar a estudar as peças práticas. Está ansioso(a) em relação a saber identificar a peça cabível, única causa de reprovação sumária conhecida pelo examinando quando começa a preparação para a segunda fase. No entanto, em pouco tempo, asseguro, identificar a peça não será um problema. Não é motivo para preocupação. As questões, por outro lado, tiram meu sono. Falo isso porque, de algumas edições do Exame de Ordem para cá, as reprovações têm ocorrido sempre em razão delas. O examinando faz quatro, cinco pontos na peça, mas zera as questões. Portanto, fica o alerta: negligenciar as questões causará sua reprovação. Dê a elas a mesma importância dada à peça. Para hoje, resolva mais questões utilizando a técnica ensinada no texto *Como Resolver as Questões*.

3º DIA	O que estudar hoje?
TEMA	**Resolvendo a primeira peça: resposta à acusação**

Conteúdo	Finalmente, chegou o grande dia! Você elaborará sua primeira peça nessa jornada rumo à aprovação. Separe papel, caneta (não faça no computador!) e o *vade-mécum*. Se possível, imprima o modelo de folha de respostas da Banca - procure no *Google*. Antes, contudo, faça a leitura dos tópicos *Entendendo a Prova e o Gabarito, Como Identificar a Peça Cabível, Elaborando as Peças, Como Identificar as Teses* e *Resposta à Acusação (Rito Comum)*. Eu sei, é muita coisa para ler, mas esse conteúdo é essencial. Concluída a leitura, em *Provas Anteriores Resolvidas*, faça a peça do XXI Exame de Ordem. Nessa primeira, pode fazer com o modelo aberto. Não tem problema. Concluída, marque em seu *vade-mécum* as teses de defesa que caíram nessa prova.
LEMBRE-SE!	Faça suas peças manuscritas.
Já caiu em prova?	Muitas vezes.

4º DIA	O que estudar hoje?
TEMA	**Revisão: resposta à acusação**
Conteúdo	Ontem, você fez sua primeira resposta à acusação. Houve um motivo de escolhê-la: a *RA* é a *queridinha* dos examinados. É a peça que todos torcem para a segunda fase, pois se sabe, desde o início, qual é o objetivo a ser alcançado: a *absolvição sumária*, nos termos do art. 397 do CPP. Para hoje, vamos manter as coisas leves. Resolva o XXI Exame de Ordem, outra *RA*. Além disso, resolva também as questões dessa edição da prova. Ou seja, resolva sua primeira prova completa - peça e quatro questões. Anote quanto tempo foi necessário para vencer essa missão.
LEMBRE-SE!	Registre quanto tempo foi necessário para fazer a atividade.

5º DIA	O que estudar hoje?
TEMA	**Memoriais**
Conteúdo	Para hoje, sua prova será o XXIII Exame de Ordem, peças e questões. Nessa edição, a Banca cobrou memoriais, peça odiada pela maioria dos examinandos. Antes de elaborá-la, leia o texto *Memoriais (Rito Comum)*. Não é difícil decidir qual peça é cabível. Se o réu acabou de ser citado e nada mais aconteceu, deve ser elaborado um RA. Se houve audiência e o juiz ainda não proferiu sentença, não há outra peça: ofereça memoriais.
LEMBRE-SE!	Sustente as teses subsidiárias. (1) afastamento de qualificadora e reconhecimento de privilégio; (2) pena-base no mínimo legal; (3) afastamento de agravante e reconhecimento de atenuante; (4) afastamento de causa de aumento e reconhecimento de causa de diminuição; (5) substituição da pena privativa de liberdade por restritivas de direito; (6) suspensão condicional da pena; e (7) re-

LEMBRE-SE!	gime inicial de cumprimento mais brando. Tendo isso em mente, metade da nota estará garantida.
Já caiu em prova?	Muitas vezes.

6º DIA	O que estudar hoje?
TEMA	**Revisão: memoriais**
Conteúdo	Resolva a prova do XIV Exame de Ordem (peças e questões, é claro!).
LEMBRE-SE!	Marque em seu vade-mécum as teses que caíram, pois podem se repetir em sua prova.

7º DIA	O que estudar hoje?
TEMA	**Apelação**
Conteúdo	Feliz primeira semana de preparação! Se seguiu todos os passos dos dias anteriores, parabéns! Você está no caminho certo. Para hoje, uma peça com muita chance de cair em sua prova: apelação, o primeiro recurso em nossos estudos. Leia o tópico *Apelação* e, em seguida, resolva a prova do XXX Exame de Ordem. Em recursos, lembre-se: seu objetivo é dizer que a decisão judicial está errada. Por isso, não há preocupação em localizar as teses, como em memoriais, afinal, basta rebater, ponto a ponto, a decisão recorrida.
LEMBRE-SE!	Veja o modelo comentado da peça. Nele, há destaque dos erros mais frequentes.
Já caiu em prova?	Muitas vezes.

8º DIA	O que estudar hoje?
TEMA	**Revisão: apelação**
Conteúdo	Hoje, resolva a prova do XVIII Exame de Ordem.
LEMBRE-SE!	Não se esqueça de mencionar o estado do TJ nas razões.

9º DIA	O que estudar hoje?
TEMA	**Contrarrazões de apelação**
Conteúdo	Para o nono dia, corrija uma injustiça: as contrarrazões de apelação são muito fáceis! Quando caiu, no XIX Exame de Ordem, causou muitas reprovações porque ninguém imaginou que poderiam cair - o que é estranho, pois é uma peça do cotidiano da prática, afinal, sempre que alguém interpõe um recurso, as contrarrazões têm de ser oferecidas pela outra parte. Na apelação, sua missão foi dizer que o juiz

Conteúdo	estava errado. Agora, ele será seu melhor amigo: defenda a sentença e rebata, ponto a ponto, o recurso da outra parte (provavelmente, MP). Antes de resolver a prova, todavia, leia o texto *Contrarrazões de Apelação.*
LEMBRE-SE!	Tenha as teses utilizadas na apelação como norte. Seu objetivo é demonstrar que a apelação não pode ser conhecida e/ou provida.
Já caiu em prova?	Sim.

10º DIA	O que estudar hoje?
TEMA	**Revisão: contrarrazões de apelação**
Conteúdo	Hoje, temos de revisar a peça. Resolva o XXVII Exame de Ordem. Você está resolvendo as questões, né? Não cometa o equívoco de focar apenas na peça.

11º DIA	O que estudar hoje?
TEMA	**Recurso em sentido estrito**
Conteúdo	Dando continuidade aos recursos, hoje é dia de fazer o recurso em sentido estrito, peça do art. 581 do CPP. Leia o texto *Recurso em Sentido Estrito* e, em seguida, resolva o XXVIII Exame de Ordem.
LEMBRE-SE!	Seu objetivo é demonstrar o erro do juiz. Utilize contra ele suas próprias palavras.
Já caiu em prova?	Muitas vezes – inclusive, foi a peça do XXXI Exame de Ordem.

12º DIA	O que estudar hoje?
TEMA	**Revisão: RESE**
Conteúdo	Para revisar, resolva o XXXI Exame de Ordem. Como está a marcação do *vade-mécum*? A essa altura, você já deve ter percebido o quanto a Banca é repetitiva na segunda fase. Marque em seu *vade* tudo o que caiu como tese em provas anteriores. A essa altura, você deve ter desenvolvido uma relação única com seu *vade-mécum*, que jamais teve com qualquer outro livro. Tem gente que dá até nome a ele!

13º DIA	O que estudar hoje?
TEMA	**Agravo em execução**
Conteúdo	Por ser muito parecido com o recurso em sentido estrito, leia o texto *Agravo em Execução* e, em seguida, resolva o XXIV Exame de Ordem. Cuidado com as alterações promovidas pelo *Pacote Anticrime*.

LEMBRE-SE!	Não há sustentar teses de falta de justa causa, pois a peça é oferecida durante a execução da pena. Portanto, nada de pedir absolvição.
Já caiu em prova?	Sim.

14º DIA	O que estudar hoje?
TEMA	**Queixa-crime**
Conteúdo	Uma boa notícia: foram vistas todas as peças mais cobradas. A partir de agora, começaremos o estudo das peças menos ou nunca exigidas, começando pela queixa-crime, peça complicada, cheia de detalhes. Leia o texto *Queixa-Crime* e, em seguida, resolva o XV Exame de Ordem. Talvez, não consiga resolver também as questões, mas tudo bem. A queixa exige mais tempo de estudo do que as peças anteriormente vistas.
LEMBRE-SE!	Não se esqueça de qualificar o querelado e de mencionar a procuração com poderes especiais.
Já caiu em prova?	Sim, uma vez.

15º DIA	O que estudar hoje?
TEMA	**Revisão criminal**
Conteúdo	Estamos quase na metade. Siga firme! Para hoje, o que você acha de uma revisão criminal? Peça tranquila, sem mistério. Você não terá qualquer dificuldade para elaborá-la. Leia o texto *Revisão Criminal* e resolva o X Exame de Ordem. Peça e questões, ok?
LEMBRE-SE!	Revisão criminal pode dar direito à indenização. Não deixe de pedi-la.
Já caiu em prova?	Sim, uma vez.

16º DIA	O que estudar hoje?
TEMA	**Como evitar erros de correção**
Conteúdo	A partir daqui, corrigiremos falhas. No tópico *Peças que já caíram*, escolha um Exame de Ordem e o resolva, com questões. Erros de correção da Banca são problema frequente na segunda fase. Para evitá-los, é importante que sua peça esteja bem organizada, dividida em tópicos e subtópicos. Para ter certeza de que isso não será um problema em sua segunda fase, ao concluir a resolução da prova, mostre-a a um amigo(a) que esteja disposto a ajudar e peça para que a corrija, com base no gaba-

Conteúdo	rito da Banca. Feita a correção, pergunte a ele(a): (1) Foi difícil de encontrar as respostas? (2) Teve de ler mais de uma vez um mesmo trecho para entender o que estava escrito? Se a resposta for positiva, pergunte o porquê da dificuldade. Esse exercício é muito importante para identificar e resolver, imediatamente, situações que podem gerar erros de correção em sua prova.
LEMBRE-SE!	Ao elaborar a peça, tenha sempre em mente que alguém vai lê-la. Facilite a vida dessa pessoa.

17º DIA	**O que estudar hoje?**
TEMA	**Contrarrazões de RESE**
Conteúdo	Leia os textos *Contrarrazões de Recurso em Sentido Estrito* e *Contrarrazões de Agravo em Execução.* Como são peças inéditas, elabore contrarrazões contra o RESE e agravo resolvidos no 11º ou 12º e no 13º dia.
LEMBRE-SE!	Diga contrarrazões de recurso em sentido estrito, e não recurso em sentido estrito.
Já caiu em prova?	Ainda não.

18º DIA	**O que estudar hoje?**
TEMA	**Peças inéditas**
Conteúdo	Estude alguma peça ainda não vista. Escolha a que quiser. Resolva questões de provas passadas.
LEMBRE-SE!	Procure identificar futuras *pegadinhas* nessas peças inéditas.

19º DIA	**O que estudar hoje?**
TEMA	**Revisão: como elaborar as peças**
Conteúdo	Resolva uma das provas passadas - peças e questões. Releia o texto *Elaborando as Peças.*
LEMBRE-SE!	Se houver dúvida, dê um *alô* no *Instagram.*

20º DIA	**O que estudar hoje?**
TEMA	**Simulado**
Conteúdo	Reta-final. A prova está próxima. A essa altura, identificar a peça cabível não é mais um problema. As teses preocupam, mas você sabe usar bem seu *vade-mécum.* É a hora de resolver um dos maiores problemas enfrentados na segunda fase: a falta de tempo. Acredite, uma tarde inteira pode não ser suficiente para resolver a peça e as

Conteúdo	questões. Escolha um Exame de Ordem passado ainda não resolvido, desligue o celular, isole-se e simule o ambiente de prova. Veja como está sua administração do tempo.
LEMBRE-SE!	Não há surpresas para quem treina.

21º DIA	**O que estudar hoje?**
TEMA	**Revisão: queixa-crime e peças inéditas**
Conteúdo	Estude alguma peça ainda não vista - se possível, mais de uma. Escolha a que quiser. Resolva questões de provas passadas. Releia o texto *Queixa-Crime*.
LEMBRE-SE!	Sempre que possível, releia os capítulos do manual.

22º DIA	**O que estudar hoje?**
TEMA	**Revisão: contrarrazões de apelação e peças inéditas**
Conteúdo	Estude alguma peça ainda não vista - se possível, mais de uma. Escolha a que quiser. Resolva questões de provas passadas. Faça contrarrazões de apelação contra alguma apelação por você elaborada.
LEMBRE-SE!	É o momento de estudar novamente peças que você não se sente seguro(a) ao elaborá-las.

23º DIA	**O que estudar hoje?**
TEMA	**Revisão: RA e peças inéditas**
Conteúdo	Estude alguma peça ainda não vista - se possível, mais de uma. Escolha a que quiser. Resolva questões de provas passadas. Releia *Resposta à Acusação*. Aprenda a diferença entre as absolvições sumárias dos arts. 386, 397 e 415 do CPP.

24º DIA	**O que estudar hoje?**
TEMA	**Simulado**
Conteúdo	Dia de simulado! Isole-se e resolva alguma prova passada. Veja se a administração do tempo de prova melhorou.
LEMBRE-SE!	Não é mentira: treino duro, jogo fácil.

25º DIA	**O que estudar hoje?**
TEMA	**Peças inéditas**
Conteúdo	Estude alguma peça ainda não vista. Escolha a que quiser. Resolva alguma peça que tenha caído em prova passada.

LEMBRE-SE!	As contrarrazões de apelação estão entre as peças mais fáceis da prática penal, mas muitos reprovaram quando caiu pela primeira vez. Não negligencie aquilo que nunca caiu!

26º DIA	O que estudar hoje?
TEMA	**Súmulas**
Conteúdo	Em seu vade-mécum, leia as Súmulas do STJ e do STF. Grife aquelas que podem cair em sua prova. A atividade tomará todo o seu dia.
LEMBRE-SE!	Não há segunda fase sem súmula. Dê maior atenção às que já caíram.
Já caiu em prova?	Sempre!

27º DIA	O que estudar hoje?
TEMA	**Assuntos mais cobrados na segunda fase**
Conteúdo	Analise TODOS os gabaritos das peças passadas. TODOS MESMO! Marque em seu *vade-mécum* as teses que já caíram.
LEMBRE-SE!	A Banca é muito repetitiva!
Já caiu em prova?	Sempre!

28º DIA	O que estudar hoje?
TEMA	**Assuntos mais cobrados na segunda fase**
Conteúdo	Analise todos os gabaritos de questões de provas passadas. Faça uma tabela dos temas mais cobrados e marque-os em seu vade-mécum.
LEMBRE-SE!	Se caiu uma vez, cairá novamente. A Banca não gosta de novidade.

29º DIA	O que estudar hoje?
TEMA	**Revisão**
Conteúdo	Leia os textos sobre peças ainda não estudadas – as que restaram têm probabilidade muito baixa de cair. Reflita sobre suas dificuldades nesse momento.
LEMBRE-SE!	Este manual é seu guia para a aprovação. Use e abuse!

30º DIA	O que estudar hoje?
TEMA	**Peças mais cobradas**

Conteúdo	Estude uma peça que já tenha caído. Releia o respectivo resumo e resolva uma prova passada em que ela tenha caído. Escolha qualquer uma: relaxamento da prisão em flagrante, queixa-crime, resposta à acusação, memoriais, apelação, contrarrazões de apelação, recurso em sentido estrito ou agravo em execução.
LEMBRE-SE!	A Banca é muito repetitiva. Não se esqueça!

31º DIA	O que estudar hoje?
TEMA	**Revisão: peças mais cobradas**
Conteúdo	Estude uma peça que já tenha caído. Releia o respectivo resumo e resolva uma prova passada em que ela tenha caído. Resolva questões.

32º DIA	O que estudar hoje?
TEMA	**Revisão: peças mais cobradas**
Conteúdo	Continue mantendo o foco nas peças que já caíram. Resolva questões.
LEMBRE-SE!	A Banca repete com frequência as teses. Marque-as em seu *vade-mécum*.

33º DIA	O que estudar hoje?
TEMA	**Revisão: questões**
Conteúdo	Sabe aquele levantamento dos temas que mais caíram nas questões, que você fez no 28º dia? Veja quais deles podem ser um problema em sua prova, caso voltem a cair. É o momento para dar fim às dúvidas.
LEMBRE-SE!	Assuntos das questões são repetidos nas peças – e vice-versa.

34º DIA	O que estudar hoje?
TEMA	**Revisão: peças inéditas**
Conteúdo	Releia o texto *Peças Inéditas*. Resolva questões.
LEMBRE-SE!	Dê especial atenção às peças que comportam muitas teses.

35º DIA	O que estudar hoje?
TEMA	**Revisão: peças mais cobradas**
Conteúdo	Estude uma peça que já tenha caído. Releia o respectivo resumo e resolva uma prova passada em que ela tenha caído. Resolva questões.
LEMBRE-SE!	É muito grande a chance de a Banca repetir peça de prova passada - inclusive, com as mesmas teses.

36º DIA	O que estudar hoje?
TEMA	O último passo
Conteúdo	No último dia de preparação, faça uma autoanálise. Quais são suas dificuldades nesse momento? Tente resolvê-las. Se você seguiu todo o cronograma, deve estar com a sensação de que não tem mais o que estudar. É um sentimento positivo. Significa que o conteúdo foi estudado, embora, tenho certeza, a sensação é a de que não sabe nada, que existe algum assunto esquecido. É natural se sentir inseguro, mas não se deixe dominar pelo medo. O nervosismo é, sem dúvida alguma, a maior causa de reprovação na segunda fase do Exame de Ordem.
LEMBRE-SE!	Não se preocupe por pensar que cairá algo que você não saiba, afinal, a prova está toda no vade-mécum.

Novidades legislativas

O Código Penal sofreu importantes alterações durante o ano de 2021. Embora a banca não tenha por hábito pedir novidades, é importante conhecê-las, afinal, podem ser cobradas em sua prova de segunda fase.

- **Lei n. 13.964/2019**

O Presidente da República havia vetado 24 dispositivos da Lei n. 13.964/2019, o *Pacote Anticrime*. O Congresso Nacional, no entanto, em sessão realizada no mês de abril de 2021, derrubou 16 desses vetos, fazendo com que fossem incluídos à legislação os respectivos dispositivos. No Código Penal, foram produzidas duas alterações:

1. A adição de nova qualificadora ao homicídio (CP, art. 121, § 2º, VIII), consistente no emprego de arma de fogo de uso restrito ou proibido na execução do delito. Como acontece com todas as demais qualificadoras do delito, torna hediondo o homicídio, consumado ou tentado.

2. A adição de nova causa de aumento de pena para os crimes contra a honra – calúnia, difamação e injúria –, quando o delito for cometido ou divulgado em quaisquer modalidades das redes sociais da rede mundial de computadores, fazendo com que a pena seja aplicada em triplo (CP, art. 141, § 2º).

- **Lei n. 14.132/2021**

Desde a entrada em vigor da Lei n. 14.132, no dia 1º de abril de 2021, passou a ser crime em nosso país o denominado *stalking*, nos termos do art. 147-A do CP, que tipifica a perseguição. Por se tratar de *novatio legis* incriminadora, não pode retroagir para alcançar fatos anteriores à data de sua vigência.

- **Lei n. 14.133/2021**

Responsável por diversas alterações em relação às licitações e contratos administrativos, a Lei n. 14.133/2021 também provocou impacto no Código Penal.

Nos crimes contra a Administração Pública, foram adicionados 12 novos artigos (art. 337-E a art. 337-P), que têm por objeto, naturalmente, delitos em licitações e contratos administrativos. Pelo conteúdo multidisciplinar, que exige conhecimento aprofundado de temas de Direito Administrativo, dentre as novidades no Código Penal, é a que tem menor probabilidade de cair nas próximas provas de segunda fase de prática penal.

- **Lei n. 14.155/2021**

Com o objetivo de frear os crimes informáticos, o legislador editou a Lei n. 14.155/2021, que promoveu mudanças nos crimes de invasão de dispositivo informático (CP, art. 154-A), no furto (CP, art. 155), no estelionato (CP, art. 171). Também provocou alteração no Código de Processo Penal, em seu art. 70, que trata da competência. A nova lei merece especial atenção do examinando, pois envolve temas frequentemente cobrados em provas de segunda fase.

1. Invasão de dispositivo informático (CP, art. 154-A)

1.1. A redação do *caput* do art. 154-A do CP foi modificada, facilitando a imputação da prática delituosa. Antes da Lei n. 14.155/2021, o dispositivo informático tinha de ser, necessariamente, alheio, de pessoa diversa do invasor. Portanto, era atípica a conduta do dono do equipamento que o invadia enquanto estivesse em uso por terceiro – por exemplo, emprestado. Além disso, a invasão dependia da violação de mecanismo de segurança (ex.: senha, *firewall*). Caso contrário, a conduta era atípica. A nova redação não possui mais qualquer menção nesse sentido, fazendo com que seja típica a conduta de invadir dispositivo informático de uso alheio, sem autorização, expressa ou tácita, do usuário, pouco importando o fato de que o equipamento estava desprotegido contra invasores.

1.2. A pena do delito foi substancialmente aumentada. Agora, a invasão de dispositivo informático é crime punido com pena de reclusão, de um a quatro anos, e multa. Crime de médio potencial ofensivo, não compete mais ao Juizado Especial Criminal, mas permanece admitida a suspensão condicional do processo (Lei n. 9.099/95, art. 89).

1.3. A causa de aumento de pena do § 2º foi alterada. Aplicável quando da invasão resulta prejuízo econômico, a fração de aumento de pena foi elevada – agora, o aumento é de um a dois terços.

1.4. A forma qualificada do delito, prevista no § 5º, também teve a pena aumentada. Agora, é punida com pena de reclusão, de dois a cinco anos, e multa.

2. Furto (CP, art. 155)

2.1. O furto passa a contar com nova qualificadora (§ 4º-B), punida com pena de reclusão, de quatro a oito anos, e multa, se o furto mediante fraude é cometido por meio de dispositivo eletrônico ou informático, conectado ou não à rede de computadores, com ou sem a violação de mecanismo de segurança ou a utilização de programa malicioso, ou por qualquer outro meio fraudulento análogo.

2.2. Foi adicionado o § 4º-C ao art. 155, com novas causas de aumento de pena, aplicáveis, exclusivamente, à nova qualificadora do delito.

3. Estelionato (CP, art. 171)

3.1. O estelionato passa a ter nova forma qualificada, denominada *fraude eletrônica* (§ 2º-A), quando a fraude for cometida com a utilização de informações fornecidas pela vítima ou por terceiro induzido a erro por meio de redes sociais, contatos telefônicos ou envio de correio eletrônico fraudulento, ou por qualquer outro meio fraudulento análogo.

3.2. No § 2º-B, foi adicionada nova causa de aumento de pena, aplicável apenas à fraude eletrônica, quando o crime for praticado mediante a utilização de servidor mantido fora do território nacional.

3.3. O § 4º teve a redação alterada em dois aspectos: (a) a fração de aumento de pena agora é de um terço ao dobro; (b) além do idoso, a majorante passa a ser aplicável quando praticado o crime contra vulnerável.

Pacote Anticrime

Chegou o momento de conhecer e se preparar para questões de 2.ª fase envolvendo o chamado Pacote Anticrime.

Trata-se, na verdade, da Lei n. 13.964, de 2019, que modificou diversas leis penais e processuais penais em busca de eficiência.

Para a advocacia criminal, algumas mudanças foram positivas, como a necessidade de o juiz fundamentar decisões cautelares; outras, nem tanto, como o agravamento da situação do condenado punido com o regime disciplinar diferenciado – RDD.

Você não precisa se preocupar em decorar as novidades, pois já está na segunda fase. Basta saber que as novas regras existem e encontrá-las na hora da prova, utilizando um Vade-Mécum atualizado.

Abaixo, iremos apresentar uma lista com as principais mudanças e algumas observações de como tratá-las no Exame de Ordem.

CÓDIGO PENAL

- Legítima defesa do refém

Observados os requisitos da legítima defesa, considera-se também protegido por essa excludente de ilicitude o agente de segurança pública que repele agressão ou risco de agressão a vítima mantida refém durante a prática de crimes.

Ou seja, a partir dessa novidade, situações com reféns podem terminar com a execução sumária do criminoso, agora, com amparo legal (art. 25, parágrafo único, CP).

TESE: trata-se da antiga e já prevista legítima defesa de terceiro. Atenção para a proporcionalidade – não é porque um criminoso segura a vítima pelo pescoço, completamente desarmado, que poderá ser executado sem que a polícia busque alternativas diversas da morte do agressor. Será hipótese de excesso de legítima defesa, e esse excesso caracteriza crime de homicídio autônomo.

- Competência para executar a pena de multa

Sempre houve discussão a respeito de quem seria a competência para executar a pena de multa fixada pelo juiz criminal e transitada em julgado. A Lei n. 13.964 modificou o art. 51 do CP para definir o juiz da Vara de Execução Penal como competente, mesmo que as regras para executar essa multa sigam as normas relativas à dívida ativa da Fazenda Pública, inclusive no que concerne às causas interruptivas e suspensivas da prescrição. Ou seja, cabe ao Ministério Público providenciar a execução da pena de multa diretamente com o juízo da execução penal.

TESE: caso a execução da pena de multa seja originalmente iniciada pelo juízo da Vara da Fazenda Pública, a defesa poderá alegar a incompetência do juízo.

- Prazo máximo de cumprimento de pena de prisão

O antigo teto de 30 (trinta) anos preso por um único processo foi alterado para 40 (quarenta) anos. Parece uma regra óbvia, mas é complicado entendê-la.

Vamos ao exemplo: Ivan foi condenado a uma pena de 40 anos de reclusão em regime fechado. Consegue, depois de 20 anos de pena cumprida, seu livramento condicional e fica em liberdade para terminar de cumprir o restante de sua pena, ou seja, 20 anos. Logo no primeiro dia em liberdade condicional, envolve-se em uma confusão e mata três pessoas.

Pergunto a você: caso Ivan seja condenado a mais 40 anos, como ficam os 20 anos restantes da pena anterior? Ele poderá cumprir novos 60 anos? A resposta é não.

Quando o agente for condenado a penas privativas de liberdade cuja soma seja superior a 40 (quarenta) anos, devem elas ser unificadas para atender ao limite máximo do art. 75 do CP. Em nosso exemplo, mesmo a pena justa para Ivan ser 60 (sessenta) anos, ele só poderá ficar preso 40 anos, que é o teto do art. 75 do Código Penal.

Porém, atente-se que ele já havia ficado 20 anos e, somado com a nova unificação de 40 anos, na prática, ficará 60 anos preso – 20 anos do primeiro processo + 40 anos da segunda condenação unificada (art. 75, CP).

TESE: ficar preso por mais tempo do que permite a lei abre a possibilidade de impetração da ação de *habeas corpus* por excesso de prazo (art. 648, II, CPP). Além do cabimento do HC, o agente responsável pela prisão do condenado por excesso de prazo poderá responder pelo novo crime de abuso de autoridade, expresso na Lei n. 13.869/2019: Art. 12. (...) parágrafo único. (...) IV – prolonga a execução de pena privativa de liberdade, de prisão temporária, de prisão preventiva, de medida de segurança ou de internação, deixando, sem motivo justo e excepcionalíssimo, de executar o alvará de soltura imediatamente após recebido ou de promover a soltura do preso quando esgotado o prazo judicial ou legal. Pena – detenção, de 6 (seis) meses a 2 (dois) anos, e multa.

- Livramento condicional

Todo condenado espera ansiosamente pela obtenção desse benefício denominado livramento condicional. Quem não quer terminar de cumprir a pena em casa, tomando uma cervejinha e jogando PS4? Exato. Todos.

Porém, o pacote anticrime apertou a situação dos condenados que almejam a obtenção desse benefício criando novos requisitos e vedações (art. 83, CP):

Fará jus ao livramento condicional o condenado que comprovar:

a) bom comportamento durante a execução da pena;

b) não cometimento de falta grave nos últimos 12 (doze) meses;

c) bom desempenho no trabalho que lhe foi atribuído; e

d) aptidão para prover a própria subsistência mediante trabalho honesto.

TESE: o bom comportamento carcerário é presumido. Para que o boletim informativo apresente comportamento carcerário ruim, será necessária a aplicação de faltas disciplinares ao condenado, sendo irrelevante a opinião do diretor do presídio ou a gravidade do crime praticado pelo condenado que gerou a sua execução.

- Perda do patrimônio supostamente ilícito do condenado

O novo art. 91-A do CP causa perplexidade. Inverte-se o ônus patrimonial de uma pessoa caso ela seja condenada a infrações às quais a lei comine pena máxima superior a 6 (seis) anos de reclusão. Nessa hipótese, poderá ser decretada a perda, como produto ou proveito do crime, dos bens correspondentes à diferença entre o valor do patrimônio do condenado e aquele que seja compatível com o seu rendimento lícito. É isso mesmo que você leu. O condenado deverá apresentar uma relação de todos os seus bens e a sua declaração de rendimentos, ou comprovar, por demonstrativo de pagamentos, notas fiscais emitidas por sua empresa, *pix* feitos para ele por clientes etc.

Caso não consiga comprovar que aquele patrimônio fora obtido licitamente, poderá ser decretada a perda, como produto ou proveito do crime, dos bens correspondentes à diferença entre o valor do patrimônio do condenado e aquele que seja compatível com o seu rendimento lícito. Ele perde seu patrimônio porque os bens não poderiam ter sido obtidos licitamente com o valor que ele ganha trabalhando de forma lícita.

A ideia parece ser muito atrativa para o Estado-acusação, mas de difícil aplicação prática em crimes praticados pela criminalidade clássica com roubos ou traficantes.

A perda prevista neste artigo deverá ser requerida expressamente pelo Ministério Público, por ocasião do oferecimento da denúncia, com indicação da diferença apurada. Na sentença condenatória, o juiz deve declarar o valor da diferença apurada e especificar os bens cuja perda for decretada.

Para a OAB, lembre-se: seu cliente sempre poderá demonstrar a inexistência da incompatibilidade ou a procedência lícita do patrimônio, independentemente de qualquer cálculo feito pela acusação.

TESE: não oportunizar ao condenado a tentativa de comprovar a origem lícita dos bens gera violação da ampla defesa e do contraditório e anulará a sentença ou acórdão condenatórios, por vícios de formalidade essencial para o ato (art. 564, CPP).

- Novas causas suspensivas da prescrição

Art. 116. (...) II – enquanto o agente cumpre pena no exterior; III – na pendência de embargos de declaração ou de recursos aos Tribunais Superiores, quando inadmissíveis; e IV – enquanto não cumprido ou não rescindido o acordo de não persecução penal.

TESE: atenção para essa informação escondida que pode cair na sua prova – o acordo de não persecução penal homologado judicialmente suspende a prescrição durante o seu cumprimento. Porém, a prescrição não estará suspensa durante as tratativas para formalizar o acordo, somente após a homologação judicial.

- Roubo com emprego de arma

Art. 157. (...) § 2º (...) VII – se a violência ou grave ameaça é exercida com emprego de arma branca;

§ 2º-B. Se a violência ou grave ameaça é exercida com emprego de arma de fogo de uso restrito ou proibido, aplica-se em dobro a pena prevista no *caput* deste artigo.

O legislador de 2019 corrigiu a burrada (sim, a burrada) de afastar o aumento de pena do roubo com armas brancas (faca, punhal, soco inglês etc.). A lei de 2018 que havia revogado o inciso I agora deixa de reger o tema, sendo incluído, no § 2º do roubo, ou seja, as situações que majoram a pena, expressamente o emprego de arma branca.

TESE: somente os roubos com emprego de arma branca praticados após a entrada em vigor da lei anticrime (janeiro de 2020) poderão ser alcançados pela majorante do § 2º, VII, CP. Caso o réu tenha praticado um roubo com faca, por exemplo, antes de janeiro de 2020, responderá por roubo simples, sem a possibilidade de incidência da majorante, por força da irretroatividade da lei penal para prejudicar o réu.

- Estelionato condicionado à representação do ofendido como regra

O crime de estelionato, o famoso 171, passou a ser condicionado à representação do ofendido, como regra geral. As exceções, de ação penal pública incondicionada, ficaram por conta do § 5º do art. 171: Somente se procede mediante representação, salvo se a vítima for:

I – a Administração Pública, direta ou indireta;

II – criança ou adolescente;

III – pessoa com deficiência mental; ou

IV – maior de 70 (setenta) anos de idade ou incapaz.

CÓDIGO DE PROCESSO PENAL

• Advogado para policial ou integrante das Forças Armadas em fato com uso da força letal

Nos casos em que policiais figurarem como investigados em inquéritos policiais, inquéritos policiais militares e demais procedimentos, cujo objeto for a investigação de fatos relacionados ao uso da força letal praticados no exercício profissional, de forma consumada ou tentada, incluindo as situações amparadas por excludentes de ilicitude, o indiciado poderá constituir defensor. Ele terá o prazo de até 48 (quarenta e oito) horas a contar do recebimento da citação para nomear defensor. Se não nomear defensor nesse prazo, a autoridade responsável pela investigação deverá intimar a instituição a que estava vinculado o investigado à época da ocorrência dos fatos, para que essa, no prazo de 48 (quarenta e oito) horas, indique defensor para a representação do investigado.

No caso de integrante das Forças Armadas, valem as regras acima apenas se os fatos investigados disserem respeito a missões para a Garantia da Lei e da Ordem – as missões especiais em que o Estado pede o auxílio da União para o reestabelecimento da ordem pública.

• Acordo de não persecução penal (o novo ANPP do art. 28-A do CPP)

Para que o suspeito receba a proposta de ANPP por parte do MP, será necessário:

a) confissão formal;
b) prática de infração penal sem violência ou grave ameaça;
c) pena mínima inferior a 4 (quatro) anos.

Nessas situações, o Ministério Público poderá propor acordo de não persecução penal, desde que necessário e suficiente para reprovação e prevenção do crime, mediante as seguintes condições ajustadas cumulativa e alternativamente:

I – reparar o dano ou restituir a coisa à vítima, exceto na impossibilidade de fazê-lo;

II – renunciar voluntariamente a bens e direitos indicados pelo Ministério Público como instrumentos, produto ou proveito do crime;

III – prestar serviço à comunidade ou a entidades públicas por período correspondente à pena mínima cominada ao delito diminuída de um a dois terços, em local a ser indicado pelo juízo da execução;

IV – pagar prestação pecuniária a entidade pública ou de interesse social, a ser indicada pelo juízo da execução, que tenha, preferencialmente, como função proteger bens jurídicos iguais ou semelhantes aos aparentemente lesados pelo delito; ou

V – cumprir, por prazo determinado, outra condição indicada pelo Ministério Público, desde que proporcional e compatível com a infração penal imputada.

Cuidado: para aferição da pena mínima cominada ao delito serão consideradas as causas de aumento e diminuição aplicáveis ao caso concreto.

Não cabe ANPP:

Nas hipóteses de arquivamento ou de oferecimento de proposta de transação penal.

Se o investigado for reincidente ou se houver elementos probatórios que indiquem conduta criminal habitual, reiterada ou profissional, exceto se insignificantes as infrações penais pretéritas.

Ter sido o agente beneficiado nos 5 (cinco) anos anteriores ao cometimento da infração, em acordo de não persecução penal, transação penal ou suspensão condicional do processo.

Nos crimes praticados no âmbito de violência doméstica ou familiar, ou praticados contra a mulher por razões da condição de sexo feminino, em favor do agressor.

TESES PARA A PROVA:

✓ Obrigatória a participação de advogado nas tratativas do ANPP sob pena de NULIDADE!

✓ A celebração e o cumprimento do acordo de não persecução penal não constarão de certidão de antecedentes criminais.

✓ Cumprido integralmente o acordo de não persecução penal, o juízo competente decretará a extinção de punibilidade.

✓ No caso de recusa, por parte do Ministério Público, em propor o acordo de não persecução penal, o investigado poderá requerer a remessa dos autos a órgão superior, na forma do art. 28 deste Código.

✓ Não cabe ANPP nas hipóteses de arquivamento ou de oferecimento de proposta de transação penal.

✓ Caberá RESE da decisão que recusar homologação à proposta de acordo de não persecução penal (art. 581, XXV).

- Cadeia de custódia

Considera-se cadeia de custódia o conjunto de todos os procedimentos utilizados para manter e documentar a história cronológica do vestígio coletado em locais ou em vítimas de crimes, para rastrear sua posse e manuseio a partir de seu reconhecimento até o descarte.

Ou seja, são os cuidados que a turma da perícia precisa ter com os vestígios da infração penal, desde o momento da preservação do local de crime ou com procedimentos policiais ou periciais nos quais seja detectada a existência de vestígio.

Vestígio é todo objeto ou material bruto, visível ou latente, constatado ou recolhido, que se relaciona à infração penal.

TESE: todas as pessoas que tiverem acesso ao vestígio armazenado deverão ser identificadas e deverão ser registradas a data e a hora do acesso. A quebra da documentação de todos que tiveram contato com o vestígio faz surgir uma prova ilícita que deverá ser desentranhada, nos termos do art. 157 do CPP.

- Juiz não pode mais prender preventivamente de ofício, nem mesmo na audiência de custódia

As medidas cautelares serão decretadas pelo juiz a requerimento das partes ou, quando no curso da investigação criminal, por representação da autoridade policial ou mediante requerimento do Ministério Público.

TESE: prisão preventiva decretada de ofício pelo juiz, inclusive na conversão da audiência de custóda, torna a prisão ilegal. Toda prisão ilegal deverá ser relaxada.

- Nova vedação de liberdade provisória

Se o juiz verificar que o agente é reincidente ou que integra organização criminosa armada ou milícia, ou que porta arma de fogo de uso restrito, deverá denegar a liberdade provisória, com ou sem medidas cautelares.

- Prisão preventiva somente com novo fato concreto diferente e posterior ao crime

A decisão que decretar a prisão preventiva deve ser motivada e fundamentada em receio de perigo e existência concreta de fatos novos ou contemporâneos que justifiquem a aplicação da medida adotada.

Não será admitida a decretação da prisão preventiva com a finalidade de antecipação de cumprimento de pena ou como decorrência imediata de investigação criminal ou da apresentação ou recebimento de denúncia.

- O que é uma decisão fundamentada?

Art. 315. A decisão que decretar, substituir ou denegar a prisão preventiva será sempre motivada e fundamentada.

O juiz deverá indicar concretamente a existência de fatos novos ou contemporâneos que justifiquem a aplicação da medida adotada.

Não se considera fundamentada decisão judicial que:

I – limitar-se à indicação, à reprodução ou à paráfrase de ato normativo, sem explicar sua relação com a causa ou a questão decidida;

II – empregar conceitos jurídicos indeterminados, sem explicar o motivo concreto de sua incidência no caso;

III – invocar motivos que se prestariam a justificar qualquer outra decisão;

IV – não enfrentar todos os argumentos deduzidos no processo capazes de, em tese, infirmar a conclusão adotada pelo julgador;

V – limitar-se a invocar precedente ou enunciado de súmula, sem identificar seus fundamentos determinantes nem demonstrar que o caso sob julgamento se ajusta àqueles fundamentos;

VI – deixar de seguir enunciado de súmula, jurisprudência ou precedente invocado pela parte, sem demonstrar a existência de distinção no caso em julgamento ou a superação do entendimento.

- Revisão da decisão que decretou a prisão preventiva a cada 90 dias

Decretada a prisão preventiva, deverá o órgão emissor da decisão revisar a necessidade de sua manutenção a cada 90 dias, mediante decisão fundamentada, de ofício, sob pena de tornar a prisão ilegal.

- Execução provisória da pena no júri

Art. 492. (...) I (...) e) mandará o acusado recolher-se ou recomendá-lo-á à prisão em que se encontra, se presentes os requisitos da prisão preventiva, ou, no caso de condenação a uma pena igual ou superior a 15 (quinze) anos de reclusão, determinará a execução provisória das penas, com expedição do mandado de prisão, se for o caso, sem prejuízo do conhecimento de recursos que vierem a ser interpostos;

§ 3º O presidente poderá, excepcionalmente, deixar de autorizar a execução provisória das penas de que trata a alínea *e* do inciso I do *caput* deste artigo, se houver questão substancial cuja resolução pelo tribunal ao qual competir o julgamento possa plausivelmente levar à revisão da condenação.

§ 4º A apelação interposta contra decisão condenatória do Tribunal do Júri a uma pena igual ou superior a 15 (quinze) anos de reclusão não terá efeito suspensivo.

§ 5º Excepcionalmente, poderá o tribunal atribuir efeito suspensivo à apelação de que trata o § 4º deste artigo, quando verificado cumulativamente que o recurso:

I – não tem propósito meramente protelatório; e

II – levanta questão substancial e que pode resultar em absolvição, anulação da sentença, novo julgamento ou redução da pena para patamar inferior a 15 (quinze) anos de reclusão.

§ 6º O pedido de concessão de efeito suspensivo poderá ser feito incidentemente na apelação ou por meio de petição em separado dirigida diretamente ao relator, instruída com cópias da sentença condenatória, das razões da apelação e de prova da tempestividade, das contrarrazões e das demais peças necessárias à compreensão da controvérsia.

- Nova hipótese legal de nulidade

Art. 564. (...) V – em decorrência de decisão carente de fundamentação.

Essa nulidade já estava na Constituição e agora veio para o CPP.

- Nova hipótese de cabimento de RESE

Art. 581. (...) XXV – que recusar homologação à proposta de acordo de não persecução penal, previsto no art. 28-A desta lei.

LEI DE EXECUÇÃO PENAL – Lei n. 7.210/84

- Identificação genética do condenado

Os condenados por crime praticado, dolosamente, com violência de natureza grave contra pessoa, ou por crimes hediondos ou equiparados, serão submetidos, obrigatoriamente, à identificação do perfil genético, mediante extração de DNA – ácido desoxirribonucleico, por técnica adequada e indolor.

Constitui falta grave a recusa do condenado em submeter-se ao procedimento de identificação do perfil genético.

- Novas características do Regime Disciplinar Diferenciado – RDD

Art. 52. A prática de fato previsto como crime doloso constitui falta grave e, quando ocasionar subversão da ordem ou disciplina internas, sujeitará o preso provisório, ou condenado, nacional ou estrangeiro, sem prejuízo da sanção penal, ao regime disciplinar diferenciado, com as seguintes características:

I – duração máxima de até 2 (dois) anos, sem prejuízo de repetição da sanção por nova falta grave de mesma espécie;

II – recolhimento em cela individual;

III – visitas quinzenais, de 2 (duas) pessoas por vez, a serem realizadas em instalações equipadas para impedir o contato físico e a passagem de objetos, por pessoa da família ou, no caso de terceiro, autorizado judicialmente, com duração de 2 (duas) horas;

IV – direito do preso à saída da cela por 2 (duas) horas diárias para banho de sol, em grupos de até 4 (quatro) presos, desde que não haja contato com presos do mesmo grupo criminoso;

V – entrevistas sempre monitoradas, exceto aquelas com seu defensor, em instalações equipadas para impedir o contato físico e a passagem de objetos, salvo expressa autorização judicial em contrário;

VI – fiscalização do conteúdo da correspondência;

VII – participação em audiências judiciais preferencialmente por videoconferência, garantindo-se a participação do defensor no mesmo ambiente do preso.

§ 1º O regime disciplinar diferenciado também será aplicado aos presos provisórios ou condenados, nacionais ou estrangeiros:

I – que apresentem alto risco para a ordem e a segurança do estabelecimento penal ou da sociedade;

II – sob os quais recaiam fundadas suspeitas de envolvimento ou participação, a qualquer título, em organização criminosa, associação criminosa ou milícia privada, independentemente da prática de falta grave.

§ 4º Na hipótese dos parágrafos anteriores, o regime disciplinar diferenciado poderá ser prorrogado sucessivamente, por períodos de 1 (um) ano, existindo indícios de que o preso:

I – continua apresentando alto risco para a ordem e a segurança do estabelecimento penal de origem ou da sociedade;

II – mantém os vínculos com organização criminosa, associação criminosa ou milícia privada, considerados também o perfil criminal e a função desempenhada por ele no grupo criminoso, a operação duradoura do grupo, a superveniência de novos processos criminais e os resultados do tratamento penitenciário.

- Novos critérios objetivos para progressão de regime

Art. 112. A pena privativa de liberdade será executada em forma progressiva com a transferência para regime menos rigoroso, a ser determinada pelo juiz, quando o preso tiver cumprido ao menos:

I – 16% (dezesseis por cento) da pena, se o apenado for primário e o crime tiver sido cometido sem violência à pessoa ou grave ameaça;

II – 20% (vinte por cento) da pena, se o apenado for reincidente em crime cometido sem violência à pessoa ou grave ameaça;

III – 25% (vinte e cinco por cento) da pena, se o apenado for primário e o crime tiver sido cometido com violência à pessoa ou grave ameaça;

IV – 30% (trinta por cento) da pena, se o apenado for reincidente em crime cometido com violência à pessoa ou grave ameaça;

V – 40% (quarenta por cento) da pena, se o apenado for condenado pela prática de crime hediondo ou equiparado, se for primário;

VI – 50% (cinquenta por cento) da pena, se o apenado for:

a) condenado pela prática de crime hediondo ou equiparado, com resultado morte, se for primário, vedado o livramento condicional;

b) condenado por exercer o comando, individual ou coletivo, de organização criminosa estruturada para a prática de crime hediondo ou equiparado; ou

c) condenado pela prática do crime de constituição de milícia privada;

VII – 60% (sessenta por cento) da pena, se o apenado for reincidente na prática de crime hediondo ou equiparado;

VIII – 70% (setenta por cento) da pena, se o apenado for reincidente em crime hediondo ou equiparado com resultado morte, vedado o livramento condicional.

- Afastamento da hediondez para o tráfico privilegiado de drogas

Não se considera hediondo ou equiparado o crime de tráfico de drogas previsto no § 4º do art. 33 da Lei n. 11.343 (Lei de Drogas).

TESE: o privilégio é uma das melhores teses de defesa criminal para traficantes, pois permite a redução da pena em até 2/3, afastando a equiparação com os crimes hediondos.

- Contagem do prazo para progressão de regime após falta grave

O cometimento de falta grave durante a execução da pena privativa de liberdade interrompe o prazo para a obtenção da progressão no regime de cumprimento da pena, ou seja, zera a contagem do prazo que o condenado já havia adquirido. Exemplo: se ele já tinha dois anos de pena cumprida para fins de progressão, após a decisão judicial da falta grave, esse prazo é zerado e recomeça. DETALHE: recomeça a porcentagem com base na pena que falta cumprir.

O que antes estava na Súmula 534 do STJ, agora tem previsão na LEP: "a prática de falta grave interrompe a contagem do prazo para a progressão de regime de cumprimento da pena, o qual se reinicia a partir do cometimento dessa infração".

- Caducidade da falta disciplinar e nova obtenção de BOM comportamento carceráio

O § 7º do art. 112 veio da rejeição de veto pelo Congresso Nacional:

"§ 7º O bom comportamento é readquirido após 1 (um) ano da ocorrência do fato, ou antes, após o cumprimento do requisito temporal exigível para a obtenção do direito."

Agora, o reeducando que pratica falta disciplinar irá demorar 1 ano para readquirir o bom comportamento. Importante lembrar que o bom comportamento carcerário é o requisito subjetivo para requerer a progressão de regime.

- Fim da "saidinha" para condenados por hediondo com resultado morte

Não terá direito à saída temporária o condenado que cumpre pena por praticar crime hediondo com resultado morte (art. 122, LEP).

LEI DOS CRIMES HEDIONDOS – Lei n. 8.072/90

- Novo rol de crimes hediondos

Art. 1º São considerados hediondos os seguintes crimes, todos tipificados no Decreto-lei n. 2.848, de 7 de dezembro de 1940 – Código Penal, consumados ou tentados:

I – homicídio (art. 121), quando praticado em atividade típica de grupo de extermínio, ainda que cometido por um só agente, e homicídio qualificado (art. 121, § 2º, incisos I, II, III, IV, V, VI, VII e VIII);

I-A – lesão corporal dolosa de natureza gravíssima (art. 129, § 2º) e lesão corporal seguida de morte (art. 129, § 3º), quando praticadas contra autoridade ou agente descrito nos arts. 142 e 144 da Constituição Federal, integrantes do sistema prisional e da Força Nacional de Segurança Pública, no exercício da função ou em decorrência dela, ou contra seu cônjuge, companheiro ou parente consanguíneo até terceiro grau, em razão dessa condição;

II – roubo:

a) circunstanciado pela restrição de liberdade da vítima (art. 157, § 2º, inciso V);

b) circunstanciado pelo emprego de arma de fogo (art. 157, § 2º-A, inciso I) ou pelo emprego de arma de fogo de uso proibido ou restrito (art. 157, § 2º-B);

c) qualificado pelo resultado lesão corporal grave ou morte (art. 157, § 3º);

III – extorsão qualificada pela restrição da liberdade da vítima, ocorrência de lesão corporal ou morte (art. 158, § 3º);

IV – extorsão mediante sequestro e na forma qualificada (art. 159, *caput*, e §§ 1º, 2º e 3º);

V – estupro (art. 213, *caput* e §§ 1º e 2º);

VI – estupro de vulnerável (art. 217-A, *caput* e §§ 1º, 2º, 3º e 4º);

VII – epidemia com resultado morte (art. 267, § 1º).

VII-B – falsificação, corrupção, adulteração ou alteração de produto destinado a fins terapêuticos ou medicinais (art. 273, *caput* e § 1º, § 1º-A e § 1º-B, com a redação dada pela Lei n. 9.677, de 2 de julho de 1998).

VIII – favorecimento da prostituição ou de outra forma de exploração sexual de criança ou adolescente ou de vulnerável (art. 218-B, *caput*, e §§ 1º e 2º).

IX – furto qualificado pelo emprego de explosivo ou de artefato análogo que cause perigo comum (art. 155, § 4º-A).

Parágrafo único. Consideram-se também hediondos, tentados ou consumados:

I – o crime de genocídio, previsto nos arts. 1º, 2º e 3º da Lei n. 2.889, de 1º de outubro de 1956;

II – o crime de posse ou porte ilegal de arma de fogo de uso proibido, previsto no art. 16 da Lei n. 10.826, de 22 de dezembro de 2003;

III – o crime de comércio ilegal de armas de fogo, previsto no art. 17 da Lei n. 10.826, de 22 de dezembro de 2003;

IV – o crime de tráfico internacional de arma de fogo, acessório ou munição, previsto no art. 18 da Lei n. 10.826, de 22 de dezembro de 2003;

V – o crime de organização criminosa, quando direcionado à prática de crime hediondo ou equiparado.

LEI DA INTERCEPTAÇÃO DAS COMUNICAÇÕES – Lei n. 9.296/96

- Novo meio de obtenção de prova – captação ambiental

Art. 8º-A. Para investigação ou instrução criminal, poderá ser autorizada pelo juiz, a requerimento da autoridade policial ou do Ministério Público, a captação ambiental de sinais eletromagnéticos, ópticos ou acústicos, quando:

I – a prova não puder ser feita por outros meios disponíveis e igualmente eficazes; e

II – houver elementos probatórios razoáveis de autoria e participação em infrações criminais cujas penas máximas sejam superiores a 4 (quatro) anos ou em infrações penais conexas.

§ 1º O requerimento deverá descrever circunstanciadamente o local e a forma de instalação do dispositivo de captação ambiental.

§ 2º A instalação do dispositivo de captação ambiental poderá ser realizada, quando necessária, por meio de operação policial disfarçada ou no período noturno, exceto na casa, nos termos do inciso XI do *caput* do art. 5º da Constituição Federal.

§ 3º A captação ambiental não poderá exceder o prazo de 15 (quinze) dias, renovável por decisão judicial por iguais períodos, se comprovada a indispensabilidade do meio de prova e quando presente atividade criminal permanente, habitual ou continuada.

§ 4º A captação ambiental feita por um dos interlocutores sem o prévio conhecimento da autoridade policial ou do Ministério Público poderá ser utilizada, em matéria de defesa, quando demonstrada a integridade da gravação.

§ 5º Aplicam-se subsidiariamente à captação ambiental as regras previstas na legislação específica para a interceptação telefônica e telemática.

- Novo crime de captação ambiental (Lei n. 9.296/96)

Art. 10-A. Realizar captação ambiental de sinais eletromagnéticos, ópticos ou acústicos para investigação ou instrução criminal sem autorização judicial, quando esta for exigida:

Pena – reclusão, de 2 (dois) a 4 (quatro) anos, e multa.

§ 1º Não há crime se a captação é realizada por um dos interlocutores.

§ 2º A pena será aplicada em dobro ao funcionário público que descumprir determinação de sigilo das investigações que envolvam a captação ambiental ou revelar o conteúdo das gravações enquanto mantido o sigilo judicial.

LEI DE LAVAGEM DE CAPITAIS – Lei n. 9.613/98

- Meios de obtenção de prova na Lei de Lavagem

Para a apuração do crime de que trata este artigo, admite-se a utilização da ação controlada e da infiltração de agentes.

LEI DE ARMAS – Lei n. 10.826/2003

Tivemos acréscimo dos preceitos secundários (penas em abstrato) para armas de fogo de uso proibido, para o comércio de armas de fogo e para o tráfico internacional de armas.

Ainda houve nova previsão de aumento de pena para os reincidentes específicos nos crimes dos arts. 14, 15, 16, 17 e 18.

LEI DE IDENTIFICAÇÃO CRIMINAL – Lei n. 12.037/2009

- Exclusão do DNA do réu ou condenado do Banco Nacional Multibiométrico e de Impressões Digitais

Caso o Estado tenha armazenado o DNA do seu cliente no Banco de Dados oficial, essa informação genética não ficará eternamente a dispor do Estado-acusação. A exclusão dos perfis genéticos dos bancos de dados ocorrerá nos termos do art. 7º-A:

I – no caso de absolvição do acusado; ou

II – no caso de condenação do acusado, mediante requerimento, após decorridos 20 (vinte) anos do cumprimento da pena.

LEI DA COMPETÊNCIA ORIGINÁRIA – Lei n. 8.038/90

- Acordo de não persecução penal quando o réu tiver foro por prerrogativa

Não sendo o caso de arquivamento e tendo o investigado confessado formal e circunstanciadamente a prática de infração penal sem violência ou grave ameaça e com pena mínima inferior a 4 (quatro) anos, o Ministério Público poderá propor acordo de não persecução penal, desde que necessário e suficiente para a reprovação e prevenção do crime, nos termos do art. 28-A do Código de Processo Penal.

O primeiro dia

Uma montanha-russa de emoções. Nas semanas anteriores à 1.ª fase, a incerteza da aprovação – ou a quase certeza da reprovação. Para alguns, o primeiro contato com uma prova extensa, com quase 100 questões, como em um concurso público. O primeiro grande teste da vida profissional. Após quatro ou cinco anos no curso de Direito, com aquela sensação de que não aprendeu o suficiente, é natural se sentir inseguro, incapaz de obter êxito na prova. Some a isso as terríveis histórias ouvidas ao longo da graduação, de pessoas que fizeram dez, vinte, trinta, quarenta edições da prova.

No domingo, após a prova, muitas unhas roídas e o sistema nervoso destruído, a surpresa: "Passei!". Confere uma, duas, três vezes o gabarito preliminar. Não acredita e pede a quem estiver em volta que também confira. Chora, grita, comemora. Em uma prova com altíssimos índices de reprovação, você – é, você mesmo! – passou. Entre o sábado e o domingo, a insegurança, a incredulidade e a alegria da aprovação. Não há coração que aguente!

Na segunda-feira, a ressaca da vitória. O lembrete de que apenas metade do caminho foi percorrido. Durante a graduação, a prática penal não foi muito satisfatória. Novamente, a insegurança toma conta dos seus pensamentos. A aprovação foi fruto da sorte? Quem nunca se sentiu uma fraude que atire a primeira pedra. O medo de errar a peça passa a ocupar o topo da lista das suas preocupações de vida.

No entanto, fique tranquilo. O pior já passou. A 1.ª fase é a mais difícil do Exame de Ordem. A luta ainda não acabou, mas você já não precisa mais estudar Direito Tributário ou Direito Administrativo. Não é mais necessário memorizar toneladas de conteúdo, afinal a próxima prova será consultada. O vade-mécum estará ao seu lado, com todas as respostas ao seu alcance.

Não há motivo para preocupação. Ainda que, nesse início, não saiba fazer uma única peça da prática penal, é possível a aprovação na 2.ª fase. Dependendo do tempo investido à preparação, em uma semana ou duas, você estará pronto para a prova prática. Todavia, além do seu esforço, uma ferramenta será imprescindível nessa jornada: um bom vade-mécum.

Escolhendo o vade-mécum

O que faz um vade-mécum ser bom? Para quem está no início da preparação, a resposta é sempre a mesma: o melhor é aquele que reúne o maior número de leis. Pensando dessa forma, se o vade "A" traz vinte leis, e o "B", quinze, o primeiro é melhor. É natural pensar dessa maneira, afinal um vade-mécum é a reunião de leis. Quem tem mais leis parece ser, a princípio, o melhor.

Entretanto, embora pareça a melhor conclusão, não é a correta. De que adianta ter um vade-mécum gigantesco, com normas pouco conhecidas – por exemplo, o DL n. 16/66, que criminaliza o transporte ilegal de açúcar –, se a Banca sempre cobra apenas as principais leis? É claro, é bom estar precavido, com um vade com leis que ainda não caíram na prova, mas há algumas normas que não têm a menor chance de serem cobradas em uma 2.ª fase de prática penal. Um exemplo? O Estatuto das Cidades (Lei n. 10.257/2001), presente em qualquer vade-mécum do mercado. As normas com real chance de caírem na 2.ª fase estão na maioria das publicações existentes.

"Então, você está dizendo que todos os vades são iguais?", o leitor deve estar perguntando. Em relação às leis neles contidas, sim. Uns tem mais, outros tem menos... mas, em geral, são todos iguais. "E qual é a diferença de um para outro?" A qualidade do índice alfabético-remissivo. Nesse ponto, há um abismo entre alguns vade-mécuns. Recentemente, fiz um levantamento entre todos os mais conhecidos e percebi que, com alguns deles, o examinando não tem a menor chance de ser aprovado na 2.ª fase.

Caso você não conheça o índice, ele está localizado, quase sempre, antes ou logo após cada código – ao final do CP, por exemplo. Nele, há uma lista de temas, em ordem alfabética, para a rápida localização da fundamentação legal de um determinado assunto. Por esse motivo, se, em sua prova, foi falado em *citação*, basta procurar no índice alfabético-remissivo do CPP em quais artigos o procedimento é tratado. Considerando que o tempo de prova é muito curto, um bom índice faz a diferença entre passar ou não.

Como o objetivo deste manual não é a venda de vade-mécum, não mencionarei de quais gosto mais. Em vez disso, ensino como escolher o melhor. Veja o que fazer:

1) Procure ter acesso a mais de um vade-mécum, em uma livraria ou pedindo emprestado aos seus amigos.
2) Selecione alguns termos muito cobrados na 2.ª fase (*aborto, furto, intimação, sentença* etc.).
3) Compare o índice remissivo dos vades em cada um desses termos. Em tese, aquele que tiver mais informações é o mais completo e, provavelmente, o melhor.

Não é necessário adquirir um vade-mécum específico para a 2.ª fase de penal. Os *genéricos* funcionam bem. Faça a comparação sugerida e tire as próprias conclusões. Escolhido o vade, aprenda a manuseá-lo, pois será o seu parceiro nessa busca pela *vermelhinha*.

Como usar o vade-mécum

Escolhido o vade, é hora de aprender a usá-lo da melhor maneira. Como já dito, a princípio, a publicação nada mais é do que a reunião de um monte de leis. O que faz a diferença é a qualidade do índice alfabético-remissivo. Com um bom vade, você não terá qualquer dificuldade para encontrar as respostas da prova. Veja o exemplo a seguir, adaptado de um Exame de Ordem passado:

> *Durante investigação policial, surgem suspeitas de que Vito Corleone, conhecido traficante de armas de fogo, teria, em depósito, em sua casa, ilegalmente, alguns fuzis. O Ministério Público requereu ao Juiz de Direito da 1.ª Vara Criminal de Goiânia, Goiás, a realização de busca e apreensão no imóvel, para a localização do armamento. O magistrado deferiu o pedido e, ao determinar a expedição do mandado, autorizou a realização da busca e apreensão em todos os imóveis da vizinhança, de forma genérica, sem especificar o exato endereço, embora o MP tenha fornecido a rua e o número da casa onde estariam as armas de fogo.*

Em uma primeira leitura, perceba que deixei um *gancho*, indicando que algo está errado, fora do lugar. O juiz tinha o exato endereço de onde estariam as armas, mas expediu mandado de busca e apreensão para toda a vizinhança. Tanto na peça quanto nas questões, a Banca sempre deixa esses *ganchos*, essas dicas de pesquisa para encontrar o erro. E agora, como justificar o equívoco do magistrado?

Todos os procedimentos de natureza processual são regulados por lei. Não é diferente com a busca e apreensão. Para não perder tempo e encontrar a fundamentação para o erro do juiz, localize, no índice alfabético-remissivo do CPP, a expressão *busca e apreensão*, ou apenas *busca*. Por lá, você deve encontrar *mandado, requisitos* ou alguma expressão com remissão ao art. 243, I, do CPP, a solução para o problema. É assim que encontramos as respostas no vade.

Conhecendo o edital

Sabe aqueles termos de uso da internet que ninguém lê? Se essa é a sua relação com o edital do Exame de Ordem, mude-a enquanto é tempo. Em mais de uma dezena de itens, ele prevê hipóteses em que a sua prova pode ser ANULADA. Ou seja, você pode ter acertado a peça, as teses, mas, mesmo assim, a sua nota será zero. Percebe o quanto é insano fazer a prova sem conhecer o edital?

Para facilitar a sua vida, selecionei, a seguir, quase todas as hipóteses em que o edital prevê que a sua prova pode ser *zerada*:

1) **Item 3.5.2:** o caderno de textos definitivos da prova prático-profissional não poderá ser assinado, rubricado e/ou conter qualquer palavra e/ou marca que o identifique em outro local que não o apropriado (capa do caderno), sob pena de ser anulado.
2) **Item 3.5.3:** em hipótese alguma haverá a substituição do caderno de textos definitivos por erro do examinando.
3) **Item 3.5.4:** as provas prático-profissionais deverão ser manuscritas, em letra legível, com caneta esferográfica de tinta azul ou preta.
4) **Item 3.5.5:** o examinando receberá nota zero nas questões da prova prático-profissional em casos de não atendimento ao conteúdo avaliado, de não haver texto, de manuscrever em letra ilegível ou de grafar por outro meio não permitido.
5) **Item 3.5.6:** na redação das respostas às questões discursivas, o examinando deverá indicar, obrigatoriamente, a qual item do enunciado se refere cada parte de sua resposta ("A)", "B)", "C)" etc.), sob pena de receber nota zero.
6) **Item 3.5.7:** será desconsiderado, para efeito de avaliação, qualquer fragmento de texto que for escrito fora do local apropriado ou que ultrapassar a extensão máxima permitida.
7) **Item 3.5.7.1:** o examinando deverá observar atentamente a ordem de transcrição das suas respostas quando da realização da prova prático-profissional, devendo iniciá-la pela redação de sua peça profissional, se-

guida das respostas às quatro questões discursivas, em sua ordem crescente. Aquele que não observar tal ordem de transcrição das respostas, assim como o número máximo de páginas destinadas à redação da peça profissional e das questões discursivas, receberá nota 0 (zero).

8) **Item 3.5.8:** quando da realização das provas prático-profissionais, caso a peça profissional e/ou as respostas das questões discursivas exijam assinatura, o examinando deverá utilizar apenas a palavra "ADVOGADO...". Ao texto que contenha outra assinatura, será atribuída nota 0 (zero), por se tratar de identificação do examinando em local indevido.
9) **Item 3.5.11:** o texto da peça profissional e as respostas às questões discursivas serão avaliados quanto à adequação ao problema apresentado, ao domínio do raciocínio jurídico, à fundamentação e sua consistência, à capacidade de interpretação e exposição e à técnica profissional demonstrada, sendo que a mera transcrição de dispositivos legais, desprovida do raciocínio jurídico, não ensejará pontuação.
10) **Item 3.5.14:** não devolução pelo examinando do caderno de textos definitivos, devidamente assinado, ao fiscal, acarretará eliminação sumária do examinando do Exame.
11) **Item 3.6.2:** o examinando deverá estar munido somente de caneta esferográfica de tinta azul ou preta, fabricada em material transparente, e só será permitido o acesso ao local de prova munido de documento de identidade com foto em original para a realização das provas objetiva e prático-profissional. Não será permitido o uso de borracha e/ou corretivo de qualquer espécie durante a realização das provas.
12) **Item 3.6.9:** não serão aceitos como documentos de identidade: certidões de nascimento, CPF, títulos eleitorais, carteiras de motorista (modelo sem foto), carteiras de estudante, carteira de identidade infantil, carteiras funcionais sem valor de identidade nem documentos ilegíveis, não identificáveis e/ou danificados.
13) **Item 3.6.9.1:** não será aceita cópia do documento de identidade, ainda que autenticada, nem protocolo do documento.
14) **Item 3.6.14.2.1:** somente serão permitidos recipientes de armazenamento de comidas e bebidas fabricados com material transparente e sem rótulos que impeçam a visualização de seu conteúdo.
15) **Item 3.6.15.5:** os examinandos que possuam cabelos longos deverão prendê-los, deixando as orelhas à mostra.
16) **Item 3.6.21 (*a*):** dar e/ou receber auxílio para a execução das provas.
17) **Item 3.6.21 (*e*):** anotar informações relativas às respostas no comprovante de inscrição e/ou em qualquer outro meio.
18) **Item 3.6.21 (*m*):** ser surpreendido portando caneta fabricada em material não transparente.

19) **Item 4.2.6:** nos casos de propositura de peça inadequada para a solução do problema proposto, considerando para este fim peça que não esteja exclusivamente em conformidade com a solução técnica indicada no padrão de resposta da prova, ou de apresentação de resposta incoerente com situação proposta ou de ausência de texto, o examinando receberá nota ZERO na redação da peça profissional ou na questão.

Além dessas vedações, o edital traz algumas outras que nem merecem estar na lista acima – por exemplo, não utilizar telefone celular durante a prova. Algumas das vedações supracitadas parecem óbvias, mas já soube de reprovações por algumas dessas situações (o item 3.5.6 é uma das mais frequentes). Fique atento!

Material permitido/proibido

Durante a preparação para a 2.ª fase, você ouvirá muitas histórias de pessoas que tiveram o material *confiscado* pelo fiscal de prova. A prima do vizinho do namorado de alguém teve o vade-mécum proibido porque usou marca-texto roxo. Um outro examinando fez a prova sem o material por ter usado clipes de papel com as cores do arco-íris. Há ainda o professor, *especialista* na prova, que afirmou que não é permitido fazer marcações no vade-mécum com caneta.

Esses relatos são, em regra, tão verdadeiros quanto aquelas histórias que a sua mãe contava sobre crianças que desapareceram pelos mais diversos motivos – aceitaram chocolate de estranhos, voltaram para casa ao anoitecer, tiraram nota baixa na escola etc. Nesses mais de dez anos acompanhando a prova, soube de alguns raros eventos em que alguém teve problema com o fiscal de prova. Há umas três ou quatro edições, um aluno teve de arrancar umas etiquetas divisórias preenchidas à mão, algo que, de fato, o edital veda.

Para não ter problema em sua prova, basta seguir o que manda o edital. Não precisa procurar no YouTube ou em alguma rede social a opinião de supostos especialistas. Não dê ouvidos a histórias sem pé nem cabeça. Seguindo o que manda o edital, ninguém proibirá o uso do seu vade-mécum. Veja, a seguir, o que pode ou não levar para a prova:

MATERIAL PERMITIDO
➔ Legislação não comentada, não anotada e não comparada.
➔ Códigos, inclusive os organizados que não possuam índices estruturando roteiros de peças processuais, remissão doutrinária, jurisprudência, informativos dos tribunais ou quaisquer comentários, anotações ou comparações.
➔ Súmulas, Enunciados e Orientações Jurisprudenciais, inclusive organizados, desde que não estruturem roteiros de peças processuais.
➔ Leis de Introdução dos Códigos.
➔ Instruções Normativas.

- ➔ Índices remissivos, em ordem alfabética ou temáticos, desde que não estruturem roteiros de peças processuais.
- ➔ Exposição de Motivos.
- ➔ Regimento Interno.
- ➔ Resoluções dos Tribunais.
- ➔ Simples utilização de marca-texto, traço ou simples remissão a artigos ou a lei.
- ➔ Separação de códigos por clipes.
- ➔ Utilização de separadores de códigos fabricados por editoras ou outras instituições ligadas ao mercado gráfico, desde que com impressão que contenha simples remissão a ramos do Direito ou a leis.

O edital fala, em mais de uma oportunidade, sobre a vedação a materiais com estrutura de peças processuais. Até onde sei, não existe vade-mécum no mercado com índices que tragam estrutura de peça – das editoras mais conhecidas, afirmo, sem receio, que não existe. Não há, portanto, com o que se preocupar.

Outra dúvida frequente é a respeito daqueles adesivos para a divisão do vade-mécum. Eles são permitidos pelo edital, desde que fabricados pelas editoras ou outras empresas do mercado gráfico. A etiqueta deve trazer, impressa, a lei a que faz referência (ex.: CP), não podendo ser preenchida à mão. Marca-texto, traços e remissões a artigos ou leis são permitidos, bem como os clipes.

MATERIAL PROIBIDO

- ➔ Códigos comentados, anotados, comparados ou com organização de índices estruturando roteiros de peças processuais.
- ➔ Jurisprudências.
- ➔ Anotações pessoais ou transcrições.
- ➔ Cópias reprográficas (xerox).
- ➔ Utilização de marca-texto, traços, símbolos, Post-Its ou remissões a artigos ou a lei de forma a estruturar roteiros de peças processuais e/ou anotações pessoais.
- ➔ Utilização de notas adesivas manuscritas, em branco ou impressas pelo próprio examinando.
- ➔ Utilização de separadores de códigos fabricados por editoras ou outras instituições ligadas ao mercado gráfico em branco.
- ➔ Impressos da internet.
- ➔ Informativos de Tribunais.
- ➔ Livros de Doutrina, revistas, apostilas, calendários e anotações.

➔ Dicionários ou qualquer outro material de consulta.

➔ Legislação comentada, anotada ou comparada.

➔ Súmulas, Enunciados e Orientações Jurisprudenciais comentados, anotados ou comparados.

O edital veda o uso de marca-texto, traço, símbolo, Post-It ou remissão *com o objetivo de estruturar roteiros das peças.* Sinceramente, não consigo imaginar como isso seria possível – acho que nem a Banca sabe. Talvez seja o caso de quem separa fundamentações das peças e das teses com clipes de cores diferentes. Contudo, nunca soube de alguém que tenha sido proibido de usar o vade-mécum por fazer isso. Reflita: para proibir o uso do material – e, em consequência, causar a reprovação do examinando –, o fiscal tem de ter muita segurança do que está fazendo, afinal uma decisão equivocada pode causar, até mesmo, ação de indenização futura.

Outro ponto que merece destaque é o uso de etiquetas adesivas, permitidas pelo edital, desde que não contenham anotações à mão. Se as informações estiverem impressas, não há problema. De resto, o edital não traz nenhuma novidade. São vedados códigos comentados, cópias reprográficas, impressos da internet etc. Acerca das *anotações pessoais*, o que a banca não aceita é a adição de conteúdo ao vade-mécum. Não tem problema em anotar, abaixo do art. 157 do CP, o art. 5º, LVI, da CF, que tratam do mesmo assunto (prova ilícita). Todavia, não é permitido escrever a respeito da *teoria do fruto da árvore envenenada*, expressão que não existe no CPP.

Principais causas de reprovação

As hipóteses de anulação previstas no edital são perigosas, mas não são elas as grandes responsáveis por reprovações na segunda fase. De 2009 para cá, ao acompanhar examinandos de todo o Brasil, testemunhei muitas reprovações, e os motivos são sempre os mesmos. Peço ao amigo leitor, portanto, que leia com muita atenção o que for abordado neste tópico. Aprenda com os erros dos examinandos do passado.

1) **Nervosismo.** Sem medo de errar, é o maior vilão na 2.ª fase. Se me perguntar de algum aluno que reprovou por falta de conhecimento, não sei dizer. Por nervosismo, contudo, devo lembrar com facilidade de uns cem. Controle a ansiedade e a insegurança. Acredite, pessoas muito menos capacitadas conseguiram a aprovação – tenho certeza de que, em seu círculo de amizades, alguém obteve a aprovação sem ter a menor noção de nada. Se elas conseguiram, você também consegue. Para controlar o coração, é necessário:
   a) conhecer bem como funciona a prova (há um tópico específico a respeito neste manual);
   b) treinar bastante durante a preparação – quanto mais peças fizer, menor a chance de reprovação;
   c) Ter um sistema para a pesquisa de respostas no vade-mécum (também há um tópico específico no manual a respeito);
   d) conhecer o que já caiu no Exame de Ordem – estudando as provas passadas, dificilmente será pego de surpresa por algo.

2) **Má administração do tempo.** Einstein não mentiu! O tempo é realmente relativo. Acho que o Exame de Ordem é realizado em um universo paralelo. É a única explicação para o que acontece no dia da prova. Não sei como, mas, ao dar uma piscada, meia hora vai embora voando. Serão as cinco horas mais rápidas da sua vida. Para domar o relógio, você deve conhecer como funciona o gabarito, para saber o

que tem de ser, de fato, alegado. Nos modelos de peça, destaquei esses pontos de maior relevância.

"Devo começar pelas questões ou pela peça?" Se pensarmos de forma lógica, não faz diferença. Até onde sei, iniciar pela peça não provoca uma distorção na relação espaço-tempo; portanto, o problema é de ordem psicológica, de controle da ansiedade. Como todo bom ansioso, não conseguiria começar pelas questões. A peça ficaria martelando em minha cabeça. E você, leitor, o que prefere? Se não souber, faça um teste: resolva uma prova em sua casa e veja o que é melhor.

3) **Erros de correção.** A Banca pode errar ao corrigir as provas. Soube de uns poucos alunos que não tiveram, pelo menos, um quesito prejudicado por erro de quem corrige a prova. A resposta é dada, mas a nota não é atribuída. Para evitar que isso aconteça, procure fazer uma peça organizada, de fácil correção. Uma boa estratégia é criar tópicos e subtópicos para tudo. Ademais, uma boa caligrafia ajuda bastante.

4) **Não saber como sustentar as teses.** Durante o período escolar, é comum "encher linguiça" para tentar arrancar algum ponto da prova, nem que seja por piedade. No Exame de Ordem, não funciona assim. Se não for dito o que está no gabarito, a pontuação não será atribuída. Não adianta falar com outras palavras. O corretor não interpreta respostas. Seja objetivo em suas respostas.

5) **Não saber usar o vade-mécum.** Na época do Cespe, o examinando podia levar o que quisesse para a prova. Códigos comentados, manuais, tudo. Todos levavam malas de livros para a prova. Uma loucura! Aí, você deve pensar: "A prova era mais fácil, correto?". Não! Em verdade, quem inventou a regra de levar obras doutrinárias agiu dominado pelo sadismo. Digo isso porque, no dia da prova, não há tempo suficiente para usar qualquer coisa além do vade-mécum. O pobre do examinando, desesperado, folheava o vade, sem ter como abrir a mala de livros em busca de resposta, por não ter tempo suficiente. Por esse motivo, tem de saber como utilizar o vade, mas já falamos disso anteriormente.

6) **Vacilos "sem pé nem cabeça".** Não sei se é o nervosismo, mas muitos examinandos fazem loucuras na 2.ª fase. Algumas recorrentes:

   a) Há uma folha de resposta para cada coisa. Tem uma folha de resposta para a questão número 1; outra, para a número 2. Se você trocar uma pela outra, não adianta recorrer, chorar, nada. A pontuação não será atribuída. Além disso, nunca, em hipótese alguma, escreva no verso da folha de resposta.

   b) Quando falamos em identificação, pensamos na pessoa que assina o próprio nome ao final da peça, mas tive um aluno, há alguns anos, que resolveu desabafar para o examinador. Contou sua história, disse que precisava muito da aprovação... e acabou reprovado por identificação.

c) Tem sempre um caso de alguém que confunde CP com CPP, ou que troca o nome da peça – no XXIX Exame de Ordem, um aluno trocou *agravo em execução* por *embargos à execução*. Reprovou.

Esses são apenas alguns exemplos. Quando elaborar a sua peça, preste atenção para não perder a prova por bobagem. Um bom jeito para evitar esses erros é pela elaboração do esqueleto, assunto que será visto em tópico mais para a frente.

Entendendo a prova e o gabarito

A partir deste tópico, tenho certeza, boa parte da sua insegurança com a prova ficará para trás. Conhecendo a forma como a Banca trabalha, muitas das suas dúvidas serão esclarecidas. Antes de qualquer explicação, porém, tenha em mente a chave para tudo: só é atribuída pontuação ao que consta expressamente no gabarito. O corretor da banca faz mero exercício de comparação entre a prova do examinando e o gabarito oficial. Três perguntas que sempre me fazem em sala de aula:

a) "Devo dizer *doutor* no endereçamento?" Tanto faz. A informação nunca consta do gabarito.
b) "Quantas linhas devo saltar?" Não importa. A banca não pontua.
c) "Faço letra de fôrma ou cursiva?" Irrelevante. O edital não faz qualquer exigência e o gabarito não distingue.

Por esses motivos, caso alguém diga que o correto é saltar cinco linhas, e não seis, ignore. É o tipo de regra que só existe na cabeça de quem a inventa. Preocupe-se com o que realmente é pontuado. E como saber ao que a banca atribui pontos? A melhor forma é a análise dos gabaritos das provas passadas. A seguir, veja trecho do gabarito do XXIX Exame de Ordem, para uma melhor compreensão do que quero dizer:

ITEM	COMENTÁRIOS
1. Endereçamento: Juízo da Vara de Execução Penal da Comarca de São Paulo/SP (0,10).	A Banca sempre traz a vara e a comarca onde o processo está correndo; por isso, tinha de ser dito *Vara de Execução Penal da Comarca de São Paulo/SP*. Se fosse dito *comarca ...* ou *comarca XXX*, a pontuação não seria atribuída. Quem respondeu o que está no gabarito, pontuou. O uso de *excelência*, *doutor* ou qualquer outra coisa não valia nada. O examinando, por essa razão, podia ter dito o que quisesse.

7. A prática de falta grave não gera o reinício da contagem do prazo do livramento condicional (0,50), nos termos da Súmula 441 do STJ (0,10).	Quando sustentada uma tese, tem de explicá-la de forma detalhada, mas sem perder a objetividade. Veja o quesito de n. 7 da prova. De nada adiantaria escrever dois ou três parágrafos sobre execução penal, mas não mencionar que a prática de falta grave não gera o reinício da contagem do prazo do livramento condicional. Para quem corrigirá a prova, é o que importa. O restante é ignorado. A seguir, um exemplo de como isso pode acontecer.

No XXVIII Exame de Ordem, havia os seguintes quesitos no gabarito:

ITEM
5. Requerimento de reconhecimento da prescrição da pretensão punitiva do Estado (0,30), com consequente extinção da punibilidade do agente (0,15), nos termos do art. 107, inciso IV, do CP (0,10).
6. A prescrição ocorreu porque, entre a data do recebimento da denúncia e da pronúncia foi ultrapassado o prazo de 4 anos OU o prazo de 4 anos foi ultrapassado porque o prazo prescricional deveria ser computado pela metade, já que o réu era menor de 21 anos (0,15).

Para obter a pontuação, o examinando tinha de dizer que houve a prescrição, que é uma causa de extinção da punibilidade, prevista no art. 107, IV, do CP, e que o fenômeno ocorreu porque, entre o recebimento da denúncia e a decisão de pronúncia, foi ultrapassado o prazo de quatro anos, e que a prescrição deve ser contada pela metade porque o réu, na época dos fatos, tinha menos de 21 anos. Para o corretor, essas informações tinham de estar na prova. Se tivesse respondido com outras palavras, a pontuação não seria atribuída. Exemplo:

> *Em razão do tempo decorrido desde a época do crime, o Estado já não pode mais punir o réu. Não pode o acusado sustentar o ônus da morosidade estatal para solucionar delitos. As hipóteses de imprescritibilidade estão expressas na Constituição, e não estamos diante de uma delas. Além disso, com base na idade prevista no art. 115 do CP, o prazo prescricional deve ser contado de forma diferenciada.*

Perceba que não há dúvida acerca do que estou dizendo. Se fosse uma peça verdadeira, em um caso real, o juiz teria entendido a minha tese. No entanto, o corretor da Banca trabalha exclusivamente com as informações do gabarito. Com a resposta anterior, teria recebido zero nos quesitos 5 e 6.

Quando estiver elaborando suas respostas, portanto, tente visualizar como elas estarão no gabarito. Faça a leitura dos padrões de resposta das provas anteriores para conseguir antever o que a Banca exigirá como resposta em sua prova. Não adianta escrever muito e não falar o que a banca quer. As respostas não são interpretadas e não existe pontuação pelo esforço do examinando em tentar responder. É tudo ou nada.

Como resolver as questões

Eu sei, você está ansioso para iniciar o estudo das peças. No entanto, esse foco na peça prática tem sido motivo de reprovações em massa nos últimos anos. Aliás, isso mudou a minha forma de lecionar para a 2.ª fase do Exame de Ordem. Explico: até pouco tempo, não me preocupava em ajudar meus alunos com as questões. Todo o foco estava voltado à peça. Mas, aí, começou a acontecer algo curioso. Muitos gabaritam a peça – ou chegam bem perto –, porém zeram as questões e reprovam. Acredite, isso tem acontecido muito.

Mas não se desespere! Há uma técnica infalível para responder às questões. A partir do momento em que você aprender o passo a passo a seguir, as questões não serão mais um problema, e todas as suas energias poderão ser direcionadas para as peças. Observe atentamente o que deve ser feito:

1) Cada questão da prova tem duas ou três perguntas ("A", "B", "C"...). Comece a leitura pelo que está sendo perguntado, antes mesmo de ler o enunciado. Dessa forma, quando for ler o caso proposto, você saberá o que está procurando.
2) Em seguida, leia, com muita atenção, o problema proposto. Se houver menção a algum dispositivo de lei ou súmula, a sua pesquisa deve começar por ele. Exemplo: se o enunciado mencionar o art. 28 da Lei n. 11.343/2006, faça a leitura completa do dispositivo. É bem provável que uma das respostas esteja lá, no próprio artigo trazido no enunciado, ou em alguma remissão abaixo. Curiosidade: em regra, o dispositivo de lei mencionado no problema responde à letra "B".
3) Para a resposta da outra pergunta (provavelmente, a letra "A"), você terá de identificar a palavra-chave, o termo jurídico a ser buscado no índice alfabético-remissivo. Exemplo: se o enunciado fala em *citação por hora certa*, procure, no índice do CPP, a expressão, para localizar o dispositivo de lei que trata a seu respeito. É a resposta que falta.

Veja como é fácil:

(XXIX Exame de Ordem) *No dia 1.º de janeiro de 2008, após ingerir bebida alcoólica, Caio, 50 anos, policial militar reformado, efetuou dois disparos de arma de fogo em direção à parede de sua casa vazia, localizada no interior de grande quintal, com arma de sua propriedade, devidamente registrada e com posse autorizada. Apesar de os tiros terem sido efetuados em direção ao interior do imóvel, vizinhos que passavam pela rua naquele momento, ao ouvirem os disparos, entraram em contato com a Polícia Militar, que compareceu ao local e constatou que as duas munições deflagradas ficaram alojadas na parede do imóvel, sendo a perícia acostada ao procedimento. Caio obteve liberdade provisória e foi denunciado como incurso nas sanções do art. 15 da Lei n. 10.826/2003, não sendo localizado, porém, por ocasião da citação, por ter mudado de endereço, apesar das diversas diligências adotadas pelo juízo. Após não ser localizado, Caio foi corretamente citado por edital e, não comparecendo, nem constituindo advogado, foi aplicado o art. 366 do Código de Processo Penal, suspendendo-se o processo e o curso do prazo prescricional, em 4 de abril de 2008. Em 6 de julho de 2018, o novo juiz titular da vara criminal competente determinou que fossem realizadas novas diligências na tentativa de localizar o denunciado, confirmando que o processo, assim como o curso do prazo prescricional, deveria permanecer suspenso. Com base nas informações narradas, na condição de advogado(a) de Caio, que veio a tomar conhecimento dos fatos em julho de 2018, responda aos questionamentos a seguir.*

A) Existe argumento para questionar a decisão do magistrado que, em julho de 2018, determinou que o processo e o curso do prazo prescricional permanecessem suspensos? (Valor: 0,65)

B) Existe argumento de direito material a ser apresentado em busca da absolvição de Caio? (Valor: 0,60)

Obs.: o(a) examinando(a) deve fundamentar suas respostas. A mera citação do dispositivo legal não confere pontuação.

Na letra "A", a pergunta, em resumo, é a seguinte: onde errou o magistrado ao determinar a suspensão da prescrição? Na "B", a banca quer que o examinando descubra como absolver o acusado. Quando a pergunta fala em *direito material* e em *direito processual*, temos uma boa pista de onde encontraremos a resposta. Com base nessa informação, podemos concluir que, a princípio, a resposta da letra "B" não está no CPP.

Devemos começar pelo dispositivo de lei trazido no enunciado – o art. 15 da Lei n. 10.826/2003. Da leitura do artigo, já matamos a letra "B":

(B) Sim, existe argumento de direito material a ser apresentado em busca da absolvição de Caio. Segundo o art. 15 da Lei n. 10.826/2003, está configurado o delito de disparo de arma de fogo quando o tiro é efetuado em via pública ou em direção a ela. Não foi o caso de Caio, que efetuou dois disparos de arma de fogo em direção à parede de sua casa vazia.

Para a resposta da letra "A", o enunciado trouxe mais um dispositivo: o art. 366 do CPP. Da simples leitura do dispositivo, nada se extrai. Todavia, se estiver munido de um bom vade-mécum, logo abaixo do mencionado artigo, deve ter remissão à Súmula 415 do STJ. Caso contrário, com um pouco mais de trabalho, você encontraria a resposta ao pesquisar por prescrição, no índice alfabético-remissivo. A resposta ficou assim:

(A) Sim, existe argumento para questionar a decisão do magistrado. A suspensão da prescrição somente poderia durar o período do prazo prescricional, segundo a pena máxima cominada ao delito, nos termos da Súmula 415 do STJ.

O gabarito final:

ITEM
A. Sim, a suspensão da prescrição somente poderia durar o período do prazo prescricional, computado de acordo com o máximo da pena em abstrato prevista, voltando a correr em abril de 2016 (0,55), nos termos da Súmula 415 do STJ (0,10).
B. Sim, a atipicidade da conduta (0,20), tendo em vista que o disparo não foi realizado em via pública nem em direção à via pública OU tendo em vista que o disparo não foi realizado em local habitado (0,40).

Pontos que merecem destaque:

1) Como vimos no tópico sobre o edital, as respostas têm de ser indicadas pelo examinando. Ao responder à letra "A", diga: (A); à "B", (B); e assim em diante. Caso não o faça, a questão será anulada.
2) Note que as perguntes exigem respostas com "Sim" ou "Não". A Banca faz isso com frequência, e sempre exige, no gabarito, a resposta afirmativa ou negativa.
3) Em minha resposta, na letra "A", não trouxe a data exigida no gabarito, o que teria causado prejuízo à nota. Mantive o erro intencionalmente, para que o leitor perceba que, sempre que tiver uma informação relevante, ela deve ser mencionada. Até pensei na data, mas imaginei que não estaria no gabarito. O meu *achismo* talvez me custasse toda a letra "A". Fica a dica: na dúvida, sustente a tese. É melhor falar a mais do que não falar. É algo que sempre ensino aos alunos, mas caí na pegadinha. "Casa de ferreiro, espeto de pau."

Em algumas questões, você terá um pouco mais de dificuldade, pois a banca não traz um único artigo de lei como norte para a pesquisa. Quando isso acontecer, pegue as palavras-chave do enunciado e as procure no índice alfabético-remissivo. Resolva as questões das provas passadas para desenvolver suas habilidades de pesquisa no vade-mécum. Elas estão disponíveis no final deste manual.

1. COMO IDENTIFICAR A PEÇA CABÍVEL

Na esperança de que você, amigo leitor, fez a leitura de tudo o que foi dito nas páginas anteriores, posso começar o estudo das peças práticas. Como sei que o seu maior medo é errar a peça cabível, neste primeiro momento, tentarei fazer sua insegurança passar. Não há motivo para se preocupar. Errar a peça em prática penal é quase impossível. Um exemplo, para quebrar o gelo:

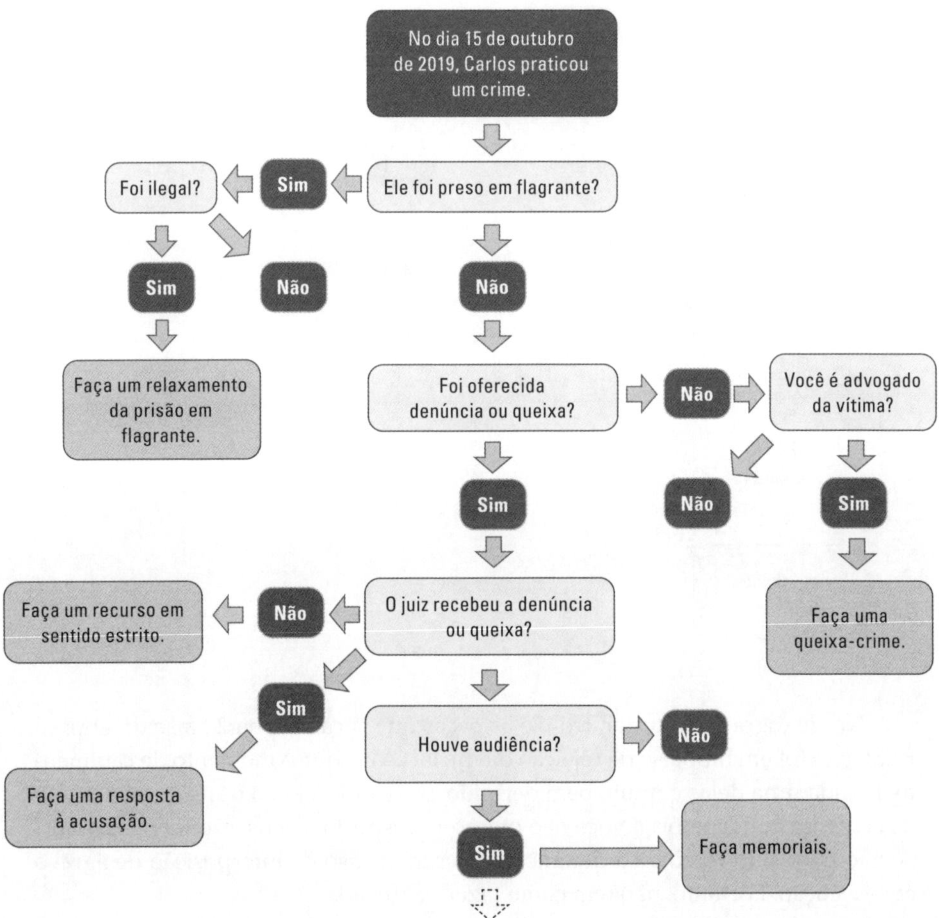

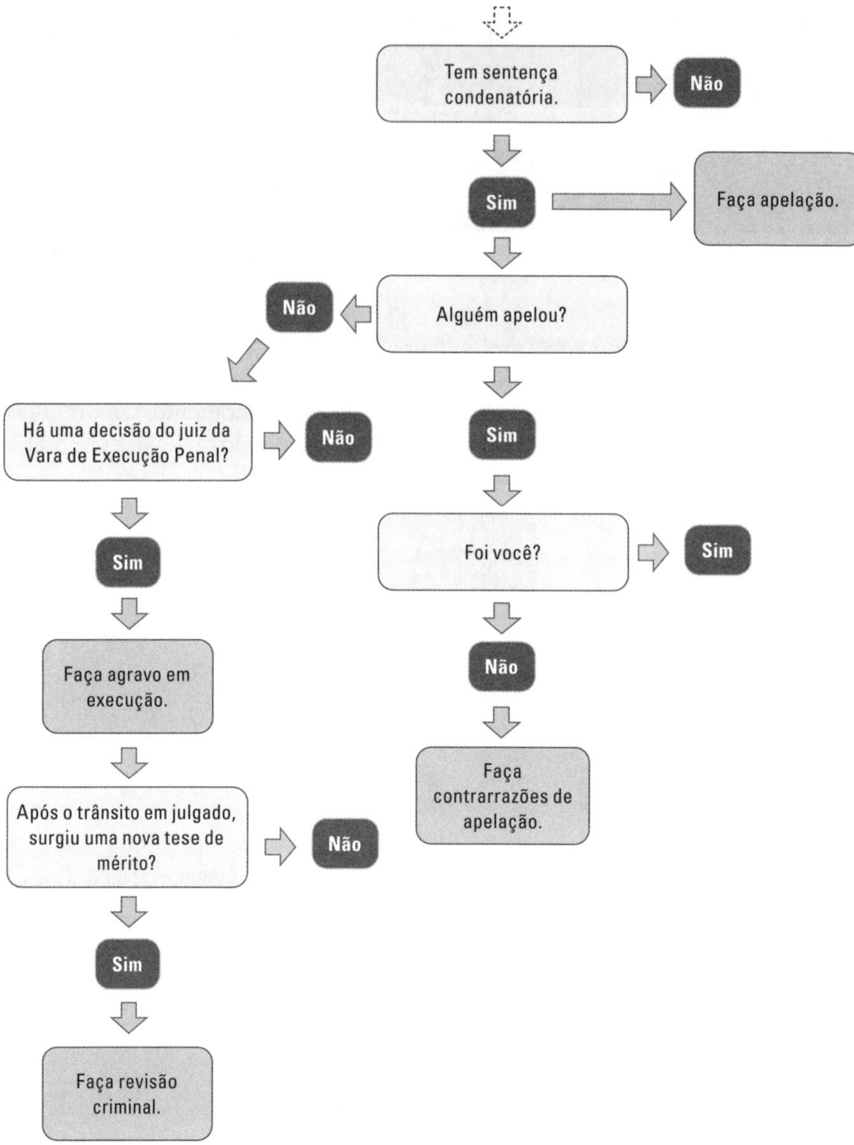

No fluxograma anterior, trouxe as peças que já caíram na 2.ª fase da OAB (o RESE não foi em hipótese de rejeição da inicial). Veja que o momento de cabimento de cada uma delas é muito bem definido. Se tiver havido o trânsito em julgado da sentença condenatória, você não oferecerá resposta à acusação ou memoriais. Se não tiver sido recebida a denúncia, não será o caso de interposição de agravo em execução. Portanto, não tem como fazer confusão.

"Professor, mas teve uma prova em que muita gente errou a peça..."

Desde a prova 2010.2, tivemos algumas situações pontuais de erro de peça. Lembro-me de cada uma delas e sei por que isso aconteceu:

➔ **Exame de Ordem 2010.2:** caiu uma resposta à acusação. Contudo, a Banca trouxe uma tese de incompetência do juízo, que tinha de ser arguida em exceção de incompetência, conforme art. 396-A, § 1.º, do CPP. Por essa razão, acabou sendo aceita a peça intitulada *exceção de incompetência*. Deve ter traumatizado a banca, pois a tese nunca mais foi cobrada.

➔ **V Exame de Ordem:** a peça principal foi uma apelação. No entanto, o problema também ensejava a oposição de embargos de declaração. A banca não teve opção e aceitou as duas.

➔ **VI Exame de Ordem:** não havia dúvida do cabimento do relaxamento da prisão em flagrante, pois a prisão foi ilegal. Todavia, os pressupostos para a decretação da prisão preventiva não estavam presentes – logo, cabia liberdade provisória. Em um primeiro momento, a Banca reprovou quem fez LP. Para quem recorreu, a banca voltou atrás e corrigiu, mas o gabarito foi mantido apenas com o relaxamento.

➔ **VII Exame de Ordem:** durante a preparação, estamos acostumados a fazer recurso em sentido estrito contra a decisão de pronúncia, pois sempre somos os advogados do acusado. No VII Exame de Ordem, a Banca trouxe uma situação nova, que nunca mais se repetiu: a atuação se deu na condição de assistente de acusação. Ou seja, estávamos ao lado do MP. Como houve a impronúncia da acusada, tinha de ser oferecida apelação (CPP, art. 416). Isso deu um nó na cabeça de muita gente, que acabou oferecendo RESE por não saber o que fazer.

➔ **X Exame de Ordem:** tinha de ser ajuizada uma revisão criminal. O problema é que tinha uma testemunha a ser ouvida e, no procedimento da revisão, não teria como fazer isso. Seria necessário propor, antes da revisão, uma peça prevista no antigo CPC, a justificação, para que fosse ouvida essa pessoa. A Banca não teve escolha e aceitou as duas.

➔ **XIX Exame de Ordem:** foi a primeira vez em que a banca trouxe as contrarrazões de apelação. Como era uma peça inédita, muitos não souberam o que fazer e ofereceram apelação.

➔ **XXIX Exame de Ordem:** caiu um agravo em execução. No entanto, em um trecho do enunciado, foi dito que o MP havia feito um requerimento ao juiz. Muitos acharam que o *Parquet* havia interposto agravo e, por isso, fizeram contrarrazões de agravo em execução.

Nas situações do Exame de Ordem 2010.2 e das edições V, VI e X, a Banca errou e corrigiu o equívoco. No VII, a banca foi maldosa, mas o aluno tinha de estar preparado para a situação. É a mesma situação do XIX. Já no XXIX Exame de Ordem, quem fez contrarrazões não prestou atenção ao que dizia o enunciado. Foi dito que o MP ofereceu um pedido e que o juiz o deferiu. Logo, nosso cliente foi o prejudicado, cabendo ao advogado interpor o agravo.

Como disse no começo, em prática penal, não tem como errar a peça cabível. Nas edições em que houve confusão, a culpa foi da banca, com enunciado que dava margem a mais de uma interpretação, ou do examinando, que não havia se preparado de forma adequada. Em nenhum caso existiu dúvida de qual seria a peça adequada.

Para que não erre a peça cabível, o leitor deve conhecer os ritos processuais existentes. Em regra, a banca traz o rito comum. Dos procedimentos especiais, já foram cobrados o do júri e o da Lei de Drogas. Em provas futuras, dificilmente algum outro será exigido.

A seguir, um resumo de cada um deles, com as principais peças em destaque.

Rito comum

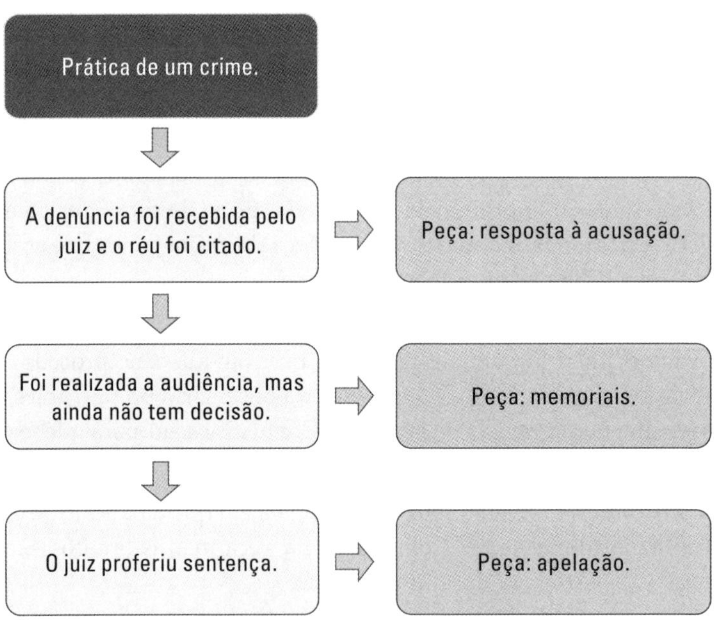

Rito do júri

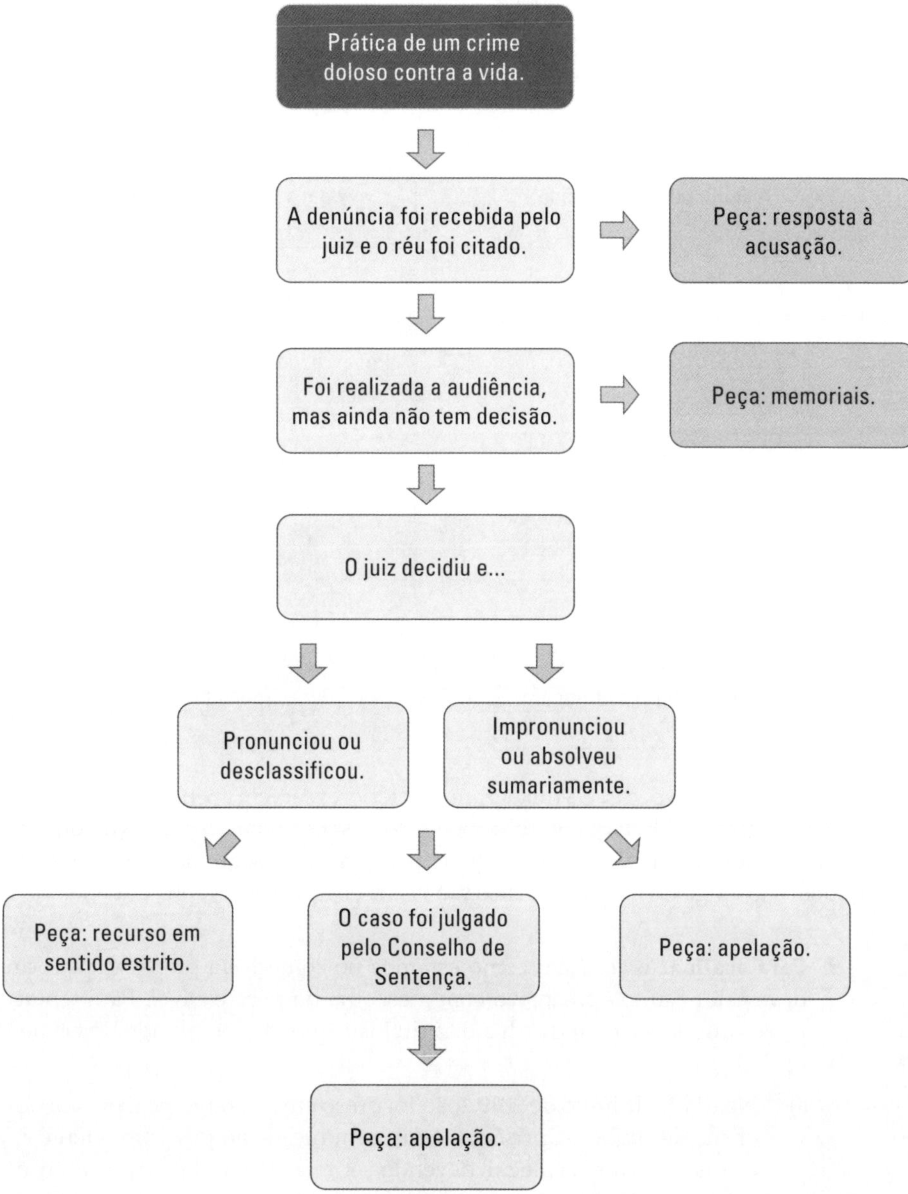
Prática de um crime doloso contra a vida.
A denúncia foi recebida pelo juiz e o réu foi citado.
Peça: resposta à acusação.
Foi realizada a audiência, mas ainda não tem decisão.
Peça: memoriais.
O juiz decidiu e...
Pronunciou ou desclassificou.
Impronunciou ou absolveu sumariamente.
Peça: recurso em sentido estrito.
O caso foi julgado pelo Conselho de Sentença.
Peça: apelação.
Peça: apelação.

Rito da Lei de Drogas

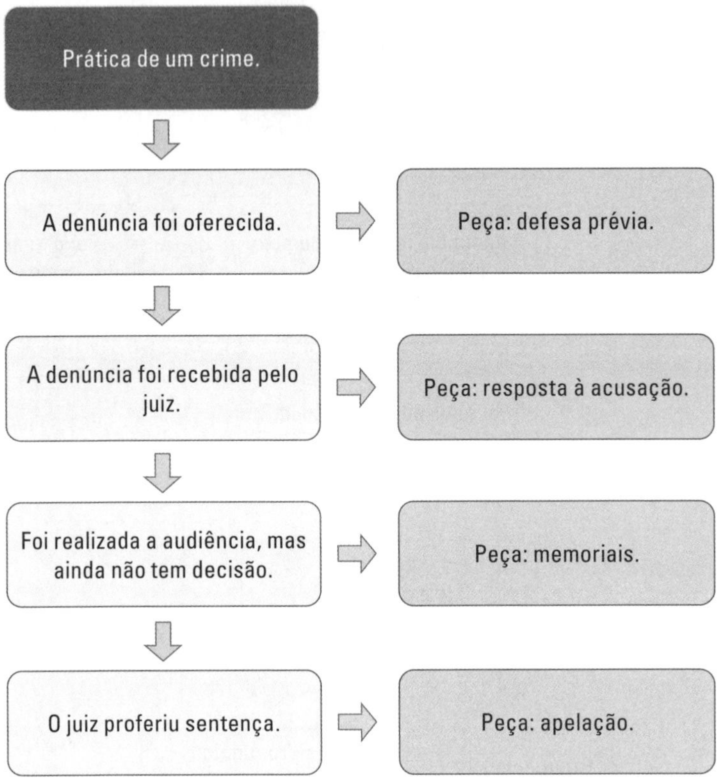

É claro, tem mais peças. Os fluxogramas anteriores servem apenas para dar uma ideia geral, pois considero que você, amigo leitor, está estudando o livro na ordem sugerida – e, portanto, está no começo da preparação para a segunda fase do Exame de Ordem. Ao longo do manual, os ritos são vistos de forma mais aprofundada.

➔ **Para acalmar o coração:** como estamos no começo da preparação, você deve estar muito apreensivo com a escolha da peça cabível. Para tentar trazer um pouco de paz, a história do João, que caiu no mundo do crime.

a) No dia 16 de julho de 2019, João foi preso em flagrante pela prática do crime de roubo. A prisão não foi comunicada ao juiz competente e, por isso, tornou-se ilegal, devendo ser relaxada. Cabível, portanto, o ***relaxamento da prisão em flagrante*** (VI Exame de Ordem).

b) Por se tratar de ação penal pública, a ação penal não deve ser iniciada por ***queixa-crime*** (XV Exame de Ordem), mas por denúncia, a ser oferecida pelo MP.

c) O MP denunciou João no dia 30 de julho de 2019.

d) O juiz da 1.ª Vara Criminal da comarca de Belo Horizonte recebeu a denúncia do MP e mandou citar João, para que oferecesse a sua primeira defesa do processo, a ***resposta à acusação*** (Exames de Ordem 2010.2, VIII, XXI e XXV).

e) Por não ter absolvido sumariamente João, o juiz designou data para a audiência de instrução e julgamento.

f) Encerrada a audiência, as partes deveriam oferecer suas alegações oralmente. No entanto, em virtude da complexidade do caso, o juiz abriu prazo para o oferecimento das alegações finais por escrito, por **memoriais** (Exames de Ordem IX, XIV, XVII, XX, XXIII e XXVI).

g) Oferecidos, pelas partes, os memoriais, o juiz decidiu pela condenação de João. O réu não concordou com a sentença e quis recorrer. Se a sentença condenatória estivesse no art. 581 do CPP, caberia **recurso em sentido estrito** (Exames de Ordem 2010.3, XI e XXVIII), mas não está. Quando isso acontece, usamos um recurso residual: a **apelação** (Exames de Ordem IV, V, VII, XII, XIII, XVIII e XXII).

h) Como João apelou, o MP teve de se manifestar, para *rebater* o que foi dito pelo réu em seu recurso. Essa resposta ao recurso da outra parte é chamada de *contrarrazões* – no exemplo, de apelação (Exames de Ordem XIX e XXVII). Se o MP tivesse recorrido, João teria de oferecer as ***contrarrazões***.

i) O TJ negou provimento ao recurso de João e ocorreu o trânsito em julgado. Passado um tempo, condenado, ele pediu ao juiz da execução penal a progressão de regime, pois já havia cumprido o tempo necessário para a obtenção do benefício, mas o magistrado indeferiu o pedido. A decisão podia ser combatida com o único recurso cabível em fase de execução: o **agravo em execução** (Exames de Ordem XVI, XXIV e XXIX).

j) No futuro, João poderá voltar a discutir sua inocência, por meio de **revisão criminal** (X Exame de Ordem), a única forma de retornar ao debate do mérito da causa após o trânsito em julgado da sentença condenatória.

2. PEÇAS QUE JÁ CAÍRAM

A Banca é bastante repetitiva no que pede na 2.ª fase do Exame de Ordem. Exceto em uma ou outra edição da prova, sempre são cobradas as mesmas peças, com as mesas teses. Tudo sempre igual. Por esse motivo, para garantir a sua aprovação, é necessário manter o foco naquilo que tem mais chance de cair. É claro, pode cair de tudo.

Na loteria, há um tempo, foi sorteada a sequência 50, 51, 56, 57, 58 e 59. Pode se repetir no futuro? Sim, mas a probabilidade é muito baixa. É uma aposta que beira o desperdício de dinheiro. É a mesma coisa com a 2.ª fase do Exame de Ordem. Pode cair um pedido de requerimento de restituição de coisa apreendida? Sim, mas é pouco provável. É melhor apostar naquilo com mais chance: as peças das provas passadas.

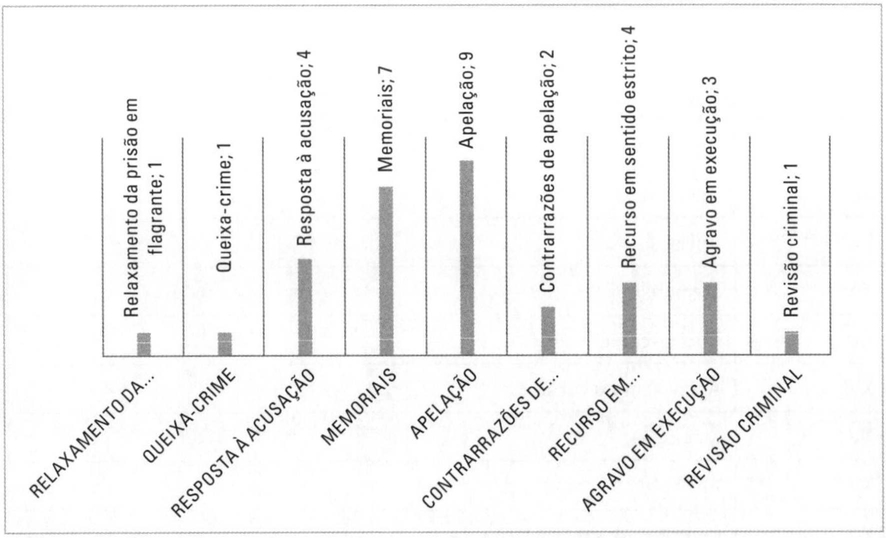

O levantamento incluiu as duas reaplicações – XX Exame de Ordem, em Porto Velho, Rondônia (memoriais) e XXV Exame de Ordem, em Porto Alegre, Rio Grande do Sul (apelação).

Não foram consideradas as provas em que a Banca aceitou mais de uma peça como resposta. No Exame de Ordem 2010.2, foi aceita a exceção de incompetência, além da resposta à acusação. No V Exame de Ordem, foram aceitas a apelação e os embargos de declaração. No X Exame de Ordem, a banca corrigiu as provas de quem fez revisão criminal ou justificação.

HISTÓRICO DAS PEÇAS	
Edição	**Peça**
2010.2	Resposta à acusação
2010.3	Recurso em sentido estrito
IV	Apelação
V	Apelação
VI	Relaxamento da prisão em flagrante Obs.: a banca, após os recursos, aceitou o relaxamento cumulado com liberdade provisória. No entanto, o gabarito não foi alterado.
VII	Apelação
VIII	Resposta à acusação
IX	Memoriais
X	Revisão criminal
XI	Recurso em sentido estrito
XII	Apelação
XIII	Apelação
XIV	Memoriais
XV	Queixa-crime
XVI	Agravo em execução
XVII	Memoriais
XVIII	Apelação
XIX	Contrarrazões de apelação
XX	Memoriais

XXI	Resposta à acusação
XXII	Apelação
XXIII	Memoriais
XXIV	Agravo em execução
XXV	Resposta à acusação
XXVI	Memoriais
XXVII	Contrarrazões de apelação
XXVIII	Recurso em sentido estrito
XXIX	Agravo em execução
XXX	Apelação
XXXI	Recurso em sentido estrito

3. ELABORANDO AS PEÇAS

O primeiro passo para fazer as peças é a impressão das folhas pautadas da Banca, iguais às utilizadas na 2.ª fase. Elas estão disponíveis no *site* da Banca, nos cadernos de prova, mas todos têm *rascunho* escrito, o que pode ser chato, caso seja uma pessoa cheia de manias (meu caso!). Na internet, vários *sites* disponibilizam essas folhas. Se não for possível, use folha de caderno mesmo, mas numere as linhas e faça margens, para se acostumar com a folha do caderno de prova da 2.ª fase. Em hipótese alguma, faça as peças no computador.

3.1. **Fazendo o esqueleto**

Não há tempo para fazer rascunho. É sério, não tente, ou reprovará! Em vez disso, é importante a elaboração de um *esqueleto*, de uma estrutura básica do que deverá estar em sua peça. Para que você compreenda a importância de seguir esta recomendação, veja o seguinte exemplo:

No dia 20 de janeiro de 2019, Carlos Alberto foi preso em flagrante pela prática do crime de furto, pois subtraiu 1 quilo de arroz e um frango assado. Ouvido pela autoridade policial, ele admitiu a conduta, mas disse que assim agiu porque seu filho, Luciano, de 3 anos, não comia fazia alguns dias, e não tinha dinheiro para a compra de alimentos. Disse, ainda, que sua vizinha, Carolina, poderia confirmar a situação de penúria em que se encontrava à época. Na audiência de custódia, foi concedida a liberdade provisória. O Ministério Público ofereceu denúncia pela prática do delito do art. 155, caput, *do CP, e o Juiz de Direito da 1.ª Vara Criminal da Comarca de Laguna, Santa Catarina, a recebeu, oportunidade em que determinou a citação do denunciado. Carlos Alberto foi citado no dia 4 de fevereiro de 2019, segunda feira, e o dia seguinte foi útil em todo o Brasil. A medida cabível deve ser oferecida no último dia de prazo.*

Considerando o que a Banca costuma pedir no Exame de Ordem, o gabarito da prova ficaria mais ou menos assim:

ITEM
1) Endereçamento: 1.ª Vara Criminal da Comarca de Laguna/SC.
2) Fundamento legal: **art. 396 ou art. 396-A do Código de Processo Penal.**
3) Carlos Alberto deve ser absolvido sumariamente.
3.1) O denunciado agiu em estado de necessidade, para salvar de perigo atual, que não provocou por sua vontade, direito de terceiro, nos termos do art. 24 do CP.
3.2) A conduta do acusado é atípica em razão do princípio da **insignificância.**
Pedidos
4) Absolvição sumária, com fundamento no **art. 397, I e III, do CPP.**
5) Intimação da testemunha.
6) Prazo: 14.2.2019.

Perceba que o gabarito sempre traz, como em meu exemplo, apenas as informações essenciais. O restante não é pontuado. Por essa razão, em seu esqueleto, procure fazer o levantamento de tudo o que deve ser dito em sua peça – o que será, de fato, pontuado –, a fim de que nada seja esquecido. Exemplo de esqueleto:

(a) Réu: Carlos Alberto.
(b) Peça: RA.
(c) Fundamentação: art. 396-A do CPP.
(d) Teses: estado de necessidade (CP, art. 24) e atipicidade material pela insignificância.
(e) Pedidos: absolvição sumária (CPP, art. 397, I e III) e a intimação da testemunha.
(f) Prazo: 14 de fevereiro de 2019.

Ao fazer a leitura do enunciado, com esse exemplo de esqueleto, a elaboração da peça fica muito fácil. Basta fazer a estrutura padrão – no caso, de uma RA. A estrutura do esqueleto fica a seu critério. Se achar melhor, pode fazer mais detalhado (ex.: tese n. 1, tese n. 2). Só não faça rascunho.

3.2. A peça ideal

Não sei de onde vem esse vício, mas nós, do Direito, somos obcecados por modelos. Da elaboração de recurso até uma carta de amor, temos o hábito de buscar um modelo pronto para tudo. Conhecendo meus alunos e leitores, começarei a parte prática do manual com o modelo da *peça perfeita*. Em verdade, é a peça de uma ex-aluna que fechou a prova. Foi feita a completa transcrição, sem modificações.

Excelentíssimo Senhor Juiz de Direito da ... Vara Criminal da Comarca de Araruama/Rio de Janeiro

(2 linhas)

Comentários: segundo o enunciado, a denúncia havia sido recebida na comarca de Araruama, Rio de Janeiro; por isso, tinha de ser mencionada, expressamente. A examinanda optou por pular apenas duas linhas entre o endereçamento e a qualificação.

ITEM	PONTUAÇÃO
1) **Endereçamento: Vara Criminal da Comarca de Araruama/RJ (0,10).**	0,10

Patrick, já qualificado nos autos, vem, por seu advogado, oferecer RESPOSTA À ACUSAÇÃO, com fundamento nos arts. 396 e 396-A, do Código de Processo Penal, pelas razões a seguir expostas:

Comentários: o gabarito exigiu o art. 396-A do CPP. No entanto, veja que não há prejuízo à nota a menção aos dois dispositivos, 396 e 396-A. Perguntei à examinanda o porquê de ter escrito CPP por extenso. A resposta: *"Não quis correr riscos"*. Fez bem! Soube de casos de examinandos que confundiram *CPP* com *CP* no momento de fundamentar a peça. Todavia, não há problema em usar a forma abreviada. Apenas tome cuidado!

ITEM	PONTUAÇÃO
2) Fundamento legal: **art. 396-A do Código de Processo Penal (0,10).**	0,10

(2 linhas)

I – DOS FATOS

O acusado, no dia 5 de março de 2017, ao ver sua sobrinha sendo agredida pelo namorado, e não possuindo outra forma de intervir, porque estava com uma perna enfaixada devido a um acidente de trânsito, em posse de uma arma de fogo de uso permitido, apertou o gatilho para efetuar disparo na direção da perna de Lauro, namorado de sua sobrinha, porém a arma não funcionou.

O Ministério Público denunciou o acusado como incurso no art. 129, § 1.°, inciso III, c/c art. 14, inciso II, ambos do Código Penal.

O oficial de justiça, ao cumprir o mandado de citação, verificou que o imóvel do acusado se encontrava fechado, e apenas em razão desse único comparecimento, no dia 26 de fevereiro de 2018, certificou que o acusado estava se ocultando e realizou no dia seguinte a citação por hora certa.

Comentários: no tópico *dos fatos,* foi feito um resumo do enunciado. Como não vale pontuação, é importante não perder muito tempo em sua elaboração. Um detalhe que chamou minha atenção foi o fato de a examinanda não pular linhas entre os parágrafos. O salto de linhas é irrelevante para a nota, mas deixa a peça mais bem organizada. No caso da examinanda, como a sua letra é muito bonita, a peça ficou agradável aos olhos, mesmo sem os saltos. De qualquer forma, friso: a estética não vale pontos.

(1 linha)

II – PRELIMINAR DE NULIDADE DA CITAÇÃO

Preliminarmente, Excelência, deve ser declarada a nulidade da citação, pois fora realizada em desacordo com as formalidades legais, uma vez que, na primeira tentativa de citação, o oficial de justiça certificou que o acusado estava se ocultando, realizando a citação por hora certa no dia seguinte.

O art. 362 do Código de Processo Penal prevê a citação por hora certa, que deverá ser realizada na forma da lei processual civil. Assim, o art. 252 do Código de Processo Civil estabelece que o oficial de justiça deve realizar duas tentativas de citação antes de realizar a citação por hora certa.

Desse modo, por não terem sido realizadas as duas tentativas de citação, conforme estabelece o art. 252 do Código de Processo Civil, deve ser declarada a nulidade da citação, nos termos do art. 564, III, "e", do Código de Processo Penal.

Comentários: a Banca erra muito na correção das provas da segunda fase do Exame de Ordem, por isso é importante a divisão das teses em tópicos, para facilitar a vida de quem corrigirá a sua peça. Faça um tópico para cada uma das teses. Sobre a tese de nulidade sustentada, observe o seguinte:

a) foram descritos os fatos que provocaram a nulidade, com base no dispositivo violado – o art. 252 do CPC;

b) foi mencionado o art. 564 do CPP, quase sempre cobrado quando a tese é de nulidade do processo;
c) foi apontada a consequência da tese: a nulidade da citação.

É interessante ter atenção a esses três pontos quando se sustenta uma nulidade, pois a banca sempre pontua as teses dessa maneira: (a) a descrição, com argumentos fáticos, do que causou a violação à lei ou súmula; (b) a descrição, com argumentos jurídicos, da violação à lei ou súmula; (c) a consequência da violação. Para obter a pontuação total da tese, faça assim:

a) Na descrição fática, utilize as informações do texto do problema proposto. O enunciado do XXV Exame de Ordem disse que o réu não estava se ocultando e que o oficial de justiça esteve em seu endereço uma única vez. Era a argumentação fática da tese, pontuada no quesito n. 3 do gabarito.
b) Na descrição jurídica, utilize as palavras da lei ou súmula como se fossem suas.
c) Diga a consequência do que está sendo sustentado (declaração de nulidade, absolvição etc.). Esta é uma das melhores formas de se obter pontos a mais na prova, pois a Banca traz dois quesitos para a consequência: no *do direito* e no *do pedido*.

ITEM	PONTUAÇÃO
3) Preliminarmente, deve ser requerido o reconhecimento da **nulidade do ato de citação (0,40), nos termos do art. 564, inciso III, e, do CPP (0,10).**	0,50
4) Patrick não estava se ocultando para ser citado e o oficial de justiça somente compareceu em uma oportunidade **(0,15)**, não preenchendo os requisitos do **art. 362 do CPP (0,10).**	0,25

(1 linha)

III – DO DIREITO

a) DA LEGÍTIMA DEFESA

No mérito, Excelência, deve o acusado ser absolvido sumariamente, pois agiu em legítima, constituindo causa excludente da ilicitude, prevista no art. 25 do Código Penal.

O acusado, ao ver sua sobrinha sendo violentamente agredida pelo namorado e não possuindo outros meios para intervir, apertou o gatilho para efetuar o disparo na direção da perna do agressor.

Assim, o acusado usou moderadamente dos meios necessários (a arma de fogo era seu único meio de defesa, já que estava com a perna enfaixada devido a um acidente de trânsito, para repelir uma agressão injusta e atual, praticada contra pessoa de sua família).

Desse modo, deve o acusado ser absolvido sumariamente por agir em legítima defesa, prevista no art. 25 do Código Penal.

Comentários: como vimos anteriormente, a tese deve ser sustentada em três pontos:

a) Descrição fática. A examinanda fez isso no segundo parágrafo (*o acusado...*);
b) Descrição jurídica. No terceiro parágrafo, foi feita a transcrição do que diz o art. 25 do CP, que fundamenta a legítima defesa (*assim...*). Veja como a examinanda usou as palavras do art. 25 como se fossem suas;
c) A consequência da tese. No primeiro e no quarto parágrafos (*no mérito...*), é pedida, expressamente, a absolvição sumária.

ITEM	PONTUAÇÃO
8) Absolvição sumária, tendo em vista que há manifesta causa excludente da ilicitude **(0,40).**	0,40
9) Patrick agiu amparado pela legítima defesa **(0,70)**, prevista no **art. 25 do CP OU no art. 23, II, do CP (0,10).**	0,80
10) Patrick utilizou dos meios necessários **(0,10)** para repelir injusta agressão atual **(0,15).**	0,25
11) A conduta de Patrick visava resguardar direito de terceiro/sua sobrinha **(0,10).**	0,10

(1 linha)

b) DO CRIME IMPOSSÍVEL

Ademais, deve o acusado ser absolvido sumariamente em razão da atipicidade de sua conduta, pois trata-se de hipótese de crime impossível por ineficácia absoluta do meio, conforme estabelece o art. 17 do Código Penal.

O laudo pericial da arma de fogo apreendida concluiu pela total incapacidade de efetuar disparos, desse modo, o crime do art. 129, § 1.º, inciso III, jamais se consumaria, não se punindo a tentativa, já que nenhum disparo poderia ser realizado.

Assim, a absolvição sumária é medida que se impõe.

Comentários: mais uma vez, a examinanda soube sustentar a tese. Embora a descrição fática, jurídica e a consequência estejam misturadas, a banca não deve ter tido dificuldade para corrigir esse trecho da peça. Apenas um alerta: para a sorte dela, o art. 129 do CP não foi pontuado no gabarito. Por ter esquecido de ter dito *Código Penal*, poderia ter perdido integralmente o quesito.

ITEM	PONTUAÇÃO
5) Absolvição sumária, tendo em vista que a conduta narrada evidentemente não constitui crime **(0,40)**.	0,40
6) Não há que se falar em punição da tentativa, tendo em vista que houve crime impossível **(0,70)**, previsto no **art. 17 do CP (0,10).**	0,80
7) A arma de fogo utilizada não era apta a efetuar disparos **(0,30)**; logo, houve absoluta ineficácia do meio **utilizado (0,20).**	0,50

(1 linha)

c) DA DESCLASSIFICAÇÃO

Subsidiariamente, caso Vossa Excelência não entenda pela absolvição sumária, requer a desclassificação para o crime de ameaça, previsto no art. 147 do Código Penal, haja vista que a vítima não sofreu qualquer lesão, tendo em vista a ineficácia da arma de fogo, que foi capaz apenas de causar temor à vítima.

Em consequência da desclassificação, requer seja declarada a decadência do direito de queixa, pois o crime do art. 147 é persequível por ação penal privada, restando, portanto, ultrapassado o prazo decadencial de seis meses para o oferecimento da queixa, conforme estabelece o art. 38 do Código de Processo Penal, transcorrido da data do conhecimento da autoria até a presente data mais de seis meses, constituindo a decadência causa de extinção da punibilidade prevista no art. 107, IV, do Código Penal.

d) DA SUSPENSÃO CONDICIONAL DO PROCESSO

Por fim, caso Vossa Excelência não entenda pela absolvição, requer a remessa dos autos ao Ministério Público para que seja proposta a suspensão condicional do processo, prevista no art. 89 da Lei n. 9.099/95.

O crime do art. 129, § 1.º, inciso III, do Código Penal, possui pena mínima de 1 (um) ano, bem como não ser o acusado reincidente.

Comentários: a tese de desclassificação não estava no gabarito, por isso, não houve atribuição de pontos. De qualquer forma, agiu bem a examinanda. Entenda: muitas vezes, alunos me procuram após a prova e dizem não ter sustentado uma tese por receio de que não estaria no gabarito. Entretanto, o que é dito a mais não causa prejuízo. O problema é deixar de dizer algo que está no gabarito. Na dúvida, portanto, sustente a tese. Na pior das hipóteses, perderá tempo com algo inútil, como aconteceu com a peça que estamos analisando.

(1 linha)

IV – DO PEDIDO

Diante do exposto, requer:

a) preliminarmente, a nulidade da citação, com fundamento no art. 564, III, "e", do Código de Processo Penal;

b) a absolvição sumária do acusado, pois agiu em legítima defesa, causa excludente da ilicitude prevista no art. 25 do Código Penal, com fundamento no art. 397, I, do Código de Processo Penal;

c) a absolvição sumária em razão da atipicidade de sua conduta, por se tratar de crime impossível, previsto no art. 17 do Código Penal, com fundamento no art. 397, III, do Código de Processo Penal;

d) a desclassificação para o crime de ameaça, previsto no art. 147 do Código Penal, e a consequente absolvição sumária em razão da decadência do direito de queixa, com fundamento no art. 397, IV, do Código de Processo Penal;

e) a remessa dos autos ao Ministério Público para que seja proposta a suspensão condicional do processo;

f) caso assim não entenda Vossa Excelência, requer a intimação das testemunhas abaixo arroladas, para serem ouvidas durante a instrução processual.

Comentários: em algumas peças – e a RA é uma delas –, a Banca pontua duas vezes os pedidos: uma, quando sustentada a tese, como consequência do seu reconhecimento, e outra ao final, no *do pedido*. A examinanda poderia ter dito: *art. 397, I, II e III, do CPP*. No entanto, preferiu sustentar cada inciso individualmente. Fez bem. Reflita comigo: se tivesse pedido os três incisos em conjunto, caso um não constasse no gabarito, toda a fundamentação teria sido perdida. Ao pedir cada um separadamente, as respostas foram *isoladas*, e uma não prejudicaria a outra.

ITEM	PONTUAÇÃO
12) Absolvição sumária **(0,30)**, com fundamento no **art. 397, inciso I, do CPP (0,10) e no art. 397, inciso III, do CPP (0,10).**	0,50

(1 linha)

Pede deferimento.

(1 linha)

Araruama/Rio de Janeiro, 09 de março de 2018.

Advogado, OAB.

Comentários: a examinanda fechou a peça com o nome da comarca. Não deveria haver problema, afinal, a cidade de Araruama foi mencionada no enunciado. Contudo, soube de pessoas que reprovaram por esse motivo em provas recentes – um absurdo. Por essa razão, diga apenas *comarca ...* ou *comarca XXX*.

ITEM	PONTUAÇÃO
14) Prazo: 09 de março de 2018 **(0,10)**.	0,10

(1 linha)

Rol de testemunhas

1. Natália, endereço;
2. Maria, endereço;
3. José, endereço.

Comentários: o rol de testemunhas sempre é pontuado em resposta à acusação. Veja que não é necessário dizer muita coisa. Basta listar os nomes delas.

ITEM	PONTUAÇÃO
13) Rol de testemunhas (Maria, José e Natália) **(0,10)**.	0,10

3.3. Estrutura das peças

3.3.1. Introdução

No domingo à noite, após a prova da 2.ª fase, sempre recebo mensagens de examinandos com dúvidas a respeito do que pode ou não fazer na estrutura da peça – curiosamente, deixam as dúvidas para depois da prova, quando já não há mais o que ser feito. Para que você, leitor, não passe pelos mesmos problemas, fiz uma seleção dessas dúvidas mais comuns:

1.ª) Salto de linhas entre o endereçamento e a qualificação

Tem professor que fala em cinco linhas. Em alguns manuais, vi a sugestão de sete linhas. Afinal, quantas linhas devo saltar? Nenhuma! Você leu certo: nenhuma. O edital não faz qualquer exigência. A lei, muito menos. Caso não salte linha, não haverá prejuízo à nota. Não existe um quesito no gabarito para o salto. Entretanto, por questões estéticas, acho interessante pular algumas. A peça fica mais *bonita*, agradável aos olhos – todavia, é mero capricho, sem valor.

A quantidade fica por sua conta, mas não exagere. Se saltar, por exemplo, dez linhas, talvez falte espaço para a elaboração da peça. Faça o teste: imprima o caderno de folhas pautadas do Exame de Ordem (tem no *site* da Banca) e veja como fica melhor, de acordo com a sua caligrafia. Em meu caso, que faço garranchos, é melhor pular umas cinco linhas. De qualquer forma, friso: não vale nada. É só para deixar a peça com uma melhor aparência.

2.ª) Excelência, Doutor, Senhor

No endereçamento, a banca pontua apenas a menção à *vara* e à *comarca*. Se o enunciado disser que a ação penal está correndo na *1.ª Vara Criminal da Comarca de Xique-Xique*, a sua peça deverá estar endereçada exatamente dessa forma. O uso de expressões de tratamento como *senhor* ou *doutor* são irrelevantes para a nota. Assim como o salto de linhas, cabe ao examinando decidir a estética-padrão de suas peças. De qualquer forma, não vale ponto algum. Se quiser seguir um padrão comum entre os aprovados, opte por "Excelentíssimo Senhor Doutor".

3.ª) Qualificação

De todos os Exames de Ordem, a qualificação da parte foi pontuada apenas no XV, quando caiu uma queixa-crime. Portanto, não é algo que merece a sua preocupação. Se o seu problema é memorizar quando a parte deve ou não ser qualificada, uma sugestão: qualifique sempre. Se, em resposta à acusação ou memoriais, o réu for qualificado – o que é desnecessário, afinal ele já foi qualificado na denúncia –, você não perderá pontos por causa disso. Não existe um quesito que desconte pontos do que é dito além do necessário.

4.ª) Nome da peça em letra maiúscula

Também é irrelevante. Não existe essa exigência no edital. Pouco importa se, em sua peça, o nome dela está em letra maiúscula ou minúscula. No entanto, sugerimos que a coloque em destaque, separada do restante do texto, para facilitar a correção do examinador.

5.ª) Procuração do advogado

A menção à procuração foi pontuada uma única vez, no XV Exame de Ordem, quando caiu uma queixa-crime. Em regra, não vale pontuação. Se cair queixa-crime ou revisão criminal, escreva (procuração com poderes especiais – Doc. 1).

6.ª) Fundamentação por extenso

CPP ou Código de Processo Penal? Tanto faz! A Banca aceita as duas formas. No entanto, na fundamentação da peça, prefiro escrever por extenso, para evitar erros. Tive alunos que, por nervosismo, distração ou qualquer outro motivo, trocaram *CPP* por *CP*, ou, pior, CPC. Considerando que o erro de fundamentação é motivo para *zerar* a peça, então é melhor não arriscar.

7.ª) Muito respeitosamente...

Os cumprimentos ao magistrado, na qualificação, não são pontuados. Em regra, apenas duas coisas são avaliadas na qualificação: o nome e a fundamentação da peça. Na queixa-crime, a qualificação das partes e a procuração com poderes especiais também são pontuadas. O resto é firula.

8.ª) Salto de página na interposição

Em recursos, nos quais que temos de fazer duas peças (interposição e razões ou juntada e razões), alguns examinandos optam por iniciar as razões na segunda página do caderno de respostas. Não é errado, mas é um risco desnecessário. Explico: tanto a interposição quanto a juntada são elaboradas em, mais ou menos, quinze linhas. São trinta linhas por página. Ao saltar para a página número dois, você desperdiçará quinze linhas de resposta. Se for uma peça muito extensa, pode faltar linhas para fazer a sua peça. Sugestão: quando concluir a interposição ou a juntada, logo após *Advogado*, pule duas ou três linhas, apenas para delimitar bem onde começam as razões. Cuidado: não faça um traço.

9.ª) Dos fatos, do direito e do pedido

O edital não exige a divisão da peça em *dos fatos, do direito* e *do pedido*. Caso queira fazer tudo misturado, a sua peça será corrigida. Contudo, reflita: o corretor da Banca corrigirá diversas peças, todas bem estruturadas com a clássica divisão. Aí, na sua, não se sabe o que é descrição de fato, o que é pedido, o que é fundamentação de tese... enfim, uma bagunça! Considerando que a banca é conhecida por errar na hora de corrigir, é recomendável que a sua peça esteja bem organizada. Inclusive, recomendo a divisão do *do direito* em subtópicos – um para cada tese a ser sustentada.

10.ª) Preliminarmente, no mérito e subsidiariamente

É inegável o esforço da Banca para reduzir os seus erros de correção. Prova disso é a previsão em edital de que, ao responder às questões, o examinando tem de indicar o que está sendo respondido (*A, B, C* etc.), sob pena de receber zero. Além disso, em todas as últimas provas, o gabarito tem trazido as expressões *preliminarmente, no mérito* e *subsidiariamente*, para forçar o examinando a melhor estruturar sua peça. Todas essas regras têm por objetivo facilitar a vida de quem corrigirá a sua prova. Ao sustentar teses de nulidade e de extinção da punibilidade, portanto, comece dizendo: *preliminarmente.* Ao tratar das teses de (falta de) justa causa, diga: *no mérito.* Por fim, em relação às teses de dosimetria de pena, comece falando em *subsidiariamente.*

Obs.: não se esquecer de que apenas na resposta à acusação a extinção da punibilidade é causa de absolvição sumária. Nas demais, é tese preliminar.

11.ª) Pedidos

Nos recursos, a banca tem pontuado simplesmente os pedidos de *conhecimento e provimento.* Nas contrarrazões, o *não conhecimento e o não provimento* do recurso da outra parte. Nas demais peças, a especificação do que se pretende (*absolvição, pena-base no mínimo legal* etc.). Em verdade, se tiver tempo, ao fazer seu recurso, além do *conhecimento e provimento,* especifique os pedidos, pois já houve edição da prova em que a Banca pontuou. Se a pormenorização não estiver no gabarito, nenhum ponto será perdido – o que é dito a mais não causa prejuízo. Por fim, jamais esqueça: se o cliente estiver preso, peça a expedição de alvará de soltura.

12.ª) Comarca no fechamento

No endereçamento, você tem de mencionar o nome da comarca trazido no enunciado (São Paulo, Porto Alegre, Goiânia etc.). No fechamento, a banca não pontua, portanto, diga apenas *Comarca ...* ou *Comarca XXX.* Seja *mercenário* ao elaborar sua peça. Só se preocupe com aquilo que vale alguma pontuação.

3.3.2. Peças simples e peças compostas

A estrutura das peças é como uma fôrma. Devemos utilizar sempre as mesmas estruturas em todas as peças existentes, seja qual for a fase processual. Há duas espécies: as peças simples, sem juntada ou interposição, e as compostas, com juntada e interposição. Das peças de direito penal, temos a seguinte divisão:

Peças simples	Peças compostas
Pedidos à autoridade policial.	Todas as contrarrazões.
Queixa-crime.	Todos os recursos.
Defesa preliminar (crimes funcionais).	
Defesa prévia (Lei de Drogas).	
Exceções.	

Resposta à acusação.	
Memoriais.	
Revisão criminal.	
Habeas corpus.	
Requerimentos ao juiz das varas criminais (pedido de revogação da preventiva, por exemplo).	
Requerimentos ao juiz da execução penal (progressão, livramento condicional etc.).	

A tabela anterior foi feita apenas para acalmar seu coração. As peças compostas são aquelas em que nós queremos que nossos argumentos sejam analisados por uma outra pessoa, diversa daquela com quem estamos tratando diretamente. É o que ocorre com um recurso, em que estamos falando com a instância superior (TJ, por exemplo), mas a nossa linha de comunicação se dá por intermédio do magistrado que proferiu a decisão recorrida. Das peças compostas, muita gente confunde interposição com juntada, assunto tratado no tópico a seguir.

3.3.3. Juntada ou interposição?

Há quem perca o sono por não saber quando fazer interposição ou juntada. Esse *trauma* vem do XIX Exame de Ordem, quando a banca cobrou, pela primeira vez, contrarrazões de apelação – muitos reprovaram por causa da elaboração da peça de interposição. Todavia, não existe motivo para preocupação. Entenda:

a) Para anexar qualquer coisa aos autos, deve ser feita a petição de juntada. Exemplo: com a *vermelhinha* na mão, você está atuando na ação penal 1234567-89.2020.0004321. Certo dia, seu cliente aparece com um documento importantíssimo à defesa. Para juntá-lo aos autos, você terá de fazer uma petição de juntada, para que o documento seja anexado ao processo. Sabe aquele ícone no formato de um clipe de papel em seu *e-mail*, que você utiliza para anexar arquivos? Se quiser, a partir de hoje, diga que aquele é o botão de juntada. É a mesma coisa.
b) A interposição é a manifestação do desejo de recorrer. No exemplo anterior, não faria o menor sentido fazer uma interposição para a juntada do documento trazido pelo cliente. Já pensou? "Juiz, estou trazendo um documento... e quero recorrer!" Recorrer do quê, amigo, se não existe uma decisão? É por isso que, quando oferecemos contrarrazões a um recurso, não devemos fazer interposição, afinal não estamos recorrendo.

Portanto, não tem como fazer confusão. Há uma decisão desfavorável e você quer recorrer? Interposição. Quer simplesmente juntar um documento aos autos?

Juntada. Não tem segredo. Não tem de decorar nada. É só entender a lógica de cada uma dessas peças.

Todavia, nessa confusão entre juntada e interposição, há uma situação que muito me preocupa. Nunca aconteceu, mas, quando (e se) a Banca decidir fazer, causará problemas a muitos examinandos. Explico com dois exemplos:

1.º exemplo – No dia 2 de março, você foi intimado de uma sentença condenatória contra seu cliente. Como advogado, deve elaborar a peça cabível: uma apelação. Como ainda não houve a manifestação da vontade de recorrer, deve ser feita a interposição.

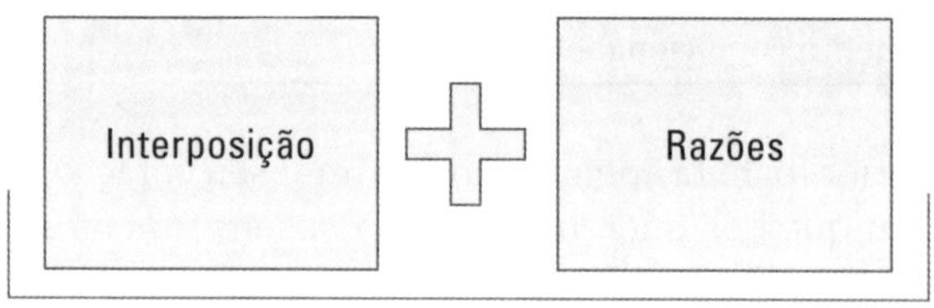

Mesma data para a interposição e para as razões.

2.º exemplo – No processo penal, é possível a interposição em um momento e, posteriormente, em outra data, o oferecimento das razões. No dia 2 de março, após já ter feito a interposição do recurso de apelação, você é intimado para oferecer a medida cabível – ou seja, oferecer as razões da apelação. Não há motivo para fazer uma nova interposição, afinal ela já foi feita anteriormente. Como já houve a interposição, o que você quer é, apenas, a juntada das razões, que deve ser feita, claro, por petição de juntada.

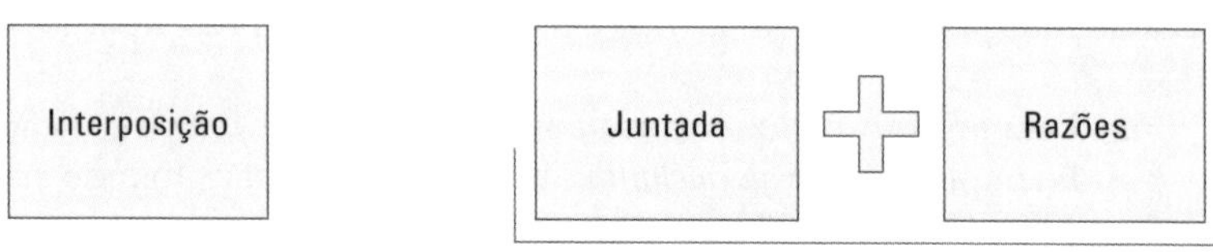

Em uma data anterior, foi feita a interposição. Mesma data para a juntada e para as razões.

O segundo exemplo nunca aconteceu no Exame de Ordem. Em todas as edições em que a banca trouxe um recurso, a parte ainda não havia feito interposição (interposição + razões). Talvez, a banca jamais faça essa *pegadinha*. Se fizer, no entanto, além de fazer juntada (e não interposição), fique atento ao prazo, que é diferente. Entenda:

1) Se faço interposição e razões, ao mesmo tempo, o prazo das duas peças é o da interposição – em uma apelação, 5 dias.
2) Se faço juntada e razões, ao mesmo tempo, o prazo das duas peças é o das razões, na apelação, 8 dias.

Achou confuso? No próximo tópico, vamos falar da contagem de prazos no processo penal, com a análise de todas as possibilidades.

3.3.4. Como contar os prazos

A contagem do prazo é tarefa das mais simples. Das possíveis *pegadinhas*, a Banca já fez todas; por isso, para este tópico, não me preocupei com teoria. Tudo o que fiz foi resolver os prazos das provas passadas. Veja:

XXXI Exame de Ordem

Peça: recurso em sentido estrito.

Prazo: 5 dias para interposição e 2 dias para o oferecimento das razões.

Dados fornecidos no enunciado: a defesa técnica e Rômulo foram intimados em 10 de março de 2020, uma terça-feira.

Domingo	Segunda	Terça	Quarta	Quinta	Sexta	Sábado
08	09	**10** Dia da intimação.	11	12	13	14
15 Quinto dia, mas é domingo.	**16** Último dia do prazo.	17	18	19	20	21

XXX Exame de Ordem

Peça: apelação.

Prazo: 5 dias para a interposição e 8 dias para o oferecimento das razões.

Dados fornecidos no enunciado: A defesa técnica de Carlos foi intimada em 18 de setembro de 2019, quarta-feira, para adoção das medidas cabíveis.

Domingo	Segunda	Terça	Quarta	Quinta	Sexta	Sábado
15	16	17	**18** Dia da intimação.	19	20	21
22	**23** Último dia de prazo.	24	25	26	27	28

XXIX Exame de Ordem

Peça: agravo em execução.

Prazo: 5 dias para a interposição e 2 dias para o oferecimento das razões.

Dados fornecidos no enunciado: a intimação ocorreu no dia 9 de julho de 2019, uma terça-feira, e quarta foi dia útil em todo o Brasil.

DOMINGO	SEGUNDA	TERÇA	QUARTA	QUINTA	SEXTA	SÁBADO
07	08	**09** Dia da intimação.	10	11	12	13
14 **Deveria ser o último dia, mas foi um domingo.**	**15** Último dia de prazo.	16	17	18	19	20

XXVIII Exame de Ordem

Peça: apelação.

Prazo: 5 dias para a interposição e 8 dias para o oferecimento das razões.

Dados fornecidos no enunciado: a intimação ocorreu no dia 18 de junho de 2018, segunda-feira, e terça-feira foi útil em todo o Brasil.

DOMINGO	SEGUNDA	TERÇA	QUARTA	QUINTA	SEXTA	SÁBADO
17	**18** Dia da intimação.	19	20	21	22	**23** Deveria ser o último dia, mas foi um sábado.
24	**25** Último dia de prazo.	26	27	28	29	30

XXVII Exame de Ordem

Peça: contrarrazões de apelação.

Prazo: 8 dias para o oferecimento das razões. Não tem interposição.

Dados fornecidos no enunciado: a intimação ocorreu no dia 5 de novembro de 2018, segunda-feira, e terça-feira foi dia útil em todo o Brasil.

DOMINGO	SEGUNDA	TERÇA	QUARTA	QUINTA	SEXTA	SÁBADO
04	**05** Dia da intimação.	06	07	08	09	10
11	12	**13** Último dia de prazo.	14	15	16	17

XXVI Exame de Ordem

Peça: memoriais.

Prazo: 5 dias.

Dados fornecidos no enunciado: a intimação ocorreu no dia 4 de setembro de 2018, terça-feira, e quarta-feira foi dia útil em todo o Brasil.

DOMINGO	SEGUNDA	TERÇA	QUARTA	QUINTA	SEXTA	SÁBADO
02	03	**04** Dia da intimação.	05	06	07	08
09 **Deveria ser o último dia, mas foi um domingo.**	**10** Último dia de prazo.	11	12	13	14	15

XXV Exame de Ordem

Peça: resposta à acusação.

Prazo: 10 dias.

Dados fornecidos no enunciado: a citação ocorreu no dia 27 de fevereiro de 2018.

➔ Ano bissexto: tem gente que quase enlouquece por causa do ano bissexto. Soube de alunos que queriam levar um calendário escondido dentro do vade-mécum. Isso não é coisa de pessoas normais, amigo leitor! A Banca tem de trazer todas essas informações no enunciado: se é ou não bissexto, se o dia seguinte é útil etc. Veja o exemplo do XXV Exame de Ordem, em que não foi dito que o ano foi bissexto. Logo, não foi! Ademais, a banca não disse se o dia seguinte à citação era útil. Também não foi informado o dia da semana. Portanto, nenhuma dessas informações deveria ser levada em consideração. Sobre o ano bissexto, se isso ainda é um problema, é simples: as peças são sempre datadas no ano da prova. O ano de 2020 é bissexto. Ponto final.

-	-	-	-	-	-	-
27 **Dia da citação.**	28 O dia seguinte foi útil? Não sei. A Banca não falou. Logo, não importa.	1.º	02	03	04	05
06	07	08	**09** Último dia do prazo.	10	11	12

XXIV Exame de Ordem

Peça: agravo em execução.

Prazo: 5 dias para a interposição e 2 dias para as razões.

Dados fornecidos no enunciado: a citação ocorreu no dia 24 de novembro de 2017, sexta-feira.

➔ **Trinta ou trinta e um:** no XXIV Exame de Ordem, tivemos uma situação curiosa. Para contar o prazo, o examinando tinha de saber se novembro tem 30 ou 31 dias. A informação não foi trazida no enunciado, por isso entendo que a Banca tinha de aceitar as duas possibilidades, mas não foi assim. No futuro, se voltar a ocorrer essa situação, não tem erro: procure, na internet, a contagem dos meses nos dedos da mão, ou pergunte à sua avó. É o tipo de informação que qualquer *vovó* conhece.

DOMINGO	SEGUNDA	TERÇA	QUARTA	QUINTA	SEXTA	SÁBADO
19	20	21	22	23	**24** Dia da intimação.	**25** Deveria ser o primeiro dia da contagem, mas caiu em um sábado.

26	27	28	29	30	1.º	02

XXIII Exame de Ordem

Peça: memoriais.

Prazo: 5 dias.

Dados fornecidos no enunciado: a intimação ocorreu no dia 24 de agosto de 2016, quarta-feira, e quinta-feira foi dia útil em todo o Brasil.

DOMINGO	SEGUNDA	TERÇA	QUARTA	QUINTA	SEXTA	SÁBADO
21	22	23	**24** Dia da intimação.	25	26	27
28	**29** Último dia do prazo.	30	31	1.º	02	03

XXII Exame de Ordem

Peça: apelação.

Prazo: 5 dias para a interposição e 8 dias para as razões.

Dados fornecidos no enunciado: a intimação ocorreu no 08 de maio de 2017, segunda-feira, e terça-feira foi dia útil em todo o Brasil.

DOMINGO	SEGUNDA	TERÇA	QUARTA	QUINTA	SEXTA	SÁBADO
07	**08** Dia da intimação.	09	10	11	12	**13** Deveria ser o último dia, mas foi sábado.
14	**15** Último dia do prazo.	16	17	18	19	20

XXI Exame de Ordem

Peça: resposta à acusação.

Prazo: 10 dias.

Dados fornecidos no enunciado: a citação ocorreu no dia 16 de março de 2015, segunda-feira, e terça-feira foi útil em todo o Brasil.

DOMINGO	SEGUNDA	TERÇA	QUARTA	QUINTA	SEXTA	SÁBADO
15	**16** Dia da citação.	17	18	19	20	21
22	23	24	25	**26** Último dia do prazo.	27	28

XX Exame de Ordem

Peça: memoriais.

Prazo: 5 dias.

Dados fornecidos no enunciado: a intimação ocorreu no dia 6 de março de 2015, sexta-feira.

DOMINGO	SEGUNDA	TERÇA	QUARTA	QUINTA	SEXTA	SÁBADO
1.º	02	03	04	05	**06** Dia da intimação.	**07** Deveria ser o primeiro dia da contagem, mas foi sábado.
08	09	10	11	12	**13** Último dia do prazo.	14

XIX Exame de Ordem

Peça: contrarrazões de apelação.

Prazo: 8 dias. Não tem interposição.

Dados fornecidos no enunciado: a intimação ocorreu no dia 19 de outubro de 2015, segunda-feira, e terça-feira foi útil em todo o Brasil.

DOMINGO	SEGUNDA	TERÇA	QUARTA	QUINTA	SEXTA	SÁBADO
18	**19** Dia da intimação.	20	21	22	23	24
25	26	**27** Último dia do prazo.	28	29	30	31

XVIII Exame de Ordem

Peça: apelação.

Prazo: 5 dias para a interposição e 8 dias para as razões.

Dados fornecidos no enunciado: a intimação ocorreu no dia 07 de julho de 2015, terça-feira, e quarta-feira foi dia útil em todo o Brasil.

DOMINGO	SEGUNDA	TERÇA	QUARTA	QUINTA	SEXTA	SÁBADO
05	06	**07** Dia da intimação.	08	09	10	11
12 **Deveria ser o último dia, mas caiu em um domingo.**	**13** Último dia de prazo.	14	15	16	17	18

XVII Exame de Ordem

Peça: memoriais.

Prazo: 5 dias.

Dados fornecidos no enunciado: a intimação ocorreu no dia 17 de julho de 2015, sexta-feira.

DOMINGO	SEGUNDA	TERÇA	QUARTA	QUINTA	SEXTA	SÁBADO
12	13	14	15	16	**17** Dia da intimação.	**18** Deveria ter sido o início da contagem, mas foi sábado.

19	20	21	22	23	24	25
					O último dia de prazo.	

XVI Exame de Ordem

Peça: agravo em execução.

Prazo: 5 dias para a interposição e 2 dias para as razões.

Dados fornecidos no enunciado: a intimação ocorreu no dia 23 de março de 2015, uma segunda-feira. A banca não disse nada a respeito de o dia 24 ser útil. No silêncio, consideramos que sim.

DOMINGO	SEGUNDA	TERÇA	QUARTA	QUINTA	SEXTA	SÁBADO
22	**23** Dia da intimação.	24	25	26	27	**28** Deveria ser o último dia, mas foi sábado.
29	**30** Último dia de prazo.	31	1.º	02	03	04

XV Exame de Ordem

Peça: queixa-crime.

Prazo: em regra, 6 meses, contados do dia em que a vítima conhece a autoria da infração penal.

Dados fornecidos no enunciado: a banca não pediu a peça no último dia de prazo. No entanto, havia a data em que a vítima conheceu a autoria: o dia 19 de abril de 2014, um sábado.

➔ Os prazos materiais têm algumas peculiaridades em relação aos prazos processuais. A primeira é o fato de que não existe a figura do dia "zero". No caso do XV Exame de Ordem, a descoberta da autoria aconteceu no dia 19 de abril. O prazo começou ali, e não no dia 20, devendo ser excluído o último dia da contagem. Além disso, pouco importa se o dia é útil ou não.

ABRIL	MAIO	JUNHO	JULHO	AGOSTO	SETEMBRO	OUTUBRO
14 Dia em que a vítima descobriu a autoria do crime. É irrelevante o fato de ser um sábado.	1.º mês.	2.º mês.	3.º mês.	4.º mês.	5.º mês.	**13** Último dia do prazo. Pouco importa se foi ou não útil.

XIV Exame de Ordem

Peça: memoriais.

Prazo: 5 dias.

Dados fornecidos no enunciado: a intimação ocorreu no dia 15 de abril de 2014, quinta-feira, e não foi dito se sexta-feira foi útil. No silêncio, foi.

DOMINGO	SEGUNDA	TERÇA	QUARTA	QUINTA	SEXTA	SÁBADO
06	07	08	09	**10** Dia da intimação.	11	12
13	14	**15** Último dia do prazo.	16	17	18	19

XIII Exame de Ordem

Peça: apelação.

Prazo: 5 dias para interposição e 8 dias para as razões.

Dados fornecidos no enunciado: o enunciado disse que a audiência ocorreu no dia 29 de agosto de 2013, uma quinta-feira, e no mesmo dia foi proferida sentença.

DOMINGO	SEGUNDA	TERÇA	QUARTA	QUINTA	SEXTA	SÁBADO
25	26	27	28	**29** Dia da audiência, quando as partes foram intimadas.	30	31

1.º	02	**03** Último dia de prazo.	04	05	06	07

XII Exame de Ordem

Peça: apelação.

Prazo: 5 dias para interposição e 8 dias para as razões.

Dados fornecidos no enunciado: a Banca não pediu a peça no último dia de prazo. De qualquer forma, era possível calcular. Foi informado que a sentença foi proferida no mesmo dia da audiência, 18 de outubro de 2012, uma quinta-feira.

DOMINGO	SEGUNDA	TERÇA	QUARTA	QUINTA	SEXTA	SÁBADO
14	15	16	17	**18** Dia da intimação.	19	20
21	22	**23** Último dia do prazo.	24	25	26	27

XI Exame de Ordem

Peça: recurso em sentido estrito.

Prazo: 5 dias para interposição e 2 dias para as razões.

Dados fornecidos no enunciado: a intimação aconteceu no dia 2 de agosto de 2013, sexta-feira.

DOMINGO	SEGUNDA	TERÇA	QUARTA	QUINTA	SEXTA	SÁBADO
28	29	30	31	1.º	**02** Dia da intimação.	**03** Deveria ser o primeiro dia da contagem, mas caiu em um sábado.

04	05	06	07	08	09 Último dia do prazo.	10

X Exame de Ordem

Peça: revisão criminal.

Prazo: não tem prazo.

IX Exame de Ordem

Peça: memoriais.

Prazo: 5 dias.

Dados fornecidos no enunciado: não havia dados suficientes. A banca não pontou.

VIII Exame de Ordem

Peça: resposta à acusação.

Prazo: 10 dias.

Dados fornecidos no enunciado: a citação ocorreu no dia 18 de janeiro de 2011. Não havia informação sobre o dia da semana.

-	-	-	-	-	-	-
18 **Dia da citação.**	19	20	21	22	23	24
25	26	27	**28** Último dia do prazo.	29	30	31

VII Exame de Ordem

Peça: apelação, na condição de assistente de acusação.

Prazo: 15 dias, pois ainda não estava habilitado.

Dados fornecidos no enunciado: o prazo recursal do MP acabou no dia 11 de janeiro de 2011, mas o examinando estava na posição de assistente de acusação. Não havia informação sobre o dia da semana.

➔ O VII Exame de Ordem foi o mais confuso de todos em relação ao prazo. Inicialmente, a banca aceitou cinco datas diferentes, mas foi sensata e, no final das contas, não trouxe a informação no gabarito. Entenda um dos possíveis cálculos:

-	-	-	-	-	-	-
11 Dia de intimação do MP.	12	13	14	15	**16** Último dia do prazo do recurso do MP.	17
18 Início do prazo do assistente de acusação não habilitado.	19	20	21	22	22	23
24	25	26	27	28	29	30
31	**1.º** Último dia do prazo do assistente de acusação.	02	03	04	05	06

VI Exame de Ordem

Peça: relaxamento da prisão em flagrante.

Prazo: não tem prazo.

V Exame de Ordem

Peça: apelação.

Prazo: 5 dias para a interposição e 8 dias para as razões.

Dados fornecidos no enunciado: a intimação em Diário da Justiça eletrônico ocorreu no dia 16 de fevereiro de 2011. Não foi informado o dia da semana. A banca exigiu o último dia da semana no enunciado, mas não trouxe nada no gabarito.

-	-	-	-	-	-	-
11 **Dia em que a decisão saiu no DJ.**	**12** Dia em que consideramos intimada a parte.	13	14	15	16	**17** Último dia do prazo.

IV Exame de Ordem

Peça: apelação.

Prazo: 5 dias para a interposição e 8 dias para as razões.

Dados fornecidos no enunciado: não havia data da intimação.

Exame de Ordem 2010.3

Peça: recurso em sentido estrito.

Prazo: 5 dias para a interposição e 2 dias para as razões.

Dados fornecidos no enunciado: a banca não exigiu, mas havia como calcular, pois tinha a data da intimação: 12 de agosto de 2010.

-	-	-	-	-	-	-
12 **Dia da intimação em audiência.**	13	14	15	16	**17** Último dia do prazo.	18

Exame de Ordem 2010.2

Peça: resposta à acusação.

Prazo: 10 dias.

Dados fornecidos no enunciado: a citação ocorreu no dia 27 de outubro de 2010, quarta-feira. Não foi dito se quinta-feira foi dia útil.

DOMINGO	SEGUNDA	TERÇA	QUARTA	QUINTA	SEXTA	SÁBADO
24	25	26	**27** Dia da citação.	28	29	30
31	**1.º** Dia da juntada do mandado aos autos, irrelevante à contagem.	02	03	04	05	**06** Seria o último dia, caso não caísse no sábado.
07	**08** Último dia do prazo.	09	10	11	12	13

3.3.5. Estrutura padrão

3.3.5.1. Peça simples

Excelentíssimo Senhor Juiz de Direito da 1.ª Vara Criminal da Comarca de Boa Vista, Roraima,

Comentários: em todas as últimas provas, a Banca trouxe a vara e a comarca onde o processo está correndo – por exemplo, *1.ª Vara Criminal da Comarca de Goiânia*. Se houver essa informação no enunciado, você tem de mencioná-la, pois o gabarito assim exige. Só use as fórmulas genéricas *XXX* ou reticências caso não tenha os dados, o que é pouco provável, afinal, como já disse, a banca sempre traz esses dados. A forma como nos referimos ao juiz é irrelevante. Com senhor, sem doutor, com excelência... nada disso importa. A banca só quer saber da vara e da comarca.

(Salto de linhas)

Comentários: alguns professores falam em um salto de cinco linhas. Outros, sete. Em algum manual, você talvez tenha visto a sugestão de três linhas. Para ser sincero, não sei de onde tiram essa informação. O edital não fala nada. A lei, muito menos. Se quiser, não salte linhas. A escolha é sua. Esteticamente, fica bom, mas não influenciará em absolutamente nada em sua nota.

Teresa, já qualificada nos autos, vem, por seu advogado (procuração anexada), oferecer Resposta à Acusação, com fundamento nos arts. 396 e 396-A do Código de Processo Penal, pelas razões a seguir expostas:

Comentários: de tudo o que foi dito na qualificação, a banca só pontuará o nome e a fundamentação da peça. O restante, em regra, não vale nada. A exceção: em queixa-crime, o gabarito do XV Exame de Ordem pontuou a menção à procuração com poderes especiais e à qualificação do querelante e da querelada. Quanto ao verbo (*ajuizar, oferecer, apresentar* etc.), preocupe-se apenas com o uso da *interposição,* quando oferecer um recurso. Para as demais peças, pouco importa o verbo utilizado.

I – DOS FATOS

No dia 15 de março de 2019, a denunciada teria praticado o crime de furto simples, do art. 155 do CP, pois teria subtraído dois quilos de arroz do supermercado "Tá Barato", na cidade de Boa Vista, Roraima.

Ao ser ouvida pelo delegado de polícia que lavrou o auto de prisão em flagrante, a acusada confessou a conduta, mas disse que assim agiu por estar com dificuldades financeiras, não tendo outro meio para garantir o seu sustento.

Comentários: o edital e a lei não exigem a divisão da peça em *dos fatos, do direito* e *do pedido.* Se quiser fazer tudo misturado, a prova será corrigida normalmente. No entanto, sugiro que divida todas as suas peças em tópicos. Isso porque a Banca erra muito nas correções. Uma peça organizada reduz bastante esses erros.

II – DO DIREITO

a) DO ESTADO DE NECESSIDADE

Como se vê, Excelência, a ré deve ser absolvida sumariamente em razão do estado de necessidade, causa de exclusão da ilicitude, conforme art. 24 do CP, pois praticou a conduta para salvar de perigo atual, que não provocou por sua vontade, nem podia de outro modo evitar, direito próprio, cujo sacrifício, nas circunstâncias, não era razoável exigir-se.

b) DA INSIGNIFICÂNCIA

Ademais, deve a ré ser absolvida sumariamente por causa do princípio da insignificância, hipótese de atipicidade material, em virtude do valor ínfimo da coisa subtraída.

Comentários: é interessante dividir o tópico *do direito* em subtópicos. Reflita: o examinador está com o gabarito e tem de localizar as expressões *estado de necessidade* e *princípio da insignificância* em sua prova. Quando trazemos essas informações de forma destacada, mostramos ao corretor, de imediato, que a resposta está na prova. Ele não tem de se esforçar para localizar as respostas. Isso reduz muito a chance de erro de correção.

III – DO PEDIDO

Diante do exposto, requer:

a) A absolvição sumária da ré, nos termos do art. 397, I, do CPP, em razão do estado de necessidade;

b) A absolvição sumária por causa da atipicidade da conduta, com fundamento no art. 397, III, do CPP.

Comentários: o pedido é a consequência lógica do que foi sustentado no *do direito*. Não entendo como alguém pode sustentar algo como tese e não falar nada no *do pedido*, afinal é só repetir tudo.

Comarca ..., 10 de abril de 2019.

Advogado, OAB.

Comentários: a banca sempre atribui pontos à data no último dia do prazo.

3.3.5.2. Peça composta

Excelentíssimo Senhor Juiz de Direito da 1.ª Vara Criminal da Comarca de Boa Vista, Roraima,

Comentários: em todas as últimas provas, a Banca trouxe a vara e a comarca onde o processo está correndo – por exemplo, *1.ª Vara Criminal da Comarca de Goiânia*. Se houver essa informação no enunciado, você tem de mencioná-la, pois o gabarito assim exige. Só use as fórmulas genéricas *XXX* ou reticências caso não tenha os dados, o que é pouco provável, afinal, como já disse, a banca sempre traz esses dados. A forma como nos referimos ao juiz é irrelevante. Com senhor, sem doutor, com excelência... nada disso importa. A banca só quer saber da vara e da comarca.

(Salto de linhas)

Comentários: alguns professores falam em um salto de cinco linhas. Outros, sete. Em algum manual, você talvez tenha visto a sugestão de três linhas. Para ser sincero, não sei de onde tiram essa informação. O edital não fala nada. A lei, muito menos. Se quiser, não salte linhas. A escolha é sua. Esteticamente, fica bom, mas não influenciará em absolutamente nada em sua nota.

Teresa, já qualificada nos autos, vem, por seu advogado (procuração anexada), interpor Recurso de Apelação, com fundamento no art. 593, I, do Código de Processo Penal.

Comentários: de tudo o que foi dito na qualificação, a banca só pontuará o nome e a fundamentação da peça. O restante, em regra, não vale nada. Em relação à dúvida entre a juntada e a interposição, já falei disso em tópico específico.

Requer seja recebido e processado o recurso, com as razões anexadas, e encaminhado ao Tribunal de Justiça do Estado de Roraima.

Comentários: em alguns recursos, têm de ser pedido o juízo de retratação.

Comarca ..., 10 de abril de 2019.
Advogado, OAB.

Comentários: nos recursos, muitos fazem confusão na hora de contar o prazo. Isso porque, em processo penal, algumas peças podem ter a interposição e as razões oferecidas em momentos diversos. É o caso da apelação. É possível a interposição em uma data e, em momento posterior, o oferecimento das razões, por isso temos dois prazos: para a interposição, 5 dias; para as razões, 8 dias. Todavia, nada impede que a interposição e as razões sejam oferecidas conjuntamente. É o que acontece no Exame de Ordem. A data da interposição (ou da juntada) e das razões, portanto, é a mesma.

(Salto de linhas)

Comentários: alguns examinandos saltam para a segunda página do caderno de resposta após a interposição ou juntada. Não acho uma boa ideia. Geralmente, a interposição e a juntada não têm mais de quinze linhas. Quando se salta para a página seguinte, há um desperdício de umas quinze linhas – são trinta por página. Esse excesso pode fazer que você acabe sem espaço suficiente para a sua peça. Em vez disso, a fim que fique tudo bem organizado, pule algumas linhas (uma, duas, três...) entre a interposição e as razões.

Razões de Apelação
Apelante: Teresa.
Apelado: Ministério Público.

Egrégio Tribunal de Justiça do Estado de Roraima,
Colenda Câmara,
Douto Procurador de Justiça,

A sentença condenatória proferida pelo Juiz de Direito da 1.ª Vara Criminal da Comarca de Boa Vista, Roraima, deve ser reformada pelas razões a seguir expostas.

Comentários: de tudo o que foi falado anteriormente, pouco é relevante. Sempre inicie o recurso com *razões do recurso* ou *razões do recurso* (nome do recurso). Se estiver na posição de recorrido, *contrarrazões do recurso* (nome do recurso). Além disso, tem de dizer o estado do tribunal a quem a peça é endereçada – e a Banca sempre traz essa informação. O restante é estrutura padrão, não pontuada.

I – DOS FATOS

No dia 15 de março de 2019, a denunciada teria praticado o crime de furto simples, do art. 155 do CP, pois teria subtraído dois quilos de arroz do supermercado "Tá Barato", na cidade de Boa Vista, Roraima.

Ao ser ouvida pelo delegado de polícia que lavrou o auto de prisão em flagrante, a acusada confessou a conduta, mas disse que assim agiu por estar com dificuldades financeiras, não tendo outro meio para garantir o seu sustento.

O Juiz de Direito a condenou pelo crime de furto. Não foi reconhecida nenhuma atenuante ou causa de diminuição de pena.

Comentários: o edital e a lei não exigem a divisão da peça em *dos fatos, do direito* e *do pedido*. Se quiser fazer tudo misturado, a prova será corrigida normalmente. No entanto, sugiro que divida todas as suas peças em tópicos. Isso porque a Banca erra muito nas correções. Uma peça organizada reduz bastante esses erros.

II – DO DIREITO

a) DO ESTADO DE NECESSIDADE

No mérito, a ré deve ser absolvida em razão do estado de necessidade, causa de exclusão da ilicitude, conforme art. 24 do CP, pois praticou a conduta para salvar de perigo atual, que não provocou por sua vontade, nem podia de outro modo evitar, direito próprio, cujo sacrifício, nas circunstâncias, não era razoável exigir-se.

b) DA INSIGNIFICÂNCIA

Ademais, deve a ré ser absolvida por causa do princípio da insignificância, hipótese de atipicidade material, em virtude do valor ínfimo da coisa subtraída.

c) ATENUANTE DA CONFISSÃO

Subsidiariamente, se mantida a condenação, deve ser reconhecida a atenuante da confissão espontânea, nos termos do art. 65, I, "d", do CP.

Comentários: é interessante dividir o tópico *do direito* em subtópicos. Reflita: o examinador está com o gabarito e tem de localizar as expressões *estado de necessidade* e *princípio da insignificância* em sua prova. Quando trazemos essas informações de forma destacada, mostramos ao corretor, de imediato, que a resposta está na prova. Ele não tem de se esforçar para localizar as respostas. Isso reduz muito a chance de erro de correção.

III – DO PEDIDO

Diante do exposto, requer seja conhecido e provido.

Comentários: em recursos, tanto em razões quanto em contrarrazões, a Banca tem exigido apenas que seja requerido o *conhecimento e o provimento,* no caso de recurso oferecido, ou o *não conhecimento e não provimento,* nas contrarrazões. Se quiser individualizar os pedidos – requerer a absolvição, atenuantes etc. –, não tem problema. Em verdade, no passado, a banca até pontuava.

Comarca ..., 10 de abril de 2019.

Advogado, OAB.

Comentários: a banca sempre atribui pontos à data no último dia do prazo.

4. COMO IDENTIFICAR AS TESES

Para a 2.ª fase, o grande desafio é aprender a identificar as teses de defesa ou de acusação. No entanto, é possível facilitar essa tarefa com a análise das teses cobradas nas provas passadas, pois a Banca é muito repetitiva no que pede, conforme levantamento a seguir. Fizemos o estudo de trás para a frente, do último Exame de Ordem para o primeiro. Isso porque, nas primeiras provas, percebe-se uma prova semelhante ao Exame de Ordem elaborado pelo Cespe (Cebraspe), a banca que anteriormente aplicava a prova. Provavelmente, nas primeiras provas, a Banca quis manter o padrão da banca anterior. No entanto, com o tempo, a Banca criou um perfil próprio de prova, com foco no CP e no CPP – o Cespe cobrava com frequência a legislação penal especial.

XXXI Exame de Ordem

Peça: apelação.

Nulidade: o réu não foi intimado para comparecer em juízo.

Extinção da punibilidade: prescrição.

Falta de justa causa: desistência voluntária (CP, art. 15) e consequente desclassificação (CPP, art. 419), de homicídio para lesão corporal.

Excesso na punição: afastamento da qualificadora prevista no art. 121, § 2º, VI, do CP.

XXX Exame de Ordem

Peça: apelação.

Nulidade: (a) ausência de representação; (b) violação ao princípio da correlação.

Extinção da punibilidade: decadência.

Falta de justa causa: ausência de imperícia (o crime do problema era culposo).

Excesso na punição: (a) afastamento da agravante em razão da idade da vítima; (b) afastamento do concurso material de crime; (c) afastamento do regime inicial fechado; (d) substituição da pena privativa de liberdade por restritivas de direitos.

XXIX Exame de Ordem

Peça: agravo em execução.

Nulidade: invalidade no procedimento para a apuração de falta grave.

Excesso na punição: direito à progressão de regime e ao livramento condicional. Foram exigidas as Súmulas 441 e 535 do STJ.

XXVIII Exame de Ordem

Peça: recurso em sentido estrito.

Nulidade: (a) cerceamento de defesa porque as partes não foram ouvidas após juntada de um documento; (b) nulidade por ausência de oferecimento de proposta de suspensão condicional do processo, do art. 89 da Lei n. 9.099/95.

Extinção da punibilidade: prescrição.

Falta de justa causa: crime impossível.

XXVII Exame de Ordem

Peça: contrarrazões de apelação.

Nulidade: interrogatório como último ato da audiência, mesmo no rito da Lei de Drogas.

Falta de justa causa: inexistência de associação criminosa (Lei n. 11.343/2006, art. 35) por falta de permanência e/ou estabilidade entre os envolvidos.

Excesso na punição: (a) pena-base no mínimo legal por não ser a gravidade em abstrato motivação idônea para a exasperação; (b) atenuante da confissão espontânea (Súmula 545 do STJ); (c) reconhecimento do tráfico privilegiado (Lei n. 11.343/2006, art. 33, § 4.º, Súmula 444 do STJ e art. 5.º, LVII, da CF); (d) inconstitucionalidade do art. 2.º, § 1.º , da Lei n. 8.072/90; (e) substituição da pena privativa de liberdade por restritivas de direitos e inconstitucionalidade de parte do art. 33, § 4.º, da Lei n. 11.343/2006 (Res. n. 5 do Senado).

XXVI Exame de Ordem

Peça: memoriais.

Nulidade: ausência de intimação do réu. O seu advogado renunciou ao mandato e o juiz nomeou a Defensoria Pública, sem que o réu fosse ouvido. A banca exigiu menção à violação do princípio da ampla defesa, com fundamento no art. 5.º, LV, da CF ou no art. 564, IV, do CPP.

Falta de justa causa: atipicidade em razão de o acusado não ter iniciado os atos executórios do delito de estupro. A sua conduta foi até a preparação. A tese exigia do examinando o conhecimento do *iter criminis*.

Excesso na punição: (a) afastamento da qualificadora do art. 213, § 1.º, do CP; (b) pena-base no mínimo legal, com fundamento no art. 59 do CP; (c) afastamento da agravante do art. 61, II, *f*, do CP; (d) reconhecimento da atenuante da confissão espontânea, do art. 65, III, *d*, do CP; (e) redução da diminuição de pena da tentativa ao máximo (CP, art. 14, parágrafo único), em razão de o réu ter ficado distante da consumação; (f) fixação de regime semiaberto ou aberto, com fundamento no art. 33, § 2.º, do CP; (g) aplicação da suspensão condicional da pena, do art. 77 do CP.

XXV Exame de Ordem (reaplicação em Porto Alegre/RS)

Peça: apelação.

Nulidade: o réu não foi interrogado e não participou da produção de provas, em violação ao princípio da ampla defesa, nos termos do art. 5.º, LV, da CF.

Falta de justa causa: absolvição pelo crime de falsificação de documento por ser absorvido pelo delito de estelionato, conforme Súmula 17 do STJ. A banca exigiu a menção expressa ao princípio da consunção.

Excesso na punição: (a) redução da pena-base ao mínimo legal, por ser o dolo inerente ao tipo penal; (b) reconhecimento da atenuante do art. 65, I, do CP, em razão da idade avançada do réu; (c) reconhecimento da tentativa, por ser o estelionato crime material, e não foi obtida a vantagem ilícita; (d) substituição da pena privativa de liberdade por restritiva de direitos, com fundamento no art. 44, II, do CP; (e) suspensão condicional da pena, com fulcro no art. 77, § 2.º, do CP.

XXV Exame de Ordem (nacional)

Peça: resposta à acusação.

Nulidade: a citação por hora certa foi feita de forma errada pelo oficial de justiça, com fundamento nos arts. 362 do CPP e 564, III, *e*, também do CPP.

Falta de justa causa: (a) crime impossível, com fundamento no art. 17 do CP; (b) legítima defesa de terceiro, dos arts. 23, II, e 25 do CP.

XXIV Exame de Ordem

Peça: agravo em execução.

Excesso na punição: (a) o delito de associação para o tráfico não é hediondo ou equiparado, conforme a Lei n. 8.072/90; (b) afastamento da reincidência, com fundamento no art. 63 do CP; (c) o requisito objetivo para a progressão de regime é o cumprimento de um sexto da pena; (d) o exame criminológico não é obrigatório, com fundamento na Súmula 439-STJ e na SV-26.

XXIII Exame de Ordem

Peça: memoriais.

Nulidade: não foi oferecida a suspensão condicional do processo, do art. 89 da Lei n. 9.099/95. O gabarito exigiu a menção ao art. 28 do CPP.

Falta de justa causa: erro de tipo, com fundamento no art. 20 do CP.

Excesso na punição: (a) pena-base no mínimo legal (CP, art. 59); (b) reconhecimento da atenuante da menoridade relativa, do art. 65, I, do CP; (c) reconhecimento da atenuante da confissão espontânea, do art. 65, III, *d*, do CP; (d) reconhecimento da causa de diminuição do arrependimento posterior, do art. 16 do CP;

(e) aplicação do regime inicial aberto, conforme art. 33, § 2.º, *c*, do CP; (f) substituição da pena privativa de liberdade por restritiva de direitos (CP, art. 44).

XXII Exame de Ordem

Peça: apelação.

Nulidade: o juiz nomeou a Defensoria Pública para a defesa do réu, mas não o intimou previamente para ter a oportunidade de nomear um advogado de sua confiança.

Falta de justa causa: absolvição do crime apontado na denúncia em razão da desistência voluntária, do art. 15 do CP.

Extinção da punibilidade: por existir tese de desclassificação, ocorreu a decadência em relação ao delito menos gravoso, por isso sempre que for feita a desclassificação de um crime para outro, é importante fazer a análise das teses em relação ao novo delito encontrado.

Excesso na punição: (a) desclassificação; (b) pena-base no mínimo legal, pois atos infracionais praticados na adolescência (e as medidas socioeducativas) do réu não podem ser utilizados como maus antecedentes; (c) reconhecimento da atenuante da menoridade relativa (CP, art. 65, I); (d) reconhecimento da atenuante da confissão espontânea (CP, art. 65, III, d); (e) afastamento da majorante do art. 157, § 2.º-A, I, do CP, pois o simulacro não justifica o aumento de pena pelo emprego de arma de fogo; (f) redução da diminuição de pena da tentativa ao máximo; (g) a suspensão condicional da pena, do art. 77 do CP; (h) aplicação do regime inicial semiaberto ou aberto, com fundamento na Súmula 718-STF, na Súmula 719-STF ou na Súmula 440-STJ.

XXI Exame de Ordem

Peça: resposta à acusação.

Extinção da punibilidade: prescrição, com fundamento nos arts. 107, IV, 109, IV e 115, todos do CP.

Falta de justa causa: (a) atipicidade material em razão do princípio da insignificância; (b) estado de necessidade, conforme art. 24 do CP.

XX Exame de Ordem (reaplicação em Porto Velho/RO)

Peça: memoriais.

Falta de justa causa: (a) a coisa perdida não pode ser objeto material do delito de furto; (b) não é possível a desclassificação do delito de furto para o de apropriação de coisa achada em razão da elementar (15 dias) exigida para a prática deste delito; (c) atipicidade material e razão do princípio da insignificância.

Excesso na punição: (a) pena-base no mínimo legal, pois medidas socioeducativas por atos infracionais não podem ser consideradas como maus antecedentes; (b) reconhecimento da atenuante da menoridade relativa (CP, art. 65, I); (c) reconhecimento da atenuante da confissão espontânea (CP, art. 65, III, d); (d) reconhecimento da causa de diminuição intitulada furto privilegiado, do art. 155, § 2.º, do CP; (e) substituição da pena privativa de liberdade por restritiva de direitos (CP, art. 44); (f) fixação do regime aberto, com fundamento no art. 33, § 2.º, c, do CP; (g) suspensão condicional da pena (CP, art. 77).

XX Exame de Ordem (nacional)

Peça: memoriais.

Falta de justa causa: a coação moral irresistível, com fundamento no art. 22 do CP. O enunciado exigiu do examinando a explicação de que se trata de hipótese de inexigibilidade de conduta diversa, excludente da culpabilidade, fundamentação doutrinária da tese, por isso é importante que o examinando conheça a estrutura do crime, conforme a teoria tripartida.

Excesso na punição: (a) pena-base no mínimo legal, pois inquérito policial não pode configurar circunstância judicial desfavorável, em razão do princípio da presunção de inocência; (b) reconhecimento da atenuante da idade avançada, conforme art. 65, I, do CP; (c) reconhecimento da atenuante da confissão espontânea (CP, art. 65, III, *d*); (d) reconhecimento da atenuante da coação irresistível (CP, art. 65, III, *c*); (e) aplicação da causa de diminuição de pena do art. 33, § 4.º, da Lei n. 11.343/2006; (f) aplicação do regime inicial aberto, com fundamento na inconstitucionalidade do art. 2.º, § 1.º, da Lei n. 8.072/90; (g) substituição da pena privativa de liberdade por restritiva de direitos.

XIX Exame de Ordem

Peça: contrarrazões de apelação.

Nulidade: a apelação do MP é intempestiva, com fundamento no art. 593 do CPP.

Excesso na punição: (a) pena-base no mínimo legal, pois inquéritos e ações penais em trâmite não justificam o reconhecimento de circunstâncias judiciais desfavoráveis, sob pena de violação do princípio da presunção de inocência, com fundamento no art. 5.º, LVII, da CF ou na Súmula 444-STJ; (b) afastamento da agravante da gravidez da vítima em razão de o recorrido não saber dessa condição no momento da prática do delito; (c) afastamento da agravante da embriaguez preordenada, pois a bebida não teria sido ingerida com o objetivo de cometer crime; (d) a fração de aumento da majorante do roubo não pode ser aumentada com base, exclusivamente, no número de causas de aumento, com fundamento na Súmula 443-STJ; (e) manutenção do regime semiaberto, pois a gravidade em abstrato do delito não justifica o regime mais severo, com fundamento na Súmula 718-STF, na Súmula 719-STF e na Súmula 440-STJ.

XVIII Exame de Ordem

Peça: apelação.

Excesso na punição: (a) reconhecimento do crime único em substituição ao concurso de crimes, visto que o crime do art. 213 do CP é um tipo penal misto alternativo; (b) aplicação da pena-base no mínimo legal, pois o juiz utilizou a violação da liberdade sexual, que é inerente ao tipo penal de estupro, para exasperar a pena acima do mínimo; (c) aplicação da pena-base no mínimo legal, já que ações penais em trâmite não configuram circunstância judicial negativa, com fundamento na Súmula 444-STJ ou no princípio da presunção de inocência; (d) reconhecimento da atenuante da menoridade relativa (CP, art. 65, I); (e) reconhecimento da atenuante da confissão espontânea (CP, art. 65, III, *d*).

XVII Exame de Ordem

Peça: memoriais.

Extinção da punibilidade: prescrição, com fundamento nos arts. 107, IV, 109, IV e 115, todos do CP.

Falta de justa causa: atipicidade do furto de uso.

Excesso na punição: (a) pena-base no mínimo legal, pois ações penais em trâmite não justificam o reconhecimento de maus antecedentes, sob pena de violação do princípio da presunção de inocência; (b) reconhecimento da atenuante da menoridade relativa ou a atenuante da confissão espontânea, do art. 65, I e III, *d*, do CP, alternativamente; (c) regime inicial aberto (CP, art. 33, § 2.º, *c*); (d) substituição da pena privativa de liberdade por restritiva de direitos (CP, art. 44).

XVI Exame de Ordem

Peça: agravo em execução.

Excesso na punição: (a) afastamento da hediondez do delito; (b) concessão do livramento condicional, pois presentes os requisitos legais, conforme art. 83, I, do CP; (c) não obrigatoriedade do exame criminológico, conforme Súmula 439-STJ.

XV Exame de Ordem

Peça: queixa-crime.

Justa causa: a prática dos delitos de difamação (CP, art. 139) e de injúria (CP, art. 140).

Punição adequada: (a) incidência da majorante do art. 141, III, do CP, por ter sido o delito praticado por meio que facilite a divulgação da ofensa; (b) incidência do concurso formal de delitos (CP, art. 70). **Cuidado**: o crime contra a honra praticado em rede social, agora, é tratado em dispositivo próprio (CP, art. 141, § 2º).

XIV Exame de Ordem

Peça: memoriais.

Falta de justa causa: atipicidade da conduta por erro de tipo (CP, art. 20, *caput*).

Excesso na punição: (a) pena-base no mínimo legal; (b) reconhecimento do crime único em substituição ao concurso de delitos, por ser o estupro um tipo penal misto alternativo; (c) afastamento da agravante da embriaguez preordenada; (d) reconhecimento da atenuante da menoridade relativa; (e) regime inicial aberto, pois a imposição de regime inicial obrigatoriamente fechado aos delitos hediondos é inconstitucional.

XIII Exame de Ordem

Peça: apelação.

Falta de justa causa: absolvição do delito de violação de domicílio por ser absorvido (princípio da consunção) pelo furto qualificado.

Excesso na punição: (a) afastamento da agravante da reincidência, conforme art. 63 do CP; (b) redução da pena pela aplicação do princípio da consunção; (c) fixação de regime inicial aberto (CP, art. 33, § 2.º, *c*); (d) substituição da pena privativa de liberdade por restritiva de direitos (CP, art. 44).

XII Exame de Ordem

Peça: apelação.

Falta de justa causa: atipicidade material em razão do princípio da insignificância.

Excesso na punição: (a) reconhecimento da causa de diminuição do art. 155, § 2.º, do CP, intitulada furto privilegiado; (b) pena-base no mínimo legal, por ter o juiz considerado a reincidência para elevá-la e também como circunstância agravante, em hipótese de *bis in idem*; (c) afastamento da agravante da reincidência, com fundamento no art. 63 do CP; (d) fixação de regime inicial aberto, com fulcro no art. 33, § 2.º, c, do CP ou na Súmula 269-STJ; (e) substituição da pena privativa de liberdade por restritiva de direitos (CP, art. 44) (f) desenvolvimento a respeito da aplicação apenas da pena de multa, conforme art. 155, § 2.º, do CP.

XI Exame de Ordem

Peça: recurso em sentido estrito.

Excesso na punição: desclassificação do delito de homicídio doloso (CP, art. 121) para o de homicídio culposo em delitos de trânsito (CTB, art. 302). O padrão de resposta exigiu a explicação entre as modalidades de dolo e de culpa, com fundamento no art. 18 do CP.

X Exame de Ordem

Peça: revisão criminal. No entanto, por um equívoco do enunciado, a banca teve de aceitar a peça de justificação, procedimento do antigo CPC.

Excesso na punição: (a) desclassificação do delito de furto qualificado para o de furto simples; (b) reconhecimento da causa de diminuição do arrependimento posterior (CP, art. 16); (c) fixação de regime inicial semiaberto, com fundamento na Súmula 269-STJ.

IX Exame de Ordem

Peça: memoriais.

Nulidade: inobservância do rito da Lei n. 9.099/95, com a anulação do processo desde o recebimento da denúncia.

Extinção da punibilidade: o reconhecimento da tese de nulidade, em razão do tempo decorrido, dá causa à prescrição.

Falta de justa causa: falta de prova suficiente para a condenação.

Excesso na punição: (a) afastamento da agravante da gravidez por se tratar de hipótese de erro sobre a pessoa (CP, art. 20, § 3.º); (b) afastamento da agravante da reincidência.

VIII Exame de Ordem

Peça: resposta à acusação.

Falta de justa causa: atipicidade da extorsão por ausência da elementar vantagem indevida.

Extinção da punibilidade: em razão da tese de desclassificação de extorsão para o exercício arbitrário das próprias razões, de ação penal privada, ocorreu a decadência. Por esse motivo, é sempre importante, quando houver tese de desclassificação, a análise das teses em relação do novo delito encontrado.

Excesso na punição: desclassificação do crime de extorsão para o delito de exercício arbitrário das próprias razões (CP, art. 345).

VII Exame de Ordem

Peça: apelação (na condição de assistente de acusação).

Justa causa: a ré não poderia ter sido sumariamente absolvida por inimputabilidade, pois não era a única tese de defesa, conforme o art. 415, parágrafo único, do CPP. Por ter sido a inimputabilidade declarada em razão do estado puerperal, o gabarito exigiu que o examinando explicasse que essa condição é elementar do delito de infanticídio, do art. 123 do CP.

VI Exame de Ordem

Peça: relaxamento da prisão em flagrante.

Nulidades: (a) violação do direito de comunicação entre o preso e o advogado e a família, com fundamento no art. 5.º, LXIII, da CF e art. 7.º, III, do Estatuto da OAB; (b) não encaminhamento do auto de prisão em flagrante ao juiz competente e à Defensoria Pública, no prazo de vinte e quatro horas, como determina o art. 306, § 1.º, do CPP (a banca também aceitou o art. 5.º, LXII, da CF).

Falta de justa causa: a única prova contra o preso em flagrante foi obtida em violação ao direito de não produzir prova contra si, conforme art. 5.º, LXIII, da CF e art. 8.º, 2, *d*, do Decreto n. 678/92 (Pacto de San José da Costa Rica).

V Exame de Ordem

Peça: apelação. Em virtude da redação confusa do enunciado, a banca também aceitou quem fez embargos de declaração.

Nulidade: vedação à *reformatio in pejus*, com fundamento no art. 617 do CPP.

Extinção da punibilidade: prescrição.

Falta de justa causa: atipicidade material em razão do princípio da insignificância.

Excesso na punição: (a) afastamento da qualificadora do abuso de confiança ou a desclassificação para o furto simples; (b) aplicação da causa de diminuição denominada furto privilegiado, do art. 155, § 2.º, do CP; (c) substituição da pena privativa de liberdade em restritiva de direitos ou a suspensão condicional da pena ou a diminuição da pena por *bis in idem* (a banca trouxe as teses em um mesmo quesito, alternativamente).

Obs.: para quem fez embargos de declaração, as teses eram a obscuridade e a contradição da sentença recorrida.

IV Exame de Ordem

Peça: apelação.

Nulidade: (a) inobservância do art. 226, II, do CPP; (b) ausência de apreensão da arma para a realização da perícia, conforme art. 158 do CPP.

Falta de justa causa: prova insuficiente (CPP, art. 386, V ou VII).

Excesso na punição: (a) fixação da pena-base no mínimo legal (CP, art. 59); (b) afastamento da majorante do emprego de arma de fogo (CP, art. 157, § 2.º-A, I); (c) fixação de regime mais benéfico (CP, art. 33, § 2.º);

Exame de Ordem 2010.3

Peça: recurso em sentido estrito.

Nulidade: (a) ilegalidade na decretação da interceptação telefônica, com fundamento no art. 2.º da Lei n. 9.296/96; (b) ilicitude por derivação da prova testemunhal (CPP, art. 157, § 1.º); (c) vício na *mutatio libelli* por violação aos arts. 384 e 411, § 3.º, do CPP.

Falta de justa causa: insuficiência de prova por ausência de prova pericial.

Exame de Ordem 2010.2

Peça: resposta à acusação.

Nulidade: (a) incompetência da Justiça Estadual (CF, art. 109, V); (b) nulidade da decretação da interceptação telefônica, com fundamento nos arts. 2.º e 5.º da Lei n. 9.296/96 (a banca também exigiu o art. 93, IX, da CF); (c) ilegalidade da busca e apreensão por constar no mandado informações genéricas; (d) inépcia da denúncia, em violação aos arts. 8.º, 2, *b*, do Decreto 678/92, 5.º, LV, da CF e 41 do CPP.

Falta de justa causa: (a) não houve a prática do delito do art. 239, parágrafo único, da Lei n. 8.069/90 em virtude da ausência de dolo. Portanto, conduta atípica; (b) não ficou configurada a justa causa para persecução penal pela prática do delito do art. 317, § 1.º, do CP.

4.1. Sistema de identificação das teses

Além de conhecer as teses já cobradas, é importante que o examinando adote um sistema para a identificação das teses. Não há uma fórmula ideal. Cada profissional tem o seu próprio método para localizar as teses de defesa ou de acusação. Caso o leitor ainda não tenha um sistema próprio, explicarei o meu, que funciona muito bem.

Dividi as teses em quatro grupos:

a) **Falta de justa causa** – Na fase processual, enseja a absolvição do acusado. Na pré-processual, impede o recebimento da petição inicial (CPP, art. 395, III). O primeiro passo é a análise do delito sob a ótica da teoria tripartida, que considera o crime composto por tipicidade, ilicitude e culpabilidade. Em tipicidade, podemos buscar a ausência de conduta (ex.: erro de tipo essencial, do art. 20, *caput*, do CP), de nexo causal (ex.: art. 13, § 1.º, do CP) e a atipicidade material (ex.: princípio da insignificância), entre outras teses. Em ilicitude, buscamos as excludentes (as genéricas, do art. 23 do CP, e as especiais, a exemplo do art. 128 do CP). Por fim, em culpabilidade, podemos sustentar a inimputabilidade (ex.: art. 28, § 1.º, do CP), a ausência de potencial consciência da ilicitude (ex.: por erro de proibição inevitável, do art. 21 do CP) e a inexigibilidade de conduta diversa (ex.: coação moral irresistível, do art. 22 do CP). Também como falta de justa causa, podemos sustentar a falta de provas suficientes em desfavor do acusado.

b) **Extinção da punibilidade** – As gerais estão previstas no art. 107 do CP, mas há outras especiais, a exemplo do art. 312, § 3.º, do CP.

c) **Nulidades** – Identificado o procedimento descrito no enunciado (prisão em flagrante, ação em trâmite no rito do júri etc.), fazemos a leitura, no CPP (ou em lei especial, se for o caso), de como a legislação determina a sua realização.

d) **Excesso na punição** – Fazemos o passo a passo da aplicação da pena. Primeiro, o afastamento de qualificadoras e o reconhecimento de privilégios (os verdadeiros, como o previsto no art. 317, § 2.º, do CP). Em seguida, a análise da pena-base, para que seja fixada no mínimo legal (CP, art. 59). O próximo passo é a análise de agravantes (para afastamento) e de atenuantes (para reconhecimento), com fundamento, em regra, nos arts. 61, 62, 65 e 66 do CP. Na terceira fase, a análise das causas de aumento (para afastamento) e de diminuição (para reconhecimento), a exemplo da tentativa (CP, art. 14, parágrafo único) ou do intitulado furto privilegiado (que, em verdade, é causa de diminuição de pena, do art. 155, § 2.º, do CP). Também deve ser avaliado o regime inicial de cumprimento de pena, com fundamento no art. 33, § 2.º, do CP. Na sequência, é feita a análise da substituição da pena privativa de liberdade por restritiva de direitos (CP, art. 44). Por fim, o estudo do *sursis*, do art. 77 do CP.

Com esse passo a passo, a pesquisa é feita de forma sistematizada, sem que nada seja esquecido.

Para o estudo da justa causa, além do estudo das provas passadas, é importante que o examinando estude teoria do crime. É possível encontrar o assunto em qualquer livro de Direito Penal – mesmo em sinopses para concursos. Como não é um tema novo, é possível encontrá-lo em livros mais antigos, não sendo necessária a aquisição de obras recém-publicadas.

Além disso, é importante que o examinando leia o que diz o dispositivo legal. No furto, por exemplo, a conduta consiste em subtrair. Se o problema disser que o agente se apropriou, a tese de defesa será a atipicidade do furto por não ter havido a subtração. Em regra, é possível elaborar as teses apenas com o que diz o vade-mécum.

Para a nulidade, é importante a leitura das provas passadas, mas não há motivo para um estudo exaustivo dos procedimentos do CPP e da legislação especial. Isso porque, no dia, você terá o vade-mécum. Se o enunciado falar, por exemplo, em realização de acareação, basta confrontar os arts. 229 e 230 do CPP com o enunciado para identificar a nulidade.

Em extinção da punibilidade, as causas gerais são aquelas do art. 107 do CP. Geralmente, a banca cobra a prescrição e a decadência (CP, art. 107, IV), mas pode ser tese alguma outra, a exemplo da retroatividade da lei que deixa de considerar o fato criminoso (*abolitio criminis*, do art. 107, III, do CP) ou de causas especiais da extinção da punibilidade, como ocorre no art. 312, § 3.º, do CP.

Por fim, em excesso na punição, deve ser buscado tudo o que for favorável ao acusado em caso de condenação. Algumas atenuantes, como a menoridade relativa e a confissão espontânea, foram cobradas muitas vezes em provas passadas. Para assimilar todos os pedidos referentes à pena – em memoriais, são muitos –, a melhor forma é a prática. Depois de resolver umas cinco ou seis peças, os artigos referentes à pena não sairão mais de sua cabeça.

Caso esteja na condição de acusador (ex.: queixa-crime), a ideia é a mesma, mas na via inversa:

a) evite/rejeite nulidades;
b) aponte não ter havido a extinção da punibilidade;
c) demonstre a justa causa;
d) sustente a adequada punição ao criminoso (pena-base acima do mínimo, agravantes, regime mais gravoso etc.).

Para a correta identificação das teses, é imprescindível a identificação das palavras-chave no enunciado. Se o problema fala em citação, é bem provável que tenha havido alguma nulidade no procedimento. Para confirmar, basta ir ao índice alfabético-remissivo do CPP e descobrir onde a citação é tratada no CPP. Sempre leia as remissões abaixo dos dispositivos localizados, pois a resposta pode estar em outro artigo, lei ou em Súmulas do STF ou do STJ.

Para saber onde iniciar a busca, veja se o enunciado menciona algum artigo. Se sim, comece por ele (ou por eles). Caso contrário, separe as palavras-chave do enunciado e as procure no índice alfabético-remissivo do CP ou do CPP – se a tese disser respeito ao crime ou à aplicação da pena (tese de direito material), inicie pelo CP; caso trate de vícios no procedimento (tese de direito processual), comece pelo CPP.

5. PEÇAS PRÁTICAS

Como já falado em outros momentos, a banca é bastante repetitiva no que pede na 2.ª fase do Exame de Ordem. Por esse motivo, não posso tratar as peças que já caíram e as inéditas da mesma forma. É possível um mandado se segurança? Sim, mas a chance é muito pequena. Por outro lado, a apelação, por exemplo, tem altíssima probabilidade de voltar a cair. Pensando nisso, as peças inéditas serão tratadas após as que já foram cobradas.

5.1. Relaxamento da prisão em flagrante

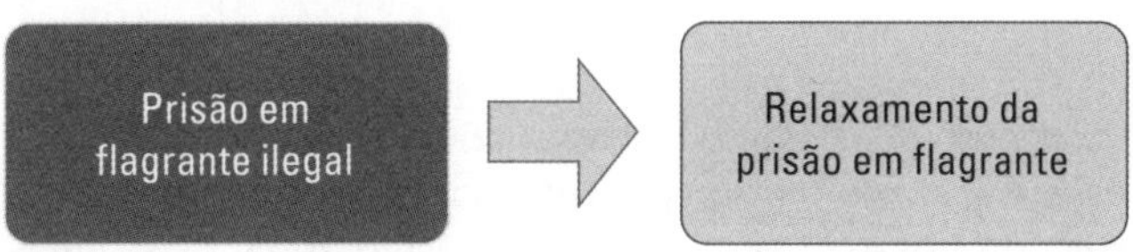

5.1.1. Como identificar a peça

O problema descreverá situação em que o indivíduo foi preso em flagrante pela prática de uma infração penal, mas deixará claro que a prisão se deu de forma ilegal.

5.1.2. Fundamentação

Art. 5.º, LXV, da CF ou art. 310, I, do CPP.

5.1.3. Nomenclaturas

Não confunda o *relaxamento da prisão*, garantia constitucional, com o *relaxamento da prisão*, peça da prática penal. Entenda: sempre que uma prisão for ilegal, deverá ocorrer o seu relaxamento (CF, art. 5.º, LXV). Portanto, *relaxar uma prisão* significa cassá-la em razão de alguma ilegalidade. Isso pode ocorrer em qualquer momento processual e em todas as peças. Em um *habeas corpus*, por exemplo, por excesso de tempo na prisão, busca-se o relaxamento da prisão. Ocorre que, na prática penal, criou-se uma peça de mesma nomenclatura: o relaxamento da prisão em flagrante, cabível, como o próprio nome já diz, contra a prisão em flagrante, e tem como objetivo o relaxamento de uma prisão ilegal. A mesma situação ocorre com a liberdade provisória. Dizemos em liberdade provisória a pessoa que aguarda, em liberdade, o julgamento do seu processo. É possível requerê-la em qualquer momento processual, em várias peças, desde que ausentes os requisitos da prisão preventiva (CPP, art. 312). Na prática penal, há uma peça intitulada liberdade provisória, cabível contra a prisão em flagrante, em que o que se busca é a concessão da liberdade provisória. Em resumo:

➔ Relaxar a prisão significa cassá-la em razão de alguma ilegalidade. Ao impetrar um *habeas corpus* para pedir a soltura de alguém, você está pedindo o relaxamento.

➔ No entanto, contra a prisão em flagrante ilegal, foi criada a peça intitulada *relaxamento da prisão em flagrante,* em que, é lógico, deve ser pedido o relaxamento da prisão.

5.1.4. Prazo

Não há prazo.

5.1.5. Teses

Em relaxamento da prisão em flagrante, não é o momento para sustentar a absolvição. Isso é assunto para peças futuras. Por enquanto, tudo o que queremos é a soltura do nosso cliente. Por esse motivo, toda a sua energia deve ser direcionada à busca por alguma ilegalidade no flagrante, que pode ser formal ou material.

➔ **Ilegalidade formal:** muitos imaginam que a prisão em flagrante se resume à *voz de prisão,* aquele momento em que alguém é imobilizado pela prática de uma infração penal. No entanto, a prisão em flagrante é mais do que isso. O CPP a regula como um procedimento, com um passo a passo a ser seguido, a partir do art. 301. Por essa razão, ao se fazer um relaxamento da prisão em flagrante na 2.ª fase do Exame de Ordem, o primeiro passo é a identificação de violação ao que prevê o CPP. Alguns exemplos:

a) falta de comunicação imediata da prisão à autoridade judiciária ou ao MP;
b) não encaminhamento do auto de prisão em flagrante à Defensoria Pública, quando o autuado não estiver acompanhado por advogado;
c) falta de entrega da nota de culpa ao preso;

d) incomunicabilidade do preso ou falta de comunicação da prisão à família do preso ou pessoa por ele indicada;
e) falta de representação na hipótese de ação penal pública condicionada;
f) falta de requerimento da vítima, em caso de crime de ação penal privada;
g) ausência de laudo de constatação da natureza da droga (Lei n. 11.343/2006, art. 50, § 1.º).

➔ **Ilegalidade material:** além das formalidades legais e constitucionais para a lavratura do auto de prisão em flagrante, devem estar presentes situações autorizadoras da prisão em flagrante. Nesse sentido, se a prisão realizada não se enquadra em nenhuma das hipóteses do art. 302 do CPP, a prisão será materialmente ilegal. Em outras palavras, se não estiver configurada nenhuma das hipóteses de flagrância, a prisão é ilegal. Assim, em tese, a ilegalidade da prisão em flagrante, na forma material, ocorre invariavelmente antes do início da lavratura do auto de prisão em flagrante. Alguns exemplos:

a) inexistência de flagrante (CPP, art. 302);
b) flagrante provocado (Súmula 145 do STF);
c) flagrante forjado;
d) atipicidade da conduta.

➔ **Como não confundir com a liberdade provisória:** o relaxamento da prisão em flagrante é a peça cabível contra a prisão em flagrante ilegal. E como chegar a tal conclusão? A prisão em flagrante é disciplinada nos arts. 301 a 310 do CPP. Se o enunciado contrariar algum dos dispositivos mencionados, não haverá dúvida de que a prisão em flagrante é ilegal. Também pode ser indicada a ilegalidade em razão de falta de justa causa (ex.: prisão por fato atípico). Por outro lado, se o enunciado não mencionar qualquer ilegalidade, mas descrever que o preso tem residência fixa, trabalha, é primário – enfim, não oferece qualquer risco ao que se tutela no art. 312 do CPP –, a peça será a liberdade provisória.

5.1.6. Pedidos

Além do pedido de relaxamento da prisão em flagrante, de forma justificada (ex.: atipicidade), não se esqueça de requerer a expedição de alvará de soltura.

5.1.7. Modelo da peça

Veja o tópico *8. Provas anteriores resolvidas.*

5.2. Queixa-crime

Situação n. 1:

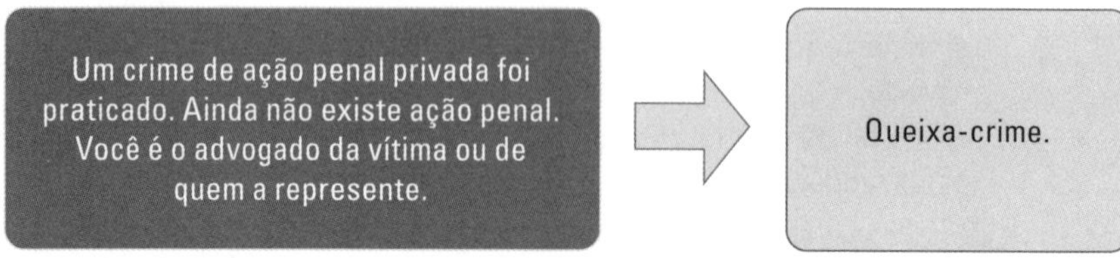

Situação n. 2

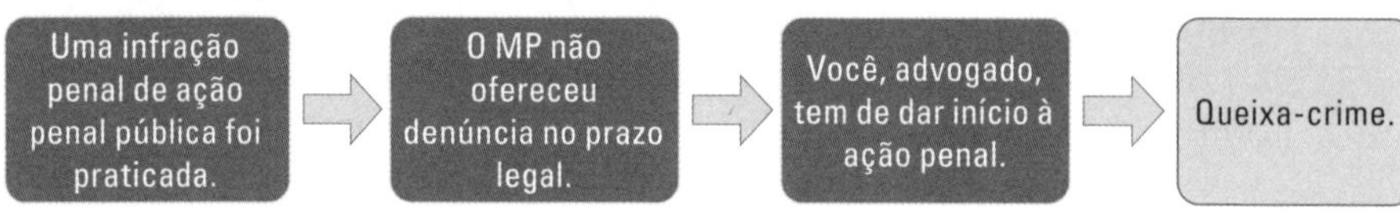

5.2.1. Como identificar a peça

O cabimento pode ser identificado em duas situações. A primeira, que já caiu, quando aconteceu um crime de ação penal privada e ainda não foi oferecida petição inicial, e você é advogado da vítima. A outra hipótese é a do crime de ação pública, quando o MP se manteve inerte e não ofereceu denúncia no prazo legal, podendo a vítima dar início à ação penal privada subsidiária da pública, a partir do oferecimento de uma queixa-crime, oferecida por você, advogado dela.

➔ Quando um crime é de ação penal privada, a lei diz, expressamente, que se trata de delito que *somente se procede mediante queixa* (ex.: art. 167 do CP).

5.2.2. Fundamentação

No XV Exame de Ordem, a Banca aceitou os seguintes artigos: arts. 100, § 2.º, do CP, e 30 e 41 do CPP.

➔ Se for hipótese de ação privada subsidiária da pública, o fundamento é o art. 100, § 3.º, do CP e o art. 29 do CPP.

5.2.3. Prazos

Em regra, seis meses, contados do dia em que a vítima descobre o autor da infração – que pode ou não coincidir com a data da conduta (CP, art. 103, e CPP, art. 38). Por ser um prazo decadencial, conforme o art. 10 do CP, computando-se o dia do começo e excluindo-se o dia final. Do mesmo modo, não se prorroga em razão de domingo, feriado e férias. Assim, se o termo final do prazo cair em sábado, domingo ou feriado, o ofendido ou seu representante não poderá aguardar o primeiro dia útil para propor a ação penal, devendo fazê-lo no último dia útil antes do fim do prazo.

No caso de morte ou ausência do ofendido, o prazo decadencial de seis meses começará a correr a partir da data em que qualquer dos sucessores elencados no art. 31 tomar conhecimento da autoria (CPP, art. 38), exceto se, quando a vítima morreu, já tinha ocorrido a decadência. Tratando-se de ação penal privada subsidiária da pública, o prazo será de seis meses, a partir do dia seguinte ao último dia de prazo do MP para o oferecimento da denúncia (CPP, art. 29, e CP, art. 100, § 3.º).

➔ Dentre as exceções de contagem do prazo de seis meses a partir da descoberta da autoria, uma que merece ser lembrada é a do crime do art. 236 do CP, que tem início de contagem com o trânsito em julgado da sentença que anulou o casamento na esfera civil.

5.2.4. Teses

A maior dificuldade da queixa-crime é o fato de nos colocar na condição de acusador. Por mais que o leitor tenha sangue de Promotor de Justiça correndo em suas veias, ao longo da preparação, são semanas e semanas aprendendo, principalmente, como defender o autor do crime. Aí, na queixa, temos de acusar – e isso dá um nó na cabeça.

O primeiro passo é estabelecer qual foi o crime praticado pelo querelado. Não existem muitos crimes de ação penal privada, o que facilita, bastante, a descoberta da adequada tipificação da conduta. No XV Exame de Ordem, a Banca trouxe um caso de crime contra a honra. Se a peça voltar a cair, não ficarei surpreso com um novo caso de calúnia, difamação ou injúria.

Se não cair um crime contra a honra, não tem problema. Observe que o CP é dividido em títulos, e cada um corresponde a um bem jurídico tutelado. Se o problema proposto disser que o criminoso destruiu patrimônio do nosso cliente, é evidente que a tipificação não estará, por exemplo, nos crimes contra a fé pública.

A situação mais complicada que consigo imaginar é a de ação penal privada subsidiária da pública, pois abriria o leque de possíveis crimes para todos os delitos de ação penal pública – e quase todos o são. Se isso acontecer, faça a análise do bem jurídico ofendido, como comentei anteriormente.

Definido o crime (ou os crimes) praticado pelo querelado, o próximo passo é A busca pela adequada punição. Veja se há agravantes ou causas de aumento de pena que têm de ser pedidas. Se tiver sido praticado mais de um crime, você terá de fazer a análise do concurso de crimes, nos arts. 69, 70 e 71 do CP.

5.2.5. Pedidos

De todas as peças da prática penal, a queixa-crime é a que tem mais pedidos que devem ser feitos. Por ter sido oferecida uma petição inicial, temos de pedir ao juiz que a receba, nos termos do art. 395 do CPP. Em seguida, tem de ser requerida a citação da outra parte, para que tome conhecimento da ação contra ela.

Além disso, não se pode esquecer o objetivo principal da peça: a condenação da outra parte, que tem de ser pedida com todos os detalhes. Devem ser especificados os crimes praticados, com a devida fundamentação, e a imposição de todos os malefícios possíveis, como agravantes e causas de aumento de pena.

Por fim, em queixa-crime, tem de arrolar eventuais testemunhas – é certo que a banca mencionará os nomes delas no enunciado – e pedir a fixação de valor mínimo de indenização, nos termos do art. 387, IV, do CPP.

5.2.6. Peculiaridades

O gabarito do XV Exame de Ordem trouxe alguns quesitos que fazem da queixa-crime uma peça diferente de todas as outras. Para que você não passe por dificuldades em sua prova, veja quais são eles:

1) Cabe a você indicar o juízo competente no endereçamento, pois a informação não estará no enunciado. Tenha cuidado com a competência do Juizado Especial Criminal (Lei n. 9.099/95, art. 61).
2) Não basta qualificar o querelante, seu cliente. Tem de qualificar também o querelado, contra quem está sendo oferecida a queixa-crime.
3) Por exigência do art. 44 do CPP, tem de ser feita expressa menção à procuração com poderes especiais, ao qualificar o querelante.
4) Os diversos pedidos, já mencionados.

5.2.7. Modelo da peça

Veja o tópico *8. Provas anteriores resolvidas.*

5.3. **Resposta à acusação (rito comum)**

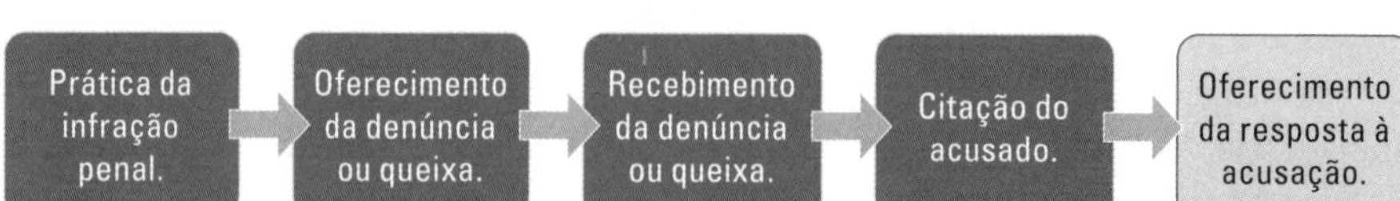

5.3.1. Como identificar a peça

A RA é a primeira defesa do réu na ação penal. O problema descreverá situação em que a outra parte – geralmente, o MP – ofereceu denúncia e o juiz a recebeu. Também será dito que o seu cliente foi citado, devendo oferecer a medida cabível. Se tiver ocorrido audiência ou se houver sentença, desconsidere a peça.

5.3.2. Nomenclatura

Quando estiver atuando em casos reais, chame a RA do que quiser. Defesa prévia, resposta preliminar, defesa preliminar etc. No Exame de Ordem, no entanto, diga *resposta à acusação*, sob pena de ver sua prova anulada.

5.3.3. Fundamentação

A Banca sempre aceita o art. 396-A do CPP. Se quiser fazer algo mais completo, diga *arts. 396 e 396-A do CPP.*

5.3.4. Prazo

O prazo é de 10 dias, contados da citação.

➔ Cuidado: o prazo é contado da citação. Pouco importa o dia em que o mandado de citação foi juntado aos autos. Em uma das primeiras provas, a banca fez essa *pegadinha*.

➔ **Citação por edital:** se tiver ocorrido a citação por edital, o prazo começa a correr do dia em que o acusado, pessoalmente, se apresenta, ou de quando ele se faz apresentar por advogado por ele constituído. A apresentação de defensor público que não teve contato algum com o réu não faz o prazo correr.

5.3.5. Teses

Em RA, você tem como principal objetivo a absolvição sumária do acusado, nos termos do art. 397 do CPP. Sem dúvida, se for a peça da sua prova, fique atento, pois haverá mais de um motivo para pedir a absolvição sumária. São quatro hipóteses:

(a) **Exclusão da ilicitude:** há outras, mas as duas principais causas são o estado de necessidade e a legítima defesa (CP, arts. 24 e 25).

(b) **Exclusão da culpabilidade:** é o que ocorre com a coação moral irresistível (CP, art. 22), com a embriaguez (CP, art. 28, § 1.º) e com o erro de proibição inevitável (CP, art. 21).

(c) **Atipicidade da conduta:** o crime impossível (CP, art. 17), a ausência de dolo e culpa, a inexistência de nexo causal entre a conduta e o resultado e a insignificância são bons exemplos.

(d) **Extinção da punibilidade:** as causas gerais estão no art. 107 do CP, mas a prescrição e a decadência são as duas mais prováveis para uma RA de segunda fase do Exame de Ordem.

➔ No art. 397, II, do CPP, há uma ressalva que exige atenção. O dispositivo diz que o réu será absolvido sumariamente se presente causa excludente da culpabilidade, salvo a inimputabilidade. Para compreender o artigo, temos de avaliar as seguintes situações:

(1) Se alguém pratica uma conduta típica, mas não tem ideia do que está fazendo em razão de doença psiquiátrica (ex.: esquizofrenia paranoide), o juiz deve absolver essa pessoa, afinal, o seu lugar não é na prisão, mas em tratamento. Por conta dessa necessidade de cuidados médicos, o magistrado absolve o acusado, mas impõe medida de segurança – por exemplo, internação em unidade hospitalar. Por ser uma absolvição que gera restrição ao direito de ir e vir, dizemos que se trata de uma *absolvição imprópria*.

(2) Agora, o *pulo do gato*: imagine que essa pessoa que sofre de esquizofrenia paranoide pratica uma conduta típica não por causa do seu problema psiquiátrico, mas por alguma excludente – por exemplo, o estado de necessidade. Seria justo, nesse caso, internar o indivíduo em um *manicômio*? Não, afinal, de certa forma, ele estaria sendo punido, ainda que indiretamente, por algo pelo qual qualquer outra pessoa seria absolvida sem qualquer ônus. Em resumo, quem sofre de algum problema mental jamais poderia se defender de alguma acusação, pois o juiz sempre o absolveria (absolvição imprópria) e aplicaria medida de segurança. Não existiria absolvição própria para quem sofre desses transtornos psiquiátricos.

Além da absolvição sumária, com base em entendimentos do STJ, é possível sustentar a desclassificação para outro delito menos gravoso que o da denúncia (*emendatio libelli*, do art. 383 do CPP) e a rejeição da inicial, nos termos do art. 395 do CPP. Esta última tese é confusa, afinal como pedir a rejeição da inicial se ela já foi recebida? Para o STJ, após a reforma do CPP, em 2008, passamos a ter dois momentos de recebimento: logo após o oferecimento da petição inicial e em resposta à acusação.

Por estar no começo de tudo, não tem muito o que falar em nulidade processual ainda. Uma boa tese é algum vício na citação do réu – por exemplo, citação por hora certa realizada em violação ao que dispõe a lei. Também podem ser sustentados vícios no recebimento da denúncia ou queixa, como já mencionei em parágrafos anteriores.

Sobre as teses de dosimetria de pena, não é o momento para serem sustentadas. Não é a hora para discutir a pena-base no mínimo legal ou para sustentar alguma atenuante. Isso porque, logo após a RA, o juiz não condenará o réu. Na pior das hipóteses, não absolverá sumariamente e designará audiência para ouvir todo mundo, oportunidade em que o acusado poderá sustentar suas teses para o caso de condenação.

➔ Há uma situação curiosa que merece sua atenção. Segundo o art. 396-A, § 1.º, do CPP, *a exceção será processada em apartado*. Ou seja, se houver tese presente no art. 95 do CPP, ela deverá ser sustentada em peça própria, paralela à RA, intitulada exceção. Um bom exemplo é a incompetência, que tem de ser sustentada em *exceção de incompetência*, e não no corpo da RA. No Exame de Ordem 2010.2, quem elaborou a prova não sabia disso, e trouxe tese de incompetência para ser sustentada na própria resposta à acusação. No final das contas, a Banca se viu obrigada a aceitar as duas peças, tanto a RA quanto a exceção. Deve ter descido amargo, pois a banca nunca mais pediu tese de incompetência. De qualquer forma, se, em sua prova, o réu tiver sido citado e houver tese de incompetência (ou outra do art. 95 do CPP), faça a seguinte análise:

a) A chance de cair exceção é muito pequena. Se houver teses de absolvição sumária (que têm de ser sustentadas em RA) e alguma de exceção, faça a resposta e, em seu corpo, sustente a tese. É errado? Sim. Mas é melhor garantir a pontuação, ainda que com base em um gabarito errado. Quem for prejudicado poderá recorrer, mas você estará acima do bem e do mal, distante da *treta*, pois terá recebido a pontuação.
b) Se não houver uma única tese de absolvição sumária ou testemunha a arrolar, mas apenas a tese com base no art. 95 do CPP, faça a exceção. No entanto, friso: só faça a exceção se não existir nenhuma tese de RA no enunciado. Todo o problema deverá girar em torno de uma daquelas situações do art. 95 do CPP. Acho muito pouco provável (quase impossível) que isso aconteça. Se o cliente tiver acabado de ser citado, é quase zero a chance de não ser uma RA.

5.3.6. Pedidos

Além do reconhecimento de alguma nulidade ou de motivo para a rejeição da petição inicial, sempre teremos, em RA, pedidos de absolvição sumária, nos termos do art. 397 do CPP. Tenha cuidado, pois se esquecer de dizer *sumária* pode custar o quesito. Ademais, nunca, em hipótese alguma, fundamente a absolvição sumária, em resposta à acusação, nos arts. 386 e 415 do CPP. Use sempre o art. 397. Outro pedido certo em RA é a oitiva das testemunhas – mas não se esqueça de trazer o rol ao final da peça.

5.3.7. Quadro de teses e pedidos

TESES	PEDIDOS
Todas as teses.	Rejeição da inicial. Todas as teses de absolvição sumária também são teses de rejeição da inicial. A legítima defesa, por exemplo, que enseja a absolvição sumária (CPP, art. 397, I), também motiva a rejeição da inicial por falta de justa causa (CPP, art. 395, III). Nas provas passadas, a Banca não exigiu o pedido de rejeição da inicial por algum motivo que motivasse a absolvição sumária.
Nulidade.	A anulação do processo desde o ato viciado – que acaba sendo a do processo todo, pois estamos no começo de tudo. A fundamentação é o art. 564 do CPP.
Extinção da punibilidade.	Absolvição sumária (CPP, art. 397, IV).
Exclusão da ilicitude.	Absolvição sumária (CPP, art. 397, I).
Exclusão da culpabilidade.	Absolvição sumária (CPP, art. 397, II).
Atipicidade – teses que atinjam a conduta, o resultado, no nexo causal e a tipicidade.	Absolvição sumária (CPP, art. 397, III).
Desclassificação.	Desclassificação.

5.3.8. Modelo da peça

Veja o tópico *8. Provas anteriores resolvidas.*

5.4. **Memoriais (rito comum)**

Situação n. 1 (CPP, art. 403, § 3.º)

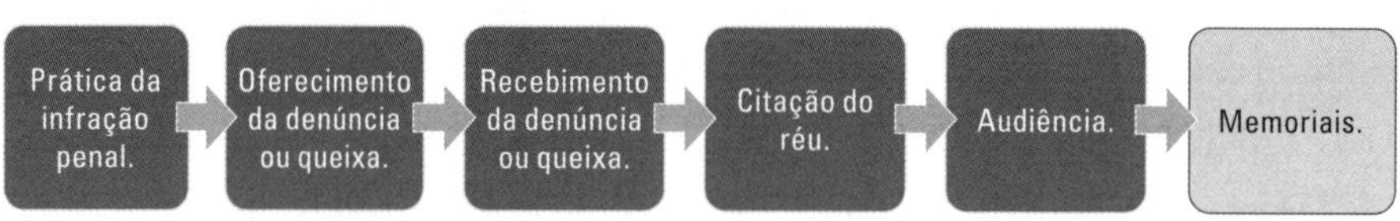

Situação n. 2 (CPP, art. 404, parágrafo único)

5.4.1. Como identificar a peça

Até a entrada em vigor da Lei n. 11.719/2008, ao final da audiência, as partes tinham 3 dias de prazo para o oferecimento das alegações finais – a regra estava no art. 500 do CPP. Ou seja, as alegações sempre tinham de ser oferecidas por escrito. No entanto, é uma regra que não faz sentido. No dia a dia da prática criminal, quase todos os casos são muito simples – o *fulano* que furtou um veículo e confessou a prática do delito ou dois bêbados que se estapearam após uma *cachaçada*. São situações em que o juiz tem até um modelo pronto de sentença. A defesa e a acusação (em regra, MP) não têm muito o que falar em suas últimas alegações. Por esse motivo, o legislador alterou o CPP para impor, como regra, as alegações finais orais, feitas na audiência. É a atual regra. Todavia, há situações excepcionais em que os casos são complexos ou que há muitos réus, inviabilizando as alegações orais. Para essas hipóteses, as alegações finais podem ser oferecidas por escrito... ou, melhor dizendo, por memoriais.

5.4.2. Nomenclatura

Em boa parte dos manuais, você encontrará apenas a expressão *memoriais*. Não há problema algum em chamar a peça apenas de memoriais, e nada mais. Entretanto, no padrão de resposta, a Banca sempre fala em *alegações finais por memoriais*. Como não quero confusão com ninguém, prefiro a expressão que ela gosta de usar. De qualquer forma, fica a seu critério: *memoriais* ou *alegações finais por memoriais*.

5.4.3. Fundamentação

Concluída a audiência, se houver muitos réus ou se o caso for complexo, as alegações finais são oferecidas por memoriais, como previsto no art. 403, § 3.º, do CPP. No entanto, há uma outra situação que exige fundamentação diversa. Entenda: concluída a audiência, descobre-se que alguma diligência tem de ser realizada. Ex.: uma certidão expedida por algum órgão, cujo teor pode influenciar diretamente na decisão do juiz. Não seria justo as partes oferecerem suas alegações finais oralmente e, depois, mas antes de proferida a sentença, ser juntado aos autos algum documento que as partes não puderam se manifestar a respeito. O ideal é que a audiência seja concluída, a diligência seja realizada e, em seguida, as partes se manifestem, por memoriais, para o juiz, então, proferir sentença. É para isso que existe o art. 404, parágrafo único, do CPP.

➔ Cuidado: nos ritos especiais, não há previsão de memoriais (o rito da Lei de Drogas), mas isso não significa que a peça não possa ser oferecida. Segundo o art. 394, § 5.º, do CPP, *aplicam-se subsidiariamente aos procedimentos especial, sumário e sumaríssimo as disposições do procedimento ordinário.* Para esses casos, fundamente a sua peça no art. 403, § 3.º, ou no art. 404, parágrafo único, c/c o art. 394, § 5.º, do CPP.

5.4.4. Prazo

São 5 dias de prazo, contados da intimação.

5.4.5. Teses

Em memoriais, você tem a última chance de convencer o juiz a aceitar suas teses. Depois disso, vem a sentença e, no máximo, poderá recorrer daquilo que for desfavorável. Portanto, é o momento de colocar todas as cartas na mesa e sustentar nulidades, causas de extinção da punibilidade, teses de mérito e teses subsidiárias, se o réu for condenado.

a) **Nulidades:** veja se o enunciado dá a entender que algum procedimento não foi observado. Geralmente, a Banca não é muito sutil. Teve uma prova em que foi dito que o advogado do réu renunciou aos poderes e o juiz, em vez de intimá-lo para constituir um novo advogado, simplesmente nomeou defensor público. Em outra, foi realizada a audiência sem o réu, que não foi intimado para o ato. Por essa razão, quando fizer a leitura do enunciado, olhos atentos a esses *ganchos*.
b) **Extinção da punibilidade:** as principais causas são aquelas do art. 107 do CP. A Banca não é de inovar. A prescrição é sempre campeã quando a tese é de extinção da punibilidade. Cuidado com algumas hipóteses especiais. Por exemplo, o art. 312, § 3.º, do CP.
c) **Falta de justa causa:** em vez de passar as próximas páginas falando em teoria do crime, assunto tratado em obras próprias, resumo os pedidos de mérito a um único artigo do CPP: o 386. Em memoriais, as teses de mérito terão, por consequência, a absolvição, e todas as hipóteses estão no art. 386 do CPP. Vasculhe o enunciado da peça em busca de uma daquelas situações.
d) **Teses subsidiárias:** são as teses que devem ser sustentadas para o caso de o réu ser condenado. O mais difícil é memorizá-las. Contudo, quando elas estiverem em sua cabeça, se caíram memoriais em sua prova, conte com, pelo menos, dois pontos garantidos em sua peça. O assunto é tão importante que será tratado em tópico próprio, a seguir.

5.4.5.1. Teses subsidiárias em memoriais

Como dito anteriormente, em memoriais, temos de esgotar nossas teses. Pode parecer contraditório sustentar a inocência e, em seguida, pedir benefícios em caso de condenação. Em um caso real, nem haveria motivo para sustentar a pena-base no mínimo legal, por exemplo, pois o juiz faz, de ofício, a análise do caso em confronto com o art. 59 do CP – e, se a pena for injusta, é só apelar. No entanto, lembre-se: no Exame de Ordem, o seu conhecimento está sendo testado.

A OAB quer saber se você está apto a advogar. Por essa razão, é exigida do examinando a demonstração de amplo conhecimento das possíveis teses de defesa.

Em memoriais, o passo a passo será sempre o seguinte, quando sustentadas as teses subsidiárias:

1.º) Qualificadoras e privilégios: qualificadora é a forma mais gravosa de prática de um delito, com a imposição de penas próprias. Ex.: no homicídio simples, a pena é de 6 a 20 anos; no qualificado, de 12 a 30 anos. O privilégio é o oposto: uma figura menos gravosa, também com penas próprias. Ex.: na corrupção passiva, a pena é de 2 a 12 anos; na corrupção privilegiada, de 3 meses a 1 ano.

➔ **A importância desse primeiro passo:** a pena-base parte da pena mínima; por isso, é interessante para a defesa que seja afastada a forma qualificada ou reconhecida a forma privilegiada. No exemplo da corrupção, é muito melhor que o cálculo inicie em 3 meses em vez de 2 anos.

2.º) Pena-base: a banca sempre exige a demonstração de que o réu faz jus à pena-base no mínimo legal. O principal artigo para sustentar a tese é o 59 do CP. Ademais, o gabarito pode trazer a Súmula 444 do STJ. Se for um crime da Lei de Drogas, atenção ao art. 42 da Lei n. 11.343/2006.

➔ Em todas as edições em que a Banca trouxe memoriais do rito comum, os examinandos tiveram de sustentar a pena-base no mínimo legal.

3.º) Agravantes e atenuantes: agravantes são as situações em que o agente deve ser punido com mais rigor por causa da reprovabilidade da conduta; com as atenuantes, o oposto, e a condenação é mais branda em razão da menor reprovabilidade da conduta. As hipóteses genéricas estão nos arts. 61, 62, 65 e 66 do CP. Portanto, é interessante pedir o afastamento de agravantes e o reconhecimento de atenuantes.

➔ O que difere uma agravante ou atenuante de uma causa de aumento ou de diminuição? Nas agravantes e atenuantes, a lei diz que a pena tem de ser aumentada ou diminuída, mas não diz em qual fração. Um sexto? Um quinto? Não sei, a lei não diz. Cabe ao juiz decidir. Até existem alguns parâmetros na jurisprudência, mas a lei nada diz. As atenuantes da menoridade relativa e da confissão espontânea são quase certas em memoriais.

4.º) Causas de aumento e causas de diminuição: funcionam como as agravantes e atenuantes, mas com a diferença de que a lei diz em quanto a pena deve ser aumentada ou diminuída – na tentativa, causa de diminuição de pena (CP, art. 14, parágrafo único), a pena deve ser diminuída de um a dois terços. Se a lei não trouxesse essa fração, seria uma atenuante. Por outro lado, se dissesse que, na tentativa, a pena seria de X a Y anos, teríamos um privilégio.

➔ Tem algumas situações em que temos causas de diminuição de pena, mas que nos acostumamos a chamar de forma privilegiada. Três exemplos: o homicídio privilegiado (CP, art. 121, § 1.º), o furto privilegiado (CP, art. 155, § 2.º) e o tráfico privilegiado (Lei n. 11.343/2006, art. 33, § 4.º). Curiosamente, a lei fala, expressamente, em *causa de diminuição de penal* – em seu vade-mécum, veja o que está escrito acima do art. 121, § 1.º. Embora a expressão esteja aplicada de forma equivocada nos exemplos dados, você deve utilizá-las no Exame de Ordem.

5.º) Substituição da pena: encerrado o cálculo da pena, veja se o réu tem direito à substituição da pena privativa de liberdade por restritivas de direitos, do art. 44 do CP.

6.º) *Sursis*: em seguida, não sendo o caso de substituição, busque a suspensão condicional da pena, do art. 77 do CP.

➔ Cuidado: não confunda a suspensão condicional da pena (CP, art. 77) com a suspensão condicional do processo (Lei n. 9.099/95, art. 89). Na suspensão da pena, o réu foi condenado, mas a execução da pena é suspensa. Na suspensão do processo, a denúncia acabou de ser oferecida. Não existe sentença condenatória. O objetivo é evitar o início de uma ação penal.

7.º) Regime: por fim, se nada der certo, peça ao juiz um regime mais brando de cumprimento da pena. Considerando a pena que você entende justa, veja qual regime deve ser imposto ao réu, nos termos do art. 33, § 2.º, do CP.

➔ A Banca não é de inovar quando traz as teses de fixação de regime. Se o crime do réu é hediondo ou equiparado, diga que o art. 2.º, § 1.º, da Lei n. 8.072/90 é inconstitucional. A Súmula 440 do STJ e as Súmulas 718 e 719 do STF também são muito cobradas, mas mais em apelação.

5.4.6. Pedidos

Sabe aquela promoção em que você paga um e leva dois? Em memoriais, temos pontuação duplicada para tudo. Sustentou a pena-base no mínimo legal? Repita no *do pedido*. Pediu a absolvição? Repita no *do pedido*, e tudo será pontuado em dobro. Para melhor entender o que quero dizer, veja o gabarito do XXVI Exame de Ordem:

ITEM	PONTUAÇÃO	ITEM	PONTUAÇÃO
3) Preliminarmente, reconhecimento da nulidade dos atos da instrução.	0,20	13) Nulidade dos atos da instrução **(0,05)**.	0,05

5) No mérito, absolvição de Lauro.	0,30	14) Absolvição de Lauro, nos termos do art. 386, inciso III, do CPP.	0,30
7) Subsidiariamente, afastar a qualificadora, pois não há prova nos autos da idade da vítima, nos termos do art. 213, § 1.º, do CP.	0,60	14.1) Afastamento da qualificadora do art. 213, § 1.º, do CP.	0,05
8) Aplicação da pena-base no mínimo legal, já que as circunstâncias do art. 59 do CP são favoráveis.	0,20	14.2) Aplicação da pena-base no mínimo legal ou reconhecimento da atenuante da confissão.	0,05
9) Afastamento da agravante do art. 61, inciso II, *f*, do CP, pois o crime não foi praticado em situação de violência doméstica, familiar ou de coabitação contra mulher.	0,30	14.3) Afastamento da agravante do art. 61, II, *f*, do CP.	0,05
10) Reconhecimento da atenuante da confissão espontânea, nos termos do art. 65, III, *d*, CP.	0,40	*Vide* item 14.2.	
11) Aplicação do quantum máximo de redução de pena em razão da tentativa, tendo em vista que o crime ficou longe da consumação OU tendo em vista que o critério a ser observado é do *iter criminis* percorrido.	0,25	14.4) Redução do máximo em razão da tentativa.	0,05

12) Aplicação do regime aberto ou semiaberto, considerando a pena mínima a ser aplicada, nos termos do art. 33, § 2.º, *b* ou *c*, do CP OU aplicação da suspensão condicional da pena, nos termos do art. 77 do CP.	0,30	14.5) Aplicação de regime inicial aberto ou semiaberto.	0,05
Total (*do direito*): 2,55.		Total (*do pedido*): 0,60.	
Total (*do direito* e *do pedido*): 3,15.			
Conclusões: (a) As teses subsidiárias totalizavam, sozinhas, 2,35 pontos. Ou seja, 47% da nota da peça foi atribuída a pedidos referentes à imposição de pena. Não houve nenhuma tese subsidiária inédita. Todas já tinham caído em provas anteriores. (b) Somados os 2,35 pontos com outros quesitos de praxe (endereçamento, data no último dia etc.), teríamos 2,75 pontos (55% da nota da peça). Portanto, sem fazer uma única pesquisa no vade-mécum, apenas repetindo as teses que caíram em provas passadas, o examinando alcançaria mais da metade da nota, mesmo sem pedir as teses principais, de absolvição e de nulidade. (c) Em memoriais, conhecendo a estrutura da peça e as teses subsidiárias, e pedindo tudo em duplicidade, você garante 2,75 pontos. Bastaria um desempenho mediano nas questões para alcançar a aprovação.			

- ➔ **Absolvições:** em memoriais, a banca exigirá, pelo menos, uma tese absolutória. No rito comum, peça a absolvição com fundamento no art. 386 do CPP. No rito do júri, peça a absolvição sumária do art. 415 do CPP. E a do art. 397 do CPP? Nunca, jamais, utilize o art. 397 em memoriais.
- ➔ **Sumária:** alguns examinandos se empolgam e pedem a *absolvição sumária* com fundamento no art. 386 do CPP. Não seja louco! A absolvição sumária é aquela dos arts. 397 e 415 do CPP. Se a absolvição é a do art. 386, diga apenas *absolvição*.

5.4.7. Quadro de teses e pedidos

Rito comum

TESE	
Nulidade processual.	A anulação do processo, desde o ato viciado.
Extinção da punibilidade.	A declaração da extinção da punibilidade.
Falta de justa causa.	A absolvição, nos termos do art. 386 do CPP.
Teses subsidiárias.	Além da desclassificação para crime menos grave, afastamento de qualificadora e reconhecimento de privilégio, pena-base no mínimo legal, afastamento de agravante e reconhecimento de atenuante, afastamento de causa de aumento de pena e reconhecimento de causa de diminuição, substituição da pena (CP, art. 44), *sursis* (CP, art. 77) e regime inicial mais benéfico.

➔ Cuidado: se estiver na posição de acusador, as teses são as mesmas, mas em via inversa. Ou seja, em vez de absolver, peça para condenar. No lugar do pedido de afastamento de agravante, o seu reconhecimento. Enfim, tudo igual, mas do *outro lado.*

Rito do júri

TESE	PEDIDO
Nulidade processual.	A anulação do processo, desde o ato viciado.
Extinção da punibilidade.	O reconhecimento da extinção da punibilidade.
(1) **provada a inexistência do fato;** (2) **provado não ser ele autor ou partícipe do fato;** (3) **o fato não constituir infração penal;** (4) **demonstrada causa de isenção de pena ou de exclusão do crime.**	Absolvição sumária (CPP, art. 415).
Falta de prova.	Impronúncia (CPP, art. 414).
Teses subsidiárias.	Desclassificação (CPP, art. 419).

5.4.8. Modelo da peça

Veja o tópico *8. Provas anteriores resolvidas.*

5.5. Apelação

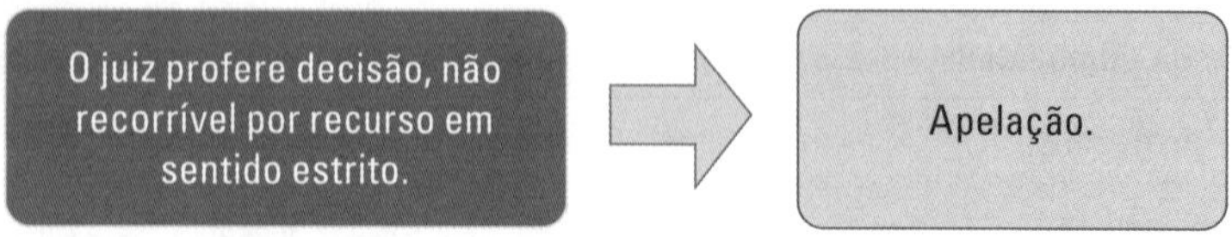

5.5.1. Como identificar a peça

O enunciado descreverá uma sentença contrária aos interesses da pessoa para quem você está advogando.

➔ Não tem como confundir o cabimento da apelação e o do recurso em sentido estrito. A regra é simples: se o problema disser que existe uma decisão do juiz, veja se a situação está descrita no art. 581 do CPP. Se não estiver, faça apelação, que é uma peça residual – resíduo, resto de outros recursos.

5.5.2. Fundamentação

Art. 593 do CPP. Na primeira fase do rito do júri, a base legal está no art. 416 do CPP.

5.5.3. Prazo

Em regra, 5 dias para a interposição e 8 dias para as razões.

➔ Já havia falado sobre os dois prazos em tópico próprio, mas não custa repetir. Em algumas peças, é possível o oferecimento das razões diretamente ao tribunal, em momento posterior ao da interposição. Portanto, temos as seguintes situações:

a) Intimada da sentença, a parte interpõe a apelação e oferece as razões, tudo de uma só vez, ao mesmo tempo. Nesse caso, é lógico, a interposição e as razões têm a mesma data, afinal você ofereceu as duas ao mesmo tempo, no mesmo dia. Deve ser contado o prazo de 5 dias. Foi assim que sempre caiu no Exame de Ordem. O examinando tinha de fazer uma peça de interposição e outra de razões.

b) Intimada da sentença, a parte interessada interpõe a apelação, no prazo de 5 dias, mas deixa para oferecer as razões diretamente ao tribunal. Posteriormente, as razões deverão ser oferecidas no prazo de 8 dias. O prazo de 5 dias, da interposição, não deve ser mais utilizado. O examinando terá de fazer uma petição de juntada e as razões, ambas datadas no mesmo dia, pois foram oferecidas juntas.

5.5.4. Teses

Como em qualquer outro recurso, em apelação, a sua missão é dizer que o juiz errou, por isso considero a apelação mais fácil do que os memoriais. Nas alegações finais, estamos meio sem rumo. Exceto pelas teses subsidiárias, de dosimetria de pena, que são sempre iguais, não temos como saber, de certeza, quantas teses de nulidade, de extinção da punibilidade e de mérito têm de ser alegadas. Na apelação, por outro lado, o limite está na sentença. As teses são aquelas que o juiz negou na sentença.

a) **Nulidades:** o enunciado aponta, sem muito segredo, algum vício no trâmite do processo. A Banca costuma trazer nulidades ocorridas na audiência – por exemplo, realização de audiência sem que o réu tenha sido intimado para tomar ciência.
b) **Extinção da punibilidade:** as causas gerais são aquelas do art. 107 do CP. As mais comuns no Exame de Ordem são a prescrição e a decadência.
c) **Falta de justa causa:** o juiz não quis absolver o apelante, nos termos do art. 386 do CPP. Você tem de demonstrar ao tribunal que o argumento utilizado pelo juiz para condenar está errado.
d) **Teses subsidiárias:** no Exame de Ordem, são as que vêm em maior fartura. Algumas que podem cair em sua prova:
    1) O juiz fixou a pena-base acima do mínimo legal em razão da gravidade em abstrato do crime ou por reconhecer maus antecedentes por causa de inquéritos ou ações penais em trâmite – veja a Súmula 444 do STJ.
    2) Ele negou alguma atenuante ou aplicou agravante que não deveria, ou afastou causa de diminuição ou reconheceu causa de aumento de pena em violação ao que dispõe a lei.
    3) Ele negou a substituição da pena privativa de liberdade ou a suspensão condicional da pena por motivo que viole o que está na lei. Exemplo: negou a substituição com base no art. 33, § 4.º, da Lei n. 11.343/2006, que teve parte do seu conteúdo declarada inconstitucional.
    4) Ele fixou regime inicial mais gravoso por alguma previsão inconstitucional, como a do art. 2.º, § 1.º, da Lei n. 8.072/90, ou com base na gravidade em abstrato do delito – veja as Súmulas 440 do STJ, 718 e 719 do STF.

5.5.5. Pedidos

Em todas as últimas provas, a Banca exigiu apenas o *conhecimento* e o *provimento* da apelação. No entanto, em provas mais antigas, ela pediu, também, a individualização dos pedidos. Na dúvida, faça o pedido completo – *requer seja conhecido e provido o recurso para que o réu seja absolvido* [...].

5.5.6. Quadro de teses e pedidos

HIPÓTESE	SITUAÇÃO	PEDIDOS
Art. 593, I	O réu foi absolvido, com fundamento no art. 386 do CPP e você é advogado do autor da ação penal ou assistente de acusação.	Conhecimento e provimento do recurso, para que seja condenado o réu.
Art. 593, I	O réu foi condenado e você atua em sua defesa.	Conhecimento e provimento do recurso, para o reconhecimento de nulidade, reconhecimento de extinção da punibilidade, absolvição e teses subsidiárias – desclassificação do delito ou melhora na pena imposta.
Art. 593, II	Há uma decisão definitiva, diversa da absolutória ou condenatória, e você é advogado da defesa ou da acusação.	Conhecimento e provimento do recurso, para a reforma da sentença e a concessão do que é de interesse da parte que está apelando.
Art. 593, III, *a*	Ocorreu uma nulidade posterior à pronúncia.	Conhecimento e provimento do recurso, para a anulação do processo, desde o ato viciado.
Art. 593, III, *b*	O magistrado errou em sua sentença, em violação à lei expressa ou à decisão dos jurados.	Conhecimento e provimento do recurso, para a correção do erro na sentença.
Art. 593, III, *c*	O magistrado errou em sua sentença em relação à aplicação da pena.	Conhecimento e provimento do recurso, para a correção do erro na sentença.
Art. 593, III, *d*	Os jurados erraram em seu julgamento.	Conhecimento e provimento do recurso, para que seja realizado um novo júri.
Art. 416 do CPP	Na primeira fase do rito do júri, o acusado foi impronunciado ou absolvido sumariamente.	Conhecimento e provimento do recurso, para que o acusado seja pronunciado.

5.5.7. Modelo da peça

Veja o tópico *8. Provas anteriores resolvidas.*

5.6. Contrarrazões de apelação

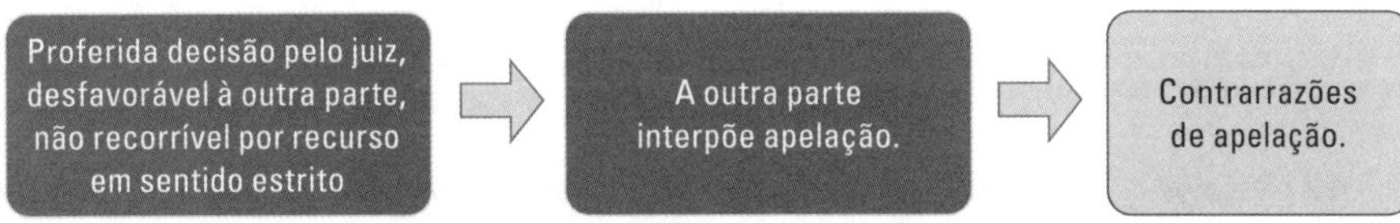

5.6.1. Como identificar a peça

O problema vai dizer que a outra parte recorreu contra a sentença. Não será dito qual recurso foi oferecido. Cabe a você descobrir qual foi. Considerando que o único recurso que pode ser confundido com a apelação é o RESE, não tem muita dificuldade.

5.6.2. Fundamentação

Art. 600 do CPP.

- ➔ Não é correto fundamentar as contrarrazões de apelação no art. 593 do CPP, que deve ser utilizado apenas quando estiver sendo feita a interposição do recurso. A Banca não aceita fundamentação diversa do art. 600 do CPP.
- ➔ Obs.: você pode ter ouvido a história de um amigo (ou do amigo de um amigo) que fundamentou no art. 593 do CPP e passou. É verdade! Alguns poucos sortudos tiveram suas provas corrigidas por alguém com coração de ouro, que fez vista grossa e aceitou a peça. No entanto, não foi a posição oficial da banca. Em regra, quem fundamentou no art. 593 reprovou.

5.6.3. Nomenclatura

No XIX Exame de Ordem, quando a peça foi cobrada pela primeira vez, o gabarito preliminar saiu apenas com a expressão *contrarrazões de apelação.* Entretanto, durante a fase recursal, a Banca deve ter percebido que, em momento algum, o CPP fala em *contrarrazões* – é sério, não existe, pode procurar. O código fala em *razões do apelado.* No final das contas, foram aceitas as duas. Quem fez apelação ou recurso de apelação reprovou.

- ➔ O que falei a respeito do art. 593 vale para a nomenclatura. Alguns sortudos tiveram a prova corrigida, mas não foi a posição da banca.

5.6.4. Prazo

Como são apenas razões, 8 dias. Não existe o prazo de 5 dias, afinal não houve a interposição de apelação.

5.6.5. Teses

Você precisa fazer duas coisas em suas contrarrazões:

1.ª) Veja se o recurso da outra parte preenche os requisitos da lei – por exemplo, se foi tempestivo.

2.ª) Contradiga tudo o que o recorrente disse. Se ele disser que o réu é reincidente, diga que não. Se alegar que houve nulidade, diga o oposto. Para conferir como é simples, veja o gabarito do XXVII Exame de Ordem:

OS PEDIDOS DO MP	O QUE TINHA DE SER DITO NAS CONTRARRAZÕES
a) Nulidade da instrução, porque o interrogatório não foi o primeiro ato, como prevê a Lei n. 11.343/2006. **b) Condenação do réu pelo crime de associação para o tráfico, já que ele estaria agindo em comunhão de ações e desígnios com o adolescente no momento da prisão, e o art. 35 da Lei n. 11.343/2006 fala em "reiteradamente ou não".** **c) Aumento da pena-base em relação ao crime de tráfico diante das consequências graves que vem causando para a saúde pública e a sociedade brasileira.** **d) Afastamento da atenuante da confissão, já que ela teria sido parcial.** **e) Afastamento da causa de diminuição do art. 33, § 4.º, da Lei n. 11.343/2006, independentemente da condenação pelo crime do art. 35 da Lei n. 11.343/2006, considerando que o réu seria portador de maus antecedentes, já que responde a ação penal em que se imputa a prática do crime de furto.**	1) Afastamento da nulidade requerida, considerando que não foi arguida em momento adequado. 2) O interrogatório, como instrumento de defesa, poderá ser realizado como último ato da instrução **OU** o procedimento da Lei n. 11.343/2006 deve se adequar àquele previsto no CPP. 3) Manutenção da absolvição em relação a crime de associação para o tráfico, tendo em vista que não restou provada situação de permanência/estabilidade entre o adolescente e o acusado. 4) Manutenção da pena-base no mínimo legal, uma vez que o argumento utilizado pelo Ministério Público considera a gravidade em abstrato do delito **OU** tendo em vista que haveria *bis in idem* no aumento da pena em razão de violação ao bem jurídico protegido pela norma. 5) Manutenção do reconhecimento da atenuante da confissão espontânea, considerando que foi a confissão utilizada como argumento/para formação da convicção do juiz, nos termos da Súmula 545 do STJ.

f) Aplicação do regime inicial fechado, diante da natureza hedionda do delito de tráfico. **g) Afastamento da substituição da pena privativa de liberdade por restritiva de direitos, diante da vedação legal do art. 33, § 4.º, da Lei n. 11.343/2006.**	6) Manutenção do reconhecimento da causa de diminuição do art. 33, § 4.º, da Lei n. 11.343, eis que o fato de o réu responder à ação penal por crime de furto não justifica o reconhecimento de maus antecedentes, nos termos da Súmula 444 do STJ, por analogia **OU** conforme o art. 5.º, LVII, da CRFB/88 (princípio da não culpabilidade ou da presunção de inocência). 7) Afastamento do pedido de aplicação do regime inicial fechado, pois o crime de tráfico privilegiado não é considerando hediondo pelo STF **OU** porque é inconstitucional a previsão do art. 2.º, § 1.º, da Lei n. 8.072/90 de aplicação obrigatória do regime inicial fechado aos crimes hediondos. 8) Manutenção da substituição da pena privativa de liberdade por restritiva de direitos, já que a vedação em abstrato viola o princípio da individualização da pena **OU** porque o STF declarou a inconstitucionalidade da vedação trazida pelo art. 33, § 4.º, da Lei n. 11.343/2006 **OU** porque a Resolução n. 05 do Senado suspendeu a eficácia da expressão que vedava a substituição.

5.6.6. Pedidos

A Banca exige apenas o não conhecimento e o não provimento do recurso da outra parte. Cuidado com a força do hábito! Não peça conhecimento e provimento. Para deixar o fechamento mais completo, diga: *para que seja mantida a sentença recorrida.*

5.6.7. Modelo da peça

Veja o tópico *8. Provas anteriores resolvidas.*

5.7. Recurso em sentido estrito (rito do júri e demais ritos)

5.7.1. Como identificar a peça

O problema descreverá uma decisão do juiz que corresponde a uma das hipóteses do art. 581 do CPP. Há uma boa chance de que caia, novamente, um RESE com fundamento no art. 581, IV, do CPP (rito do júri). Para identificar, é simples: o enunciado será a respeito da prática de um crime doloso contra a vida e haverá uma *sentença* de pronúncia.

➔ **Entendendo o procedimento da pronúncia:** na primeira fase do rito do júri, o magistrado não pode condenar o acusado, afinal não é dele a competência para julgar o mérito. Cabe ao Conselho de Sentença, do Tribunal do Júri, na segunda fase, o julgamento. Os jurados são os juízes competentes. Nessa primeira fase, o juiz pode tomar quatro decisões distintas:

a) **Pronunciar:** o juiz está convencido da materialidade e da autoria e *joga a bola* para o Conselho de Sentença, a fim de que diga se o denunciado deve ou não ser condenado. Cabe recurso em sentido estrito, do art. 581, IV, do CPP.

b) **Impronunciar:** o juiz não se convenceu, mas também não tem certeza suficiente para absolver sumariamente. Ele determina a extinção do processo e, no futuro, se surgir prova nova, nada impede (exceto a prescrição) que o MP ofereça nova denúncia. Cabe apelação, do art. 416 do CPP.

c) **Absolver sumariamente:** o juiz se convenceu de uma das hipóteses do art. 415 do CPP e decidiu absolver, de forma sumária, o acusado. É a melhor decisão possível para o denunciado, pois dá fim ao processo e faz coisa julgada material. Cabe apelação, do art. 416 do CPP.

d) **Desclassificação:** o juiz entende que o denunciado praticou outro delito, diverso daquele da denúncia. De uma forma ou de outra, caberá recurso em sentido estrito. No entanto, observe: se houver a desclassificação para um crime não doloso contra a vida (ex.: de homicídio doloso para homicídio culposo), o RESE será o do art. 581, II, do CPP, por ser incompetente o juiz. No entanto, se a desclassificação for para outro crime doloso contra a vida (ex.: de homicídio doloso para infanticídio), também caberá RESE, do art. 581, IV, do CPP, porque houve a impronúncia ou absolvição pelo homicídio doloso e a pronúncia pelo infanticídio, no exemplo dado.

➔ **Relaxamento, liberdade provisória, *habeas corpus*, recurso em sentido estrito e recurso ordinário constitucional:** uma situação que muito me preocupa é a confusão em relação a estas peças. Isso porque, no art. 581, X, do CPP, está previsto que cabe recurso em sentido estrito da decisão denegatória de *habeas corpus*. Acontece que, para que seja cabível o RESE, a decisão em *habeas corpus* tem de ter sido proferida, necessariamente, por juiz de primeiro grau. Se quem decidiu o HC foi o TJ ou o TRF, não caberá RESE ao STJ (o RESE só é julgado por TJ ou TRF). Portanto, se tiver havido prisão em flagrante ilegal ou ausentes os requisitos da preventiva, se existir decisão do juiz de primeiro grau denegando o HC, deve ser interposto recurso em sentido estrito. Caso esse mesmo juiz tenha denegado o HC e, em decisão ao julgar o recurso em sentido estrito, o TJ ou o TRF tenha negado provimento ao RESE, a peça cabível será o recurso ordinário constitucional, ao STJ (CF, art. 105, II, *a*). Por fim, se tiver sido impetrado HC ao TJ ou ao TRF ou, até mesmo, ao STJ, existindo decisão denegatória, o recurso será o recurso ordinário constitucional, com razões endereçadas à instância superior. A tese, no entanto, sempre será a mesma: a ilegalidade da prisão ou a ausência de requisitos da preventiva, como seria em um relaxamento da prisão em flagrante ou em uma liberdade provisória.

5.7.2. Fundamentação

As hipóteses estão no art. 581 do CPP. Não se esqueça de mencionar o inciso adequado à situação.

➔ Cuidado: se a decisão for do juiz da execução penal, faça agravo em execução, do art. 197 da Lei n. 7.210/84, a LEP, ainda que a hipótese esteja no rol de situações do art. 581 do CPP.

➔ Veja o art. 294, parágrafo único, do CTB.

5.7.3. Prazo

Em regra, 5 dias para a interposição e 2 para as razões.

5.7.4. Teses

O recurso em sentido estrito é uma das peças mais fáceis da prática penal. Não tem como errar a tese, afinal a tese é a própria motivação para a interposição do recurso. Se o réu foi pronunciado porque o juiz entendeu que ele praticou o crime de aborto, a tese é a demonstração de que ele não praticou. Se o RESE foi interposto em razão de o juiz não ter recebido a petição inicial, demonstre ao tribunal que ele errou e a inicial deve ser recebida. Enfim, o objetivo é desconstituir o que entendeu o juiz.

5.7.5. Pedidos

De uns tempos para cá, a Banca tem pedido, em recursos, apenas o conhecimento e o provimento. Contudo, não custa nada especificar o que está sendo pedido. Exemplo: *requer seja conhecido e provido o recurso, para que o recorrente seja impronunciado.*

➔ Não se esqueça do pedido de retratação.

5.7.6. Quadro das principais teses e pedidos

HIPÓTESE	TESE	PEDIDO
Art. 581, I	Presentes os requisitos para o recebimento da denúncia ou queixa.	O recebimento da denúncia ou queixa.
Art. 581, II	A competência do juízo.	O reconhecimento da competência do juízo.
Art. 581, III	A improcedência da exceção.	A improcedência da exceção.
Art. 581, IV	Não possibilidade da pronúncia.	Nulidade, extinção da punibilidade, impronúncia, absolvição sumária ou desclassificação e exclusão de algo que torne a pena mais grave, como qualificadoras.
Art. 581, X	Existência de violência ou coação à liberdade de locomoção por ilegalidade ou abuso de poder.	A concessão da ordem de *habeas corpus.*

➔ Obs.: há outras hipóteses no art. 581 do CPP que devem ser estudadas, mas as do quadro são as mais prováveis para uma 2.ª fase do Exame de Ordem.

➔ Cuidado: contra a absolvição sumária com fundamento no art. 397, IV, do CPP, cabe recurso em sentido estrito, com fundamento no art. 581, VIII, do CPP.

5.7.7. Modelo da peça

Veja o tópico *8. Provas anteriores resolvidas.*

5.8. Agravo em execução

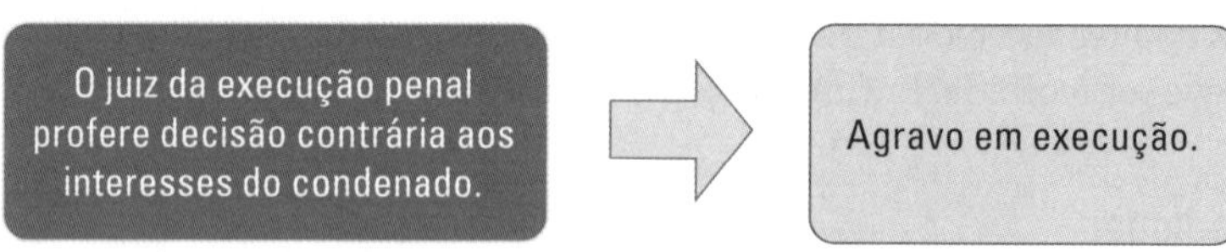

5.8.1. Como identificar a peça

É muito fácil de identificar o cabimento do agravo em execução: é o único recurso cabível contra decisões do juízo da execução penal.

➔ **Friso:** se a decisão foi do juízo da execução penal, faça agravo em execução, ainda que esteja em execução provisória, sem sentença transitada em julgado. Até consigo ver a tragédia: é negado um pedido em execução penal e o enunciado diz, na maldade, que ainda não houve o trânsito em julgado da sentença condenatória. Na confusão, o examinando faz uma apelação ou qualquer coisa.

5.8.2. Fundamentação

Art. 197 da Lei n. 7.210/84.

➔ Antigamente, a Banca aceitava apenas a fundamentação com base na Lei n. 7.210/84, sem qualquer menção à denominação adotada para a lei: Lei de Execução Penal. No XXIX Exame de Ordem, a banca foi flexível e falou em *LEP*. Na dúvida, é melhor dizer: *Lei n. 7.210/84, a LEP*.

5.8.3. Prazo

É o mesmo do recurso em sentido estrito: 5 dias para a interposição e 2 dias para as razões. O prazo não está na lei, mas na Súmula 700 do STF.

5.8.4. Teses

Como em qualquer recurso, o objetivo é dizer que o juiz está errado. Basta rebater, ponto a ponto, a decisão judicial. O juiz disse que não tem direito à progressão? Diga que ele errou. Não tem direito ao livramento condicional? Fale, novamente, que ele errou. É claro, fundamentando o que é dito. O enunciado entrega as *teses* de graça. Você só precisa encontrar, no vade-mécum, a fundamentação para apontar os equívocos do magistrado.

5.8.5. Pedidos

Peça para que seja conhecido e provido o recurso. Para ficar mais completo, peça a consequência: *requer seja conhecido e provido, para que seja concedida a progressão de regime*. No XXIX Exame de Ordem, bastou dizer *conhecido e provido*, mas não custa se precaver, não é mesmo?

➔ Cuidado com a Súmula 611 do STF.

➔ Não se esqueça do pedido de retratação.

5.8.6. Modelo da peça

Veja o tópico *8. Provas anteriores resolvidas*.

5.9. Revisão criminal

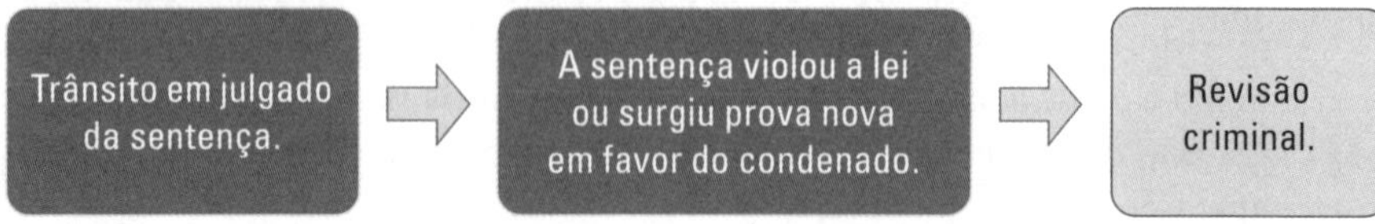

5.9.1. Como identificar a peça

O problema contará que existe uma sentença condenatória (ou de absolvição imprópria) transitada em julgado e que existe motivo para a revisão do mérito da sentença. Por exemplo, surgiu uma testemunha capaz de provar que o condenado é inocente.

- ➔ Cuidado: a revisão não é um recurso, mas uma espécie de ação penal rescisória.
- ➔ É possível a revisão criminal contra absolvição imprópria.

5.9.2. Fundamentação

Art. 621 do CPP.

5.9.3. Prazo

Não tem.

- ➔ É possível o ajuizamento de revisão mesmo após a morte do condenado.

5.9.4. Teses

A revisão criminal tem como norte o art. 621 do CPP. É possível a revisão nas seguintes hipóteses:

1) quando a sentença condenatória for contrária ao texto expresso da lei penal ou à evidência dos autos;
2) quando a sentença condenatória se fundar em depoimentos, exames ou documentos comprovadamente falsos;
3) quando, após a sentença, se descobrirem novas provas de inocência do condenado ou de circunstância que determine ou autorize diminuição especial da pena.

Com base na redação do art. 621 do CPP, é possível ajuizar revisão para sustentar nulidades, causas de extinção da punibilidade, teses de mérito e, até mesmo, teses subsidiárias, de imposição de pena. Ou seja, em nada difere do que pode ser sustentado, por exemplo, em memoriais.

➔ A lei posterior mais benéfica não é motivo para revisão criminal. Se a pena não estiver extinta, basta fazer requerimento ao juízo da execução penal, nos termos da Súmula 611 do STF. Por outro lado, se extinta, não cabe revisão. Entenda: se, em 2030, transportar maconha deixar de ser crime, não poderá ser ajuizada revisão criminal para extinguir penas extintas nos anos 1990, afinal, na época, a conduta era típica.

5.9.5. Pedidos

Os pedidos da revisão criminal têm de ser a consequência da motivação de ajuizamento da peça. No X Exame de Ordem, única vez em que caiu a revisão, a banca exigiu a desclassificação, a diminuição da pena e a fixação de regime prisional mais benéfico. Poderia, muito bem, ter trazido uma tese absolutória.

➔ Veja o art. 630 do CPP, que trata do direito à indenização.

5.9.6. Quadro de teses e pedidos

TESES	PEDIDOS
Nulidade processual.	Anulação do processo.
Extinção da punibilidade.	Extinção da punibilidade.
Falta de justa causa.	Absolvição.
Teses subsidiárias.	Desclassificação ou melhora na condenação.

5.9.7. Modelo da peça

Veja o tópico *8. Provas anteriores resolvidas.*

6. PEÇAS INÉDITAS

A partir de agora, veremos algumas peças inéditas, mas com reais chances para a segunda fase do Exame de Ordem. Há algumas que, sinceramente, não sei como ainda não foram cobradas, a exemplo da defesa prévia de Lei de Drogas. Apesar de ser muito maior a probabilidade de cair uma daquelas peças do tópico anterior, não menospreze nenhuma das que foram trazidas neste tópico.

6.1. Defesa prévia (Lei de Drogas) e defesa preliminar (crimes funcionais)

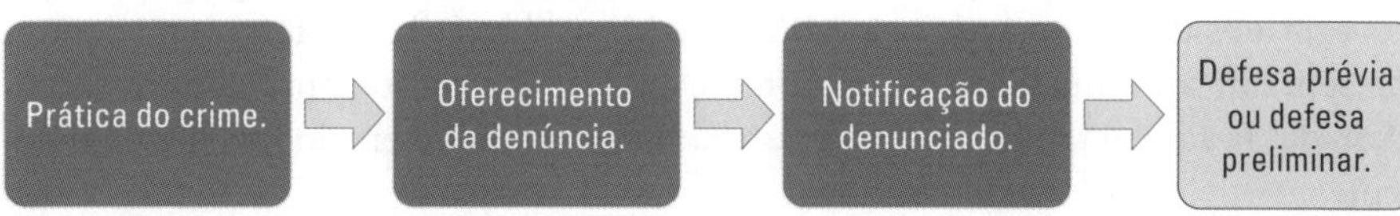

6.1.1. Como identificar a peça

Como as duas peças são da fase pré-processual, quando ainda não houve o recebimento da inicial, o problema dirá que o denunciado foi notificado, e não citado, da denúncia ou queixa. Na defesa prévia da Lei de Drogas, o cliente terá sido denunciado por crime previsto na Lei n. 11.343/2006 (ex.: tráfico de drogas) e ainda não houve o recebimento da denúncia, mas apenas a notificação do denunciado sofre o oferecimento da petição inicial. Na defesa preliminar dos crimes funcionais, o problema descreverá uma denúncia por um dos delitos previstos nos arts. 312 a 326 do CP. Além disso, esclarecerá que o denunciado foi notificado, mas que não houve o recebimento da denúncia até o momento (ou, simplesmente, dirá que a denúncia foi oferecida, sem qualquer menção ao recebimento).

6.1.2. Fundamentação

Da defesa prévia, o art. 55 da Lei n. 11.343/2006; da defesa preliminar, o art. 514 do CPP.

6.1.3. Prazo

São 10 dias para a defesa prévia da Lei de Drogas e 15 dias para a defesa preliminar dos crimes funcionais.

6.1.4. Teses

Em falta de justa causa, quando o objetivo é desconstituir o delito, atenção às exigências da Lei de Drogas, que trata, por exemplo, da perícia a ser feita na droga para demonstrar a materialidade do delito. Ademais, as teses mais comuns podem estar presentes: o erro de tipo (CP, art. 20, *caput*), o erro de proibição (CP, art. 21), a coação moral irresistível (CP, art. 22) etc. Em suma, procure demonstrar ao juiz que falta justa causa para o exercício da ação penal (CPP, art. 395, III).

Em inépcia (CPP, art. 395, I), veja se o enunciado fala em denúncia genérica ou em denúncia sem a descrição dos fatos ou com redação contraditória. Caso a inépcia da inicial seja uma das teses, o enunciado descreverá claramente o vício a ser apontado em sua defesa.

Quanto à falta de pressuposto ou condição para o exercício da ação penal (CPP, art. 395, II), analise se quem ofereceu a denúncia é a pessoa que detém legitimidade – por exemplo, promotor de justiça oferecendo denúncia por crime que deveria ter sido denunciado pelo MPF, ou o Ministério Público oferecendo denúncia sem que a vítima tenha representado, em crime de ação penal pública condicionada. Pesquise também se a denúncia ou queixa foi oferecida ao juiz competente.

Por fim, faça uma cuidadosa análise das causas de extinção da punibilidade (prescrição, decadência etc.), pois é grande a chance de a banca exigir alguma delas se vier a cobrar defesa prévia ou defesa preliminar.

6.1.5. Pedidos

Tenha como foco central a rejeição da inicial. É o seu principal objetivo. Há divergência sobre a possibilidade de absolvição sumária, nos termos do art. 397 do CPP, nessas duas peças. Na dúvida, se *sentir* que a banca quer que seja sustentada a absolvição sumária, não deixe de sustentá-la. É melhor dizer a mais e não ganhar nada (e não perder) do que perder por estarem a tese e o pedido no gabarito e você não os sustentar.

- ➔ Cuidado: é certo que o gabarito pontuará a menção às testemunhas.
- ➔ O art. 55, § 2.º, da Lei n. 11.343/2006 tem previsão igual à constante do art. 396-A, § 2.º, do CPP a respeito das exceções. Como já falei do assunto, peço ao leitor para que faça a leitura do que foi dito a respeito do tema no tópico da resposta à acusação.

6.1.6. Modelo da peça – defesa prévia

Excelentíssimo Senhor Juiz de Direito da XXX Vara Criminal da Comarca XXX,

Comentários: o endereçamento desta peça é algo que muito me preocupa. Em algumas comarcas do Brasil, há varas especiais criadas para o julgamento de crimes da Lei de Drogas. Em Fortaleza, existe a *Vara de Delitos de Tráfico de Drogas*. Em Goiânia, várias *Varas dos Crimes Punidos com Reclusão*. Essas nomenclaturas das varas são diferentes entre os tribunais. É aí que mora a minha preocupação! Entenda: no enunciado de uma defesa prévia, consta a informação de que a denúncia foi oferecida ao *Juiz de Direito da Vara Única da Comarca de Caxambu*. Portanto, a defesa prévia tem de ser oferecida ao juízo de Caxambu. Contudo, o examinando, por morar em uma comarca onde existe uma vara especial para o julgamento dos crimes da Lei de Drogas, e sem saber que isso muda de um lugar para outro, faz alguma das seguintes bobagens:

a) Endereça a defesa prévia ao juízo da *Vara de Drogas* e perde o quesito do endereçamento. Prejuízo: 0,10.
b) Por acreditar que existe tese de incompetência, a sustenta em sua defesa prévia. Prejuízo: nenhum. O que é dito a mais não gera perdas. Contudo, investirá tempo em uma tese sem pé nem cabeça.
c) Pensando que a tese principal é de incompetência, faz uma exceção, nos termos do art. 55, § 2.º, da Lei n. 11.343/2006. Prejuízo: reprovação.

Nome ..., já qualificado na denúncia, vem, por seu advogado, oferecer Defesa Prévia, com fundamento no art. 55 da Lei n. 11.343/2006, pelas razões a seguir expostas:

Comentários: por ter sido o agente qualificado na denúncia, não há motivo para uma nova qualificação. Contudo, se quiser fazer, não tem problema. Para ser honesto, de tudo supramencionado, só duas informações importam: o nome e a fundamentação da peça. O resto é *moldura*.

I – DOS FATOS

No dia 13 de fevereiro de 2019, o denunciado foi preso em flagrante...

Comentários: no tópico *dos fatos*, não é o momento para sustentar suas teses. Faça um resumo do enunciado. Não desperdice seu tempo com algo que não vale pontuação.

II – DO DIREITO

a) FALTA DE JUSTA CAUSA

Conforme exposto, a denúncia deve ser rejeitada, nos termos do art. 395, III, do CPP, pois o denunciado agiu em erro sobre elemento constitutivo do tipo, como prevê o art. 20, "caput", do CP.

O erro sobre elemento constitutivo do tipo legal de crime exclui o dolo, mas permite a punição por crime culposo, se previsto em lei. Todavia, não existe a modalidade culposa do crime de tráfico de drogas, do art. 33 da Lei n. 11.343/2006.

b) INÉPCIA DA DENÚNCIA

Ademais, deve ser rejeitada a denúncia, com fundamento no art. 395, I, do CPP, em razão de ser manifestamente inepta. O membro do Ministério Público não especificou a conduta praticada pelo denunciado. O que se vê na inicial é a descrição genérica dos fatos, sem que seja apontada a conduta do acusado.

Comentários: no tópico *do direito*, faça a divisão em *subtópicos*. Dessa forma, você facilita a vida de quem corrigirá a sua prova e reduz o risco de erros de correção. Sobre a forma como as teses devem ser sustentadas, peço para que leia, com atenção, o subtópico "A". Inicialmente, veja que trouxe a consequência da tese, a rejeição da denúncia. Há um motivo: exceto em recursos, a Banca sempre pontua tudo em duplicidade. Há um quesito para a defesa da tese (alegada no *do direito*) e outro para o pedido referente à ela (no *do pedido*). Além disso, veja que sustentei a tese de erro de tipo usando, como se fossem minhas, as palavras do art. 20 do CP. O motivo: às vezes, a banca pontua as exatas palavras do artigo que fundamenta a tese. Por fim, tive de dizer que o crime de tráfico de drogas não admite a forma culposa. Em um caso real, isso jamais teria de ser dito. No Exame de Ordem, no entanto, a Banca quer que seja demonstrado conhecimento. Sempre explique bem as teses, com todos os detalhes.

III – DO PEDIDO

Diante do exposto, requer:

(a) A rejeição da denúncia, com fundamento no art. 395, III, do CPP, em razão da falta de justa causa; ou

(b) A rejeição da denúncia, nos termos do art. 395, I do CPP, por ser manifestamente inepta.

(c) Subsidiariamente, em caso de recebimento, requer a intimação das testemunhas ao final arroladas.

Comentários: não seria mais fácil dizer *art. 395, I e III, do CPP*? Sem dúvida, mas acho melhor fazer separado para não *amarrar* um pedido ao outro. Se, por exemplo, o inciso I não estiver no gabarito, ao sustentar tudo junto, corro o risco de o examinador pensar que errei. Por outro lado, quando isolo as respostas, esse risco desaparece.

Comarca ..., 14 de março de 2019.

Advogado, OAB.

Rol de testemunhas
(a) Nome ..., endereço;
(b) Nome ..., endereço.

Comentários: no dia em que cair a defesa prévia, haverá um rol no gabarito para quem arrolar as testemunhas.

➔ Não há motivo para a elaboração de um modelo para a defesa preliminar ou resposta preliminar do rito dos crimes funcionais. A peça é idêntica à defesa prévia da Lei de Drogas. Só muda a fundamentação, é claro – art. 514 do CPP.

6.2. Contrarrazões de recurso em sentido estrito

6.2.1. Como identificar a peça

O enunciado descreverá situação em que houve uma decisão de um juiz, contrária aos interesses da outra parte, e ela terá oferecido a *medida cabível*. O problema não vai dizer o nome da peça, mas não tem como errar: veja se a decisão é uma das situações do art. 581 do CPP. Se sim, foi um RESE.

6.2.2. Fundamentação

Art. 588 do CPP.

6.2.3. Prazo

O prazo das razões, de 2 dias. Não é contado o prazo de 5 dias de interposição, afinal você não está recorrendo.

6.2.4. Teses

Da mesma forma como ocorre com as contrarrazões de apelação, basta *rebater* o que disse a outra parte. Analise, também, se o recurso oferecido pela outra parte atende ao que manda a lei – por exemplo, se foi interposto tempestivamente.

6.2.5. Pedidos

É bem provável que, no dia em que cair, o gabarito exija apenas o *não conhecimento* e o *não provimento*. Talvez, também seja pontuado o pedido de *manutenção da decisão recorrida*.

6.2.6. Modelo da peça

Excelentíssimo Senhor Juiz de Direito da XXX Vara Criminal da Comarca XXX,

Comentários: só utilize as fórmulas genéricas XXX ou reticências se o enunciado não disser o nome da vara e/ou da comarca.

Nome, já qualificado nos autos, vem, por seu advogado, requerer a juntada de Contrarrazões de Recurso em Sentido Estrito, com fundamento no art. 588 do Código de Processo Penal.

Comentários: em tópico próprio, falei da celeuma a respeito da *juntada* e da *interposição*. Apenas para relembrar: não estamos recorrendo; logo, não tinha de fazer interposição. Sobre a nomenclatura da peça, a banca vai ter de aceitar quem disser *razões de recurso em sentido estrito*. No art. 588, não existe a palavra *contrarrazões*. No final das contas, as duas serão aceitas. É certa a reprovação de quem fizer *recurso em sentido estrito*, com fundamento no art. 581 do CPP.

Requer que Vossa Excelência mantenha sua decisão, não se retratando, nos termos do art. 589 do CPP, e pede o processamento e o encaminhamento das contrarrazões anexadas ao Tribunal de Justiça XXX.

Comentários: no dia em que a banca trouxer contrarrazões de recurso em sentido estrito, o gabarito pode exigir o pedido para que o juiz não se retrate. Pela redação do art. 589 do CPP, está bem claro que o juízo de retratação será exercido somente após o prazo das contrarrazões. Em minha opinião, a petição de juntada não é o lugar ideal para o pedido de não retratação. Entretanto, é melhor se resguardar e pedir.

Comarca ..., 24 de setembro de 2019.
Advogado, OAB.

Comentários: cuidado com a data, pois são apenas 2 dias de prazo.

Contrarrazões de Recurso em Sentido Estrito

Recorrente: Ministério Público.
Recorrido: Nome.

Egrégio Tribunal de Justiça do Estado ...,
Colenda Câmara,
Douto Procurador,

A decisão recorrida deve ser mantida em sua integralidade, pelas razões de fato e de direito a seguir expostas.

Comentários: inicie informando o nome da peça, *contrarrazões de recurso em sentido estrito.* É uma exigência do gabarito. Ademais, enderece ao tribunal do estado ou região (se TRF) do enunciado. A Banca sempre diz em qual vara e comarca o processo está correndo.

I – DOS FATOS

No dia 10 de maio de 2019, o recorrido...

Comentários: no tópico *dos fatos,* apenas resuma o enunciado.

II – DO DIREITO

a) INTEMPESTIVIDADE

Preliminarmente, não pode ser conhecido o recurso em sentido estrito oferecido pela outra parte em razão da intempestividade. Isso porque, apesar de ter sido intimado no dia 20 de setembro de 2019, o recorrente interpôs seu recurso no dia 10 de agosto do 2019.

Como se sabe, o prazo para a interposição do recurso em sentido estrito é de cinco dias, conforme art. 586 do CPP.

b) FALTA DE JUSTA CAUSA

O recorrente sustenta que o recorrido tinha de ser pronunciado pela prática do delito homicídio doloso. Ocorre que, como ficou provado, não foi o recorrido o autor do crime e, por isso, foi absolvido sumariamente, com fundamento no art. 415, II, do CPP. Por isso, não deve ser provido o recurso interposto.

Comentários: sempre divida o tópico *do direito* em subtópicos, para facilitar a correção da peça e evitar erros de correção.

III – DO PEDIDO

Diante do exposto, não deve ser conhecido e nem provido o recurso interposto, para que se mantenha, em sua integralidade, a sentença de absolvição sumária.

Comentários: tendo por base as contrarrazões de apelação, em contrarrazões de RESE, o gabarito deverá exigir, apenas, o não conhecimento e o não provimento do recurso. Se quiser deixar bem completo, peça a manutenção da decisão recorrida.

Comarca ..., 24 de setembro de 2019.
Advogado, OAB.

6.3. Recurso ordinário constitucional

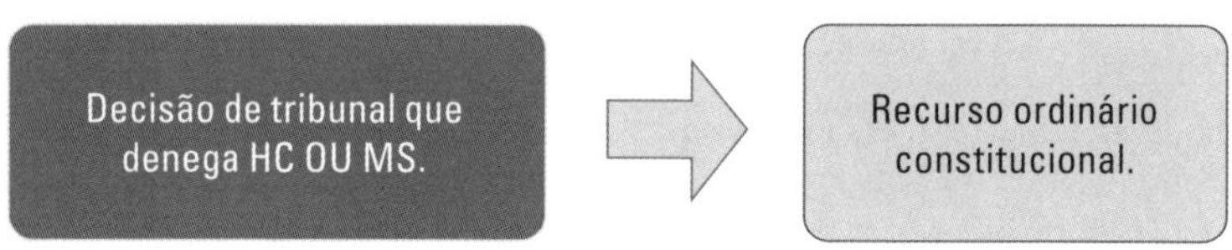

6.3.1. Como identificar a peça

Tem de existir uma decisão denegatória em *habeas corpus*, *habeas data*, mandado de segurança ou mandado de injunção, e o problema deve esclarecer que o recurso deve ser interposto contra essa decisão, especificamente. Atenção à hipótese do art. 102, II, *b*, da Constituição, que prevê o ROC em crime político (veja a Lei n. 7.170/83).

➔ **ROC em RESE em HC:** pode ter ocorrido de o *habeas corpus* ter sido denegado pelo juiz de primeiro grau e, dessa decisão, foi interposto recurso em sentido estrito. Da decisão do tribunal, que nega provimento ao recurso em sentido estrito, é possível recorrer por recurso ordinário constitucional.

6.3.2. Fundamentação

(A) Recurso ordinário constitucional ao STJ: art. 105, II, *a*, *b* e *c*, da CF

(B) Recurso ordinário constitucional ao STF: art. 102, II, *a* e *b*, da CF.

→ E recurso ordinário constitucional ao TJ ou ao TRF? Não tem. Se um juiz de primeira instância denega HC, impetre recurso em sentido estrito (CPP, art. 581, X); se denega MS, apelação.

6.3.3. Prazo

Para o ROC em *habeas corpus*, o prazo permanece de 5 dias (Lei n. 8.038/90, art. 30). Nos demais casos, devem ser observadas as disposições dos arts. 1.027 e 1.028 do CPC.

6.3.4. Teses

A tese a ser sustentada é o próprio motivo de interposição do recurso. Se foi impetrado um *habeas corpus* para que fosse reconhecida a ilegalidade da prisão em flagrante, a tese é esta, a ilegalidade do flagrante, que pode ser de natureza material (ex.: crime impossível, do art. 17 do CP) ou de natureza processual (ex.: inobservância do art. 306, § 1.º, do CPP). Por outro lado, se impetrado *habeas corpus* contra o recebimento da denúncia, quando se tratar de crime já prescrito, a tese será o reconhecimento da prescrição e a rejeição da inicial. Um outro exemplo: se foi impetrado um mandado de segurança para a restituição de coisa apreendida, mas o *writ* foi denegado, deve ser interposto ROC para que a coisa seja restituída. Portanto, em ROC, a tese a ser sustentada estará expressa no enunciado do problema, mas como fundamento para a decisão do juiz que proferiu decisão contrária aos interesses do cliente. Sobre o *habeas corpus*, veja o art. 648 do CPP.

6.3.5. Pedidos

A Banca tem pedido, em recursos, apenas o *conhecimento* e o *provimento*, mas acho que não custa nada, por precaução, complementar: [...] *para que seja concedida ordem de* habeas corpus. Não se esqueça de pedir o alvará de soltura, se o interessado estiver preso, ou o contramandado de prisão, se houver mandado de prisão ainda não cumprido. Há, ainda, a possibilidade de um *salvo-conduto*, para assegurar ao paciente o direito de fazer algo sem que seja preso por isso.

Excelentíssimo Senhor Desembargador Presidente do Tribunal de Justiça do Estado ...,

Comentários: a interposição é feita ao presidente do TJ ou TRF onde foi denegado o HC ou MS. Se a decisão partiu de tribunal superior, enderece ao presidente deste tribunal, com razões ao STF.

Nome ..., já qualificado nos autos, vem, por seu advogado, interpor Recurso Ordinário Constitucional, com fundamento no art. 105, II, a, da Constituição Federal c/c o art. 30 da Lei n. 8.038/90.

Requer seja processado o recurso, com as razões anexadas, e encaminhado ao Superior Tribunal de Justiça.

Comentários: é preciso ter cuidado com a fundamentação, pois é diversa para cada uma das hipóteses – até mesmo em caso de decisão denegatória de *habeas corpus*, em que os dispositivos constitucionais não são os mesmos se o ROC é interposto ao STF ou ao STJ.

Comarca ..., data 24 de setembro de 2019.
Advogado ..., OAB ... .

Comentários: ao datar a peça no último dia de prazo, tenha cuidado com os diferentes prazos do ROC.

Razões de Recurso Ordinário Constitucional

Colendo Superior Tribunal de Justiça,

Colenda Turma,

Douto Procurador da República,

A decisão denegatória proferida pela Câmara Criminal do Tribunal de Justiça do Estado ..., objeto deste recurso, merece ser reformada pelas razões a seguir expostas:

Como fazemos em qualquer outro recurso, é preciso ter cuidado com o endereçamento ao tribunal competente. Além disso, é sempre bom frisar o desejo de reforma da decisão recorrida. Não se esqueça de começar a peça dizendo: *razões de recurso ordinário constitucional.*

I – DOS FATOS

No dia 18 de julho de 2019...

Comentários: no tópico *dos fatos*, apenas resuma o enunciado da peça.

II – DO DIREITO

a) GRAVIDADE EM ABSTRATO

O Tribunal de Justiça não poderia ter decretado a prisão preventiva do recorrente com base na gravidade em abstrato do delito, pois não é motivação idônea para tal fim, conforme art. 312 do CPP, devendo ser relaxada a prisão.

b) REQUISITOS DA PREVENTIVA

Além disso, a prisão preventiva deve ser relaxada por não estarem presentes as hipóteses para a sua decretação. Segundo o art. 313, I, do CPP, a prisão preventiva será admitida nos crimes dolosos punidos com pena privativa de liberdade máxima superior a 4 (quatro) anos. No caso em discussão, o recorrente é acusado da prática de homicídio culposo, do art. 121, § 3.°, do CP.

Comentários: divida o tópico *do direito* em subtópicos, para facilitar a vida de quem corrigirá a sua prova.

III – DO PEDIDO

Diante do exposto, requer seja conhecido e provido o recurso, bem como seja expedido alvará de soltura.

Comentários: a Banca tem pedido em gabaritos de recursos apenas o conhecimento e o provimento do recurso. De qualquer forma, é melhor especificar os pedidos (o trancamento da ação penal; o relaxamento da prisão em flagrante etc.). Ademais, se o cliente estiver preso – e o recurso foi interposto para conseguir a sua liberdade –, peça expressamente a expedição de alvará de soltura.

Comarca ..., 24 de setembro de 2019.
Advogado ..., OAB.

Comentários: sempre tenha cuidado com a data, visto que a banca costuma pedir o oferecimento da peça no último dia de prazo.

6.4. Contrarrazões de agravo em execução

6.4.1. Como identificar a peça

O enunciado descreverá situação em que houve uma decisão de um juiz da execução penal, favorável ao condenado, e o MP recorreu.

6.4.2. Fundamentação

Admito, neste ponto, escrevo com certa insegurança, por não saber ao certo como a Banca exigiria no gabarito. No art. 192 da LEP, que fundamenta o agravo em execução, não é falado em contrarrazões ao recurso. Contudo, considerando que é dominante o entendimento de que o agravo segue o procedimento do recurso em sentido estrito, a fundamentação mais adequada parece ser a seguinte: *art. 588 do CPP c/c a Súmula 700 do STF*. Não existe outro jeito de fundamentar a peça.

6.4.3. Prazo

É o mesmo prazo das razões do RESE: 2 dias.

6.4.4. Teses

Em contrarrazões, o objetivo é sempre igual: *derrubar* o recurso da outra parte. O MP pediu para que não seja concedida a progressão? Diga que ele está errado. Além disso, veja se o recurso da outra parte atende aos requisitos legais. Pode ter sido intempestivo, hipótese em que deve ser sustentado o não conhecimento do recurso. Ademais, em execução penal, não é possível o assistente de acusação. Seria uma boa tese para contrarrazões em agravo: dizer que a vítima não pode interpor agravo em execução por não ter legitimidade.

6.4.5. Pedidos

É bem provável que, no dia em que cair, a banca exija apenas o não conhecimento e o não provimento do recurso da outra parte. Contudo, como sempre digo, não custa nada especificar seus pedidos.

6.4.6. Modelo da peça

Veja o modelo de contrarrazões em recurso em sentido estrito. É igual.

7. OUTRAS PEÇAS

Há outras peças, inéditas, que nunca caíram na prova, com baixa probabilidade para a 2.ª fase. Como nada é impossível, não poderia deixar de trazer, pelo menos, os modelos de cada uma delas. Peço ao amigo leitor para que mantenha o foco nas peças que já caíram, afinal a Banca não é uma banca que costuma pedir coisas novas, mas não deixe de conhecer as outras – até porque, daqui a pouco, com a *vermelhinha* na mão, esta obra poderá ser útil em seus primeiros passos na advocacia. Boa leitura.

7.1. Representação à autoridade policial

7.1.1. Apresentação

Trata-se de condição de procedibilidade. Sem a representação da vítima (ou de quem a represente), o Estado não pode agir. Nos crimes apurados mediante ação penal pública condicionada à representação, sem o preenchimento dessa condição – a representação do ofendido –, não pode o Ministério Público oferecer a denúncia (art. 24 do CPP), nem mesmo o delegado instaurar o inquérito policial (art. 5.º, § 4.º, do CPP). Tal formalidade acontece porque há crimes que exigem essa condição para que o Estado possa apurar a materialidade e a autoria do delito: são os chamados crimes de ação penal pública condicionada à representação. Essa condição, que precisa estar expressa em lei, dar-se-á por representação do ofendido ou requisição do Ministro da Justiça.

Exemplos:

- ➔ Crime contra a honra do Presidente da República: art. 141, I, do CP – somente se procede mediante requisição do Ministro da Justiça (art. 145, parágrafo único, do CP).
- ➔ Crime contra a honra de idoso: art. 140, § 3.º, do CP – somente se procede mediante representação do ofendido (art. 145, parágrafo único, do CP).

7.1.2. Características e requisitos

Nos crimes de ação penal pública condicionada à representação, esta é condição objetiva de procedibilidade. Sem a representação, o inquérito policial nem sequer pode ser instaurado, nem a denúncia do promotor de justiça pode ser oferecida.

No caso de morte do ofendido ou quando declarado ausente por decisão judicial, o direito de representação ainda não exercido passará ao seu cônjuge, ascendente, descendente ou irmão. Para memorizar esse rol de pessoas legitimadas, costuma-se dizer que formam o CADI - Cônjuge - Ascendente - Descendente - Irmão. A representação será irretratável, depois de oferecida a denúncia.

O prazo para representar contra o autor da infração penal é de seis meses, contados do dia em que vier a saber quem foi o responsável pelo crime.

7.1.3. Como identificar a peça

O enunciado dirá que seu cliente foi vítima de uma determinada infração penal. O Código Penal trará a informação de que esse delito somente será apurado mediante representação. Se não estiver escrito no Código Penal, não dependerá de representação. Ou está escrito que precisa de representação, ou não é ação penal condicionada.

7.1.4. Competência

A vítima da infração penal pode escolher para quem irá formalizar a representação, apresentando a *notitia criminis* para as seguintes autoridades:

1) **Se a representação for apresentada à autoridade policial:** Excelentíssimo Senhor Doutor Delegado de Polícia Titular do... Distrito Policial de... .
2) **Se a representação for apresentada ao juiz:** Excelentíssimo Senhor Doutor Juiz de Direito da... Vara Criminal da Comarca de... .
3) **Se a representação for apresentada ao promotor:** Excelentíssimo Senhor Doutor Promotor de Justiça Titular da... Promotoria de Justiça de... .

Admite-se dupla legitimidade em casos de delito de ação penal pública contra funcionário público. O agente público pode escolher se quer oferecer representação ou ingressar pessoalmente com queixa-crime, nos termos da Súmula 714 do STF. Em outras palavras, nesse caso, a infração pode ser apurada em ação penal privada ou em ação penal pública condicionada à representação.

7.1.5. Fundamentos mais comuns

Art. 5.º, § 4.º, do CPP – ação penal pública condicionada.

7.1.6. Estrutura da peça

a) **Endereçamento:** EXCELENTÍSSIMO SENHOR DOUTOR DELEGADO DE POLÍCIA TITULAR DO... DISTRITO POLICIAL DE... (para outros endereçamentos, ver o item 7.1.4. Competência).
b) **Identificação das partes:** Representante (vítima da infração) e Representado (autor do delito).
c) **Nome da ação e fundamento legal:** REPRESENTAÇÃO. Arts. 5.º, § 4.º, e 24, *caput*, do Código de Processo Penal.
d) **Narrativa dos fatos ("Dos Fatos"):** escreva com suas palavras os fatos apresentados no problema.
e) **Fundamentação ("Do Direito").**
f) **Pedido:** requer seja instaurado o competente Inquérito Policial para que, posteriormente, possa ser promovida a persecução penal contra o Representado. Requer, igualmente, a notificação e oitiva das testemunhas abaixo arroladas.
g) **Fechamento da peça:** local, data, Advogado, OAB..., n. ... .

7.1.7. Questão simulada

Ivan, funcionário púbico, ao passar em frente à casa de Luís, recebeu promessa de mal injusto e grave, por palavras e gestos que demonstraram severa irritação. Luís imputou a Ivan, de forma mentirosa, o crime de corrupção passiva que supostamente teria ocorrido na manhã do mesmo dia em que as ofensas foram irrogadas. Amedrontado, Ivan procurou seu escritório de advocacia para que o auxilie a tomar as medidas pertinentes.

7.1.8. Modelo da peça

EXCELENTÍSSIMO SENHOR DOUTOR DELEGADO DE POLÍCIA TITULAR DO... DISTRITO POLICIAL DE... .

(6 a 10 linhas)

Ivan, (nacionalidade), (estado civil), (profissão), titular do documento de identidade RG n. ..., inscrito no Cadastro de Pessoas Físicas sob o n. ..., residente e domiciliado na Rua..., por seu advogado infra-assinado (procuração com poderes especiais; doc. 1), vem, respeitosamente, perante Vossa Excelência, oferecer

REPRESENTAÇÃO,

com fulcro nos arts. 5.º, § 4.º, e 24 do Código de Processo Penal, contra Luís, (nacionalidade), (estado civil), (profissão), titular do documento de identidade RG n. ..., inscrito no Cadastro de Pessoas Físicas sob o n. ..., residente e domiciliado na Rua..., pelas razões de fato e de direito a seguir expostas.

Ivan, agente público lotado no... (descrever o Órgão de lotação ou a função exercida, sempre seguindo as informações do enunciado), foi ofendido em sua honra objetiva por outro funcionário lotado no mesmo departamento público.

Luís, o agente responsável pela calúnia, imputou à vítima a responsabilidade por crime de corrupção passiva que supostamente teria ocorrido na manhã do mesmo dia em que as ofensas foram irrogadas.

Dessa forma, o agente aqui representado praticou o crime previsto no art. 138 c/c o art. 141, II, do Código Penal, infração esta que é de ação penal pública condicionada a esta representação (art. 145, parágrafo único).

Requer seja instaurado o competente inquérito policial para que possa ser promovida a persecução penal contra o representado.

Apresenta como testemunhas e requer sua notificação;

1. Nome, endereço.
2. Nome, endereço.
3. Nome, endereço.

Termos em que

pede e espera deferimento.

Local..., data... .

Advogado. OAB n. ... .

7.2. Requerimento de restituição de coisas apreendidas

7.2.1. Apresentação

A polícia judiciária possui, entre suas atribuições, a de apreender bens de titularidade suspeita, com a formalização dessa apreensão e posterior custódia do Estado.

Existem situações previstas em lei em que a coisa apreendida pela polícia é de um terceiro de boa-fé, ou não há necessidade de ficar sob a custódia do Estado. Nessas situações, o advogado é contratado para conseguir a liberação e devolução desses bens o mais breve possível, evitando que seu cliente tenha de aguardar até o final do processo para recebê-los de volta.

A regra geral é: os bens apreendidos ficam à disposição do Estado até o trânsito em julgado da sentença penal condenatória. Entretanto, de forma excepcional, é possível requerer a restituição de coisas apreendidas antes de a coisa julgada ser formalizada.

Se os bens apreendidos forem instrumentos do crime, produto do crime ou proveito auferido pelo agente criminoso, não serão restituídas. Ex.: o dinheiro obtido pelo traficante, com a venda da droga, não lhe será restituído. Lembre-se sempre do art. 91, II, e §§ 1.º e 2.º, do Código Penal: Art. 91. São efeitos da condenação: [...] II – a perda em favor da União, ressalvado o direito do lesado ou de terceiro de boa-fé: a) dos instrumentos do crime, desde que consistam em coisas cujo fabrico, alienação, uso, porte ou detenção constitua fato ilícito; b) do produto do crime ou de qualquer bem ou valor que constitua proveito auferido pelo agente com a prática do fato criminoso. § 1.º Poderá ser decretada a perda de bens ou valores equivalentes ao produto ou proveito do crime quando estes não forem encontrados ou quando se localizarem no exterior. § 2.º Na hipótese do § 1.º, as medidas assecuratórias previstas na legislação processual poderão abranger bens ou valores equivalentes do investigado ou acusado para posterior decretação de perda.

7.2.2. Características e requisitos

Prazo: Antes de transitar em julgado a sentença final, as coisas apreendidas não poderão ser restituídas enquanto interessarem ao processo.

A restituição, quando cabível, poderá ser ordenada pela autoridade policial ou pelo juiz, mediante termo nos autos, desde que não exista dúvida quanto ao direito do reclamante.

Se houver dúvida sobre a titularidade do bem ou do direito de ter o bem restituído, o pedido de restituição autuar-se-á em apartado, assinando-se ao requerente o prazo de 5 dias para a produção da prova. Em tal caso, só o juiz criminal poderá decidir o incidente.

Ausente a dúvida, o pedido pode ser feito diretamente à autoridade policial.

Se a dúvida persistir após o incidente, sobre quem seja o verdadeiro dono, o juiz penal remeterá as partes para o juízo cível.

7.2.3. Como identificar a peça

A questão do Exame dirá que um bem do seu cliente foi indevidamente apreendido pela polícia judiciária e que ele quer a devolução imediata, pois precisa dele para o exercício de sua profissão ou outra razão relevante.

7.2.4. Competência

Se formulado diretamente ao Delegado de Polícia: Excelentíssimo Senhor Doutor Delegado de Polícia do... Distrito Policial de... .

- Se o crime for da competência da Justiça Estadual: Excelentíssimo Senhor Doutor Juiz de Direito da... Vara Criminal da Comarca de... .

- Se o crime for da competência da Justiça Federal: Excelentíssimo Senhor Doutor Juiz Federal da... Vara Criminal da Justiça Federal da Seção Judiciária de... .

7.2.5. Fundamentos mais comuns

Art. 118 e seguintes do Código de Processo Penal.

7.2.6. Estrutura da peça

a) **Endereçamento:** EXCELENTÍSSIMO SENHOR DOUTOR JUIZ DE DIREITO DA... VARA CRIMINAL DA COMARCA DE... (para outros endereçamentos, ver o item 7.2.4. Competência).
b) **Identificação das partes:** requerente e requerido.
c) **Nome da ação e fundamento legal:** RESTITUIÇÃO DE BENS APREENDIDOS. Art. 118 e seguintes do Código de Processo Penal.
d) **Narrativa dos fatos ("Dos Fatos").**
e) **Fundamentação ("Do Direito").**
f) **Pedido:** requer, após a oitiva do representante do Ministério Público, seja deferido o presente requerimento de restituição, determinando-se a devolução dos bens mencionados.
g) **Fechamento da peça:** local, data, Advogado, OAB n. ... .

7.2.7. Questão simulada

Ivan foi vítima de furto, pois subtraíram seu veículo durante a frequência a culto religioso. Ele foi até o Distrito Policial para fazer o boletim de ocorrência e acionar sua seguradora. Uma semana depois, a polícia encontrou o veículo que havia sido furtado, abandonado em outra localidade. Há suspeita de que o automóvel fora usado para a prática de outros ilícitos penais e, por essa razão, foi apreendido pela polícia. Como advogado contratado, tome as providências jurídicas para que seu cliente consiga retomar seu veículo antes do trânsito em julgado da sentença penal.

7.2.8. Modelo da peça

EXCELENTÍSSIMO SENHOR DOUTOR JUIZ DE DIREITO DA... VARA CRIMINAL DA COMARCA DE... .

(6 a 10 linhas)

Ivan, (nacionalidade), (estado civil), (profissão), titular do documento de identidade RG n. ..., inscrito no Cadastro de Pessoas Físicas sob o n. ..., residente e domiciliado na Rua..., por seu advogado infra-assinado (instrumento de mandato; doc. 1), vem, respeitosamente, perante Vossa Excelência, requerer a RESTITUIÇÃO DE BENS APREEN-

DIDOS, com fulcro no art. 118 e seguintes do Código de Processo Penal, pelas razões de fato e de direito a seguir expostas.

I – DOS FATOS

O Requerente foi vítima de furto, pois subtraíram seu veículo durante a frequência a culto religioso.

A vítima fez um boletim de ocorrência e acionou sua seguradora.

Uma semana depois, a polícia encontrou o veículo que havia sido furtado, abandonado em outra localidade. Há suspeita de que o automóvel fora usado para a prática de outros ilícitos penais e, por essa razão, foi apreendido pela polícia.

II – DO DIREITO

O art. 118 do Código de Processo Penal impede a devolução das coisas apreendidas, antes de transitar em julgado a sentença final, enquanto interessarem ao esclarecimento da verdade de qualquer fato criminoso.

Entretanto, o veículo da vítima já foi periciado e nada foi encontrado, restando esvaziado o interesse estatal em mantê-lo apreendido.

Além disso, a vítima utiliza o veículo para bem desempenhar sua profissão de taxista, e a retenção do bem, nessa hipótese, lhe traz diários prejuízos.

A propriedade do bem pode ser facilmente comprovada pela documentação em anexo (doc. 2).

III – DO PEDIDO

Diante de todo o exposto, requer, após ouvido o representante do Ministério Público, seja deferido o pedido, determinando-se a devolução dos bens supramencionados para o ofendido, ora requerente, como medida de justiça.

Termos em que
pede e espera deferimento.
Local..., data... .

Advogado. OAB n. ... .

7.3. Requerimento para instauração de inquérito policial

7.3.1. Apresentação

Trata-se de peça em que o ofendido, vítima de uma infração penal, busca providências da autoridade policial, nos crimes apurados mediante ação penal pública (art. 5.º, II, do CPP) ou ação penal de iniciativa privada (art. 5.º, § 5.º, do CPP).

Tal requerimento pode ser feito diretamente pela vítima ou demais legitimados, mas, no Exame da OAB, será formalizado por advogado.

7.3.2. Características e requisitos

A lei processual penal reza que, nos crimes de ação pública, o inquérito policial poderá ser iniciado mediante requerimento do ofendido ou de quem tiver qualidade para representá-lo.

Nos crimes de ação privada, a autoridade policial somente poderá proceder a inquérito a requerimento de quem tenha qualidade para intentá-la.

Tal requerimento deve conter:

a) a narração do fato, com todas as circunstâncias;
b) a individualização do criminoso ou de seus sinais característicos e as razões de convicção ou de presunção de ser ele o autor da infração, ou os motivos de impossibilidade de fazê-lo;
c) a indicação das testemunhas, com sua profissão e residência.

Prazo: decadencial nos crimes de ação penal privada; prescricional nos crimes de ação penal pública.

7.3.3. Como identificar a peça

A questão da prova dirá que seu cliente foi vítima de uma infração penal (que é apurada mediante ação penal pública ou privada), e nenhuma providência foi tomada pela autoridade policial. Você, como advogado do ofendido, deve requerer a instauração do inquérito policial.

7.3.4. Competência

Se crime de competência da Justiça Estadual: Excelentíssimo Senhor Doutor Delegado de Polícia Titular do... Distrito Policial de... .

Se crime de competência da Justiça Federal: Excelentíssimo Senhor Doutor Delegado Federal Titular da... Delegacia da Polícia Federal de... .

7.3.5. Fundamentos mais comuns

Art. 5.º, II, do Código de Processo Penal, se ação pública.

Art. 5.º, § 5.º, do Código de Processo Penal, se ação privada.

7.3.6. Estrutura da peça

a) **Endereçamento:** EXCELENTÍSSIMO SENHOR DOUTOR DELEGADO DE POLÍCIA TITULAR DO... DISTRITO POLICIAL DE... .

- (para outros endereçamentos, ver o item 7.3.4. Competência).
- Perceba que foram usados EXCELENTÍSSIMO e VOSSA EXCELÊNCIA.

b) **Identificação das partes:** requerente e requerido.

c) **Nome da ação e fundamento legal:** REQUERIMENTO PARA INSTAURAÇÃO DE INQUÉRITO POLICIAL. Art. 5.º, II, do Código de Processo Penal (se a ação for pública); art. 5.º, § 5.º, do Código de Processo Penal (se a ação for privada).

d) **Narrativa dos fatos ("Dos Fatos").**

e) **Fundamentação ("Do Direito").**

f) **Pedido:** requer seja instaurado Inquérito Policial para que, posteriormente, possa ser promovida a imputação penal contra o requerido e a notificação e oitiva de testemunhas.

g) **Fechamento da peça:** local, data, Advogado, OAB..., n. ... .

7.3.7. Questão simulada

Ivan foi vítima de roubo. Após efetuar um saque bancário, foi abordado por três indivíduos armados que o obrigaram a entregar o dinheiro. Abandonaram a vítima do outro lado da cidade. O ofendido procurou seu escritório, pois o conhecia de vista no Bairro, para que o ajude com alguma solução jurídica.

7.3.8. Modelo da peça

EXCELENTÍSSIMO SENHOR DOUTOR DELEGADO DE POLÍCIA TITULAR DO... DISTRITO POLICIAL DE... .

(6 a 10 linhas)

Ivan, (nacionalidade), (estado civil), (profissão), titular do documento de identidade RG n. ..., inscrito no Cadastro de Pessoas Físicas sob o n. ..., residente e domiciliado na Rua..., por seu advogado infra-assinado (instrumento de mandato; doc. 1), vem, respeitosamente, à presença de Vossa Excelência, requerer

INSTAURAÇÃO DE INQUÉRITO POLICIAL

com fulcro no art. 5.º, II, do Código de Processo Penal, pelas razões de fato e de direito a seguir expostas.

I – DOS FATOS

(Apresentar os fatos que atingiram o bem jurídico da vítima)

II – DO DIREITO

Com efeito, o art. ... do Código Penal assim descreve o crime:

(Especificar o artigo da lei que prevê o tipo penal em espécie)

Note-se que houve perfeita adequação entre a conduta do requerido e o disposto no supracitado dispositivo penal.

III – DO PEDIDO

Diante do exposto, requer seja instaurado Inquérito Policial para que, posteriormente, possa ser promovida a imputação penal contra o requerido. Requer, igualmente, a notificação e oitiva das testemunhas a seguir arroladas:

1. Nome, endereço.
2. Nome, endereço.
3. Nome, endereço.

Termos em que

pede e espera deferimento.

Local..., data... .

Advogado. OAB n. ... .

7.4. Requerimento de sequestro de bens

7.4.1. Apresentação

Trata-se de medida cautelar real que busca assegurar a futura reparação do dano, após obter, na mesma ação penal, a condenação definitiva do réu, que, pelo fato de ter sido condenado criminalmente, passa a ter a obrigação de reparar o dano como efeito legal da condenação (art. 91, I, do CP), além da perda dos bens adquiridos com o produto da infração penal (art. 91, II, *b*, do CP).

7.4.2. Características e requisitos

O sequestro busca assegurar a reparação do prejuízo causado à vítima da infração penal. Caberá o sequestro dos bens imóveis, adquiridos pelo indiciado com os proventos da infração. Não será necessária a prova cabal da proveniência ilícita dos bens, bastando indícios veementes da origem indevida dos bens imóveis.

a) Mesmo que os bens imóveis já tenham sido transferidos para terceiros, caberá a medida assecuratória do sequestro. Entretanto, o art. 130 do CPP permite ao terceiro, atual proprietário do imóvel sequestrado, embargar o sequestro se adquiriu o bem a título oneroso e de boa-fé.

Nesse caso, o terceiro deverá pedir, em sede de embargos de terceiro, o levantamento da medida cautelar sobre o bem sequestrado.
b) Não poderá o titular do bem imóvel alegar a impenhorabilidade do bem de família, por expressa exclusão da referida lei (art. 3.º, VI, da Lei n. 8.009/90).

7.4.3. Como identificar a peça

O enunciado dirá que há indícios veementes da proveniência ilícita dos bens do acusado. O seu cliente será a vítima da infração penal. Ela deverá requerer ao juiz o sequestro do bem imóvel do suspeito, indiciado ou acusado para assegurar futura indenização.

7.4.4. Competência

Se a infração penal for da competência da Justiça Estadual: Excelentíssimo Senhor Doutor Juiz de Direito da... Vara Criminal da Comarca de... .

- Se o crime for da competência da Justiça Federal: Excelentíssimo Senhor Doutor Juiz Federal da... Vara Criminal da Justiça Federal da Seção Judiciária de... .
- Se a infração penal for da competência do júri: Excelentíssimo Senhor Doutor Juiz de Direito da... Vara do Júri da Comarca de... .

7.4.5. Fundamentos mais comuns

Art. 125 e seguintes do Código de Processo Penal.

7.4.6. Estrutura da peça

a) **Endereçamento:** EXCELENTÍSSIMO SENHOR DOUTOR JUIZ DE DIREITO DA... VARA CRIMINAL DA COMARCA DE... (para outros endereçamentos, ver o item 7.4.4. Competência).
b) **Identificação das partes:** requerente e requerido.
c) **Nome da ação e fundamento legal:** SEQUESTRO. Art. 125 e seguintes do Código de Processo Penal.
d) **Narrativa dos fatos ("Dos Fatos").**
e) **Fundamentação ("Do Direito").**
f) **Pedido:** requer seja deferido o presente pedido, determinando-se o sequestro do referido bem e, após o seu deferimento cautelar, a inscrição da medida no Registro de Imóveis competente.
g) **Fechamento da peça:** local, data, Advogado, OAB..., n. ... .

7.4.7. Questão simulada

Ivan foi vítima de crime de estelionato, o que resultou em prejuízo avaliado, pericialmente, em R$ 300.000,00 (trezentos mil reais).

Durante a investigação policial, apurou-se que o réu, dias depois do crime, adquiriu, com dinheiro vivo, imóvel avaliado em R$ 300.000,00 (trezentos mil reais), tudo regularmente demonstrado em certidão extraída do competente Cartório de Registro de Imóveis (fls.). Objetivando assegurar futura indenização, como advogado de Ivan, adote a medida assecuratória específica para o caso.

7.4.8. Modelo da peça

EXCELENTÍSSIMO SENHOR DOUTOR JUIZ DE DIREITO DA... VARA CRIMINAL DA COMARCA DE... .

(6 a 10 linhas)

Ivan, (nacionalidade), (estado civil), (profissão), titular do documento de identidade RG n. ..., inscrito no Cadastro de Pessoas Físicas sob o n. ..., residente e domiciliado na Rua..., por seu advogado infra-assinado (instrumento de mandato; doc. 1), vem, respeitosamente, perante Vossa Excelência, com fundamento legal no art. 125 e seguintes do Código de Processo Penal, requerer o SEQUESTRO do bem imóvel localizado na Rua..., cuja propriedade é de Luís, pelas razões de fato e de direito a seguir expostas.

I – DOS FATOS

O requerente foi vítima de crime de (especificar o artigo da lei que prevê o tipo penal em espécie), o que resultou em prejuízo avaliado, pericialmente, em R$ ... (... reais).

Durante a investigação policial, apurou-se que Luís, dias depois do crime, adquiriu imóvel em espécie, avaliado em R$ ... (... reais), tudo regularmente demonstrado em certidão extraída do competente Cartório de Registro de Imóveis (fls. ...).

II – DO DIREITO

A medida cautelar típica de sequestro, prevista no Código de Processo Penal, nos arts. 125 a 133, tem por motivo primordial assegurar a futura reparação decorrente do dano causado à vítima da infração penal, evitando a ineficácia da prestação jurisdicional, no tocante ao prisma indenizatório.

Para a decretação da cautelar de sequestro, bastam indícios veementes da proveniência ilícita dos bens, e é justamente o que temos no processo.

Apurou-se, no inquérito policial, a aquisição de bem imóvel com o proveito da infração logo após a consumação do delito apurado nessa ação penal.

Preenchidos os requisitos legais, urge seja imposta a medida de sequestro do bem imóvel especificado, evitando futuro prejuízo para o ofendido, em caso de condenação e posterior ressarcimento.

III – DO PEDIDO

Diante do exposto, requer seja deferido o presente pedido, determinando-se o sequestro do referido imóvel e a inscrição da medida no Cartório de Registro de Imóveis.

Termos em que

pede e espera deferimento.

Local..., data...

Advogado. OAB n. ...

7.5. Exceção de incompetência

7.5.1. Apresentação

Quando as regras de competência são violadas ou interpretadas de forma incorreta, cabe à parte prejudicada opor exceção de incompetência, com o objetivo de preservar o juiz natural da causa. Após o reconhecimento da incompetência jurisdicional, o processo deve ser encaminhado para o juízo competente. Os atos decisórios serão anulados e refeitos pelo juiz competente.

7.5.2. Características e requisitos

A exceção de incompetência preocupa-se com o respeito aos critérios de competência que não foram observados no caso concreto. Também conhecida como *declinatoria fori*, é regulada pelos arts. 108 e 109 do CPP, podendo ser oposta por escrito ou oralmente, no prazo de defesa.

Contra a decisão que reconhece a incompetência do juízo nos autos do processo principal, cabe recurso em sentido estrito (art. 581, II, do CPP).

Contra a decisão que julga procedente a exceção de incompetência também cabe recurso em sentido estrito, mas com o fundamento no inciso III do art. 581 do CPP.

Contra a decisão que rejeita a exceção de incompetência, não há recurso previsto na lei para buscar sua alteração, podendo o advogado utilizar o *habeas corpus*, na hipótese de evidente constrangimento ilegal, ou alegar em eventual preliminar de recurso de apelação.

Se a ação for de iniciativa privada, em vez da expressão "justiça pública", deverá ser mencionado o nome da parte contrária.

7.5.3. Como identificar a peça

O enunciado irá apresentar a situação jurídica, de forma enfática, mostrando qual seria o juiz competente para julgar a causa, e, em seguida, informará que autoridade incompetente está dando andamento ao feito (p. ex.: crime contra a vida não está sendo processado por juiz da Vara do Júri, e sim por juiz singular).

7.5.4. Competência

- Se o crime for da competência da Justiça Estadual: Excelentíssimo Senhor Doutor Juiz de Direito da... Vara Criminal da Comarca de... .
- Se a infração for de menor potencial ofensivo: Excelentíssimo Senhor Doutor Juiz de Direito do Juizado Especial Criminal da Comarca de... .
- Se o crime for da competência da Justiça Federal: Excelentíssimo Senhor Doutor Juiz Federal da... Vara Criminal da Justiça Federal da Seção Judiciária de... .
- Se for um crime doloso contra a vida: Excelentíssimo Senhor Doutor Juiz Presidente do... Tribunal do Júri da Comarca de... .

7.5.5. Fundamentos mais comuns

Arts. 95, II, e 108, ambos do Código de Processo Penal.

7.5.6. Estrutura da peça

a) **Endereçamento:** EXCELENTÍSSIMO SENHOR DOUTOR JUIZ DE DIREITO DA... VARA CRIMINAL DA COMARCA DE... .
b) **Identificação das partes:** excipiente e excepto.
c) **Nome da ação e base legal:** EXCEÇÃO DE INCOMPETÊNCIA. Arts. 95, II, e 108, ambos do Código de Processo Penal.
d) **Narrativa dos fatos ("Dos Fatos").**
e) **Fundamentação ("Do Direito").**
f) **Pedido:** requer, após a oitiva do representante do Ministério Público, seja acolhida a presente exceção, determinando-se o encaminhamento do feito ao juízo competente.
g) **Fechamento da peça:** local, data, Advogado, OAB n. ... .

7.5.7. Questão simulada

Ivan está sendo processado criminalmente pela prática do delito de roubo consumado na cidade "X", sendo preso, porém, na cidade "Y". O agente do Ministério Público da Comarca "Y" ofereceu denúncia contra Ivan, que, após o respectivo recebimento da peça acusatória pelo Magistrado, foi devidamente citado.

Diante das regras processuais penais de competência, tome a medida processual cabível.

7.5.8. Modelo da peça

EXCELENTÍSSIMO SENHOR DOUTOR JUIZ DE DIREITO DA... VARA CRIMINAL DA COMARCA DE... .

(6 a 10 linhas)

Ivan, já qualificado nos autos do Processo-crime n. ..., que lhe move a Justiça Pública, por seu advogado infra-assinado, vem, respeitosamente, perante Vossa Excelência, opor EXCEÇÃO DE INCOMPETÊNCIA, com fulcro nos arts. 95, II, e 108, ambos do Código de Processo Penal, pelas razões de fato e de direito a seguir expostas.

I – DOS FATOS

O excipiente trabalha na Comarca..., e está sendo acusado de (especificar o artigo da lei que prevê o tipo penal em espécie).

O fato criminoso ocorreu no local "X", porém o processo está tramitando na Comarca "Y", portanto local diverso de onde o crime se consumou.

II – DO DIREITO

O art. 70 do Código de Processo Penal dispõe que a competência será, em regra (ou seja, em primeiro lugar para os casos em que inexista competência especial de prerrogativa de função, por exemplo), determinada pelo lugar em que se consumar a infração.

Dessa forma, o juiz que figura na presente ação penal é relativamente incompetente (desenvolver os argumentos relacionados à tese da competência territorial equivocada).

Importante destacar que o caso diz respeito à incompetência relativa, que deve ser alegada no momento oportuno, sob pena de preclusão, o que, por si só, já justifica o acolhimento da presente exceção.

III – DO PEDIDO

Diante do exposto, requer, após a oitiva do representante do Ministério Público, seja acolhida a presente exceção de incompetência, determinando-se a remessa do processo ao juízo natural da causa, como medida de justiça.

Termos em que

Pede e espera deferimento.

Local..., data...

Advogado. OAB n. ... .

7.6. Exceção de suspeição

7.6.1. Apresentação

É um meio de defesa dilatório, eminentemente processual. Tem como finalidade afastar o juiz da causa, por suspeita de parcialidade. Também pode ser alegada contra: promotor; peritos; intérpretes; jurados e funcionários da justiça.

7.6.2. Características e requisitos

A autoridade judicial deve ser imparcial para julgar. Dessa forma, caso esteja preenchida qualquer hipótese do art. 254 do CPP, cabe à parte opor a exceção de suspeição, caso o próprio juiz não o faça.

As hipóteses de suspeição do juiz previstas em lei são:

I – se for amigo íntimo ou inimigo capital de qualquer das partes;

II – se o juiz, seu cônjuge, ascendente ou descendente, estiver respondendo a processo por fato análogo, sobre cujo caráter criminoso haja controvérsia;

III – se o juiz, seu cônjuge, ou parente, consanguíneo, ou afim, até o terceiro grau, inclusive, sustentar demanda ou responder a processo que tenha de ser julgado por qualquer das partes;

IV – se tiver aconselhado qualquer das partes;

V – se for credor ou devedor, tutor ou curador, de qualquer das partes;

VI – se for sócio, acionista ou administrador de sociedade interessada no processo.

Não existe exceção de suspeição contra autoridade policial (art. 107 do CPP).

7.6.3. Como identificar a peça

O juiz tem a obrigação de declarar-se suspeito, nas hipóteses supraespecificadas (art. 254 e incisos, do CPP).

Caso ele assim não decida, qualquer das partes poderá recusá-lo como juiz natural da causa. Essa recusa dar-se-á mediante a petição de exceção de suspeição.

7.6.4. Competência

Endereçamentos possíveis da exceção de suspeição são:

a) **Se a infração for de competência da Justiça Estadual:** Excelentíssimo Senhor Doutor Juiz de Direito da... Vara Criminal da Comarca de... .
b) **Se a infração for de menor potencial ofensivo:** Excelentíssimo Senhor Doutor Juiz de Direito do Juizado Especial Criminal da Comarca de... .
c) **Se o crime for da competência da Justiça Federal:** Excelentíssimo Senhor Doutor Juiz Federal da... Vara Criminal da Justiça Federal da Seção Judiciária de... .
d) **Se a infração penal for da competência do júri:** Excelentíssimo Senhor Doutor Juiz Presidente do... Tribunal do Júri da Comarca de... .

7.6.5. Fundamentos mais comuns

Arts. 95 e 254 do Código de Processo Penal.

7.6.6. Estrutura da peça

a) **Endereçamento:** EXCELENTÍSSIMO SENHOR DOUTOR JUIZ DE DIREITO DA... VARA CRIMINAL DA COMARCA DE... (para outros endereçamentos, ver o item 7.6.4. Competência).
b) **Identificação das partes:** excipiente e excepto.
c) **Nome da ação e fundamento legal:** EXCEÇÃO DE SUSPEIÇÃO. Arts. 95 e 254 do Código de Processo Penal.
d) **Narrativa dos fatos ("Dos Fatos").**
e) **Fundamentação ("Do Direito").**
f) **Pedido:** requer seja acolhida a presente exceção, reconhecendo-se a suspeição e ordenando-se a remessa dos autos ao substituto legal.
g) **Fechamento da peça:** local, data, Advogado, OAB n. ... .

7.6.7. Questão simulada

Aristides, magistrado nessa cidade, figura como autoridade judiciária competente para decidir demanda em que Ivan está sendo processado criminalmente, pela prática do crime de esbulho possessório (art. 161, § 3.º, do CP). Ocorre que Jocasta, esposa de Aristides, é parte na mesma ação penal, pois foi a vítima do crime em tela. Como advogado de Ivan, adote a medida processual pertinente apta a assegurar, no trâmite do processo penal em andamento, a necessária imparcialidade do juiz.

7.6.8. Modelo da peça

EXCELENTÍSSIMO SENHOR DOUTOR JUIZ DE DIREITO DA... VARA CRIMINAL DA COMARCA DE... .

(6 a 10 linhas)

Ivan, já qualificado no Processo n. ..., que lhe move Luís, por seu advogado infra-assinado, com procuração anexa, vem, respeitosamente, perante Vossa Excelência, opor EXCEÇÃO DE SUSPEIÇÃO, com fulcro no art. 95 e seguintes do Código de Processo Penal, pelas razões de fato e de direito a seguir expostas.

I – DOS FATOS

O Excipiente está sendo processado pelo crime de (especificar o tipo penal).

Ocorre que... o juiz da causa está julgando um processo que tem como uma das partes seu cônjuge (doc. 1), razão que, por si só, já faz nascer hipótese legal de suspeição.

II – DO DIREITO

Com efeito, o art. 254, III, do Código de Processo Penal preceitua: "art. 254. O juiz dar-se-á por suspeito, e, se não o fizer, poderá ser recusado por qualquer das partes: [...] III – se ele, seu cônjuge, ou parente, consanguíneo, ou afim, até o terceiro grau, inclusive, sustentar demanda ou responder a processo que tenha de ser julgado por qualquer das partes".

Portanto, a suspeição restou caracterizada por força da completa subsunção formal do fato concreto à norma processual apresentada.

Nesses termos, não há como não reconhecer a exceção de suspeição.

III – DO PEDIDO

Diante do exposto, requer seja acolhida a presente exceção, reconhecendo-se a suspeição do magistrado e ordenando-se a remessa dos autos ao substituto legal, como medida de justiça. Requer, igualmente, a notificação e oitiva das testemunhas a seguir arroladas:

1. Nome, endereço
2. Nome, endereço

Termos em que

Pede e espera deferimento.

Local..., data...

Advogado. OAB n. ...

7.7. Exceção de ilegitimidade de parte

7.7.1. Apresentação

É um meio de defesa dilatório, eminentemente processual. Busca retirar do polo ativo da relação processual pessoa que não deveria/poderia figurar como autor do processo penal.

7.7.2. Características e requisitos

Segue o mesmo procedimento da exceção de incompetência do Juízo.

7.7.3. Como identificar a peça

O enunciado trará uma situação em que o autor do processo penal não possui legitimidade para atuar como tal. Exemplo: oferecer queixa-crime em ação penal pública incondicionada, antes de esgotado o prazo do Ministério Público para oferecer a denúncia.

7.7.4. Competência

Excelentíssimo Senhor Doutor Juiz de Direito da... Vara Criminal da Comarca de... .

7.7.5. Fundamentos mais comuns

No caso de ilegitimidade *ad causam* (pessoa que não pode figurar no processo por si só, p. ex., ofendido em ação pública incondicionada apresentar queixa-crime), anula-se o processo inteiro; já no caso de ilegitimidade *ad processum* (falta de procuração), é possível convalidar o defeito, desde que se ratifique o ato por quem de direito.

7.7.6. Estrutura da peça

a) **Endereçamento:** EXCELENTÍSSIMO SENHOR DOUTOR JUIZ DE DIREITO DA... VARA CRIMINAL DA COMARCA DE... .
b) **Identificação das partes:** excipiente e excepto.
c) **Nome da ação e fundamento legal:** EXCEÇÃO DE ILEGITIMIDADE DE PARTE. Arts. 95, IV, 110 e 111 do Código de Processo Penal.
d) **Narrativa dos fatos ("Dos Fatos").**
e) **Fundamentação ("Do Direito").**
f) **Pedido:** requer seja reconhecida a ilegitimidade da parte, declarando a nulidade *ab initio* do presente processo.
g) **Fechamento da peça:** local, data, Advogado, OAB n. ... .

7.7.7. Questão simulada

Ivan foi denunciado pela prática do crime de fraude à execução civil, porque teria, supostamente, simulado dívidas para dar a aparência de insolvência e não adimplir seu credor munido de título executivo judicial. Mesmo diante do silêncio absoluto da vítima, o representante do Ministério Público ofereceu denúncia contra Ivan. A denúncia foi recebida. Como advogado de Ivan, adote a medida judicial cabível no tocante à carência de condição da ação.

7.7.8. Modelo da peça

EXCELENTÍSSIMO SENHOR DOUTOR JUIZ DE DIREITO DA... VARA CRIMINAL DA COMARCA DE... .

(6 a 10 linhas)

Ivan, já qualificado nos autos do Processo-crime n. ... que lhe move a Justiça Pública, por seu advogado infra-assinado, vem, respeitosamente, perante Vossa Excelência, opor

EXCEÇÃO DE ILEGITIMIDADE DE PARTE,

nos termos dos arts. 95, IV, 110 e 111 do Código de Processo Penal, pelos motivos que passa a expor.

I – DOS FATOS

O Excipiente foi denunciado pela prática do crime previsto no artigo (especificar o artigo da lei que prevê o tipo penal em espécie).

(Descrever a situação fática que o enunciado lhe trará.)

II – DO DIREITO

A infração penal acima mencionada é apurada mediante queixa por ser de ação penal privada e, com isso, apenas o ofendido tem legitimidade ativa para processar o suposto autor da infração.

No caso, a vítima renunciou à persecução penal tacitamente, pois deixou transcorrer, "in albis", o prazo de seis meses do art. 38 do CPP, o que, por si só, inviabilizaria a existência da presente ação penal.

Não poderia o Ministério Público, parte ilegítima na ação penal privada, ter oferecido denúncia, devendo ser assim reconhecida sua ilegitimidade para figurar no processo como parte, com a consequente anulação "ab initio" do presente feito, pela evidente ausência de condição da ação.

III – DO PEDIDO

Ante o exposto, requer seja reconhecida a ilegitimidade da parte, declarando a nulidade "ab initio" do presente processo, por ser medida de direito.

Termos em que

Pede e espera deferimento.

Local..., data...

Advogado. OAB n. ...

7.8. Exceção de coisa julgada

7.8.1. Apresentação

É um meio de defesa peremptório (coloca fim ao processo), eminentemente processual. Busca evitar a dupla persecução penal pelo mesmo fato, já anteriormente processado e julgado de forma definitiva.

7.8.2. Características e requisitos

Só existe coisa julgada quando as ações são idênticas, ou seja, têm o mesmo pedido, mesmas partes e a mesma causa de pedir. Se o réu for condenado duas vezes pelo mesmo fato, a sentença válida é sempre a primeira, pois a segunda sentença será fruto de um processo penal nulo de pleno direito.

7.8.3. Como identificar a peça

A questão prática dirá que o réu já foi definitivamente condenado por uma infração após o esgotamento do devido processo legal e, em novo processo, com o mesmo pedido, mesmas partes e a mesma causa de pedir, está sendo atribuída a ele nova e idêntica imputação.

7.8.4. Competência

Excelentíssimo Senhor Doutor Juiz de Direito da Vara... Criminal da Comarca de... .

7.8.5. Fundamentos mais comuns

Arts. 95, V, 110 e 111 do Código de Processo Penal.

7.8.6. Estrutura da peça

a) **Endereçamento:** EXCELENTÍSSIMO SENHOR DOUTOR JUIZ DE DIREITO DA VARA... CRIMINAL DA COMARCA DE... .
b) **Identificação das partes:** excipiente e excepto.
c) **Nome da ação e fundamento legal:** EXCEÇÃO DE COISA JULGADA. Arts. 95, V, 110 e 111 do Código de Processo Penal.
d) **Narrativa dos fatos ("Dos Fatos").**
e) **Fundamentação ("Do Direito").**
f) **Pedido:** requer seja reconhecida a existência de coisa julgada em favor do Excipiente, anulando-se o presente processo *ab initio.*
g) **Fechamento da peça:** local, data, Advogado, OAB n. ... .

7.8.7. Questão simulada

Ivan foi processado pela prática de advocacia administrativa. Foi regularmente processado perante a Vara Criminal dessa Comarca. Ao final da ação penal, foi absolvido por ficar provado não ter sido o réu o autor da infração penal. Mesmo após o trânsito em julgado, outro representante do Ministério Público optou por oferecer denúncia, já recebida pelo juiz, contra o mesmo réu pelo mesmo fato. Inconformado com tal situação, Ivan procura seu escritório de advocacia em busca da correta solução jurídica para seu impasse.

7.8.8. Modelo da peça

EXCELENTÍSSIMO SENHOR DOUTOR JUIZ DE DIREITO DA VARA... CRIMINAL DA COMARCA DE... .

(6 a 10 linhas)

Ivan, já qualificado nos autos do Processo n. ..., que lhe move a Justiça Pública, por seu advogado infra-assinado, vem, respeitosamente, à presença de Vossa Excelência, opor

EXCEÇÃO DE COISA JULGADA,

na forma dos arts. 95, V, 110 e 111 do Código de Processo Penal, pelos motivos que passa a expor.

I – DOS FATOS

O excipiente foi processado pela prática de (especificar o artigo da lei que prevê o tipo penal em espécie). Regularmente processado perante a... Vara Criminal dessa Comarca, no Processo n. ..., foi absolvido por ficar provado não ter sido o réu o autor da infração.

No entanto, vem novamente e indevidamente o Ministério Público processar o excipiente, por fato idêntico.

II – DO DIREITO

O presente processo encontra óbice na lei processual penal.

Há coisa julgada em favor do excipiente e ele não pode ser processado duas vezes pelo mesmo fato.

Trata-se exatamente da mesma situação fática, inviabilizando formal e materialmente a pretensão acusatória dupla. Imperioso o acolhimento da presente exceção.

III – DO PEDIDO

Diante do exposto, requer seja reconhecida a existência de coisa julgada em favor do Excipiente, anulando-se o presente processo "ab initio", por ser medida de justiça.

Termos em que

Pede e espera deferimento.

Local..., data...

Advogado. OAB n. ...

7.9. Requerimento de habilitação como assistente de acusação

7.9.1. Apresentação

O ofendido, vítima de infração penal apurada mediante ação penal pública, tem o direito de figurar como assistente de acusação – desde que representado por advogado com poderes especiais – na ação penal proposta pelo representante do Ministério Público.

7.9.2. Características e requisitos

O ofendido só poderá requerer sua habilitação como assistente de acusação durante a ação penal. Isso significa que a denúncia já deve ter sido recebida pelo juiz (começo do processo-crime). Enquanto não transitar em julgado a decisão que colocou fim ao processo, ainda será possível a habilitação do assistente de acusação.

Conclusão: você, como advogado da vítima, pode pedir a habilitação dela no processo desde o recebimento da denúncia até antes do trânsito em julgado (art. 269 do CPP).

Não cabe o requerimento para ser assistente de acusação:

- durante a investigação policial;
- na ação penal privada;
- no processo de execução penal;
- feito por corréu.

O Ministério Público será sempre ouvido previamente sobre a admissão do assistente de acusação, mas a última palavra será do juiz. Da decisão do juiz que admitir, ou não, o assistente de acusação, não caberá recurso, devendo, entretanto, constar dos autos o pedido e a decisão.

7.9.3. Como identificar a peça

O enunciado dirá que seu cliente (a vítima, seu representante legal, seu cônjuge, ascendente, descendente ou irmão) deseja auxiliar o representante do Ministério Público a obter a condenação do réu, nos rigores da lei.

7.9.4. Competência

O juiz (em primeira instância) e o relator (em segunda instância) decidem sobre a admissão do ofendido como assistente de acusação.

- Se a infração for de menor potencial ofensivo: Excelentíssimo Senhor Doutor Juiz de Direito do Juizado Especial Criminal da Comarca de... .
- Se o crime for da competência da Justiça Federal: Excelentíssimo Senhor Doutor Juiz Federal da... Vara Criminal da Justiça Federal da Seção Judiciária de... .
- Se a infração penal for da competência do júri, na primeira fase: Excelentíssimo Senhor Doutor Juiz de Direito da... Vara do Júri da Comarca de... .
- Se a infração penal for da competência do júri, na segunda fase: Excelentíssimo Senhor Doutor Juiz Presidente do... Tribunal do Júri da Comarca de... .

7.9.5. Fundamentos mais comuns

"Art. 268 do Código de Processo Penal. Basta o requerente provar sua legitimidade para ingressar no processo como assistente. O MP precisará ser ouvido antes de o juiz decidir."

7.9.6. Estrutura da peça

a) **Endereçamento:** EXCELENTÍSSIMO SENHOR DOUTOR JUIZ DE DIREITO DA... VARA CRIMINAL DA COMARCA DE... (para outros endereçamentos, ver o item 7.9.4. Competência).

b) **Identificação da parte:** requerente.

c) **Nome da ação e fundamento legal:** HABILITAÇÃO COMO ASSISTENTE DA ACUSAÇÃO. Art. 268 do Código de Processo Penal.

d) **Narrativa dos fatos ("Dos Fatos").**

e) **Fundamentação ("Do Direito").**

f) **Pedido:** o candidato deve requerer sua habilitação como assistente de acusação, com fundamento legal no art. 268 do Código de Processo Penal, lembrando-se de pedir a manifestação do representante do Ministério Público sobre o pedido feito.

g) **Fechamento da peça:** local, data, Advogado, OAB n. ... .

7.9.7. Questão simulada

Ivan foi vítima de furto qualificado mediante rompimento de obstáculo. Após a conclusão do inquérito policial, o Ministério Público ofereceu denúncia contra o réu, sendo a peça acusatória recebida pelo juiz competente. O ofendido procura seu escritório de advocacia para formalizar sua vontade de atuar ao lado da acusação para obtenção da condenação do infrator.

7.9.8. Modelo da peça

EXCELENTÍSSIMO SENHOR DOUTOR JUIZ DE DIREITO DA... VARA CRIMINAL DA COMARCA DE... .

(6 a 10 linhas)

Ivan, (nacionalidade), (estado civil), (profissão), titular do documento de identidade RG n. ..., inscrito no Cadastro de Pessoas Físicas sob o n. ..., residente e domiciliado na Rua..., por seu advogado infra-assinado (instrumento de mandato; doc. 1), vem, respeitosamente, perante Vossa Excelência, nos autos do Processo n. ..., requerer sua

HABILITAÇÃO COMO ASSISTENTE DA ACUSAÇÃO,

com fulcro no art. 268 do Código de Processo Penal, após manifestação do representante do Ministério Público.

Termos em que

Pede e espera deferimento.

Local..., data...

Advogado. OAB n. ...

7.10. Embargos infringentes e de nulidade

7.10.1. Conceito

Trata-se de recurso privativo da defesa, voltado a garantir uma segunda análise da matéria decidida pelo Tribunal de Justiça ou Tribunal Regional Federal, por ter havido maioria de votos e não unanimidade, ampliando-se o quórum do julgamento.

Assim, o recurso obriga que órgão do Tribunal seja chamado a decidir por completo, e não apenas com os votos dos Desembargadores que participaram do julgamento da apelação, recurso em sentido estrito e agravo em execução.

Em determinados Tribunais de Justiça, por exemplo, as Câmaras são compostas por cinco Desembargadores, participando da turma julgadora apenas três deles. Dessa forma, caso a decisão proferida contra os interesses do réu constituir-se de maioria (dois a um) de votos, cabe a interposição de embargos infringentes, chamando-se os demais desembargadores a participarem do julgamento da matéria divergente.

Tecnicamente, o recurso de embargos infringentes guarda relação com a hipótese em que o acórdão embargado tenha apresentado divergência em matéria de mérito, atribuindo-se a nomenclatura embargos de nulidade à impugnação de acórdãos divergentes em matéria de nulidade processual.

7.10.2. Base legal

> CPP, art. 609. Os recursos, apelações e embargos serão julgados pelos Tribunais de Justiça, câmaras ou turmas criminais, de acordo com a competência estabelecida nas leis de organização judiciária.
>
> Parágrafo único. Quando não for unânime a decisão de segunda instância, desfavorável ao réu, admitem-se embargos infringentes e de nulidade, que poderão ser opostos dentro de 10 (dez) dias, a contar da publicação de acórdão, na forma do art. 613. Se o desacordo for parcial, os embargos serão restritos à matéria objeto de divergência.

7.10.3. Legitimidade para interposição de embargos infringentes e de nulidade

Dispondo a lei que os embargos infringentes ou de nulidade só podem ser apresentados pela defesa, não é cabível tal recurso da acusação ou da assistência.

7.10.4. Cabimento dos embargos infringentes e de nulidade

Considerando que a previsão legal desses embargos se encontra no Capítulo V do Título II do Código de Processo Penal, que trata "do processo e do julgamento dos recursos em sentido estrito e das apelações", os embargos infringentes e de nulidade referem-se apenas ao recurso em sentido estrito e à apelação e, segundo a jurisprudência majoritária, em agravo em execução, já que segue o processamento do recurso em sentido estrito.

É pacífico na doutrina e na jurisprudência que não é cabível em revisão criminal e em *habeas corpus*.

Não cabe recurso de embargos infringentes nos julgamentos realizados pelas turmas recursais, porque esse órgão colegiado não possui natureza de tribunal, já que composto por três juízes de primeiro grau.

Também não cabem embargos infringentes contra acórdãos de 1.º grau, ou seja, aqueles proferidos no julgamento de crimes de sua competência originária (nos casos de foro com prerrogativa de função). Isso porque o próprio art. 609, parágrafo único, do CPP faz expressa alusão às decisões de segunda instância.

Assim, no caso, por exemplo, de determinado prefeito, no exercício do mandato, ser julgado e condenado pelo Tribunal de Justiça por maioria dos votos, não poderão ser opostos embargos infringentes, cabendo somente recurso especial e/ou extraordinário, conforme o caso.

7.10.5. Prazo

O prazo para a oposição dos embargos infringentes é de 10 dias, a contar da publicação do acórdão, sendo desnecessária a intimação pessoal do réu e de seu defensor, salvo, no caso deste último, quando se tratar de defensoria pública. A intimação do MP também é pessoal.

Por ocasião da interposição, deve o recurso ser devidamente instruído com as razões, pois não será aberta vista para essa finalidade.

7.10.6. Forma e competência para o julgamento

Os embargos infringentes somente poderão ser opostos por petição, sendo inadmissível por termo nos autos, já que as razões devem acompanhar a peça de interposição no momento do protocolo do recurso.

A petição de interposição deve ser endereçada ao desembargador-relator do acórdão embargado, enquanto as razões devem ser dirigidas ao respectivo órgão julgador.

A competência para o julgamento nos Tribunais de Justiça Estaduais depende do Código de Organização Judiciária de cada Estado; por isso, sugere-se que as razões sejam endereçadas ao Tribunal de Justiça. Em sede de Tribunal Regional Federal, o julgamento dos embargos infringentes opostos contra decisão das turmas incumbe, normalmente, às seções criminais.

Em determinados Tribunais de Justiça, por exemplo, as Câmaras são compostas de cinco desembargadores, participando da turma julgadora apenas três deles. Dessa forma, caso a decisão proferida contra os interesses do réu constituir-se de maioria (dois a um) de votos, cabe a interposição de embargos infringentes, chamando-se os demais desembargadores a participarem do julgamento da matéria divergente.

Interpostos os embargos, colhe-se a manifestação do querelante ou do assistente da acusação, se houver, pelo prazo de 10 dias. Em seguida, obtém-se o parecer da Procuradoria-Geral de Justiça, por igual prazo.

No Tribunal de Justiça paulista, se a decisão provier de uma das Câmaras, o órgão competente para julgar os embargos, por força do Assento n. 307/92 do

Órgão Especial do Tribunal de Justiça, é a própria Câmara que proferiu o julgamento (art. 21, I, do Regimento Interno do Tribunal de Justiça). É bom lembrar que a Câmara é composta de cinco desembargadores, mas só participam três do julgamento que foi embargado.

7.10.7. Estrutura do recurso de embargos infringentes ou de nulidade

A estrutura do recurso de embargos infringentes ou de nulidade segue dois momentos: interposição do recurso (afirmar que pretende recorrer) e as razões de recurso.

7.10.7.1. Interposição – para o Desembargador Relator do acórdão embargado

a) **Endereçamento:** Desembargador Relator da... Câmara Criminal do Egrégio Tribunal de Justiça do Estado de... (se crime de matéria da Justiça Estadual) ou Desembargador Federal Relator da... Turma Criminal do Egrégio Tribunal Regional Federal da... Região (se crime da competência da Justiça Federal).

b) **Preâmbulo:** nome (desnecessário qualificar, pois já qualificado nos autos), capacidade postulatória (por seu procurador infra-assinado), fundamento legal (art. 609, parágrafo único, do Código de Processo Penal), nome da peça (recurso de embargos infringentes ou de nulidade), frase final (pelas fatos e fundamentos jurídicos a seguir expostos).

c) **Parte final:** Nesses termos, requer o processamento do presente recurso. Pede deferimento, data, advogado e OAB.

7.10.7.2. Razões

a) **Endereçamento:** para Tribunal, dependendo do Regime Interno:
   - Tribunal de Justiça (se da competência da Justiça Estadual);
   - Tribunal Regional Federal (se da competência da Justiça Federal).

b) **Identificação:** embargante, embargado, n. processo.

c) **Saudação:**
   - Justiça Estadual: Egrégio Tribunal de Justiça – Colenda Câmara – Eméritos Julgadores;
   - Justiça Federal: Egrégio Tribunal Regional Federal – Colenda Turma.

d) **Corpo da peça** (breve relato, preliminares e mérito, indicando que o voto vencido deve prevalecer).

e) **Pedido:** reforma da decisão + provimento do recurso + pedido específico.

f) **Parte final:** termos em que pede deferimento, local, data e OAB.

7.10.7.3. Modelo da peça

A) EXCELENTÍSSIMO SENHOR DOUTOR DESEMBARGADOR RELATOR DO ACÓRDÃO N. DA... CÂMARA CRIMINAL DO EGRÉGIO TRIBUNAL DE JUSTIÇA DO ESTADO DE... (SE CRIME DA COMPETÊNCIA DA JUSTIÇA ESTADUAL)

B) EXCELENTÍSSIMO SENHOR DOUTOR DESEMBARGADOR RELATOR DO ACÓRDÃO N. DA... TURMA CRIMINAL DO EGRÉGIO TRIBUNAL REGIONAL FEDERAL DA... REGIÃO (SE CRIME DA COMPETÊNCIA DA JUSTIÇA FEDERAL)

Processo n. ...

(6 a 10 linhas)

FULANO DE TAL (não inventar dados), já qualificado nos autos, por seu procurador infra-assinado, com procuração anexa, vem, respeitosamente, à presença de Vossa Excelência, inconformado com a decisão de fls., opor o presente EMBARGOS INFRINGENTES/ NULIDADE, com base no art. 609, parágrafo único, do Código de Processo Penal, requerente seja recebido e processado, pelos fatos e fundamentos expostos nas razões inclusas.

Nestes termos,

Pede deferimento.

Local..., data...

Advogado. OAB n. ...

RAZÕES DE RECURSO DE EMBARGOS INFRINGENTES OU DE NULIDADE

EGRÉGIO TRIBUNAL DE JUSTIÇA DO ESTADO... (se da competência da Justiça Estadual);

EGRÉGIO TRIBUNAL REGIONAL FEDERAL DA... REGIÃO (se da competência da Justiça Federal).

Embargante; Fulano de Tal

Embargado; Ministério Público

Processo n. ...

RAZÕES DE RECURSO DE EMBARGOS INFRINGENTES OU NULIDADE

Egrégio Tribunal de Justiça ou Egrégio Tribunal Regional Federal

Colenda Câmara (Justiça Estadual) ou Colenda Turma (Justiça Federal)

I – DOS FATOS

II – DO DIREITO

III – DO PEDIDO

Ante o exposto, requer seja REFORMADO O ACÓRDÃO RECORRIDO, COM O CONSEQUENTE PROVIMENTO DO RECURSO, prevalecendo o voto vencido, para o fim de...

Local..., data...

Advogado. OAB n. ...

7.10.8. Peça resolvida do recurso embargos infringentes

(XI Exame OAB – Peça prática) Jerusa, atrasada para importante compromisso profissional, dirige seu carro bastante preocupada, mas respeitando os limites de velocidade. Em uma via de mão dupla, Jerusa decide ultrapassar o carro à sua frente, o qual estava abaixo da velocidade permitida. Para realizar a referida manobra, entretanto, Jerusa não liga a respectiva seta luminosa sinalizadora do veículo e, no momento da ultrapassagem, vem a atingir Diogo, motociclista que, em alta velocidade, conduzia sua moto no sentido oposto da via. Não obstante a presteza no socorro que veio após o chamado da própria Jerusa e das demais testemunhas, Diogo falece em razão dos ferimentos sofridos pela colisão.

Instaurado o respectivo inquérito policial, após o curso das investigações, o Ministério Público decide oferecer denúncia contra Jerusa, imputando-lhe a prática do delito de homicídio doloso simples, na modalidade dolo eventual (art. 121 c/c art. 18, I parte final, ambos do CP). Argumentou o ilustre membro do Parquet a imprevisão de Jerusa acerca do resultado que poderia causar ao não ligar a seta do veículo para realizar a ultrapassagem, além de não atentar para o trânsito em sentido contrário. A denúncia foi recebida pelo juiz competente e todos os atos processuais exigidos em lei foram regularmente praticados. Finda a instrução probatória, o juiz competente, em decisão devidamente fundamentada, decidiu pronunciar Jerusa pelo crime apontado na inicial acusatória. Contra essa decisão, a defesa interpôs recurso em sentido estrito, ao qual, por maioria, foi julgado improvido pela 2.ª Câmara Criminal. Atento ao caso apresentado e tendo como base apenas os elementos fornecidos, elabore a peça cabível, adotando os argumentos pertinentes.

A simples menção ou transcrição do dispositivo legal não pontua.

EXCELENTÍSSIMO SENHOR DOUTOR DESEMBARGADOR RELATOR DO ACÓRDÃO N. ... DA 2.ª CÂMARA CRIMINAL DO EGRÉGIO TRIBUNAL DE JUSTIÇA DO ESTADO DE...

Processo n. ...

JERUSA, já qualificada nos autos, por seu procurador infra-assinado, vem, respeitosamente, à presença de Vossa Excelência, opor o presente EMBARGOS INFRINGENTES, com base no art. 609, parágrafo único, do Código de Processo Penal, requerendo seja recebido e processado, pelos fatos e fundamentos expostos nas razões inclusas.

Termos em que
Pede deferimento.
Local..., data...
Advogado. OAB n. ... .

EGRÉGIO TRIBUNAL DE JUSTIÇA DO ESTADO...
Embargante; JERUSA
Embargado; JUSTIÇA PÚBLICA
Processo n. ...

RAZÕES DE RECURSO DE EMBARGOS INFRINGENTES

Egrégio Tribunal de Justiça
Colenda Câmara

I – DOS FATOS

A recorrente dirigia seu carro quando atingiu a motocicleta de Diogo, que, em alta velocidade, conduzia sua moto no sentido oposto da via. Não obstante a presteza no socorro que veio após o chamado da própria Jerusa e das demais testemunhas, Diogo falece em razão dos ferimentos sofridos pela colisão.

Após o encerramento do respectivo inquérito policial, o Ministério Público ofereceu denúncia contra a recorrente Jerusa, imputando-lhe a prática do delito de homicídio doloso simples, na modalidade dolo eventual (art. 121 c/c art. 18, I parte final, ambos do CP). Finda a instrução probatória, o juiz competente, em decisão devidamente fundamentada, decidiu pronunciar Jerusa pelo crime apontado na inicial acusatória. Contra essa decisão, a defesa interpôs recurso em sentido estrito, que, por maioria, foi julgado improvido pela 2.ª Câmara Criminal do Tribunal de Justiça.

II – DO DIREITO

A recorrente foi acusada de, na condução do seu veículo, ter causado a morte de Diogo, que conduzia sua motocicleta em alta velocidade, sendo denunciada e pronunciada pela prática do delito de homicídio doloso simples, na modalidade dolo eventual (art. 121 c/c o art. 18, I parte final, ambos do CP). A 2.ª Câmara Criminal desse Egrégio Tribunal, por maioria, manteve a decisão recorrida.

Todavia, a recorrente em nenhum momento assumiu o risco de causar a morte de Diogo, nem aceitou o resultado morte da vítima. Ou seja, a recorrente não agiu com dolo, uma vez que não assumiu o risco nem aceitou o resultado morte, conforme prevê o art. 18, I (parte final), do Código Penal, que adotou, em relação ao dolo eventual, a teoria do consentimento. Logo, a recorrente teria agido, em tese, com culpa.

Nesse sentido, a conduta da recorrente se enquadra, em tese, no art. 302 do Código de Trânsito Brasileiro, razão pela qual ela deve responder pela prática, apenas, de homicídio culposo na direção de veículo automotor. Em consequência, não havendo crime doloso contra a vida, o Tribunal do Júri não é competente para apreciar a questão, razão pela qual deve ocorrer a desclassificação, nos termos do art. 419 do Código de Processo Penal.

III – DO PEDIDO

Ante o exposto, requer seja REFORMADO O ACÓRDÃO RECORRIDO, prevalecendo o voto vencido, para o fim de que;

a) seja desclassificado o delito de homicídio simples doloso, para o delito de homicídio culposo na direção de veículo automotor (art. 302 do CTB), encaminhando-se os autos para o Juízo Competente, nos termos do art. 419 do CPP.

Local..., data...

Advogado. OAB n. ... .

7.11. Embargos de declaração

7.11.1. Conceito

Trata-se de recurso posto à disposição de qualquer das partes, voltado ao esclarecimento de dúvidas surgidas no acórdão, quando configurada ambiguidade, obscuridade, contradição ou omissão, permitindo, então, o efetivo conhecimento do teor do julgado, facilitando a sua aplicação e proporcionando, quando for o caso, a interposição de recurso especial ou extraordinário.

a) **Ambiguidade:** é o estado daquilo que possui duplo sentido, gerando equivocidade e incerteza, capaz de comprometer a segurança do afirmado. Assim, no julgado, significa a utilização, pelo magistrado, de termos com duplo sentido, que ora apresentam uma determinada orientação, ora seguem em caminho oposto, fazendo o leitor, seja ele leigo ou não, terminar não entendendo qual o seu real conteúdo.

b) **Obscuridade:** é o estado daquilo que é difícil de entender, gerando confusão e ininteligência, no receptor da mensagem. No julgado, evidencia a utilização de frases e termos complexos e desconexos, impossibilitando ao leitor da decisão, leigo ou não, captar-lhe o sentido e o conteúdo.

c) **Contradição:** trata-se de uma incoerência entre uma afirmação anterior e outra posterior, referentes ao mesmo tema e no mesmo contexto, gerando a impossibilidade de compreensão do julgado.
d) **Omissão:** é a lacuna ou o esquecimento. No julgado, traduz-se pela falta de abordagem do magistrado acerca de alguma alegação ou requerimento formulado, expressamente, pela parte interessada, merecedor de apreciação.

É importante o embargante indicar o ponto exato da decisão que contém vício a ser sanado.

Não há manifestação da parte contrária (inaudita altera parte). Como a ideia é simplesmente buscar corrigir a decisão, e não a alterar, é desnecessário ouvir a parte contrária.

Podem ser interpostos tanto pela acusação (incluindo o assistente da acusação) quanto pela defesa.

7.11.2. Base legal

> "Art. 382. Qualquer das partes poderá, no prazo de 2 (dois) dias, pedir ao juiz que declare a sentença, sempre que nela houver obscuridade, ambiguidade, contradição ou omissão."

7.11.3. Prazo

Os embargos devem ser interpostos no prazo de 2 dias perante o próprio juiz prolator da sentença (art. 382 do CPP), ou, no caso dos tribunais (art. 619 do CPP), endereçados ao próprio relator do acórdão embargado.

No procedimento do Juizado Especial Criminal, o prazo para oposição dos embargos de declaração é de 5 dias, nos termos do art. 83, § 1.º, da Lei n. 9.099/95.

7.11.4. Efeito interruptivo

Por analogia ao disposto no art. 1.026 do novo CPC, os embargos de declaração possuem o efeito de interromper o prazo para interposição de recurso.

Com a nova redação do art. 83, § 2.º, da Lei n. 9.099/95, dada pelo novo Código de Processo Civil (Lei n. 13.105/2015), os embargos de declaração no âmbito do Juizado Especial Criminal passaram também a ter efeito interruptivo.

7.11.5. Estrutura do recurso de embargos de declaração

Os embargos de declaração deverão ser interpostos em peça única, já com as razões da interposição.

7.11.6. Modelo da peça

A) EXCELENTÍSSIMO SENHOR DOUTOR JUIZ DE DIREITO DA... VARA DO TRIBUNAL DO JÚRI DA COMARCA... (SE CRIME DOLOSO CONTRA A VIDA DA COMPETÊNCIA DA JUSTIÇA ESTADUAL) OU DA SEÇÃO JUDICIÁRIA (SE CRIME DOLOSO CONTRA A VIDA DA COMPETÊNCIA DA JUSTIÇA FEDERAL)

B) EXCELENTÍSSIMO SENHOR DOUTOR JUIZ DE DIREITO DA... VARA CRIMINAL DA COMARCA... (SE CRIME DA COMPETÊNCIA DA JUSTIÇA ESTADUAL)

C) EXCELENTÍSSIMO SENHOR DOUTOR JUIZ FEDERAL DA... VARA CRIMINAL DA JUSTIÇA FEDERAL DA SEÇÃO JUDICIÁRIA DE... (SE CRIME DA COMPETÊNCIA DA JUSTIÇA FEDERAL)

Embargos de Declaração contra Acórdão – Arts. 619 e 620 do CPP

A) DESEMBARGADOR RELATOR DA... CÂMARA CRIMINAL DO EGRÉGIO TRIBUNAL DE JUSTIÇA DO ESTADO DE... (SE O CRIME É DE MATÉRIA DA JUSTIÇA ESTADUAL)

B) DESEMBARGADOR FEDERAL RELATOR DA... TURMA CRIMINAL DO EGRÉGIO TRIBUNAL REGIONAL FEDERAL DA... REGIÃO (SE CRIME DA COMPETÊNCIA DA JUSTIÇA FEDERAL)

FULANO DE TAL (não inventar dados), já qualificado nos autos, por seu procurador infra-assinado, com procuração anexa, vem, respeitosamente, à presença de Vossa Excelência, opor o presente EMBARGOS DE DECLARAÇÃO, com base no arts. 382 ou 619 e 620 do Código de Processo Penal, pelos fatos e fundamentos jurídicos a seguir expostos:

I – DOS FATOS

II – DO MÉRITO

III – DO PEDIDO

Ante o exposto, requer sejam recebidos os presentes embargos e, ao final, declarado a sentença ou acórdão embargado, corrigindo-se a (omissão, contradição, obscuridade ou ambiguidade), como medida de inteira justiça.

Nestes termos,

Pede deferimento.

Local..., data...

Advogado. OAB n. ...

7.12. Carta testemunhável

7.12.1. Conceito

É o recurso que tem por fim provocar o reexame da decisão que denegar ou impedir o seguimento de recurso em sentido estrito e do agravo em execução.

7.12.2. Base legal

> "Art. 639. Dar-se-á carta testemunhável:
>
> I – da decisão que denegar o recurso;
>
> II – da que, admitindo embora o recurso, obstar à sua expedição e seguimento para o juízo *ad quem*."

7.12.3. Prazo

A carta testemunhável deve ser requerida dentro de 48 horas, após a ciência do despacho que denegar o recurso ou da decisão que obstar o seu seguimento (art. 640). Não constando, no ato de intimação, o horário que foi realizada, deve-se considerar o prazo de 2 dias.

7.12.4. Cabimento

A carta testemunhável é recurso de caráter residual ou subsidiário, sendo cabível, portanto, somente quando não houver previsão de outro recurso específico.

Assim, por exemplo, com relação ao não recebimento da apelação, cabe recurso em sentido estrito (art. 581, XV, do CPP), não sendo cabível, nesse caso, carta testemunhável.

A carta testemunhável tem cabimento nas seguintes hipóteses:

a) não recebimento ou negativa de seguimento ao recurso em sentido estrito;
b) não recebimento ou negativa de seguimento ao agravo em execução.

7.12.5. Processamento

A carta testemunhável deve ser requerida dentro de 48 horas, após a ciência do despacho que denegar o recurso ou da decisão que obstar o seu seguimento (art. 640). Não constando, no ato de intimação, o horário que em foi realizada, deve-se considerar o prazo de 2 dias.

O art. 641 faz referência ao prazo de 60 dias quando se tratar de recurso extraordinário. Todavia, encontra-se revogado nesta parte, visto que do indeferimento desse recurso cabe agravo.

O escrivão-chefe, em 5 dias (no máximo), fará a entrega da carta testemunhável devidamente no tribunal, com as peças indicadas. O que acontece se o escrivão não cumprir essas determinações legais? Ele será suspenso por 30 dias.

Formado o instrumento, o recorrente será intimado para oferecer as suas razões em 2 dias e, em seguida, será intimado o recorrido para, em 2 dias, oferecer suas contrarrazões.

O juiz que denegou o recurso pode se retratar e dar seguimento ao recurso. Ou seja, a carta testemunhável admite o juízo de retratação.

Conforme o art. 643 do CPP, a carta testemunhável segue o processamento do recurso em sentido estrito. Diante disso, o prazo para o oferecimento das razões da carta testemunhável é de 2 dias. Além disso, deve-se requerer o juízo de retratação por parte do juiz que denegou o recurso.

Na instância superior, o recurso seguirá o rito do recurso denegado. O tribunal mandará processar o recurso, ou, se a carta estiver suficientemente instruída, julgará diretamente o recurso.

7.12.6. Possibilidade de analisar o mérito do recurso denegado

Nos termos do art. 644 do CPP, há possibilidade de o tribunal, uma vez sendo conhecida a carta testemunhável e a ela seja dado provimento, se a carta estiver suficientemente instruída, decidir a própria matéria que gerou a interposição do recurso denegado/não recebido.

Em outras palavras, uma vez denegado seguimento ao recurso em sentido estrito, interpõe-se o recurso carta testemunhável, buscando junto ao tribunal que seja dado seguimento ao recurso em sentido estrito e, se suficientemente instruído o recurso (enunciado informando, por exemplo, que a carta testemunhável foi instruída com a cópia integral do processo), o tribunal poderá julgar o próprio mérito do recurso denegado (mérito do recurso em sentido estrito, por exemplo).

Ou seja, além de dar provimento à carta testemunhável para o fim de receber o recurso em sentido estrito, o tribunal poderá julgar o próprio mérito desse recurso denegado, dando provimento para, por exemplo, impronunciar, absolver sumariamente ou desclassificar o delito para outro não doloso contra a vida.

7.12.7. Estrutura da carta testemunhável

A estrutura da carta testemunhável segue dois momentos: interposição do recurso (afirmar que pretende recorrer) e as razões de recurso.

7.12.7.1. Interposição

a) **Endereçamento:** ao escrivão ou chefe de secretaria, nos termos do art. 640.

- Se o crime for da competência da Justiça Federal: Ilustríssimo Senhor Escrivão Diretor de Secretaria da... Vara Criminal da Justiça Federal da Seção Judiciária de... .
- Se se tratar de carta testemunhável contra a denegação de agravo em execução: Ilustríssimo Senhor Escrivão Diretor do... Ofício das Execuções Criminais da Comarca de...

b) **Preâmbulo:** nome (desnecessário qualificar, pois já qualificado nos autos), capacidade postulatória (por seu procurador infra-assinado), fundamento legal (art. 639, colocar inciso), nome da peça (Carta Testemunhável), frase final (pelas fatos e fundamentos jurídicos a seguir expostos).

c) **Parte final:** Nesses termos, requer o traslado das peças abaixo relacionadas e o processamento do presente recurso. Pede deferimento, data, advogado e OAB.

d) **Rol das peças:** indicar as peças para o traslado.

7.12.7.2. Razões

a) **Endereçamento:** para Tribunal:
- Tribunal de Justiça (se da competência da Justiça Estadual);
- Tribunal Regional Federal (se da competência da Justiça Federal).

b) **Identificação:** Testemunhante, Testemunhado, n. processo.

c) **Saudação:**
- Justiça Estadual: Egrégio Tribunal de Justiça – Colenda Câmara – Eméritos Julgadores – Douta Procuradoria da Justiça;
- Justiça Federal: Egrégio Tribunal Regional Federal – Colenda Turma – Douta Procuradoria da República.

d) **Corpo da peça:** breve relato e mérito – demonstrar as razões pelas quais o recurso denegado deve ser recebido.

e) **Pedido:** reforma da decisão + provimento do recurso + pedido específico (processamento do recurso denegado e, se a carta estiver suficientemente instruída, o julgamento desde logo do mérito do recurso denegado – RESE ou agravo em execução.

f) **Parte final:** termos em que pede deferimento, local, data, advogado e OAB.

7.12.7.3. Modelo da peça

PEÇA DE INTERPOSIÇÃO

A) ILUSTRÍSSIMO SENHOR ESCRIVÃO DO CARTÓRIO DA... VARA CRIMINAL DA COMARCA... (SE CRIME DA COMPETÊNCIA DA JUSTIÇA ESTADUAL)

B) ILUSTRÍSSIMO SENHOR ESCRIVÃO DO CARTÓRIO DA... VARA CRIMINAL DA JUSTIÇA FEDERAL DA SEÇÃO JUDICIÁRIA DE... (SE CRIME DA COMPETÊNCIA DA JUSTIÇA FEDERAL)

C) ILUSTRÍSSIMO SENHOR ESCRIVÃO DO CARTÓRIO DA... VARA CRIMINAL DO TRIBUNAL DO JÚRI DA COMARCA... (SE CRIME DOLOSO CONTRA A VIDA DA COMPETÊNCIA DA JUSTIÇA ESTADUAL) OU DA SEÇÃO JUDICIÁRIA... (SE CRIME DOLOSO CONTRA A VIDA DA COMPETÊNCIA DA JUSTIÇA FEDERAL)

Processo n. ...

FULANO DE TAL (não inventar dados), já qualificado nos autos, por seu procurador infra-assinado, com procuração anexa, vem, respeitosamente, à presença de Vossa Senhoria, interpor a presente CARTA TESTEMUNHÁVEL, com base no art. 639 (indicar o inciso), do Código de Processo Penal.

Nesse sentido, requer seja recebido o recurso e procedido o juízo de retratação, nos termos do art. 589 do Código de Processo Penal. Se mantida a decisão, requer seja encaminhado o presente recurso, já com as razões inclusas, ao Egrégio Tribunal de Justiça (ou Tribunal Regional Federal), para o devido processamento.

Nestes termos,

Pede deferimento.

Local..., data...

Advogado. OAB n. ...

EGRÉGIO TRIBUNAL DE JUSTIÇA DO ESTADO... (se da competência da Justiça Estadual)

EGRÉGIO TRIBUNAL REGIONAL FEDERAL... (se da competência da Justiça Federal)

Testemunhante; Fulano de Tal

Testemunhado; ...

Processo n. ...

RAZÕES DE CARTA TESTEMUNHÁVEL

Egrégio Tribunal de Justiça ou Egrégio Tribunal Regional Federal

Colenda Câmara (Justiça Estadual) ou Colenda Turma (Justiça Federal)

I – DOS FATOS

II – DO DIREITO

III – DO PEDIDO

Ante o exposto, requer seja REFORMADA A DECISÃO DE 1.° GRAU, determinando--se;

a) o processamento do recurso denegado (recurso em sentido estrito ou agravo em execução);

b) considerando estar suficientemente instruída a carta testemunhável, seja, desde logo, dado provimento ao recurso em sentido estrito (EXEMPLO), para:

I) preliminares (nulidades, incompetência, prescrição etc. – acompanhar a ordem das preliminares)

II) impronúncia com base no art. 414 do Código de Processo Penal;

absolvição sumária, com base no art. 415 do Código de Processo Penal;

desclassificação, com base no art. 419 do Código de Processo Penal.

Local..., data...

Advogado. OAB n. ... .

7.12.8. Peça resolvida da carta testemunhável

(XI Exame OAB) Jerusa, atrasada para importante compromisso profissional, dirige seu carro bastante preocupada, mas respeitando os limites de velocidade. Em uma via de mão dupla, Jerusa decide ultrapassar o carro à sua frente, o qual estava abaixo da velocidade permitida. Para realizar a referida manobra, entretanto, Jerusa não liga a respectiva seta luminosa sinalizadora do veículo e, no momento da ultrapassagem, vem a atingir Diogo, motociclista que, em alta velocidade, conduzia sua moto no sentido oposto da via. Não obstante a presteza no socorro que veio após o chamado da própria Jerusa e das demais testemunhas, Diogo falece em razão dos ferimentos sofridos pela colisão.

Instaurado o respectivo inquérito policial, após o curso das investigações, o Ministério Público decide oferecer denúncia contra Jerusa, imputando-lhe a prática do delito de homicídio doloso simples, na modalidade dolo eventual (art. 121 c/c art. 18, I, parte final, ambos do CP). Argumentou o ilustre membro do Parquet a imprevisão de Jerusa acerca do resultado que poderia causar ao não ligar a seta do veículo para realizar a ultrapassagem, além de não atentar para o trânsito em sentido contrário. A denúncia foi recebida pelo juiz competente e todos os atos processuais exigidos em lei foram regularmente praticados. Finda a instrução probatória, o juiz competente, em decisão devidamente fundamentada, decidiu pronunciar Jerusa pelo crime apontado na inicial acusatória. O advogado de Jerusa é intimado da referida decisão em 2 de agosto de 2013 (sexta-feira). Contra essa decisão, a defesa interpôs, no dia 9 de agosto de 2013, recurso em sentido estrito. Ao proceder ao juízo de admissibilidade, o Magistrado não recebeu o recurso, sob o fundamento de que foi interposto de forma intempestiva, já que, considerando o dia de início 2 de agosto de 2013, o prazo venceu no dia 6 de agosto de 2013. Atento ao caso apresentado e tendo como base apenas os elementos fornecidos, elabore o recurso cabível, instruindo-o com a cópia integral do processo.

A simples menção ou transcrição do dispositivo legal não pontua.

ILUSTRÍSSIMO SENHOR ESCRIVÃO DO CARTÓRIO DA... VARA CRIMINAL DO TRIBUNAL DO JÚRI DA COMARCA...
Processo n. ...

(10 linhas)

JERUSA, já qualificada nos autos, por seu procurador infra-assinado, com procuração anexa, vem, respeitosamente, à presença de Vossa Senhoria, interpor a presente CARTA TESTEMUNHÁVEL, com base no art. 639, I, (indicar o inciso), do Código de Processo Penal, requerendo seja recebido e processado, pelos fatos e fundamentos expostos nas razões inclusas.

PEÇAS;
*Cópia integral do processo
Nestes termos,
Pede deferimento.
Local..., data...
Advogado. OAB n. ...
EGRÉGIO TRIBUNAL DE JUSTIÇA DO ESTADO...

(2 linhas)

Testemunhante; JERUSA
Testemunhado; JUSTIÇA PÚBLICA

Processo n. ... .

RAZÕES DE RECURSO DE CARTA TESTEMUNHÁVEL

Egrégio Tribunal de Justiça
Colenda Câmara

I – DOS FATOS

A recorrente dirigia seu carro quando atingiu a motocicleta de Diogo, que, em alta velocidade, conduzia sua moto no sentido oposto da via. Não obstante a presteza no socorro que veio após o chamado da própria Jerusa e das demais testemunhas, Diogo falece em razão dos ferimentos sofridos pela colisão.

Após o encerramento do respectivo inquérito policial, o Ministério Público ofereceu denúncia contra a recorrente Jerusa, imputando-lhe a prática do delito de homicídio doloso simples, na modalidade dolo eventual (art. 121 c/c o art. 18, I, parte final, ambos do CP).

Finda a instrução probatória, o juiz competente, em decisão devidamente fundamentada, decidiu pronunciar Jerusa pelo crime apontado na inicial acusatória. Contra essa decisão, a defesa interpôs recurso em sentido estrito, que não foi recebido pelo Magistrado, sob o fundamento de que é intempestivo.

II – DO DIREITO

a) DO RECEBIMENTO DO RECURSO EM SENTIDO ESTRITO

O Magistrado não recebeu o recurso, sob o fundamento de que seria intempestivo, já que a data fatal, segundo ele, seria o dia 6 de agosto de 2013.

Todavia, como se trata de prazo processual, o termo inicial para a contagem do prazo é o primeiro dia útil, nos termos do art. 798 do Código de Processo Penal. Assim, considerando que a intimação ocorreu no dia 2 de agosto de 2013, que caiu numa sexta-feira, o prazo recursal começou a correr no primeiro dia útil, qual seja, 5 de agosto de 2013, vencendo-se no dia 9 de agosto de 2013.

Logo, requer o testemunhante seja recebido o recurso em sentido estrito denegado, pois interposto dentro do prazo previsto em lei.

b) DA DESCLASSIFICAÇÃO

Estando o presente recurso suficientemente instruído, já que acompanhado da cópia integral do processo, verifica-se a possibilidade de analisar o mérito do recurso denegado, nos termos do art. 644 do Código de Processo Penal.

A recorrente foi acusada de, na condução do seu veículo, ter causado a morte de Diogo, que conduzia sua motocicleta em alta velocidade, sendo denunciada e pronunciada pela prática do delito de homicídio doloso simples, na modalidade dolo eventual (art. 121 c/c art. 18, I, parte final, ambos do CP). A 2.ª Câmara Criminal desse Egrégio Tribunal, por maioria, manteve a decisão recorrida.

Todavia, a recorrente em nenhum momento assumiu o risco de causar a morte de Diogo, nem aceitou o resultado morte da vítima. Ou seja, a recorrente não agiu com dolo, uma vez que não assumiu o risco nem aceitou o resultado morte, conforme prevê o art. 18, I (parte final), do Código Penal, que adotou, em relação ao dolo eventual, a teoria do consentimento. Logo, a recorrente teria agido, em tese, com culpa.

Nesse sentido, a conduta da recorrente se enquadra, em tese, no art. 302 do Código de Trânsito Brasileiro, razão pela qual ela deve responder pela prática, apenas, de homicídio culposo na direção de veículo automotor. Em consequência, não havendo crime doloso contra a vida, o Tribunal do Júri não é competente para apreciar a questão, razão pela qual deve ocorrer a desclassificação, nos termos do art. 419 do Código de Processo Penal.

III – DO PEDIDO

Ante o exposto, requer seja REFORMADA A DECISÃO RECORRIDA, com o consequente PROVIMENTO DO RECURSO, para o fim de que:

a) seja recebido o recurso em sentido estrito denegado;

b) seja dado provimento ao recurso em sentido estrito, para o fim de que seja desclassificado o delito de homicídio simples doloso, para o delito de homicídio culposo na direção de veículo automotor (art. 302 do CTB), encaminhando-se os autos para o Juízo Competente, nos termos do art. 419 do Código de Processo Penal.

Local..., data...

Advogado. OAB n. ...

7.13. Recurso especial

Com a vigência do novo CPC, os arts. 26 a 29 da Lei n. 8.038/90, que disciplinam o processamento do recurso especial e extraordinário, foram revogados, passando a ser conduzida a matéria no contexto do novo CPC, especificamente nos arts. 1.029 a 1.041.

7.13.1. Conceito

Conceitua-se o recurso especial como o recurso destinado a devolver ao Superior Tribunal de Justiça a competência para conhecer e julgar questão federal de natureza infraconstitucional, suscitada e decidida perante os Tribunais Federais e pelos Tribunais dos Estados e do Distrito Federal.

Daí o enunciado corrente na doutrina de que o recurso especial, a exemplo do recurso extraordinário, não devolve ao STJ o conhecimento de questões de fato, mas tão só de direito. Perfeita adequação possui, nessa sede, o enunciado da Súmula 279 do STF: "Para simples reexame de prova não cabe recurso extraordinário".

Sua finalidade não é corrigir injustiças nas decisões, mesmo porque não analisa matéria fática, mas fiscalizar a correta interpretação e aplicação de leis federais.

Decisão proferida pelos Tribunais Regionais Federais e pelos Tribunais de Justiça dos Estados, do Distrito Federal e Territórios, em única ou última instância, ou em sede de revisão criminal (art. 105, III, da CF).

A questão deve ter sido prequestionada na instância inferior (Súmula 282 do STF).

Não deve haver a pretensão de se obter reexame de prova (Súmula 7 do STF).

As súmulas do STJ ganharam muita importância, quando o assunto é o conhecimento e provimento do recurso especial. Se o recurso estiver em confronto com matéria sumulada pelo STJ, ser-lhe-á negado seguimento; se o acórdão contrariar súmula do STJ, o REsp será provido.

Enquanto couber algum recurso, não cabe recurso especial. Esse pressupõe o exaurimento das vias recursais. Essa regra inclui, também, os embargos infringentes.

7.13.2. Cabimento

Conforme dispõe o art. 105, III, da Constituição da República, o recurso especial será cabível contra as causas decididas, em única ou última instância, pelos Tribunais Regionais Federais ou pelos Tribunais dos Estados e do Distrito Federal.

7.13.2.1. Decisão que contrariar tratado ou lei federal, ou negar-lhes vigência

Decisão contrária é aquela que viola a lei federal, enquanto a que nega vigência é a que deixa de aplicar a lei federal ou aplica outra norma. Entende-se por lei federal aquela emanada do Congresso Nacional (art. 22 da CF/88). Assim, não cabe recurso especial contra decisões que tenham violado resoluções administrativas, portarias, resoluções, ainda que editadas por órgãos federais.

Também não cabe recurso especial quando a norma violada decorrer do legislativo estadual ou municipal.

Ex.: se o acórdão do Tribunal de Justiça considerar válida a perícia realizada por apenas um perito não oficial em processo por crime de lesões corporais graves, estará contrariando o disposto no art. 159, § 1.º, do CPP.

7.13.2.2. Decisão que julgar válido ato de governo local contestado em face de lei federal

Há, nessa hipótese, um conflito entre uma lei federal e um ato editado por autoridade municipal ou estadual. Trata-se de hipótese rara no âmbito penal, uma vez que compete à União legislar sobre direito penal e processual penal.

Conforme exemplifica Avena , há alguns anos, o Governo do Estado do Rio Grande do Sul editou portaria estabelecendo que desenvolver velocidade superior a 96 km/h (20% da máxima permitida no País à época) importava em prática de direção perigosa. A condenação do motorista com base nessa portaria estadual, quando mantida em grau de recurso, ensejou dezenas de recursos especiais sob o fundamento de que, ao assim proceder, estava o tribunal validando um ato de governo local contestado em face da Lei das Contravenções Penais (à época, direção perigosa não era crime, mas contravenção), lei esta que estabelecia o critério velocidade como elemento ou circunstância do tipo penal.

7.13.2.3. Decisão que der à lei federal interpretação divergente da que lhe tenha atribuído outro tribunal

Trata-se da hipótese de recurso especial fundado na divergência jurisprudencial entre tribunais diversos. Não cabe recurso especial se a divergência ocorrer entre órgãos do mesmo tribunal, conforme a Súmula 13 do STJ: "A divergência entre julgados do mesmo tribunal não enseja recurso especial".

Nos termos da Súmula 83 do STJ, também não cabe recurso especial com base no dissídio jurisprudencial se, apesar da divergência na interpretação da lei federal por tribunais diferentes, já tiver o Superior Tribunal de Justiça se firmado no sentido da decisão recorrida, ainda que não haja súmula a respeito.

7.13.3. Prazo, interposição e processamento

O prazo para a interposição é de 15 dias, a partir da publicação do acórdão, salvo com relação ao Ministério Público.

A petição, que deve ser dirigida ao presidente do tribunal que proferiu a decisão recorrida, deve ser fundamentada e conter a exposição do fato e do direito, a demonstração do cabimento do recurso e as razões do pedido de reforma da decisão. Simultaneamente com a petição de interposição, apresentam-se as razões, que devem ser dirigidas ao Superior Tribunal de Justiça.

Recebida a petição pela Secretaria do Tribunal, o recorrido será intimado para apresentar as contrarrazões no prazo de 15 dias, nos termos do art. 1.030 do CPC.

Com as contrarrazões, os autos serão conclusos ao presidente do tribunal *a quo* para a realização do juízo de admissibilidade (juízo de prelibação), destinado à verificação do cabimento do recurso, que deverá ser feito dentro do prazo de 5 dias. No juízo de prelibação, o julgador deve conhecer todos os fundamentos do recurso, sendo que a admissão por apenas um deles não prejudica o seu conhecimento por qualquer outros (Súmula 292 do STF).

7.13.4. Prequestionamento

O prequestionamento também é requisito de admissibilidade do recurso especial, ou seja, é indispensável que o acórdão recorrido tenha apreciado a questão que constitui objeto do recurso.

Se o Tribunal que proferiu a decisão recorrida se omitiu na apreciação da matéria, cabe à parte interessada opor embargos de declaração sob pena de não conhecimento do recurso especial (Súmula 211 do STJ).

É inadmissível recurso especial quando faltar o requisito do prequestionamento da questão federal suscitada. O STJ não pode decidir matéria não analisada no Tribunal *a quo*, sob pena de supressão de instância. O enunciado deve afirmar que a matéria já foi prequestionada. Se o problema silenciar em relação ao prequestionamento, e for caso de recurso especial, escreva na sua peça: "a matéria foi devidamente prequestionada em embargos de declaração opostos com essa finalidade".

Acerca do prequestionamento, afigura-se interessante o disposto no art. 1.025 do novo CPC, segundo o qual se consideram incluídos no acórdão os elementos que o embargante suscitou, para fins de prequestionamento, ainda que os embargos de declaração sejam inadmitidos ou rejeitados, caso o tribunal superior considere existentes erro, omissão, contradição ou obscuridade.

7.13.5. Como identificar a peça

O candidato deve buscar as hipóteses de cabimento do REsp nos incisos do art. 105 da Constituição da República.

O problema deve informar que estão esgotadas as vias ordinárias de recurso (ou seja, não cabe mais recurso) e apresentar uma situação em que:

- decisão recorrida que contrariar tratado ou lei federal, ou negar-lhes vigência;
- decisão que julgar válido ato de governo local contestado em face de lei federal (veja nova redação do art. 105, III, *b*, determinada pela EC n. 45/2004);
- decisão que der a lei federal interpretação divergente da que lhe haja atribuído outro tribunal.

A divergência entre julgados do mesmo tribunal não enseja recurso especial [Súmula 13 do STJ]. Ou seja, se a 5.ª Câmara Criminal do Tribunal de Justiça do Estado de São Paulo adotar posição diversa da 1.ª Câmara Criminal do mesmo Tribunal, dessa divergência interna, no mesmo Tribunal, não cabe recurso especial.

7.13.6. Súmulas do Superior Tribunal de Justiça sobre recurso especial

Súmula 7. A pretensão de simples reexame de prova não enseja recurso especial.

Súmula 13. A divergência entre julgados do mesmo tribunal não enseja recurso especial.

Súmula 83. Não se conhece do recurso especial pela divergência, quando a orientação do Tribunal se firmou no mesmo sentido da decisão recorrida.

Súmula 98. Embargos de declaração manifestados com notório propósito de prequestionamento não têm caráter protelatório.

Súmula 203. Não cabe recurso especial contra decisão proferida por órgão de segundo grau dos Juizados Especiais.

Súmula 267. A interposição de recurso, sem efeito suspensivo, [...] não obsta a expedição de mandado de prisão.

Súmula 315. Não cabem embargos de divergência no âmbito do agravo de instrumento que não admite recurso especial.

Súmula 316. Cabem embargos de divergência contra acórdão que, em agravo regimental, decide recurso especial.

Súmula 418. É inadmissível o recurso especial interposto antes da publicação do acórdão dos embargos de declaração, sem posterior ratificação.

7.13.7. Estrutura do recurso especial

7.13.7.1. Interposição

(a) **Endereçamento:** Ao Presidente do Tribunal que proferiu a decisão recorrida

- Excelentíssimo Senhor Doutor Desembargador Presidente do Egrégio Tribunal de Justiça do Estado (se crime da competência da Justiça Estadual)
- Excelentíssimo Senhor Doutor Desembargador Federal Presidente do Egrégio Tribunal Regional Federal da... Região (se crime da competência da Justiça Federal)

(b) **Preâmbulo:** nome (desnecessário qualificar, pois já qualificado nos autos), capacidade postulatória (por seu procurador infra-assinado), fundamento legal (art. 105, inciso III, alínea – indicar a alínea –, da Constituição da República), nome da peça (Recurso Especial), frase final (pelas fatos e fundamentos jurídicos a seguir expostos).

(c) **Parte final:** Nesses termos, requer o processamento do presente recurso. Pede deferimento, data, advogado e OAB.

7.13.7.2. Razões

a) **Endereçamento:** para o Superior Tribunal de Justiça.

b) **Identificação:** recorrente, recorrido, n. recurso recorrido.

c) **Saudação:**

- Colendo Superior Tribunal de Justiça – Douta Turma – Eméritos Ministros

d) **Corpo da peça:** breve relato, expor a admissibilidade do recurso extraordinário e a repercussão geral e o mérito propriamente dito.

e) **Pedido:** reforma da decisão + provimento do recurso + pedido específico.

f) **Parte final:** termos em que pede deferimento, local, data, advogado e OAB.

7.13.7.3. Modelo da peça

PEÇA DE INTERPOSIÇÃO

A) EXCELENTÍSSIMO SENHOR DOUTOR DESEMBARGADOR PRESIDENTE DO EGRÉGIO TRIBUNAL DE JUSTIÇA DO ESTADO... (SE CRIME DA COMPETÊNCIA DA JUSTIÇA ESTADUAL)

B) EXCELENTÍSSIMO SENHOR DOUTOR DESEMBARGADOR FEDERAL PRESIDENTE DO EGRÉGIO TRIBUNAL REGIONAL FEDERAL DA... REGIÃO (SE CRIME DA COMPETÊNCIA DA JUSTIÇA FEDERAL)

Processo n. ...

(6 a 10 linhas)

FULANO DE TAL, já qualificado nos autos, por seu procurador infra-assinado, com procuração anexa, vem, respeitosamente, à presença de Vossa Excelência, interpor o presente RECURSO ESPECIAL, com base no art. 105, inciso III, alínea (indicar a alínea), da Constituição da República, requerendo seja o recurso recebido e processado e, ao final, remetido ao Superior Tribunal de Justiça.

Nestes termos,

Pede deferimento.

Local..., data...

Advogado. OAB n. ... .

RAZÕES DE RECURSO ESPECIAL

COLENDO SUPERIOR TRIBUNAL DE JUSTIÇA

Recorrente; Fulano de Tal

Recorrido; Ministério Público

RAZÕES DE RECURSO ESPECIAL

Douta Turma

Eminentes Ministros

I – DOS FATOS

II – DO DIREITO

• Lembrar que a matéria discutida envolve questão de direito. Não se discute matéria de fato, que reclama análise de provas.

• Lembrar do prequestionamento.

III – DO PEDIDO

Ante o exposto, requer seja conhecido e provido o presente recurso especial, para o fim de que seja reformado o acórdão e, consequentemente, ... (pedido específico).

Local..., data...

Advogado. OAB n. ... .

7.13.8. Peça resolvida

(Adaptado da Questão 2 – XI Exame) Daniel foi denunciado, processado e condenado pela prática do delito de roubo simples em sua modalidade tentada. A pena fixada pelo magistrado foi de 2 anos de reclusão em regime aberto. Todavia, atento às particularidades do caso concreto, o referido magistrado concedeu-lhe o benefício da suspensão condicional da execução da pena, sendo certo que, na sentença, não fixou nenhuma condição. Somente a defesa interpôs recurso de apelação, pleiteando a absolvição de Daniel com base na tese de negativa de autoria e, subsidiariamente, a substituição do benefício concedido por uma pena restritiva de direitos. O Tribunal de Justiça, por sua vez, no julgamento da apelação, de forma unânime, negou provimento aos dois pedidos da defesa e, no acórdão, fixou as condições do *sursis*, haja vista o fato de que o magistrado *a quo* deixou de fazê-lo na sentença condenatória. Atento ao caso apresentado e tendo como base apenas os elementos fornecidos, elabore o recurso cabível.

EXCELENTÍSSIMO SENHOR DOUTOR DESEMBARGADOR PRESIDENTE DO EGRÉGIO TRIBUNAL DE JUSTIÇA DO ESTADO...

Recurso recorrido n. ...

DANIEL, já qualificado nos autos, por seu procurador infra-assinado, vem, respeitosamente, à presença de Vossa Excelência, interpor o presente RECURSO ESPECIAL, com base no art. 105, III, "a", da Constituição da República, requerendo seja o recurso recebido e processado e, ao final, remetido ao Superior Tribunal de Justiça.

Termos em que
pede deferimento.
Local..., data...
Advogado. OAB n. ... .

COLENDO SUPERIOR TRIBUNAL DE JUSTIÇA
Recorrente; DANIEL
Recorrido; JUSTIÇA PÚBLICA
Recurso n. ...

RAZÕES DE RECURSO ESPECIAL

Colendo Superior Tribunal de Justiça
Douta Turma
Eminentes Ministros

I – DOS FATOS

Daniel foi denunciado, processado e condenado pela prática do delito de roubo simples em sua modalidade tentada. A pena fixada pelo magistrado foi de 2 anos de reclusão em regime aberto, concedendo-lhe o benefício da suspensão condicional da execução da pena, não fixando nenhuma condição.

Somente a defesa interpôs recurso de apelação, pleiteando a absolvição de Daniel com base na tese de negativa de autoria e, subsidiariamente, a substituição do benefício concedido por uma pena restritiva de direitos.

O Tribunal de Justiça, por sua vez, no julgamento da apelação, de forma unânime, negou provimento aos dois pedidos da defesa e, no acórdão, fixou as condições do "sursis", haja vista o fato de que o magistrado "a quo" deixou de fazê-lo na sentença condenatória.

II – DO MÉRITO

O recorrente foi condenado pela prática do delito de roubo simples tentado, sendo-lhe concedido o benefício da suspensão condicional da pena, sem, no entanto, ter sido fixado condições. Todavia, em recurso exclusivo da defesa, o Tribunal de Justiça negou provimento ao pedido formulado e, ainda, fixou as condições do "sursis", violando o disposto no art. 617 do Código de Processo Penal, já que a fixação das condições cabia ao juiz de 1.º grau.

Como não houve impugnação por parte do Ministério Público, a decisão proferida pelo Tribunal configura verdadeira reformatio "in pejus", vedada pelo art. 617 do Código de Processo Penal.

III – DO PEDIDO

Ante o exposto, requer seja conhecido e provido o presente recurso especial, para o fim de que seja REFORMADO O ACÓRDÃO e, consequentemente, mantida a decisão que concedeu o "sursis", sem estabelecer as condições do benefício.

Local..., data...

Advogado. OAB n. ... .

7.14. Recurso extraordinário

Com a vigência do CPC/2015, os arts. 26 a 29 da Lei n. 8.038/90, que disciplinavam o processamento do recurso especial e extraordinário, foram revogados, passando a ser conduzida a matéria no contexto do CPC, especificamente nos arts. 1.029 a 1.041.

7.14.1. Conceito

Trata-se de recurso destinado a impugnar qualquer decisão proferida em única ou última instância que afronte a Constituição da República. Em outras palavras, é aquele interposto perante o STF das decisões judiciais em que não mais caiba outro recurso.

Entende-se por decisão final, para fins aqui propostos, aquela proferida após esgotadas, por quem a impugna, todas as vias recursais ordinárias. Dessa forma, não se conhece de recurso extraordinário contra acórdão em recurso de apelação do qual ainda caibam embargos de declaração ou embargos infringentes.

Este o teor da Súmula 281 do STF: "É inadmissível o recurso extraordinário quando couber, na justiça de origem, recurso ordinário da decisão impugnada".

Na medida em que o art. 102, III, da CF dispõe seu cabimento apenas em relação às causas decididas em única ou última instância, não fazendo menção à origem do julgado, revela-se adequado esse recurso para impugnar qualquer acórdão, não apenas aqueles oriundos dos Tribunais de Justiça e Tribunais Regionais Federais, como também os provenientes de Turmas Recursais dos Juizados Especiais Criminais.

7.14.2. Cabimento/conteúdo

Para que o recurso extraordinário possa ser conhecido pelo STF, é preciso que a causa decidida em única ou última instância suscite questão federal de natureza constitucional. A própria CF, no art. 102, III, cuida de arrolar as questões que ensejam o julgamento do recurso em tela. São as chamadas hipóteses de cabimento do recurso extraordinário, que, para fins de OAB, merecem destaque as hipóteses das alíneas *a* e *b* do art. 102, III, da CF/88:

a) Contrariar dispositivo desta Constituição

A decisão de instância inferior contraria dispositivo constitucional sempre que afrontar regra ou princípio, implícito ou explícito, de natureza constitucional.

Exemplos de violação direta à CF: acórdão de Tribunal que afirma competência da Justiça Estadual para julgamento de crime da competência da Justiça Federal, violando, assim, o disposto no art. 109, IV, da CF/88.

b) Declarar a inconstitucionalidade de tratado ou lei federal

É preciso, portanto, que a decisão recorrida de extraordinário expressamente os afirme incompatíveis com a Constituição.

Qualquer juiz ou tribunal tem competência para exercer o controle incidental de constitucionalidade (ou difuso), afastando a incidência de leis ou atos normativos sob o fundamento de que violam dispositivo, princípio ou garantia constitucional.

7.14.3. Prazo e interposição

O prazo para a interposição é de 15 dias, a partir da publicação do acórdão, salvo com relação ao MP.

Recebida a petição pela Secretaria do Tribunal, o recorrido será intimado para apresentar as contrarrazões no prazo de 15 dias.

Com as contrarrazões, os autos serão conclusos ao presidente do tribunal *a quo* para a realização do juízo de admissibilidade (juízo de prelibação), destinado à verificação do cabimento do recurso, que deverá ser feito dentro do prazo de 5 dias. No juízo de prelibação, o julgador deve conhecer todos os fundamentos do recurso, sendo que a admissão por apenas um deles não prejudica o seu conhecimento por qualquer outros (Súmula 292 do STF).

7.14.4. Prequestionamento

Pressuposto específico jurisprudencial, que, em verdade, deflui do anteriormente analisado. A ele respeitam as Súmulas 282 e 356, ambas do STF.

Pelo prequestionamento, como requisito de admissibilidade do recurso extraordinário, entende-se que não pode ser objeto desta questão que não haja sido expressamente conhecida e decidida pela instância inferior.

Em outras palavras, que não tenha sido apreciada pela decisão impugnada de extraordinário. A exigência tem por finalidade preservar a higidez do princípio constitucional implícito do duplo grau de jurisdição e dos princípios do contraditório e da ampla defesa, expressos no art. 5.º, LV, da CF.

Se, por exemplo, o apelante, ao oferecer suas razões, solicitou do Tribunal o pronunciamento sobre determinada questão federal constitucional e o acórdão a omitiu, é necessário, para que se possa interpor recurso extraordinário, que o sucumbente oponha embargos de declaração, a fim de alcançar o prequestionamento. Esse é o conteúdo da Súmula 356 do STF.

7.14.5. Repercussão geral das questões constitucionais

Como repercussão geral das questões constitucionais discutidas no caso, deve-se entender somente aquelas que transcendam os interesses meramente particulares e individuais em discussão na causa, e afetem um grande número de pessoas, surtindo efeitos sobre o panorama político, jurídico e social da coletividade.

Trata-se de um requisito de admissibilidade previsto no art. 102, § 3.º, da Constituição da República, quando prevê que o "recorrente deverá demonstrar a repercussão geral das questões constitucionais discutidas no caso, nos termos da lei, a fim de que o Tribunal examine a admissão do recurso, somente podendo recusá-lo pela manifestação de dois terços de seus membros".

7.14.6. Outras súmulas do STF sobre recurso extraordinário

Súmula 279. Para simples reexame de prova não cabe recurso extraordinário.

Súmula 284. É inadmissível o recurso extraordinário, quando a deficiência na sua fundamentação não permitir a exata compreensão da controvérsia.

Súmula 356. O ponto omisso da decisão, sobre o qual não foram opostos embargos declaratórios, não pode ser objeto de recurso extraordinário, por faltar o requisito do prequestionamento.

Súmula 735. Não cabe recurso extraordinário contra acórdão que defere medida liminar.

7.14.7. Estrutura do recurso extraordinário

7.14.7.1. Interposição

a) **Endereçamento:** Ao Presidente do Tribunal que proferiu a decisão recorrida:

- Excelentíssimo Senhor Doutor Desembargador Presidente do Egrégio Tribunal de Justiça do Estado (se crime da competência da Justiça Estadual);
- Excelentíssimo Senhor Doutor Desembargador Federal Presidente do Egrégio Tribunal Regional Federal da... Região (se crime da competência da Justiça Federal).

b) **Preâmbulo:** nome (desnecessário qualificar, pois já qualificado nos autos), capacidade postulatória (por seu procurador infra-assinado), fundamento legal **(art. 102, III, alínea – indicar a alínea – da Constituição da República)**, nome da peça (Recurso Extraordinário), frase final (pelas fatos e fundamentos jurídicos a seguir expostos).

c) **Parte final:** Nesses termos, requer o processamento do presente recurso. Pede deferimento, local, data, advogado e OAB.

7.14.7.2. Razões

a) **Endereçamento:** para o Supremo Tribunal Federal.

b) **Identificação:** recorrente, recorrido, n. recurso recorrido.

c) **Saudação:**

- Colendo Supremo Tribunal Federal – Douta Turma – Eméritos Ministros.

d) **Corpo da peça** (breve relato, expor a admissibilidade do recurso extraordinário e a repercussão geral e o mérito propriamente dito).

e) **Pedido:** reforma da decisão + provimento do recurso + pedido específico.

f) **Parte final:** termos em que pede deferimento, local, data, advogado e OAB.

7.14.7.3. Modelo da peça

PEÇA DE INTERPOSIÇÃO

A) EXCELENTÍSSIMO SENHOR DOUTOR DESEMBARGADOR PRESIDENTE DO EGRÉGIO TRIBUNAL DE JUSTIÇA DO ESTADO... (SE CRIME DA COMPETÊNCIA DA JUSTIÇA ESTADUAL)

B) EXCELENTÍSSIMO SENHOR DOUTOR DESEMBARGADOR FEDERAL PRESIDENTE DO EGRÉGIO TRIBUNAL REGIONAL FEDERAL DA... REGIÃO (SE CRIME DA COMPETÊNCIA DA JUSTIÇA FEDERAL)

(6 a 10 linhas)

Processo n. ...

FULANO DE TAL, já qualificado nos autos, por seu procurador infra-assinado, vem, respeitosamente, à presença de Vossa Excelência, interpor o presente RECURSO EXTRAORDINÁRIO, com base no art. 102, inciso III, alínea (indicar a alínea), da Constituição da República, requerendo seja o recurso recebido e processado e, ao final, remetido ao Supremo Tribunal Federal.

Nestes termos,

Pede deferimento.

Local..., data...

Advogado. OAB n. ... .

COLENDO SUPREMO TRIBUNAL FEDERAL

Recorrente; Fulano de Tal

Recorrido; Ministério Público

RAZÕES DE RECURSO DE EXTRAORDINÁRIO

Colendo Supremo Tribunal Federal Douta Turma Eminentes Ministros

I – DOS FATOS

Expor a admissibilidade (cabimento) do recurso extraordinário e a repercussão geral e o mérito propriamente dito.

II – DO DIREITO

Lembrar que a matéria discutida envolve questão de direito. Não se discute matéria de fato, que reclama análise de provas.

III – DO PEDIDO

Ante o exposto, requer seja conhecido e provido o presente recurso, para o fim de que seja reformado o acórdão e, consequentemente, ... (pedido específico)

Local..., data...

Advogado. OAB n. ...

7.15. Correição parcial

7.15.1. Apresentação

Providência administrativo-judiciária contra despachos do juiz que importem em inversão tumultuária do processo, sempre que não houver recurso específico em lei.

7.15.2. Características e requisitos

Prevalece o entendimento de que o procedimento é o do agravo de instrumento do processo civil, razão pela qual o prazo da correição não pode ser mais de 5 dias, mas de 10, de acordo com as regras traçadas pela Lei n. 9.139, de 30 de novembro de 1995.

Para uns, é recurso (Súmula 160 das Mesas de Processo Penal da Faculdade de Direito da USP). Para outros, é uma medida ou recurso administrativo disciplinar destinado a coibir erros e abusos do julgador, destinando-se, por natureza, à efetivação de medidas disciplinares, embora produza também efeitos no processo.

No Estado de São Paulo, a correição parcial foi criada pelo Decreto-lei Estadual n. 14.234, de 16 de outubro de 1944. Posteriormente, a Lei Estadual n. 8.040, de 13 de dezembro de 1963, estabeleceu ser de 5 dias o prazo para sua interposição e que o seu processamento seria o mesmo do agravo de instrumento. Mais tarde, o Decreto-lei Complementar n. 3, de 27 de agosto de 1969 – Código Judiciário do Estado de São Paulo, no seu art. 94, dispôs: "Observar-se-á, no processo de correição parcial, o rito do agravo de instrumento, ouvido o Ministério Público".

Legitimidade ativa

Têm legitimidade para interpor correição parcial o réu, o Ministério Público, o querelante e o assistente da acusação.

A correição parcial só é admissível quando não existir recurso específico para impugnar a decisão.

7.15.3. Como identificar a peça

Corrigir o erro cometido pelo juiz em ato processual, que provoque inversão tumultuária no processo (*error in procedendo*). Não é adequada a correição quando se pretende impugnar *error in judicando*, quando seu objeto versar sobre decisão que envolve matéria de mérito.

7.15.4. Competência

Os endereçamentos possíveis da petição de interposição são:

- Se o crime for de competência da Justiça Federal: Excelentíssimo Senhor Doutor Juiz Federal da... Vara Criminal da Justiça Federal da Seção Judiciária de... .
- Se a infração penal for da competência do júri, na primeira fase: Excelentíssimo Senhor Doutor Juiz de Direito da... Vara do Tribunal do Júri da Comarca de... .
- Se a infração penal for da competência do júri, na segunda fase: Excelentíssimo Senhor Doutor Juiz Presidente do... Tribunal do Júri da Comarca de... .

7.15.5. Fundamentos mais comuns

Basta que o magistrado determine ou aceite a inversão dos atos do procedimento. Não pode o juiz burlar a legislação processual.

Na esfera federal, tem previsão na Lei n. 5.010, de 30 de maio de 1966.

7.15.6. Estrutura da peça

a) **Endereçamento:** EXCELENTÍSSIMO SENHOR DOUTOR JUIZ DE DIREITO DA... VARA CRIMINAL DA COMARCA DE... (para outros endereçamentos, ver o item 7.15.4. Competência).
b) **Identificação das partes:** corrigente (recorrente) e corrigido (recorrido).
c) **Nome da ação e fundamento legal:** CORREIÇÃO PARCIAL. O fundamento da correição parcial está na Lei de Organização Judiciária ou na Constituição dos Estados. Muda de Estado para Estado.
d) **Narrativa dos fatos ("Dos Fatos").**
e) **Fundamentação ("Do Direito").**
f) **Pedido:** requer seja conhecida e provida a presente correição parcial, tornando-se sem efeito a decisão recorrida para (inserir a tese apresentada sobre a inversão tumultuária dos atos do processo).
g) **Fechamento da peça:** local, data, Advogado, OAB n. ... .

7.15.7. Questão simulada

O recorrente foi denunciado pela prática do crime de exercício arbitrário das próprias razões. Apresentou defesa preliminar, ocasião em que arrolou seis testemunhas. Ocorre que o meritíssimo juiz *a quo* inverteu a ordem de colheita da prova testemunhal, determinando a oitiva das testemunhas da defesa antes da oitiva das testemunhas da acusação, o que, por si só, já denota irreparável prejuízo ao acusado. Em busca de reformar a decisão que causou a inversão tumultuária do processo, adote a medida cabível.

7.15.8. Modelo da peça

EXCELENTÍSSIMO SENHOR DOUTOR JUIZ DE DIREITO DA... VARA CRIMINAL DA COMARCA DE...

(6 linhas)

Ivan, nos autos do processo-crime que lhe move a Justiça Pública, por seu advogado infra-assinado, não se conformando com a respeitável decisão que determinou a oitiva das testemunhas de defesa antes da oitiva das testemunhas da acusação, vem, respeitosamente, perante Vossa Excelência, dentro do prazo legal, interpor CORREIÇÃO PARCIAL, com fulcro no art. ... (conferir o dispositivo legal de seu Estado. Cada Unidade da Federação possui uma fundamentação legal diferente).

Requer seja recebido e processado o presente recurso e, caso Vossa Excelência entenda deva ser mantida a respeitável decisão, que seja encaminhado, com as inclusas razões, ao Egrégio Tribunal (de Justiça ou Regional Federal).

Termos em que

pede e espera deferimento.

Local..., data...

Advogado. OAB n. ...

RAZÕES DE CORREIÇÃO PARCIAL

RECORRENTE; Ivan

RECORRIDO; Justiça Pública

Processo n. ...

Egrégio Tribunal de Justiça,

Colenda Câmara, Douto Procurador de Justiça.

Em que pese o saber jurídico do meritíssimo juiz "a quo", impõe-se a reforma da decisão que determinou a oitiva das testemunhas da defesa antes das da acusação, pelas razões de fato e de direito a seguir expostas.

I – DOS FATOS

O recorrente foi denunciado pela prática do crime previsto no art. ... (especificar o artigo da lei que prevê o tipo penal em espécie).

Apresentou defesa preliminar, ocasião em que arrolou... testemunhas da defesa (especificar o número).

Ocorre que o meritíssimo juiz "a quo" inverteu a ordem de colheita da prova testemunhal, determinando a oitiva das testemunhas da defesa antes da oitiva das testemunhas da acusação, o que, por si só, já denota irreparável prejuízo (utilizamos esse exemplo, pois é o mais frequente).

II – DO DIREITO

A decisão judicial precisa ser revista e reformada por caracterizar inversão tumultuária do processo.

A sequência correta dos atos que caracterizam o procedimento previsto em lei foi ignorada pelo juiz "a quo", no momento em que (desenvolver os argumentos relacionados à tese que origina a conclusão de inversão tumultuária do processo).

Em face da sólida fundamentação apresentada, a decisão do meritíssimo juiz "a quo" deve ser inteiramente reformada.

III – DO PEDIDO

Diante do exposto, requer seja conhecida e provida a presente correição parcial, tornando-se sem efeito a decisão recorrida, para que (repetir a tese já explicada), como medida de justiça.

Local..., data...

Advogado. OAB n. ... .

7.16. *Habeas corpus*

7.16.1. Conceito e base legal

É o remédio judicial que tem por finalidade evitar ou fazer cessar a violência ou a coação à liberdade de locomoção decorrente de ilegalidade ou abuso de poder.

7.16.2. Espécies

Habeas corpus ***liberatório ou repressivo*****:** existindo violência ou coação ilegal por parte do coator; só restará, então, impetrar-se a ordem do juiz para que fique restabelecida a liberdade de locomoção do paciente.

Habeas corpus *preventivo*: se a violência ou coação ilegal **ainda não ocorreu**, mas tudo indica que iria se consumar em breve, dá-se o *habeas corpus* preventivo. Bastará a simples ameaça de coação à liberdade de locomoção.

7.16.3. Legitimidade ativa

Pode ser impetrado por qualquer pessoa, independentemente de habilitação legal ou representação de advogado (dispensada a formalidade da procuração).

O analfabeto pode impetrar, desde que alguém assine a seu rogo (art. 654, § 1.º, *c*). O promotor de justiça também pode, nos termos do art. 32, I, da LONMP (Lei n. 8.625, de 12 de fevereiro de 1993). Juiz de direito não pode impetrar, em face da inércia da jurisdição, mas pode como cidadão. Delegado de polícia pode. Não como autoridade, mas como cidadão.

Obs.: a autoridade coatora não pode impetrar HC contra seu próprio ato.

7.16.4. Legitimidade passiva

No polo passivo da ação de *habeas corpus* está a pessoa – autoridade ou não – apontada como coatora, que deve defender a legalidade do seu ato, quando prestar as informações.

Pode, ainda, ser o corpo estatal, como ocorre com tribunais, CPI.

Acrescente-se, ainda, que a CF não distingue, no polo passivo, a autoridade do particular, de modo que é possível impetrar *habeas corpus* contra qualquer pessoa que constranja a liberdade de locomoção de outrem.

Ex.: imagine-se os inúmeros casos de internação irregular em hospitais psiquiátricos ou mesmo da vedação de saída a determinados pacientes que não liquidam seus débitos no hospital.

7.16.5. Hipóteses de cabimento

7.16.5.1. Quando não houver justa causa

Justa causa é a existência de fundamento jurídico e suporte fático autorizador do constrangimento à liberdade de locomoção. A hipótese trata da falta de justa causa para a prisão, para o inquérito e para o processo.

Só há justa causa para a prisão no caso de flagrante delito ou de ordem escrita e fundamentada da autoridade judiciária competente, salvo nos casos de transgressão ou crime militar.

Falta justa causa para o inquérito policial quando este investiga fato atípico ou quando já estiver extinta a punibilidade do suspeito.

7.16.5.2. Quando alguém estiver preso por mais tempo do que determina a lei

A nova reforma processual penal, ao concentrar os atos da instrução numa única audiência, visou, em especial, concretizar o princípio constitucional da celeridade processual, impedindo, por consequência, que os réus fiquem sujeitos ao constrangimento ilegal da prisão por excesso de prazo.

Cumpre mencionar que a audiência de instrução e julgamento, no procedimento ordinário, deverá realizar no prazo máximo de 60 dias (art. 400 do CPP), após o oferecimento da defesa inicial (arts. 396 e 396-A do CPP).

7.16.5.3. Quando quem ordenar a coação não tiver competência para fazê-lo

Só pode determinar a prisão a autoridade judiciária dotada de competência material e territorial, salvo caso de prisão em flagrante. A incompetência absoluta do juízo também pode ser reconhecida em sede de *habeas corpus.*

7.16.5.4. Quando houver cessado o motivo que autorizou a coação

Ex. 1: sentenciado que já cumpriu sua pena, mas continua preso.

Ex. 2: término da instrução quando a prisão servia para garantir a lisura da instrução criminal.

7.16.5.5. Quando não for alguém admitido a prestar fiança, nos casos em que a lei a autoriza

A Constituição da República, em seu art. 5.º, LXVI, estabelece que ninguém pode ser preso quando a lei admitir a prestação de fiança. A autoridade policial somente poderá conceder fiança nos casos de infração cuja pena máxima em abstrato não seja superior a 4 anos. Nos demais casos, a fiança será requerida ao juiz, que decidirá em 48 horas (art. 322 do CPP).

7.16.5.6. Quando o processo for manifestamente nulo

A nulidade pode decorrer de qualquer causa, como falta de condição de procedibilidade (representação nos crimes de ação penal pública condicionada), ilegitimidade *ad causam* (ofendido propõe a ação penal pública ou vice-versa) ou processual (menor de 18 anos propõe ação penal privada), incompetência do juízo, ausência de citação ou de nomeação de advogado na hipótese de o réu não ter oferecido resposta à acusação, nem ter indicado defensor (art. 396-A, § 2.º, do CPP), ausência de alegações finais orais ou escritas (nas hipóteses do CPP, arts. 403, § 3.º, e 404, parágrafo único, há previsão legal da apresentação de alegações finais, por memorial).

7.16.5.7. Quando extinta a punibilidade

As causas extintivas da punibilidade estão enumeradas exemplificativamente no art. 107 do CP, como decadência do direito de queixa ou representação, prescrição, perempção.

7.16.6. Competência

7.16.6.1. Do juiz de direito de primeira instância

Para trancar inquérito policial (Súmula 103 das Mesas de Processo Penal da Faculdade de Direito da USP). No entanto, se o inquérito tiver sido requisitado por autoridade judiciária, a competência será do tribunal de segundo grau competente, de acordo com a sua competência.

O juiz não pode conceder a ordem sobre ato de autoridade judiciária do mesmo grau.

7.16.6.2. Do Tribunal de Justiça

Quando a autoridade coatora for representante do MP Estadual (art. 74, IV, da Constituição do Estado de São Paulo).

Ex.: se o promotor de justiça requisita a instauração de inquérito policial, sem lastro para tanto, o *habeas corpus* deve ser impetrado perante o Tribunal de Justiça. No caso, estando a autoridade policial obrigada a atender à requisição, o promotor de justiça é o verdadeiro responsável pela coação.

7.16.6.3. Do Tribunal Regional Federal

Se a autoridade coatora for juiz federal (art. 108, I, *d*, da CF/88).

7.16.6.4. Do Superior Tribunal de Justiça

Art. 105. Compete ao Superior Tribunal de Justiça:

I – processar e julgar, originariamente:

a) nos crimes comuns, os Governadores dos Estados e do Distrito Federal, e, nestes e nos de responsabilidade, os desembargadores dos Tribunais de Justiça dos Estados e do Distrito Federal, os membros dos Tribunais de Contas dos Estados e do Distrito Federal, os dos Tribunais Regionais Federais, dos Tribunais Regionais Eleitorais e do Trabalho, os membros dos Conselhos ou Tribunais de Contas dos Municípios e os do Ministério Público da União que oficiem perante tribunais;

b) os mandados de segurança e os *habeas data* contra ato de Ministro de Estado, dos Comandantes da Marinha, do Exército e da Aeronáutica ou do próprio Tribunal;

c) os *habeas corpus*, quando o coator ou paciente for qualquer das pessoas mencionadas na alínea *a*, ou quando o coator for tribunal sujeito à sua jurisdição, Ministro de Estado ou Comandante da Marinha, do Exército ou da Aeronáutica, ressalvada a competência da Justiça Eleitoral.

7.16.6.5. Do Supremo Tribunal Federal

Art. 102. Compete ao Supremo Tribunal Federal, precipuamente, a guarda da Constituição, cabendo-lhe:

I – processar e julgar, originariamente:

[...]

i) o ***habeas corpus***, quando o coator for Tribunal Superior ou quando o coator ou o paciente for autoridade ou funcionário cujos atos estejam sujeitos diretamente à jurisdição do Supremo Tribunal Federal, ou se trate de crime sujeito à mesma jurisdição em uma única instância (Redação dada pela Emenda Constitucional n. 22, de 1999).

7.16.7. Julgamento e efeitos

a) A concessão de *habeas corpus* liberatório implica seja o paciente posto em liberdade, salvo se por outro motivo deva ser mantido na prisão.
b) Se a ordem de *habeas corpus* for concedida para evitar ameaça de violência ou coação ilegal, será expedida ordem de salvo-conduto em favor do paciente.
c) Se a ordem for concedida para anular o processo, este será renovado a partir do momento em que se verificou o vício.
d) Quando a ordem for concedida para trancar inquérito policial ou ação penal, esta impedirá seu curso normal.
e) A decisão favorável do *habeas corpus* pode ser estendida a outros interessados que se encontrem na situação idêntica à do paciente beneficiado.

7.16.8. Fundamentos mais comuns

a) Pode ser feita por qualquer pessoa, no caso, denominada impetrante.
b) Conteúdo: o órgão jurisdicional a quem é endereçada a ação; o nome da pessoa que sofre ou está ameaçada de sofrer a coação (o paciente); o nome de quem exerce a coação ou ameaça; a descrição dos fatos que configuram o constrangimento; a assinatura do impetrante ou de alguém a seu rogo.
c) Admite-se a impetração por telegrama, radiograma ou telex, e até por telefone (*RT* 638/333). Sobre a impetração por meio eletrônico, *vide* Lei n. 11.419, de 19 de dezembro de 2006, que trata da informatização do processo judicial.

d) Liminar: é admissível, se os documentos que instruírem a petição evidenciarem a ilegalidade da coação (art. 660, § 2.º, do CPP).

O Ministério Público não se manifesta no procedimento de habeas corpus *quando impetrado perante juiz de direito, somente quando a impetração for perante tribunal.*

7.16.9. Estrutura do *habeas corpus*

a) **Endereçamento:** EXCELENTÍSSIMO SENHOR DOUTOR DESEMBARGADOR PRESIDENTE DO EGRÉGIO TRIBUNAL DE JUSTIÇA DO ESTADO DE... (para outros endereçamentos, ver o item 7.16.6. Competência).

b) **Identificação das partes:** paciente, impetrante e autoridade coatora.

c) **Nome da ação e fundamento legal:** *habeas corpus*. Art. 5.º, LXVIII, da Constituição da República, e arts. 647 e 648 (e inciso correspondente) do Código de Processo Penal.

d) **Corpo da peça** (Dos fatos e do direito). Abordagem voltada ao constrangimento ilegal à liberdade de locomoção.

e) **Pedidos:** conforme o fundamento invocado: (a) trancamento do inquérito policial; (b) trancamento da ação penal (se ainda não existir sentença); (c) extinção da punibilidade; (d) nulidade; (e) revogação da preventiva; (f) relaxamento da prisão em flagrante; (g) liberdade provisória (todos com alvará de soltura).

f) **Parte final:** local, data, Advogado, OAB n. ... .

7.16.10. Modelo da peça

A) EXCELENTÍSSIMO SENHOR DOUTOR DESEMBARGADOR PRESIDENTE DO EGRÉGIO TRIBUNAL DE JUSTIÇA DO ESTADO... (SE A AUTORIDADE COATORA FOR JUIZ DE DIREITO ESTADUAL, POR EXEMPLO)

B) EXCELENTÍSSIMO SENHOR DOUTOR DESEMBARGADOR FEDERAL PRESIDENTE DO EGRÉGIO TRIBUNAL REGIONAL FEDERAL DA... REGIÃO (SE A AUTORIDADE COATORA FOR JUIZ FEDERAL, POR EXEMPLO)

(6 a 10 linhas)

FULANO DE TAL (nome e qualificação), advogado inscrito na Ordem dos Advogados do Brasil sob o n. ..., com endereço profissional..., vem, respeitosamente, à presença de Vossa Excelência impetrar "HABEAS CORPUS", com base no art. 5.º, inciso LXVIII, da CF/88, combinado com os arts. 647 e 648, inciso..., do Código de Processo Penal, contra ato do BELTRANO DE TAL (autoridade coatora), em favor de CICLANO DE TAL (nome do paciente), nacionalidade, estado civil, profissão, RG..., pelos fatos e fundamentos jurídicos a seguir expostos:

I – DOS FATOS

II – DO DIREITO

1.° parágrafo: apontar a tese.

2.° parágrafo: fundamentar a tese.

Obs.: os fundamentos de mérito do HC encontram-se, invariavelmente, no art. 648 do CPP.

III – DO PEDIDO

Ante o exposto, o impetrante requer a concessão da ordem de "habeas corpus", para o fim de:

- trancamento do inquérito policial ou ação penal (por falta de justa causa);
- extinção da punibilidade;
- nulidade;
- revogação da prisão preventiva, com expedição do alvará de soltura;
- relaxamento da prisão em flagrante, com expedição do alvará de soltura;
- concessão de liberdade provisória, com expedição do alvará de soltura.

Nestes termos,

Pede deferimento.

Local..., data...

Advogado. OAB n. ... .

7.16.11. Peça resolvida

(Adaptado da Questão 3 – XV Exame) A Receita Federal identificou que Raquel possivelmente sonegou Imposto sobre a Renda, causando prejuízo ao erário no valor de R$ 27.000,00 (vinte e sete mil reais). Foi instaurado, então, procedimento administrativo, não havendo, até o presente momento, lançamento definitivo do crédito tributário. Ao mesmo tempo, a Receita Federal expediu ofício informando tais fatos ao Ministério Público Federal, que, considerando a autonomia das instâncias, ofereceu denúncia em face de Raquel pela prática do crime previsto no art. 1.º, inciso I, da Lei n. 8.137/90. Assustada com a ratificação do recebimento da denúncia após a apresentação de resposta à acusação pela Defensoria Pública, Raquel contrata Wilson para, na condição de advogado, tomar as medidas cabíveis. Com base somente nas informações de que dispõe e nas que podem ser inferidas pelo caso concreto acima, redija a peça cabível, sustentando, para tanto, as teses jurídicas pertinentes.

EXCELENTÍSSIMO SENHOR DOUTOR DESEMBARGADOR FEDERAL PRESIDENTE DO EGRÉGIO TRIBUNAL REGIONAL FEDERAL DA... REGIÃO

WILSON, nacionalidade..., estado civil..., advogado inscrito na Ordem dos Advogados do Brasil sob o n. ..., com endereço profissional..., vem, respeitosamente, à presença de Vossa Excelência impetrar "HABEAS CORPUS", com pedido liminar, com base no art. 5.°, inciso LXVIII, da CF/88, combinado com os arts. 647 e 648, inciso I, do Código de Processo Penal, contra ato do Juiz Federal da Seção Judiciária..., em favor de RAQUEL, nacionalidade, estado civil, RG..., CPF..., pelos fatos e fundamentos jurídicos a seguir expostos

I – DOS FATOS

O Ministério Público Federal ofereceu denúncia em face de Raquel pela prática do crime previsto no art. 1.°, I, da Lei n. 8.137/90.

Foi ratificado o recebimento da denúncia após a apresentação de resposta à acusação pela Defensoria Pública.

II – DO DIREITO

A paciente foi denunciada pela prática do delito previsto no art. 1.°, I, da Lei n. 8.137/90, sendo o recebimento da denúncia ratificado pela autoridade coatora. Todavia, o fato praticado por Raquel é atípico porque não houve o efetivo lançamento definitivo do crédito tributário, nos termos do que dispõe a Súmula Vinculante 24 do STF.

Assim, não há justa causa para ação penal, pois o fato atribuído à paciente é atípico.

Logo, verifica-se flagrante constrangimento ilegal a à liberdade de locomoção de Raquel, razão pela qual o trancamento da ação penal é medida que se impõe.

III – DO PEDIDO

Ante o exposto, o impetrante requer:

a) seja expedido ofício à autoridade coatora, a fim de que preste informações;

b) seja intimado o Ilustre Representante do Ministério Público Federal;

c) a concessão da ordem de "habeas corpus", para o fim de que seja trancada a ação penal, nos termos do art. 648, I, do Código de Processo Penal.

Local..., data...

Advogado. OAB n. ... .

7.17. **Mandado de segurança em matéria penal**

7.17.1. Apresentação

Ação de *natureza civil*, de rito sumaríssimo e fundamento constitucional.

Protege direito líquido e certo, não amparado por *habeas corpus* ou *habeas data*, quando o responsável pela ilegalidade ou abuso de poder for autoridade pública ou agente de pessoa jurídica no exercício de atribuições do Poder Público (art. 5.º, LXIX, da CF).

Regido pela Lei n. 12.016/2009.

7.17.2. Características e requisitos

Legitimidade: há de ser o titular do direito individual ou coletivo líquido e certo para o qual pede proteção pelo mandado de segurança. Tanto pode ser pessoa física quanto jurídica, e até mesmo entidade sem personalidade jurídica, desde que tenha capacidade postulatória, por exemplo, o espólio, a massa falida, a herança jacente ou vacante etc.

O réu do mandado de segurança precisa estar representado por advogado, salvo se possuir capacidade postulatória.

Prazo para a impetração: 120 dias, a partir da ciência oficial do ato impugnado (art. 23 da Lei n. 12.016/2009).

7.17.3. Como identificar a peça

O enunciado dirá que o acusado possui direito líquido e certo não amparado por *habeas corpus* ou *habeas data*. Automaticamente, estar-se-á diante do mandado de segurança. No entanto, se cabível outro recurso ordinário (RESE, apelação etc.), o candidato não deverá impetrar mandado de segurança.

O mandado de segurança só pode ser concedido diante de direito líquido e certo, ou seja, direito apto a ser provado documentalmente.

Não cabe mandado de segurança:

a) de ato do qual caiba recurso administrativo com efeito suspensivo, independentemente de caução;
b) de decisão judicial da qual caiba recurso com efeito suspensivo;
c) de decisão judicial transitada em julgado.

7.17.4. Competência

A competência para julgar mandado de segurança define-se pela categoria da autoridade coatora e pela sua sede funcional:

- contra ato de delegado de polícia, competente será o juiz de direito;
- contra atos das autoridades estaduais e municipais, o juízo competente

será sempre o da respectiva Comarca, circunscrição ou distrito, de acordo com a organização judiciária de cada Estado;

- contra atos de prefeitos municipais, a competência é do Tribunal de Justiça, por força do que dispõe o art. 29, VIII, da CF;
- contra decisão judicial, competente será o tribunal que normalmente julgaria o recurso;
- contra ato de Juizado Especial, competente será a Turma Recursal (Súmula 376 do STJ);
- contra decisão de Câmara, Turma ou Presidente de Tribunal, competente será o Pleno/Órgão Especial (petição dirigida ao próprio Presidente do Tribunal).

Súmula 624 do STF. "Não compete ao Supremo Tribunal Federal conhecer originariamente de mandado de segurança contra atos de outros tribunais"

7.17.5. Fundamentos mais comuns

Direito de vista do inquérito policial ao advogado – **Para o Exame da OAB, utilize a RECLAMAÇÃO**, já que a autoridade policial estará desrespeitando a Súmula Vinculante 14.

- Direito de o advogado acompanhar o cliente na fase do inquérito.
- Direito de o advogado entrevistar-se com seu cliente.
- Direito de obter certidões.
- Direito a juntar documentos em qualquer fase do processo penal, de acordo com o art. 231 do CPP.
- Direito de obter efeito suspensivo em recurso.
- Direito do terceiro de boa-fé à restituição de coisas apreendidas.
- Contra despacho que não admite o assistente da acusação.
- Contra apreensão de objetos sem qualquer relação com o crime.
- Para assegurar o processamento da correição parcial, quando denegada pelo juiz corrigido.
- Para separar preso provisório de preso definitivo.

7.17.6. Estrutura da peça

a) **Endereçamento:** EXCELENTÍSSIMO SENHOR DOUTOR JUIZ DE DIREITO DA... VARA CRIMINAL DA COMARCA DE... (para outros endereçamentos, ver o item 7.17.4. Competência).
b) **Identificação das partes:** impetrante e impetrado.

c) **Nome da ação e fundamento legal:** MANDADO DE SEGURANÇA. Art. 5.º, LXIX, da Constituição da República e Lei n. 12.016/2009.

d) **Narrativa dos fatos ("Dos Fatos").**

e) **Fundamentação ("Do Direito").**

f) **Pedido**: seja concedida medida liminar (*inserir aqui o pedido liminar*) e, após as informações prestadas pela autoridade coatora, bem como a manifestação do Ministério Público, que seja definitivamente concedida a segurança, confirmando-se a liminar anteriormente concedida.

g) **Valor da causa:** deveria ter valor da causa, mas na prática penal inexiste a colocação do valor da causa, e os próprios órgãos jurisdicionais desconhecem de que forma deverá ser fixado esse valor. ENTRETANTO, por seguir os requisitos da petição inicial do art. 319, V, do CPC, *colocar Valor da causa ao final da peça*, antes da data e local.

h) **Fechamento da peça:** data, local, Advogado, OAB..., n. ... .

7.17.7. Questão simulada

Ivan, vulgo "o Terrível", foi preso em flagrante delito pela prática do crime de extermínio de seres humanos, expresso no novo tipo penal do art. 288-A do CP. O auto de prisão em flagrante foi encaminhado ao magistrado competente, que converteu o flagrante em prisão preventiva, respeitados todos os requisitos dos arts. 282, 312 e 313 do Código de Processo Penal. Ocorre que o preso foi colocado na mesma cela de presos com condenação transitada em julgado, contrariando lei federal e, portanto, direito líquido e certo do preso cautelar. Inconformado, Ivan pediu ao chefe de disciplina do presídio auxílio jurídico para minimizar seu inconformismo e sofrimento *intra muros*. Você, como advogado, foi indicado para atuar em favor do preso.

7.17.8. Modelo da peça

EXCELENTÍSSIMO SENHOR DOUTOR JUIZ DE DIREITO DA... VARA CRIMINAL DA COMARCA DE... .

(6 linhas)

Ivan, (nacionalidade), (estado civil), (profissão), titular do documento de identidade RG n. ..., inscrito no Cadastro de Pessoas Físicas sob o n. ..., residente e domiciliado na Rua..., por seu advogado infra-assinado (instrumento de mandato: doc. 1), vem, respeitosamente, perante Vossa Excelência, impetrar MANDADO DE SEGURANÇA COM PEDIDO DE LIMINAR, com fulcro no art. 5.º, inciso LXIX, da Constituição da República e na Lei n. 12.016, de 7 de agosto de 2009, contra ato do Excelentíssimo Senhor Doutor Delegado de Polícia Civil (é a autoridade coatora mais comum no mandado de segurança em matéria criminal), pelas razões de fato e de direito a seguir expostas.

I – DOS FATOS

O impetrante foi preso em flagrante delito pela prática do crime de (especificar o artigo da lei que prevê o tipo penal em espécie).

O auto de prisão em flagrante foi encaminhado ao magistrado competente, que converteu o flagrante em prisão preventiva, respeitados todos os requisitos dos arts. 282, 312 e 313 do Código de Processo Penal.

Ocorre que o impetrante foi colocado, pela autoridade policial, na mesma cela de presos com condenação transitada em julgado, contrariando lei federal e, portanto, direito líquido e certo do preso cautelar, situação que admite a impetração do mandado de segurança.

II – DO DIREITO

Em que pese a indiscutível sabedoria do Excelentíssimo Senhor Delegado de Polícia, sua decisão não está amparada pelo ordenamento jurídico. Pior, contraria dispositivo expresso em lei, verdadeiro direito líquido e certo.

O mandado de segurança é o remédio constitucional para a defesa de atos ilegais ou praticados com abuso de poder que impeçam o exercício de direito líquido e certo da pessoa.

Reza o art. 5.º, LXIX: "conceder-se-á mandado de segurança para proteger direito líquido e certo, não amparado por "habeas corpus" ou "habeas data", quando o responsável pela ilegalidade ou abuso de poder for autoridade pública ou agente de pessoa jurídica no exercício de atribuições do Poder Público".

A respeito do direito líquido e certo do impetrante, basta a leitura do texto do art. 300 do Código de Processo Penal, com redação dada pela Lei n. 12.403/2011: "as pessoas presas provisoriamente ficarão separadas das que já estiverem definitivamente condenadas, nos termos da lei de execução penal".

Da mesma forma, o art. 84 da Lei de Execução Penal: "Art. 84. O preso provisório ficará separado do condenado por sentença transitada em julgado".

Dessa forma, analisando-se o caso, é evidente que o impetrante teve o seu direito líquido e certo violado, uma vez que comprovou, indiscutivelmente (de plano, com documentos, de forma líquida e certa), ter direito a permanecer processualmente preso em cela distinta dos presos que já cumprem pena privativa de liberdade.

III – DO PEDIDO

Diante do exposto, requer seja concedida medida liminar, pois presentes o "fumus boni iuris" e o "periculum in mora", determinando-se a separação imediata do impetrante dos presos com condenação definitiva e, após as informações prestadas pela autoridade coatora, bem como a manifestação do Ministério Público, que seja definitivamente concedida a segurança, confirmando-se a liminar, como medida de justiça.

Dá-se à causa o valor de R$... (na prática, ninguém se preocupa com isso, mas o examinador vai avaliar se você se lembrou do valor da causa, portanto, COLOQUE!).

Termos em que

Pede e espera deferimento.

Local..., data...

Advogado. OAB n. ... .

7.18. Reclamação constitucional

7.18.1. Apresentação

Trata-se de ação constitucional que busca anular a decisão que contrariou uma decisão de Tribunal.

É cabível em qualquer momento da persecução penal. Basta que haja decisão judicial descumprindo acórdão ou súmula vinculante.

7.18.2. Características e requisitos

O Tribunal proferiu uma decisão favorável a seu cliente, mas o juiz que deveria cumprir essa decisão não o fez, descumprindo a determinação mandamental da instância superior.

7.18.3. Como identificar a peça

Há inúmeras hipóteses de descumprimento de decisão judicial ou de súmula vinculante. Parece-nos que, por força da previsão constitucional e da temática penal expressa em várias súmulas com efeito vinculante editadas, poderá ser solicitado algo nesse sentido.

7.18.4. Competência

Se descumprido mandamento jurisdicional de acórdão: Excelentíssimo Senhor Doutor Desembargador Presidente do Tribunal de Justiça do Estado de... (*ou de outro tribunal*).

Se descumprida súmula com efeito vinculante: Excelentíssimo Senhor Doutor Ministro Presidente do Supremo Tribunal Federal.

7.18.5. Fundamentos mais comuns

Art. 103-A, § 3.º, da Constituição da República e art. 7.º da Lei n. 11.417/2006.

7.18.6. Estrutura da peça

a) **Endereçamento:** EXCELENTÍSSIMO SENHOR DOUTOR MINISTRO PRESIDENTE DO SUPREMO TRIBUNAL FEDERAL (para outros endereçamentos, ver o item 7.18.4. Competência).

b) **Identificação das partes:** reclamante e reclamado.

c) **Nome da ação e fundamento legal:** RECLAMAÇÃO. Art. 103-A, § 3.º, da Constituição da República e art. 7.º da Lei n. 11.417/2006.

d) **Narrativa dos fatos ("Dos Fatos").**

e) **Fundamentação ("Do Direito").**

f) **Pedidos:** que seja julgada procedente a presente reclamação, para que se determine a nulidade do ato realizado. Se o réu estiver preso, pedir a soltura dele em liminar.

g) **Fechamento da peça:** local, data, Advogado, OAB n. ... .

7.18.7. Questão simulada

Em 1.º de janeiro de 2012, a autoridade policial do "X" Distrito Policial impediu Ivan, indiciado, de ter acesso a material já documentado em inquérito policial, afastando a aplicação da Súmula Vinculante 14, por entender que o texto da referida súmula atrapalha as investigações. Com base no desrespeito dessa decisão do delegado ao texto do enunciado do STF, como advogado contratado por Ivan, adote as medidas corretas para que seu cliente tenha acesso às informações já documentadas no inquérito policial referido.

7.18.8. Modelo da peça

EXCELENTÍSSIMO SENHOR DOUTOR MINISTRO PRESIDENTE DO SUPREMO TRIBUNAL FEDERAL.

(6 a 10 linhas)

Ivan, (nacionalidade), (estado civil), (profissão), titular do documento de identidade RG n. ..., inscrito no Cadastro de Pessoas Físicas sob o n. ..., residente e domiciliado na Rua..., por seu advogado (instrumento de mandato: doc. 1) vem, respeitosamente, à presença de Vossa Excelência, apresentar RECLAMAÇÃO COM PEDIDO DE LIMINAR, com fundamento no art. 103-A, § 3.º, da Constituição da República e art. 7.º da Lei n. 11.417/2006, contra a decisão proferida pelo MM. Juiz Presidente do Tribunal do Júri da Comarca de..., pelas razões de fato e de direito a seguir expostas.

I – DOS FATOS

Na data de..., a autoridade policial do... Distrito Policial da Comarca de... impediu o reclamante de ter acesso ao material já documentado em inquérito policial, afastando a aplicação da Súmula Vinculante 14.

O Excelentíssimo Delegado de Polícia titular, apesar dos constantes apelos do indiciado, negou todo e qualquer acesso aos autos de inquérito policial por entender que dar vista ao advogado poderia comprometer as investigações, além do fato de o inquérito policial ser puramente inquisitivo, onde não vigoram a ampla defesa e o contraditório.

II – DO DIREITO

Houve no presente caso clara violação do previsto na Súmula Vinculante 14, que dispõe: "é direito do defensor, no interesse do representado, ter acesso amplo aos elementos de prova que, já documentados em procedimento investigatório realizado por órgão com competência de polícia judiciária, digam respeito ao exercício do direito de defesa".

Nesta situação, impedir o acesso aos elementos de prova já juntos, para o advogado da parte, contraria de forma patente o enunciado com efeitos vinculantes 14, do Supremo Tribunal Federal.

III – DO PEDIDO

Ante o exposto, presentes o "fumus boni iuris" e o "periculum in mora", requer a concessão de liminar para determinar a vista imediata do acervo probatório já juntado ao inquérito policial n. ..., e requer seja julgada procedente a presente reclamação, impedindo a negativa da autoridade policial durante toda a fase de investigação preliminar, reafirmando a eficácia da Súmula Vinculante 14 e o direito de defesa constitucionalmente assegurado a todos, inclusive no âmbito dos procedimentos administrativos, como medida de justiça.

Termos em que

pede e espera deferimento.

Local..., data...

Advogado. OAB n. ...

7.19. Reabilitação criminal

7.19.1. Apresentação

A reabilitação criminal alcança quaisquer penas aplicadas em sentença definitiva, assegurando ao condenado o sigilo dos registros sobre o seu processo e condenação.

Antes mesmo de eventual condenação e reabilitação, o parágrafo único do art. 20 do CPP, com redação dada pela Lei n. 12.681/2012, impede inclusive que inquéritos penais em andamento sejam levados em consideração para fins de antecedentes criminais: "Nos atestados de antecedentes que lhe forem solicitados, a autoridade policial não poderá mencionar quaisquer anotações referentes a instauração de inquérito contra os requerentes".

7.19.2. Características e requisitos

A reabilitação poderá ser requerida, decorridos 2 anos do dia em que for extinta a pena ou terminada a execução penal, computando-se o período de prova da suspensão condicional da pena (art. 77 do CP) e o do livramento condicional (art. 83 do CP), se não sobrevier revogação, desde que o condenado tenha:

- tido domicílio no país no prazo acima referido;
- dado, durante esse tempo, demonstração efetiva e constante de bom comportamento público e privado;
- ressarcido o dano causado pelo crime ou demonstre a absoluta impossibilidade de o fazer, até o dia do pedido, ou exiba documento que comprove a renúncia da vítima ou novação da dívida.

Caso o pedido de reabilitação seja negado, outro pedido de reabilitação pode ser feito, a qualquer tempo, desde que seja instruído com novas provas do preenchimento dos requisitos necessários.

7.19.3. Como identificar a peça

O enunciado dirá que já se passaram 2 anos do dia em que foi extinta, de qualquer modo, a pena ou 2 anos da data em que terminou a execução da pena, computando-se o período de prova da suspensão ou o do livramento condicional que, no caso concreto, não foi revogado.

7.19.4. Competência

Os endereçamentos possíveis com a competência correta são:

- se a infração penal é da competência da Justiça Estadual: Excelentíssimo Senhor Doutor Juiz de Direito da... Vara Criminal da Comarca de... .
- se o crime é da competência da Justiça Federal: Excelentíssimo Senhor Doutor Juiz Federal da... Vara Criminal da Justiça Federal da Seção Judiciária de... .

7.19.5. Fundamentos mais comuns

O candidato deve analisar se o reabilitando preenche os requisitos do art. 94 do Código Penal:

- transcurso de 2 anos da extinção da pena ou do término de sua execução;
- o requerente teve domicílio no país no período dos 2 anos;
- deu demonstração efetiva pública e privada de bom comportamento nesse período;
- tenha ressarcido o dano causado pelo crime ou demonstre a absoluta impossibilidade de o fazer, até o dia do pedido, ou exiba documento que comprove a renúncia da vítima ou novação da dívida.

7.19.6. Estrutura da peça

a) **Endereçamento:** EXCELENTÍSSIMO SENHOR DOUTOR JUIZ DE DIREITO DA... VARA CRIMINAL DA COMARCA DE... (para outros endereçamentos, ver o item 7.19.4. Competência).

b) **Identificação das partes:** requerente e requerido.

c) **Nome da ação e fundamento legal:** REABILITAÇÃO. Art. 93 e seguintes do Código Penal.

d) **Narrativa dos fatos ("Dos Fatos").**

e) **Fundamentação ("Do Direito").**

f) **Pedido:** requer, depois de ouvido o representante do Ministério Público, seja concedida a presente reabilitação, determinando-se o disposto no art. 747 do Código de Processo Penal.

g) **Fechamento da peça:** local, data, Advogado, OAB n. ... .

7.19.7. Questão simulada

Ivan foi processado e condenado pelo crime de associação criminosa (art. 288 do CP), conforme os termos da certidão do trânsito em julgado da sentença proferida no Proc. n. ... . A pena imposta foi integralmente cumprida, sendo extinta pelo decurso de seu legítimo cumprimento. Após a extinção da pena, Ivan cumpriu todos os requisitos do art. 94 do Código Penal. Como advogado de Ivan, adote as medidas cabíveis.

7.19.8. Modelo da peça

EXCELENTÍSSIMO SENHOR DOUTOR JUIZ DE DIREITO DA... VARA CRIMINAL DA COMARCA DE... .

(6 a 10 linhas)

Ivan, devidamente qualificado no Processo n. ..., que tramitou perante esta Vara, por seu advogado infra-assinado (instrumento de mandato: doc. 1), vem, respeitosamente, perante Vossa Excelência, requerer a sua REABILITAÇÃO CRIMINAL, com fulcro no art. 93 e seguintes do Código Penal, pelas razões de fato e de direito a seguir expostas.

O requerente foi processado e condenado por crime de (especificar o artigo da lei que prevê o tipo penal em espécie), nos exatos termos da certidão do trânsito em julgado da sentença proferida no Proc. ... .

A pena imposta foi integralmente cumprida, sendo extinta pelo decurso de seu legítimo cumprimento (doc. 2).

Após a extinção da pena, o reabilitando cumpriu todos os requisitos do art. 94 do Código Penal: a) transcurso de 2 anos da extinção da pena ou do término de sua execução (doc. 3); b) domicílio no país no período dos 2 anos (doc. 4); c) demonstração efetiva pública e privada de bom comportamento nesse período (doc. 5); d) ressarciu a vítima do dano decorrente do delito por ele praticado (doc. 6).

Reabilitado materialmente, impõe-se agora a formalização de tal realidade, extremamente benéfica para a sociedade, restituindo sua condição pessoal anterior à condenação, eliminando todas e quaisquer anotações de sua folha de antecedentes.

Diante do exposto, requer, depois de ouvido o Ministério Público, seja concedida a reabilitação criminal para o requerente, comunicando-se ao Instituto de Identificação e Estatística (art. 747 do Código de Processo Penal), como medida de justiça.

Termos em que

Pede e espera deferimento.

Local..., data...

Advogado. OAB n. ... .

8. PROVAS ANTERIORES RESOLVIDAS

8.1. XXXI Exame de Ordem

Rômulo, nascido em 04 de abril de 1991, em Maricá, ficou inconformado por encontrar, em 02 de janeiro de 2010, mensagens de sua esposa Paola, nascida em 06 de junho de 1992, para Bruno, desejando a este, um próspero ano. Em razão disso, desferiu golpes de faca nas mãos de Paola, pretendendo, em seguida, utilizar a arma branca para golpear a vítima e causar sua morte. Ocorre que Rômulo ficou sensível ao sofrimento de sua esposa após as facadas na mão, decidindo deixar o local dos fatos para se acalmar, apesar de ter consciência de que os atos praticados seriam insuficientes para causar a inicialmente pretendida morte de Paola. Paola informou os fatos à sua mãe, que a levou ao hospital e, em seguida à Delegacia, onde ela narrou o ocorrido à autoridade policial. O Delegado instaurou inquérito policial, realizando, por vários anos, diligências para a confirmação da versão da vítima, ouvindo testemunhas, realizando laudo de exame de local, acostando o exame de corpo de delito de Paola, que constatou a existência de lesão corporal de natureza grave, dentre outras. Por fim, ouviu o indiciado, que confirmou sua pretensão inicial e todos os fatos descritos pela vítima. Concluído o procedimento, após relatório final, os autos foram encaminhados ao Ministério Público, que ofereceu denúncia em face de Rômulo, no dia 22 de janeiro de 2020, perante o Tribunal do Júri da comarca de Maricá/Rio de Janeiro, imputando-lhe a prática do crime previsto no art. 121, § 2º, inciso VI (feminicídio), com redação dada pela Lei n. 13.104/15, c/c. art. 14, inciso II, todos do Código Penal. A inicial acusatória foi recebida em 24 de janeiro de 2020, sendo o denunciado citado pessoalmente, e juntada Folha de Antecedentes Criminais, em que constava apenas uma outra anotação por ação penal em curso pela suposta prática de crime de furto qualificado. Após regular prosseguimento do feito até aquele momento, foi designada audiência na primeira fase do procedimento do Tribunal do Júri, ocasião em que foram ouvidas a vítima e as testemunhas de acusação e defesa. Todos prestaram declarações que confirmaram efetivamente o ocorrido. Rômulo não compareceu porque não foi intimado, mas seu advogado estava presente e consignou inconformismo com a realização do ato sem a presença do réu. O magistrado, contudo, destacou que designaria nova data para interrogatório e que a defesa técnica estaria presente, não havendo, então, prejuízo. De fato, foi marcada nova data para a realização do interrogatório, ocasião em que Rômulo compareceu e permaneceu em silêncio. Após, as partes apresentaram manifestação, reiterando, a defesa, o inconformismo com a realização da primeira audiência. Os autos foram para conclusão, e foi proferida decisão pronunciando o réu nos termos da denúncia. Pessoalmente intimado, o Ministério Público se manteve inerte. A defesa técnica e Rômulo foram intimados em 10 de março de 2020, uma terça-feira. Considerando apenas as informações expostas, na condição de advogado(a) de Rômulo, apresente a peça jurídica cabível, diferente de *habeas corpus* e embargos de declaração, apresentando todas as teses jurídicas de direito material e direito processual cabíveis. A peça deverá ser datada no último dia do prazo para interposição, considerando que de segunda a sexta-feira são dias úteis em todo o país. (Valor: 5,00).

Obs.: a peça deve abranger todos os fundamentos de Direito que possam ser utilizados para dar respaldo à pretensão. A simples menção ou transcrição do dispositivo legal não confere pontuação.

Excelentíssimo Senhor Juiz de Direito da Vara do Tribunal do Júri da Comarca de Maricá/RJ,

Comentário: o enunciado faz menção expressa à comarca de Maricá, Rio de Janeiro. Por isso, tinha de ser mencionada. Quem endereçou à *Comarca XXX* ou reticências não pontuou. Quanto a chamar o juiz de doutor, não faz a menor diferença. A decisão é sua!

(Salto de linhas)

Comentário: o salto de linhas não é obrigatório. Esteticamente, acho interessante, mas não influencia em sua nota. Como minha caligrafia não é das melhores, se fizesse o Exame de Ordem, saltaria três ou cinco, no máximo. Contudo, como disse: não faz diferença para a nota. Se decidir pelo salto, não exagere. Sei de pessoas que saltaram dez (ou mais) linhas e não tiveram espaço suficiente para elaborar a peça.

Rômulo, já qualificado nos autos, vem, por seu advogado (procuração anexada), interpor Recurso em Sentido Estrito, com fundamento no art. 581, IV, do Código de Processo Penal.

Comentário: sei de alunos que sofrem tentando memorizar quando o cliente tem de ser qualificado. Se for o seu caso, sugestão: faça sempre a qualificação completa. Digo isso porque, se você qualificar, mesmo não tendo necessidade, não haverá prejuízo à nota. É o que ocorre no recurso em sentido estrito, em que não precisa qualificar novamente – mas, se o fizer, tudo bem, não perderá pontos em razão disso. Por outro lado, nas peças em que a qualificação é necessária (ex.: queixa-crime), a omissão poderá causar descontos na pontuação. Quanto à fundamentação, não há problema em falar *CPP* em vez de *Código de Processo Penal*, mas evite. Em todas as edições do Exame de Ordem, soube de, pelo menos, um caso em que alguém trocou *CPP* por *CP* e reprovou. Um pequeno vacilo e toda a prova está perdida.

Requer, previamente, a retratação de Vossa Excelência, nos termos do art. 589 do CPP. Caso Vossa Excelência, no entanto, mantenha a decisão de pronúncia, requer o encaminhamento dos autos ao Tribunal de Justiça do Estado do Rio de Janeiro, com as respectivas razões recursais.

Comentário: em recurso em sentido estrito, sempre peça a retratação, com fundamento no art. 589 do CPP.

Comarca ..., 16 de março de 2020.

Advogado ..., OAB ...

Comentários: (1) como o problema menciona a comarca de Maricá, no Rio de Janeiro, não haveria problema mencioná-la no fechamento da peça. No entanto, em uma prova passada, presenciei o caso de uma aluna que teve a peça zerada em razão disso. A situação é absurda e, certamente, foi um caso isolado – sei que é verdade porque vi com meus próprios olhos, senão, pensaria ser mentira. De qualquer forma, fica a dica: mencione a comarca no endereçamento, mas não no fechamento. Não brinque com a sorte! (2) O recurso em sentido estrito tem prazo de cinco dias para interposição e dois dias para razões. No entanto, essa distinção somente deve ser aplicada quando a interposição ocorrer em um dia e o oferecimento das razões em outro. No Exame de Ordem, você está oferecendo interposição e razões ao mesmo tempo. Portanto, a data na interposição deve ser a mesma das razões.

(Salto de linhas)

Comentário: o edital não exige o salto de linhas. Por isso, é irrelevante para a sua nota o salto de duas, três, cinco linhas. No entanto, por questões estéticas, pode ser interessante um pequeno salto. Um bom exemplo é o que ocorre aqui, entre a interposição e as razões. Para que fique bem claro ao corretor onde acaba uma e começa a outra, salte duas ou três linhas (sugestão). Contudo, evite começar as razões na página seguinte, pois você desperdiçará umas quinze linhas da primeira página. Não há motivo para dedicar uma página apenas para a interposição.

Razões de recurso em sentido estrito

Recorrente: Rômulo.

Recorrido: Ministério Público.

Egrégio Tribunal de Justiça do Estado do Rio de Janeiro,

Colenda Câmara,

Douto Procurador de Justiça,

Comentário: de tudo o que foi dito anteriormente, são pontuados apenas as *razões de recurso em sentido estrito* e o endereçamento ao TJRJ. O restante é firula, que não vale pontos. Além disso, cuidado: a Banca sempre informa o estado da federação em que o processo está correndo. Por esse motivo, tem de endereçar ao TJ específico – no caso, o do Rio de Janeiro.

I. DOS FATOS

De acordo com a denúncia, o recorrente agindo, inicialmente, com vontade de matar, desferiu golpes de faca nas mãos da vítima. No entanto, ficou sensível ao sofrimento da ofendida após as facadas na mão, decidindo deixar o local dos fatos para se acalmar, apesar de ter consciência de que os atos praticados seriam insuficientes para causar a inicialmente pretendida morte.

Designada audiência de instrução, o recorrente não compareceu porque não foi intimado, mas seu advogado estava presente e consignou inconformismo com a realização do ato sem a presença do réu. O magistrado, contudo, destacou que designaria nova data para interrogatório e que a defesa técnica estaria presente, não havendo, então, prejuízo. Os autos foram para conclusão, e foi proferida decisão pronunciando o réu nos termos da denúncia.

Comentários: o edital não exige a divisão da peça em *dos fatos, do direito* e *do pedido*. Todavia, reflita: o examinador corrigirá algumas dezenas de peças, todas, provavelmente, com essa clássica estrutura. Deixe para inovar quando estiver advogando. Na segunda fase, faça como todo mundo, e divida a peça nesses três tópicos. Entretanto, não invista muito tempo no tópico *fatos*. Apenas resuma o enunciado em um ou dois parágrafos. Motivo: a Banca não pontua a descrição dos fatos do problema (sobre a queixa-crime, leia o tópico onde a peça foi tratada). No exemplo, perceba que apenas transcrevi trechos do enunciado, para não perder tempo elaborando uma nova redação. Na segunda fase, não é possível desperdiçar tempo com coisas que não influenciam na nota.

II. DO DIREITO

(a) Da extinção da punibilidade

Preliminarmente, deve ser reconhecida a extinção da punibilidade do agente em relação ao delito imputado na denúncia, em razão da prescrição da pretensão punitiva estatal pela pena em abstrato do crime de homicídio, nos termos do art. 107, inciso IV, do CP.

Isso porque, entre a data do fato e do recebimento da denúncia foi ultrapassado o prazo prescricional do crime de homicídio, que deverá ser computado pela metade considerando a idade do réu na data do fato, nos termos do art. 115 do CP.

Comentários: (1) a Banca erra muito ao corrigir as provas da segunda fase. Por isso, facilite a vida do examinador e divida o tópico *do direito* em subtópicos, um para cada tese. Fazendo dessa forma, você reduzirá a chance de que seja injustamente descontada pontuação de sua nota. (2) Em teses de extinção da punibilidade e nulidade, a Banca tem exigido que seja dito, expressamente, que se trata de tese de natureza preliminar; (3) ao sustentar uma tese, procure falar de todos os pontos a seu respeito: (a) em que consiste; (b) fundamentação legal; e (c) consequência.

(b) Da nulidade da instrução

Também preliminarmente, deve ser reconhecida a nulidade da instrução, tendo em vista que o réu não foi intimado para audiência em que foram ouvidas as testemunhas. O não comparecimento do réu configura violação ao princípio da ampla defesa, nos termos do art. 5.º, inciso LV, da Constituição.

Comentários: (1) quando houver tese de nulidade, faça a leitura do art. 564 do CPP. (2) A resposta acima é a literalidade do que foi pedido pelo gabarito oficial da Banca. Perceba que a redação para justificar o pedido é a redação trazida no enunciado. Por isso, volto a dizer: ao elaborar sua peça, use as palavras do enunciado e da lei como se fossem suas, sem sinônimos.

(c) Da desistência voluntária

Caso Vossas Excelências não entendam pelo provimento do recurso em relação às preliminares anteriormente sustentadas, requer a desclassificação para afastar o reconhecimento de crime doloso contra a vida, nos termos do art. 419 do CPP.

Isso porque houve desistência voluntária, já que Rômulo optou por não prosseguir na empreitada criminosa, nos termos do art. 15 do CP. Portanto, ele deverá responder apenas pelos atos já praticados, qual seja de lesão corporal grave.

Comentário: note que toda a resposta proposta foi copiada de trechos do enunciado e da literalidade do art. 15 do CP. É a melhor forma de garantir o quesito.

(d) Do feminicídio

Subsidiariamente, mantida a decisão de pronúncia, deve ser afastada a qualificadora do feminicídio, prevista no art. 121, § 2.°, VI, do CP, pois se trata de lei penal posterior mais gravosa, não podendo retroagir para alcançar fatos pretéritos, nos termos do art. 5.°, XL, da Constituição Federal, que fundamenta o princípio da irretroatividade da lei penal desfavorável.

Comentários: (1) em um caso real, talvez não fosse interessante discutir eventual pronúncia quando o que se quer é a impronúncia, a absolvição sumária ou a desclassificação. No entanto, no Exame de Ordem, devem ser sustentadas todas as teses favoráveis ao réu. (2) No padrão de respostas, a Banca assim tratou do tema: "cabe ao examinando pugnar pelo afastamento da qualificadora prevista no art. 121, § 2º, inciso VI, do CP". Contudo, em sua prova, jamais fale em *qualificadora prevista no artigo X* ou *atenuante prevista no artigo Y* – no gabarito final, consta, expressamente, a palavra feminicídio. Não fale as coisas pela metade. Seja claro e diga tudo expressamente: *qualificadora do feminicídio, atenuante da menoridade relativa* etc.

III. DO PEDIDO

Diante do exposto, requer seja conhecido e provido o presente recurso para:

a) ser reconhecida a prescrição da pretensão punitiva;

b) anulação da decisão de pronúncia;

c) desclassificação, nos termos do art. 419 do CPP;

d) afastamento da qualificadora do art. 121, § 2.°, inciso VI, do CP.

Comentários: (1) em recurso, sempre peça para que seja *conhecido* e *provido*. Não tente usar outras palavras que podem parecer sinônimas – *reconhecido* em vez de *conhecido*, por exemplo. (2) Nas últimas provas, em recursos, a Banca tem pedido apenas para que o pedido seja concluído com *conhecido e provido*, sem especificar as consequências (ex.: absolvição), como fazia no passado. De qualquer forma, não custa nada trazer essas informações ao elaborar o tópico *do pedido*. (3) Se o réu estiver preso, peça a expedição de alvará de soltura.

Comarca ..., 16 de março de 2020.

Advogado ..., OAB ...

Comentário: não se esqueça da data no último dia de prazo. Vale pouco (0,10), mas pode fazer a diferença em sua aprovação.

ITEM	PONTUAÇÃO
Petição de interposição	
1. Endereçamento: Juízo do Tribunal do Júri da Comarca de Maricá/RJ **(0,10)**.	0,00 / 0,10
2. Fundamento legal: art. 581, inciso IV, do CPP **(0,10)**.	0,00 / 0,10
3. Pedido de exercício do juízo de retratação **(0,30)**, nos termos do art. 589 do CPP **(0,10)**.	0,00 / 0,30 / 0,40
Razões de recurso em sentido estrito	
4. Endereçamento: Tribunal de Justiça do Estado do Rio de Janeiro **(0,10)**.	0,00 / 0,10
5. Pedido de extinção da punibilidade do agente em relação ao delito imputado na denúncia **(0,30)**, em razão da prescrição da pretensão punitiva estatal pela pena em abstrato do crime de homicídio **(0,25)**, nos termos do art. 107, inciso IV, do CP OU 109, inciso I, c/c art. 115, ambos do CP **(0,10)**.	0,00 / 0,25 / 0,30 / 0,35 / 0,40 / 0,55 / 0,65
6. Entre a data do fato e do recebimento da denúncia foi ultrapassado o prazo prescricional aplicável de 10 anos OU entre a data do fato e do recebimento da denúncia foi ultrapassado o prazo prescricional do crime de homicídio, que deverá ser computado pela metade considerando a idade do réu na data do fato **(0,20)**.	0,00 / 0,20
7. Nulidade da pronúncia OU nulidade da instrução **(0,30)**, tendo em vista que o réu não foi intimado para audiência em que foram ouvidas as testemunhas **(0,25)**.	0,00 / 0,25 / 0,30 / 0,55
8. O não comparecimento do réu configura violação ao princípio da ampla defesa **(0,15)**, nos termos do art. 5º, inciso LV, da CRFB **(0,10)**.	0,00 / 0,15 / 0,25
9. Pedido de desclassificação para afastar o reconhecimento de crime doloso contra a vida **(0,40)**, nos termos do art. 419 do CPP **(0,10)**.	0,00 / 0,40 / 0,50
10. Houve desistência voluntária **(0,40)**, já que Rômulo optou por não prosseguir na empreitada criminosa OU já que não ocorreram circunstâncias alheias à vontade do agente **(0,15)**, nos termos do art. 15 do CP **(0,10)**.	0,00 / 0,15 / 0,25 / 0,40 / 0,50 / 0,55 / 0,65
11. Rômulo deverá responder apenas pelos atos já praticados **(0,15)**, qual seja de lesão corporal grave **(0,20)**.	0,00 / 0,15 / 0,20 / 0,35

12. Afastamento da qualificadora do feminicídio (OU do art. 121, § 2º, inciso VI, do CP) **(0,30)**, em razão do princípio da irretroatividade da lei penal desfavorável **(0,25)**, nos termos do art. 5º, inciso XL, da CRFB **(0,10)**.	0,00 / 0,25 / 0,30 / 0,35 / 0,40 / 0,55 / 0,65
Pedidos	
13. Conhecimento **(0,10)** e provimento do recurso **(0,20)**.	0,00 / 0,10 / 0,20 / 0,30
14. Prazo: 16 de março de 2020 **(0,10)**.	0,00 / 0,10
Fechamento	
15. Local, data, advogado e OAB **(0,10)**.	0,00 / 0,10

8.2. XXX Exame de Ordem

Carlos, primário e de bons antecedentes, 45 anos, foi denunciado como incurso nas sanções penais dos arts. 302 da Lei n. 9.503/97, por duas vezes, e 303, do mesmo diploma legal, todos eles em concurso material, porque, de acordo com a denúncia, "no dia 8 de julho de 2017, em São Gonçalo, Rio de Janeiro, na direção de veículo automotor, com imprudência em razão do excesso de velocidade, colidiu com o veículo em que estavam Júlio e Mário, este com 9 anos, provocando lesões que foram a causa eficiente da morte de ambos". Consta, ainda, da inicial acusatória que, "em decorrência da mesma colisão, ficou lesionado Pedro, que passava pelo local com sua bicicleta e foi atingido pelo veículo em alta velocidade de Carlos". As mortes de Júlio e Mário foram atestadas por auto de exame cadavérico, enquanto Pedro foi atendido em hospital público, de onde se retirou, sem ser notado, razão pela qual foi elaborado laudo indireto de corpo de delito com base no boletim de atendimento médico. Pedro nunca compareceu em sede policial para narrar o ocorrido nem ao Instituto Médico Legal, apesar de testemunhas presenciais confirmarem as lesões sofridas. No curso da instrução, foram ouvidas testemunhas presenciais, não sendo Pedro localizado. Em seu interrogatório, Carlos negou estar em excesso de velocidade, esclarecendo que perdeu o controle do carro em razão de um buraco existente na pista. Foi acostado exame pericial realizado nos automóveis e no local, concluindo que, realmente, não houve excesso de velocidade por parte de Carlos e que havia o buraco mencionado na pista. O exame pericial, todavia, apontou que possivelmente haveria imperícia de Carlos na condução do automóvel, o que poderia ter contribuído para o resultado. Após manifestação das partes, o juiz em atuação perante a 3.ª Vara Criminal da Comarca de São Gonçalo/RJ, em 10 de julho de 2019, julgou totalmente procedente a pretensão punitiva do Estado e, apesar de afastar o excesso de velocidade, afirmou ser necessária a condenação de Carlos em razão da imperícia do réu, conforme mencionado no exame pericial. No momento da dosimetria, fixou a pena-base de cada um dos crimes no mínimo legal e, com relação à vítima Mário, na segunda fase, reconheceu a agravante prevista no art. 61, inciso II, alínea *h*, do CP, pelo fato de ser criança, aumentando a pena-base em 3 meses. Não havendo causas de aumento ou diminuição, reconhecido o concurso material, a pena final ficou acomodada em 04 anos e 09 meses de detenção. Não houve substituição da pena privativa de liberdade por restritiva de direitos em razão do *quantum* final, nos termos do art. 44, inciso I, do CP, sendo fixado regime inicial fechado de cumprimento da pena, com fundamento na gravidade em concreto da conduta. O Ministério Público foi intimado e manteve-se inerte. A defesa técnica de Carlos foi intimada em 18 de setembro de 2019, quarta-feira, para adoção das medidas cabíveis. Considerando apenas as informações narradas, na condição de advogado(a) de Carlos, redija a peça jurídica cabível, diferente de *habeas corpus* e embargos de declaração, apresentando todas as teses jurídicas pertinentes. A peça deverá ser datada no último dia do prazo para interposição, considerando que de segunda a sexta-feira são dias úteis em todos os locais do país. (Valor: 5,00)

Obs.: a peça deve abranger todos os fundamentos de Direito que possam ser utilizados para dar respaldo à pretensão. A simples menção ou transcrição do dispositivo legal não confere pontuação.

EXCELENTÍSSIMO SENHOR JUIZ DE DIREITO DA 3.ª VARA CRIMINAL DA COMARCA DE SÃO GONÇALO/RJ,

Comentários: considerando que o enunciado trouxe a vara e a comarca, o examinando tinha de mencioná-las. Quem disse "comarca xxx" ou "comarca ..." não recebeu a pontuação. Só se usa a fórmula genérica ("xxx" ou "...") quando o enunciado não fornece os dados – e, desde sempre, a Banca fornece. Não há atribuição de pontos para o uso de "senhor", "doutor", "excelentíssimo" ou qualquer outra forma de tratamento. Portanto, irrelevante.

(Salto de linhas)

Comentários: apesar de alguns professores falarem em cinco linhas, não existe essa regra no edital. Salte duas, três, cinco... Ou, se não quiser saltar, não salte. Por questões estéticas – o que a banca não pontua –, acho interessante saltar algumas. A peça fica mais bem organizada. No entanto, não exagere, pois pode acabar faltando espaço para elaborar sua peça, o que seria trágico.

Carlos, já qualificado nos autos, vem, por seu advogado, interpor Recurso de Apelação, com fundamento no art. 593, I, do Código de Processo Penal.

Comentários: por existir uma sentença condenatória contra Carlos, tinha de ser interposta apelação. No modelo, utilizo a expressão "recurso de apelação", que é a adotada pela Banca, embora não exista problema em dizer, somente, "apelação". A peça tinha de ser fundamentada no art. 593, I, do CPP. Optei por escrever CPP por extenso, para evitar erros – há relatos de examinandos que, no momento da prova, talvez por nervosismo, disseram "CP".

Requer seja recebido e processado o recurso, com as inclusas razões, e encaminhado ao Tribunal de Justiça do Rio de Janeiro.

Comarca ..., 23 de setembro de 2019.
Advogado, OAB.

Comentários: a princípio, não se deveria mencionar a comarca de São Gonçalo no fechamento, afinal ela foi mencionada no enunciado. No entanto, em uma prova passada, ouvi relatos de alunos que reprovaram por mencionar a cidade do problema no fechamento da peça. Por esse motivo, ao fechar a interposição (ou qualquer outra peça), diga "comarca ..." ou "comarca xxx".

(Salto de linhas ou de página)

Comentários: não recomendo o salto para a página seguinte após a interposição. Geralmente, a interposição e a juntada não têm mais do que quinze linhas. Ao saltar para a página seguinte, você desperdiçará um espaço que poderá faltar ao final, quando for concluir a sua peça. Para não ficar confuso, salte uma ou duas linhas entre a interposição e as razões. O examinador compreenderá onde acaba uma e começa a outra.

Razões de apelação
Recorrente: Carlos.
Recorrido: Ministério Público.

Egrégio Tribunal de Justiça do Estado do Rio de Janeiro,
Colenda Câmara,
Douto Procurador de Justiça,

A sentença condenatória proferida pelo Juiz de Direito da 3.a Vara Criminal da Comarca de São Gonçalo/RJ tem de ser reformada pelas razões a seguir expostas.

Comentários: sempre comece o seu recurso, seja qual for, dizendo *razões do recurso* ou *razões do* (nome do recurso). Ademais, quando o enunciado informar em qual TJ o processo está correndo – e a banca sempre traz essa informação –, você precisa fazer menção expressa. No exemplo, o TJRJ.

1. DOS FATOS

O apelante primário e de bons antecedentes, 45 anos, foi denunciado como incurso nas sanções penais dos arts. 302 da Lei n. 9.503/97, por duas vezes, e 303, do mesmo diploma legal, todos eles em concurso material, porque, de acordo com a denúncia, "no dia 8 de julho de 2017, em São Gonçalo, Rio de Janeiro, na direção de veículo automotor, com imprudência em razão do excesso de velocidade, colidiu com o veículo em que estavam Júlio e Mário, este com 9 anos, provocando lesões que foram a causa eficiente da morte de ambos". Consta, ainda, da inicial acusatória que, "em decorrência da mesma colisão, ficou lesionado Pedro, que passava pelo local com sua bicicleta e foi atingido pelo veículo em alta velocidade de Carlos".

O Juiz de Direito competente fixou a pena-base de cada um dos crimes no mínimo legal e, com relação à vítima Mário, na segunda fase, reconheceu a agravante prevista no art. 61, inciso II, "h", do CP, pelo fato de ser criança, aumentando a pena-base em 3 meses. Não havendo causas de aumento ou diminuição, reconhecido o concurso material, a pena final ficou acomodada em 04 anos e 09 meses de detenção. Não houve substituição da pena privativa de liberdade por restritiva de direitos em razão do "quantum" final, nos termos do art. 44, inciso I, do CP, sendo fixado regime inicial fechado de cumprimento da pena, com fundamento na gravidade em concreto da conduta.

Comentários: no tópico "dos fatos", que nem é exigido pelo edital, mas que deve ser feito por praxe, faça apenas um resumo do enunciado. Não é o momento para sustentar as teses. Como não existe pontuação, quanto mais sucinto, melhor.

2. DO DIREITO

Comentários: o edital não exige a divisão da peça em "dos fatos" e "do direito". Entretanto, reflita: o examinador corrigirá diversas peças, todas com essa clássica divisão de tópicos. Você acha interessante fazer algo que foge do padrão? Lembre-se: a Banca é conhecida por errar na correção da segunda fase. Deixe para inovar em suas peças quando estiver advogando. Além de dividir a peça em tópicos, em "do direito", abra subtópicos: "nulidade", "legítima defesa", "crime impossível" etc.

2.1. DA EXTINÇÃO DA PUNIBILIDADE

Preliminarmente, deve ser declarada a extinção da punibilidade de Carlos no que tange ao crime de lesão corporal praticada na direção de veículo automotor, que teria como vítima Pedro, tendo em vista que não houve representação por parte da vítima, condição essa indispensável para o oferecimento da denúncia por parte do Ministério Público. Por essa razão, deve ser declarada a extinção da punibilidade por decadência, nos termos do art. 107, IV, do CP.

Comentários: (1) ao sustentar as teses, procure sempre usar as palavras do enunciado e da lei, copiadas e coladas. Evite sinônimos. (2) A Banca tem exigido o uso da expressão "preliminarmente" quando sustentadas teses de extinção da punibilidade e de nulidade.

2.2. DA INEXISTÊNCIA DA IMPRUDÊNCIA

No mérito, deve o apelante ser absolvido em relação aos crimes de homicídio culposo, já que comprovado que não houve imprudência e nem excesso de velocidade. Além disso, não poderia o magistrado ter condenado em razão de imperícia, já que esta não foi narrada na denúncia. Não havendo prova da conduta imputada, deve o acusado ser absolvido nos termos do art. 386, inciso VII, do CPP.

Comentários: em virtude dos recorrentes erros de correção, a Banca tem exigido a divisão das teses em "preliminarmente", "no mérito" e em "subsidiariamente". Por essa razão, além de dividir o "do direito" em subtópicos, é importante mencionar a natureza da tese defendida.

2.3. DA DOSIMETRIA DA PENA

Subsidiariamente, se mantida a condenação do apelante, deve ser afastada a agravante do art. 61, inciso II, "h", do CP, tendo em vista que tal agravante somente pode ser aplicada aos crimes dolosos.

Além disso, deve ser afastado o concurso material de crimes para dar lugar ao concurso formal, previsto no art. 70 do Código Penal, em detrimento do art. 69 do CP, hipótese em que haverá a exasperação da pena mais grave, e não a soma das penas aplicadas, pois o réu, com uma única ação, causou mais de um resultado.

Em relação ao regime inicial de cumprimento da pena, deve ser aplicado o regime aberto ou o semiaberto, pois o art. 33, "caput", do Código Penal não admite, em nenhuma hipótese, que seja aplicado regime inicial fechado ao crime punido unicamente com pena de detenção, como ocorre nos crimes culposos da Lei n. 9.503/97, o Código de Trânsito Brasileiro.

Em relação ao regime inicial de cumprimento de pena privativa de liberdade, deve ser afastado o regime inicial fechado, pois não é compatível com a pena aplicada, nos termos do art. 33 do CP.

Por fim, imperioso o reconhecimento ao direito de substituição da pena privativa de liberdade por restritiva de direitos, independentemente do "quantum" de pena aplicada, já que o limite do art. 44, inciso I, do Código Penal aplica-se apenas aos crimes dolosos.

Comentários: os pedidos referentes à imposição da pena são sempre iguais, por isso é muito importante o estudo das provas passadas. Relembre o passo a passo, tratado em vários momentos ao longo deste livro: (a) afastamento de qualificadora e reconhecimento de privilégio; (b) pena-base no mínimo legal; (c) afastamento de agravante e reconhecimento de atenuante; (d) afastamento de causa de aumento e reconhecimento de causa de diminuição de pena; (e) substituição de pena privativa de liberdade por restritiva de direitos; (f) suspensão condicional da pena; (g) regime inicial mais brando.

3. DO PEDIDO

Diante do exposto, deve ser conhecido e provido o recurso.

Comentários: no XVIII Exame de Ordem, a Banca exigiu que o examinando individualizasse os pedidos, como em memoriais. No entanto, nas provas posteriores em que tinha de ser feito algum recurso, o gabarito exigiu apenas o conhecimento e o provimento. No XXX Exame de Ordem, a banca exigiu apenas o conhecimento e provimento.

Comarca ..., 23 de setembro de 2019.

Advogado, OAB.

Comentários: obviamente, a interposição e as razões têm a mesma data, afinal foram oferecidas em uma mesma oportunidade. Não faria sentido trazer datas diversas.

ITEM	PONTUAÇÃO
Petição de interposição	
1. Endereçamento: 3ª Vara Criminal da Comarca de São Gonçalo/RJ **(0,10)**.	0,00 / 0,10

2. Fundamento legal: art. 593, inciso I, do CPP **(0,10)**.	0,00 / 0,10
Razões de recurso de apelação	
3. Endereçamento: Tribunal de Justiça do Estado do Rio de Janeiro **(0,10)**.	0,00 / 0,10
4. Extinção da punibilidade em relação ao crime de lesão corporal **(0,15)**, em razão da decadência **(0,20)**, nos termos do art. 107, IV, do CP OU 38 do CPP **(0,10)**.	0,00 / 0,15 / 0,20 / 0,25 / 0,30 / 0,35 / 0,45
4.1. Não houve representação do ofendido **(0,20)**, sendo que essa seria indispensável OU e o crime era de ação penal pública condicionada à representação **(0,15)**, nos termos do art. 291, § 1º, do CTB OU do art. 88 da Lei n. 9.099/95 **(0,10)**.	0,00 / 0,15 / 0,20 / 0,25 / 0,30 / 0,35 / 0,45
5. Absolvição de Carlos em relação aos crimes de homicídio culposo **(0,30)**, já que comprovado que não houve imprudência e nem excesso de velocidade **(0,20)**.	0,00 / 0,20 / 0,30 / 0,50
5.1. Não poderia o magistrado ter condenado em razão de imperícia **(0,15)**, já que esta não foi narrada na denúncia OU em razão da violação ao princípio da correlação **(0,30)**.	0,00 / 0,15 / 0,30 / 0,45
6. Afastamento da agravante em razão da idade da vítima **(0,30)**, já que tal agravante somente pode ser aplicada aos crimes dolosos OU não pode ser aplicada aos crimes culposos OU sob pena de configuração de responsabilidade penal objetiva **(0,15)**.	0,00 / 0,15 / 0,30 / 0,45
7. Afastamento do concurso material de crimes **(0,25)**, devendo ser reconhecido o concurso formal de delitos **(0,20)**, nos termos do art. 70 do CP **(0,10)**.	0,00 / 0,20 / 0,25 / 0,30 / 0,35 / 0,45 / 0,55
7.1. Com uma única ação o réu causou mais de um resultado **(0,15)**.	0,00 / 0,15
8. Afastamento do regime inicial fechado **(0,30)**, tendo em vista que tal regime inicial não pode ser fixado aos crimes punidos exclusivamente com pena de detenção OU considerando a pena aplicada **(0,15)**, nos termos do art. 33 do CP **(0,10)**.	0,00 / 0,15 / 0,25 / 0,30 / 0,40 / 0,45 / 0,55
9. Possível a substituição da pena privativa de liberdade por restritiva de direitos **(0,30)**, pois o limite do *quantum* de pena do art. 44, I, do CP é aplicável exclusivamente aos crimes dolosos OU porque não existe limite de pena quando o crime for de natureza culposa **(0,25)**.	0,00 / 0,25 / 0,30 / 0,55

Pedidos	
10. Conhecimento **(0,10)** e provimento do recurso **(0,30)**.	0,00 / 0,10 / 0,30 / 0,40
11. Prazo: 23 de setembro de 2019 **(0,10)**.	0,00 / 0,10
Fechamento	
14. Local, data, advogado e OAB **(0,10)**.	0,00 / 0,10

8.3. XXIX Exame de Ordem

Guilherme foi condenado definitivamente pela prática do crime de lesão corporal seguida de morte, sendo-lhe aplicada a pena de 06 anos de reclusão, a ser cumprida em regime inicial fechado, em razão das circunstâncias do fato. Após cumprir 01 ano da pena aplicada, Guilherme foi beneficiado com progressão para o regime semiaberto. Na unidade penitenciária, o apenado trabalhava internamente em busca da remição. Durante o cumprimento da pena nesse regime, veio a ser encontrado escondido em seu colchão um aparelho de telefonia celular. O diretor do estabelecimento penitenciário, ao tomar conhecimento do fato por meio dos agentes penitenciários, de imediato reconheceu na ficha do preso a prática de falta grave, apenas afirmando que a conduta narrada pelos agentes, e que teria sido praticada por Guilherme, se adequava ao art. 50, inciso VII, da Lei n. 7.210/84. O reconhecimento da falta pelo diretor foi comunicado ao Ministério Público, que apresentou promoção ao juízo da Vara de Execuções Penais de São Paulo, juízo este competente, requerendo a perda de benefícios da execução por parte do apenado. O juiz competente, analisando o requerimento do Ministério Público, decidiu que, "considerando a falta grave reconhecida pelo diretor da unidade, impõe-se:

a) a regressão do regime de cumprimento de pena para o fechado;
b) perda da totalidade dos dias remidos;
c) reinício da contagem do prazo de livramento condicional;
d) reinício da contagem do prazo do indulto."

Ao ser intimado do teor da decisão, em 09 de julho de 2019, terça-feira, Guilherme entra em contato, de imediato, com você, na condição de advogado(a), esclarecendo que nunca fora ouvido sobre a aplicação da falta grave, apenas tendo conhecimento de que a Defensoria se manifestou no processo de execução após o requerimento do Ministério Público.

Considerando apenas as informações narradas, na condição de advogado(a) de Guilherme, redija a peça jurídica cabível, diferente de *habeas corpus* e embargos de declaração, apresentando todas as teses jurídicas pertinentes. A peça deverá ser datada no último dia do prazo para interposição, considerando que, em todos os locais do país, de segunda a sexta-feira são dias úteis. (Valor: 5,00)

Obs.: a peça deve abranger todos os fundamentos de Direito que possam ser utilizados para dar respaldo à pretensão. A simples menção ou transcrição do dispositivo legal não confere pontuação.

Excelentíssimo Senhor Juiz de Direito da Vara de Execução Penal da Comarca de São Paulo/SP,

Comentários: o enunciado disse que a decisão partiu do magistrado da Vara de Execução Penal de São Paulo. Logo, a informação tinha de ser mencionada na peça. Quem disse *comarca ...* ou *comarca XXX* não recebeu a pontuação.

Guilherme, já qualificado nos autos, vem, por seu advogado, interpor Agravo em Execução, com fundamento no art. 197 da Lei n. 7.210/84 (Lei de Execução Penal).

Comentários: nas provas anteriores, a Banca exigiu a fundamentação com base na Lei n. 7.210/84. No XXIX Exame de Ordem, a banca flexibilizou e trouxe a expressão *LEP*, que é como todos chamam a Lei de Execução Penal. De qualquer forma, por precaução, em sua prova, cite tanto o número da lei quanto a nomenclatura por todos adotada. Em verdade, ninguém teria a prova zerada em razão disso. De qualquer forma, não custa se precaver.

Requer seja recebido o recurso e procedido o juízo de retratação, com fundamento no art. 589 do Código de Processo Penal. Se mantida a decisão, contudo, pede o encaminhamento do recurso, com as inclusas razões, ao Tribunal de Justiça do Estado de São Paulo.

Comentários: o juízo de retratação sempre é pontuado em agravo em execução. Fiz menção ao art. 589 do CPP por ser o dispositivo que prevê a retratação em recurso em sentido estrito. Como o agravo segue o mesmo procedimento do *RESE*, é a única fundamentação possível. A banca, contudo, não trouxe o artigo no gabarito.

Comarca ..., 15 de julho de 2019.

Advogado, OAB.

Comentários: ainda que o enunciado traga o nome da comarca onde o processo está correndo, prefiro fazer o fechamento da peça com a expressão genérica, prevista em edital: *comarca ...* ou *comarca XXX*.

(Salto de linhas)

Comentários: alguns examinandos optam por saltar para a segunda página de resposta após o fechamento da interposição. Não há problema nisso, mas é uma escolha arriscada. A interposição tem, geralmente, umas quinze linhas. Quando se salta para a segunda página, há o desperdício de metade da página – cada uma tem trinta linhas. Se a peça for extensa, pode faltar espaço para elaborá-la, o que seria trágico.

Razões de Agravo em Execução
Recorrente: Guilherme.
Recorrido: Ministério Público.

Egrégio Tribunal de Justiça do Estado de São Paulo,
Colenda Câmara,
Douto Procurador de Justiça,

A decisão proferida pelo Juiz de Direito da Vara de Execução Penal merece ser reformada, pelas razões de fato e de direito a seguir expostas.

Comentários: seja qual for o recurso, sempre comece falando *razões do recurso* ou *razões do* (nome do recurso). A banca exige no gabarito. De resto, tudo o que foi dito anteriormente não vale pontuação alguma, exceto o endereçamento. Tinha de endereçar as razões ao TJ de São Paulo, pois o estado foi mencionado no enunciado.

I - DOS FATOS

O recorrente foi condenado pela prática do crime de lesão corporal seguida de morte, sendo-lhe aplicada a pena de seis anos de reclusão, a ser cumprida em regime inicial fechado. Cumprido um ano da pena, ele progrediu para o regime semiaberto.

Posteriormente, teria praticado falta grave, quando foi encontrado um telefone celular em seu colchão. O diretor do estabelecimento penitenciário, ao tomar conhecimento do fato por meio dos agentes penitenciários, de imediato reconheceu na ficha do preso a prática de falta grave.

O reconhecimento da falta pelo diretor foi comunicado ao Ministério Público, que apresentou promoção ao juízo da Vara de Execuções Penais de São Paulo, juízo este competente, requerendo a perda de benefícios da execução por parte do apenado. O juiz atendeu o pedido.

Comentários: a banca não pontua os fatos. Portanto, não há motivo para perder muito tempo em sua elaboração. Há um detalhe que merece destaque no enunciado do XXIX Exame de Ordem: como o enunciado diz que o Ministério Público fez um pedido, muitos entenderam que ele teria oferecido o agravo em execução. Por esse motivo, muitos fizeram *contrarrazões de agravo em execução*. No entanto, na sequência, foi dito que o juiz atendeu ao pedido do MP. Logo, cabia ao advogado de Guilherme oferecer o recurso. Cuidado com conclusões precipitadas.

I – DO DIREITO

Comentários: para evitar erros de correção, é interessante dividir o *do direito* em subtópicos. Em recursos, para não esquecer de nenhuma tese, crie um tópico para cada ponto da decisão do juiz. No enunciado, havia quatro: (a) a regressão do regime; (b) perda dos dias remidos; (c) contagem do prazo para o livramento condicional; (d) contagem do prazo do indulto.

a) A REGRESSÃO DO REGIME DE CUMPRIMENTO DE PENA PARA O FECHADO

Como se vê, Excelências, não foi respeitado o procedimento para o reconhecimento da falta grave. Isso porque, para o reconhecimento da prática de falta disciplinar no âmbito da execução penal, é imprescindível a instauração de procedimento administrativo pelo diretor do estabelecimento prisional, assegurado o direito de defesa, a ser realizado por advogado constituído ou defensor público nomeado, conforme a Súmula 533 do STJ.

Destarte, deve ser declarada a invalidade no reconhecimento da prática de falta grave, não sendo possível a regressão para o regime fechado de cumprimento de pena.

Comentários: perceba que sustentei a tese com as palavras da Súmula 533 do STJ, como se fossem minhas. Conforme vimos, a tese deve ser defendida em três pontos: (a) descrição dos fatos; (b) descrição jurídica; (c) consequência da tese. Uma preocupação: no gabarito, a Banca exigiu que fosse dito, expressamente, não ser possível a regressão para o regime fechado. Tinha de ser especificado o regime que se buscava evitar. Não podia apenas dizer, pela metade, *regressão de regime*. Na 2.ª fase, tudo tem de ser explicado nos mínimos detalhes.

b) A PERDA DA TOTALIDADE DOS DIAS REMIDOS

Ademais, não é possível a perda da totalidade dos dias remidos, como decidiu o magistrado. Segundo o art. 127 da Lei n. 7.210/84, a LEP, o juiz poderia decretar, em caso de falta grave, a perda de 1/3 (um terço) dos dias remidos.

Comentários: novamente, utilizei as palavras da lei como se fossem minhas – copiei o que diz o art. 127 da LEP.

c) O REINÍCIO DA CONTAGEM DO PRAZO DE LIVRAMENTO CONDICIONAL

Outro equívoco na decisão é a determinação de reinício da contagem do prazo de livramento condicional, em violação à Súmula 441 do STJ, pois a falta grave não interrompe o prazo para a obtenção do benefício.

d) O REINÍCIO DA CONTAGEM DO PRAZO DO INDULTO

Da mesma forma, não poderia o magistrado ter reiniciado o prazo para a contagem do prazo do indulto. Segundo a Súmula 535 do STJ, a prática de falta grave não interrompe o prazo para fim de comutação de pena ou indulto.

Por não existir previsão em lei para a interrupção do prazo do livramento condicional ou do indulto na hipótese de falta grave, é ilegal a decisão recorrida, pois viola o princípio da legalidade.

Comentários: utilizei as palavras das súmulas para fundamentar as teses. Veja como é importante dizer a consequência das teses: no quesito 9, tinha de ser sustentada a violação ao princípio da legalidade pelo juiz.

III – DO PEDIDO

Diante do exposto, requer seja conhecido e provido o recurso.

Comentários: em recurso, a banca tem exigido apenas os pedidos de conhecimento e provimento do recurso, sem ter de especificar o que está sendo pedido.

Comarca ..., 15 de julho de 2019.

Advogado, OAB.

Comentários: embora o enunciado diga a cidade onde o processo está correndo, prefiro usar a fórmula genérica no fechamento: *comarca* ... ou *comarca XXX*.

ITEM	PONTUAÇÃO
Petição de interposição	
1. Endereçamento: Juízo da Vara de Execução Penal da Comarca de São Paulo/SP **(0,10)**.	0,10

2. Fundamento legal: **art. 197 da LEP (0,10).**	0,10
3. Pedido de retratação pelo juízo *a quo* **(0,30)**.	0,30
Razões de recurso	
4. Endereçamento: Tribunal de Justiça do Estado de São Paulo **(0,10)**.	0,10
5. Invalidade no reconhecimento da prática de falta grave **(0,40)**, não **permitindo a regressão para o regime fechado de cumprimento de pena (0,25).**	0,65
5.1. O reconhecimento de falta grave depende de prévio procedimento administrativo **(0,30)**, garantido o direito de defesa **(0,25)**, conforme a Súmula 533 do STJ **(0,10)**.	0,65
6. **Não é possível a perda da totalidade dos dias remidos (0,50), conforme art. 127 da LEP (0,10).**	0,60
6.1. Ainda que válido o reconhecimento da falta grave, o juiz somente poderia decretar a perda de até 1/3 dos dias remidos **(0,40)**.	0,40
7. A prática de **falta grave não gera o reinício da contagem do prazo do livramento condicional (0,50), nos termos da Súmula 441 do STJ (0,10).**	0,60
8. A prática de falta grave não gera o reinício da contagem do prazo de indulto **(0,50)**, nos termos da Súmula 535 do STJ **(0,10).**	0,60
9. Incabível o reinício da contagem dos prazos do indulto e livramento condicional em razão do princípio da legalidade, que também é aplicável na execução penal **(0,30)**.	0,30
Pedidos	
10. Conhecimento **(0,10)** e provimento do recurso **(0,30).**	0,40
Prazo e fechamento	
11. 15 de julho de 2019 **(0,10)**.	0,10
12. Local, data, advogado e OAB **(0,10)**.	0,10

8.4. **XXVIII Exame de Ordem**

Túlio, nascido em 1.º de janeiro de 1996, primário, começa a namorar Joaquina, jovem que recém-completou 15 anos. Logo após o início do namoro, ainda muito apaixonado, é surpreendido pela informação de que Joaquina estaria grávida de seu ex-namorado, o adolescente João, com quem mantivera relações sexuais. Joaquina demonstra toda a sua preocupação com a reação de seus pais diante desta gravidez quando tão jovem e, em desespero, solicita ajuda de Túlio para realizar um aborto. Diante disso, no dia 3 de janeiro de 2014, em Porto Alegre, Túlio adquire remédio abortivo cuja venda era proibida sem prescrição médica e o entrega para a namorada, que, de imediato, passa a fazer uso dele. Joaquina, então, expele algo não identificado pela vagina, que ela acredita ser o feto. Os pais presenciam os fatos e levam a filha imediatamente ao hospital; em seguida, comparecem à Delegacia e narram o ocorrido. No hospital, foi informado pelos médicos que, na verdade, Joaquina possuía um cisto, mas nunca estivera grávida, e o que fora expelido não era um feto. Após investigação, no dia 20 de janeiro de 2014, Túlio vem a ser denunciado pelo crime do art. 126, *caput*, c/c. o art. 14, inciso II, ambos do Código Penal, perante o juízo do Tribunal do Júri da Comarca de Porto Alegre/RS, não sendo oferecido qualquer instituto despenalizador, apesar do reclamo defensivo. A inicial acusatória foi recebida em 22 de janeiro de 2014. Durante a instrução da primeira fase do procedimento especial, são ouvidas as testemunhas e Joaquina, assim como interrogado o réu, todos confirmando o ocorrido. As partes apresentaram alegações finais orais, e o juiz determinou a conclusão do feito para decisão. Antes de ser proferida decisão, mas após manifestação das partes em alegações finais, foram juntados aos autos o boletim de atendimento médico de Joaquina, no qual consta a informação de que ela não estivera grávida no momento dos fatos, a Folha de Antecedentes Criminais de Túlio sem outras anotações e um exame de corpo de delito, que indicava que o remédio utilizado não causara lesões na adolescente. Com a juntada da documentação, de imediato, sem a adoção de qualquer medida, o magistrado proferiu decisão de pronúncia nos termos da denúncia, sendo publicada na mesma data, qual seja, 18 de junho de 2018, segunda-feira, ocasião em que as partes foram intimadas.

Considerando apenas as informações narradas, na condição de advogado(a) de Túlio, redija a peça jurídica cabível, diferente de *habeas corpus*, apresentando todas as teses jurídicas pertinentes. A peça deverá ser datada no último dia do prazo para interposição, considerando-se que todos os dias de segunda a sexta-feira são úteis em todo o país (Valor: 5,00).

Obs.: a peça deve abranger todos os fundamentos de Direito que possam ser utilizados para dar respaldo à pretensão. A simples menção ou transcrição do dispositivo legal não confere pontuação.

Excelentíssimo Senhor Juiz de Direito do Tribunal do Júri da Comarca de Porto Alegre/RS,

Comentários: o enunciado disse que a decisão partiu do magistrado da Vara do Tribunal do Júri de Porto Alegre/RS. Logo, a informação tinha de ser mencionada na peça. Quem disse *comarca ...* ou *comarca XXX* não recebeu a pontuação.

Túlio, já qualificado nos autos, vem, por seu advogado, interpor Recurso em Sentido Estrito, com fundamento no art. 581, IV, do Código de Processo Penal.

Comentários: não há problema em dizer *CPP*, a forma abreviada de Código de Processo Penal. Apenas tome cuidado para não fazer confusão. Sei de histórias de examinandos que confundiram *CPP* com *CP* e a correção da peça foi prejudicada.

Requer seja recebido o recurso e procedido o juízo de retratação, com fundamento no art. 589 do Código de Processo Penal. Se mantida a decisão, contudo, pede o encaminhamento do recurso, com as inclusas razões, ao Tribunal de Justiça do Estado de São Paulo.

Comentários: o juízo de retratação sempre é pontuado em recurso sem sentido estrito. Não se esqueça do art. 589 do CPP.

Comarca ..., 25 de junho de 2018.
Advogado, OAB.

(Salto de linhas)

Comentários: alguns examinandos optam por saltar para a segunda página de resposta após o fechamento da interposição. Não há problema nisso, mas é uma escolha arriscada. A interposição tem, geralmente, umas quinze linhas. Quando se salta para a segunda página, há o desperdício de metade da página – cada uma tem trinta linhas. Se a peça for extensa, pode faltar espaço para elaborá-la, o que seria trágico.

Razões de Recurso em Sentido Estrito
Recorrente: Túlio.
Recorrido: Ministério Público.

Egrégio Tribunal de Justiça do Estado do Rio Grande do Sul,
Colenda Câmara,
Douto Procurador de Justiça,

A decisão proferida pelo Juiz de Direito da Vara do Tribunal do Júri merece ser reformada, pelas razões de fato e de direito a seguir expostas.

Comentários: seja qual for o recurso, sempre comece falando *razões do recurso* ou *razões do* (nome do recurso). A banca exige no gabarito. De resto, tudo o que foi dito acima não vale pontuação alguma, exceto o endereçamento. Tinha de endereçar as razões ao TJ do Rio Grande do Sul, pois o estado foi mencionado no enunciado.

I – DOS FATOS

No dia 03 de janeiro de 2014, em Porto Alegre, o recorrente teria auxiliado Joaquina na prática de um aborto. A conduta teria se dado por meio de fornecimento de medicamento abortivo. Posteriormente, no hospital, foi descoberto que Joaquina jamais esteve grávida. Em verdade, em seu corpo, havia um cisto.

No entanto, o Ministério Público decidiu denunciá-lo pela prática do crime do art. 126, "caput", c/c. o art. 14, inciso II, ambos do Código Penal, perante o juízo do Tribunal do Júri da Comarca de Porto Alegre/RS, não sendo oferecido qualquer instituto despenalizador, apesar do reclamo defensivo.

A inicial acusatória foi recebida em 22 de janeiro de 2014. Durante a instrução da primeira fase do procedimento especial, são ouvidas as testemunhas e Joaquina, assim como interrogado o réu, todos confirmando o ocorrido. As partes apresentaram alegações finais orais, e o juiz determinou a conclusão do feito para decisão.

Comentários: havia mais informações importantes no enunciado. Todavia, no *dos fatos* não é o momento para sustentá-las. Limite-se ao resumo do problema proposto pela banca.

II – DO DIREITO

a) PRESCRIÇÃO

Portanto, Excelências, está evidente a ocorrência da prescrição da pretensão punitiva, causa de extinção da punibilidade, nos termos do art. 107, IV, do CP.

Isso porque, entre a data do recebimento da denúncia e o da pronúncia, foi ultrapassado o prazo de quatro anos. Houve a redução do prazo prescricional pela metade em razão de o recorrente ter, na época dos fatos, menos de vinte e um anos, como determina o art. 115 do CP.

Comentários: ao sustentar uma tese, não basta a simples menção ao dispositivo de lei que a fundamenta. Você deve explicar: (a) as circunstâncias fáticas; (b) as circunstâncias jurídicas; (c) a consequência do reconhecimento da tese. Veja como a prescrição foi cobrada no gabarito do XXVIII Exame de Ordem:

1) **Circunstâncias fáticas/jurídicas:** a prescrição ocorreu porque, entre a data do recebimento da denúncia e da pronúncia foi ultrapassado o prazo de 4 anos (quesito n. 6).
2) **Consequência:** (...) com consequente extinção da punibilidade.

b) NULIDADES DA PRONÚNCIA

Preliminarmente, deve ser reconhecida a nulidade da decisão de pronúncia em razão do não oferecimento de proposta de suspensão condicional do processo, nos termos do art. 89 da Lei n. 9.099/95, já que a pena mínima do delito imputado é de 1 ano.

Comentários: o enunciado deixou um *gancho* sobre um instituto despenalizador não reconhecido ao recorrente. Naturalmente, como não havia sentença condenatória transitada em julgado, não podia ser algo da execução (progressão, por exemplo). Ademais, não tinha pena fixada, não se podendo falar em substituição da pena (CP, art. 44) ou em suspensão condicional da pena (CP, art. 77). Por eliminação, restou apenas a suspensão condicional do processo, tema muito cobrado na 2.ª fase.

Além disso, ocorreu a nulidade da pronúncia porque o juiz cerceou a defesa, em violação ao princípio da ampla defesa e ao princípio do contraditório, pois proferiu decisão após juntada de documentação, sem dar vista às partes.

Comentários: recordo-me de uma aluna que não sustentou a tese do quesito 7.2 porque não encontrou, no CPP, qual artigo havia sido violado. No final das contas, a Banca não exigiu fundamentação legal, e ela desperdiçou 0,45. Fica a lição: ainda que não saiba como embasar sua tese, não deixe de sustentá-la. Pode acontecer de a banca não exigir menção a qualquer dispositivo de lei.

c) CRIME IMPOSSÍVEL

No mérito, deve o réu ser absolvido sumariamente em razão de o fato evidentemente não constituir crime, nos termos do art. 415, III, do CPP. Isso porque a conduta caracterizou crime impossível, como prevê o art. 17 do CP, pois houve absoluta impropriedade do objeto, tendo em vista que Joaquina não estava grávida quando da ação visando causar aborto.

Comentários: novamente, a banca exigiu a regra dos três pontos de sustentação da tese:

a) **Circunstâncias fáticas:** Joaquina não estava grávida quando da ação visando causar aborto (quesito n. 10).

b) **Circunstâncias jurídicas:** [...] o fato evidentemente não constituir crime, [...] houve absoluta impropriedade do objeto (quesitos n. 8 e 10).

Obs.: bastava utilizar as palavras do art. 17 do CP para alcançar a nota.

c) **Consequência:** absolvição sumária (quesito n. 8).

III – DO PEDIDO

Diante do exposto, requer seja conhecido e provido o recurso.

Comentários: em recurso, a banca tem exigido apenas os pedidos de conhecimento e provimento do recurso, sem ter de especificar o que está sendo pedido.

Comarca ..., 25 de junho de 2018.

Advogado, OAB.

Comentários: embora o enunciado diga a cidade onde o processo está correndo, prefiro usar a fórmula genérica no fechamento: *comarca ...* ou *comarca XXX*.

ITEM	PONTUAÇÃO
Petição de interposição	
1. Endereçamento: Juízo de Direito do Tribunal do Júri da **Comarca de Porto Alegre/RS (0,10).**	0,10
2. Fundamento legal: **art. 581, inciso IV, do CPP (0,10).**	0,10
3. Requerimento do exercício do juízo de retratação **(0,30)**, nos termos do **art. 589 do CPP (0,10).**	0,40
Razões de recurso	
4. **Endereçamento: Tribunal de Justiça do Estado do Rio Grande do Sul (0,10).**	0,10
5. Requerimento de reconhecimento da prescrição da pretensão punitiva do Estado **(0,30)**, com consequente extinção da punibilidade do agente **(0,15)**, nos termos do **art. 107, inciso IV, do CP (0,10).**	0,55
6. A prescrição ocorreu porque, entre a data do recebimento da denúncia e da pronúncia foi ultrapassado o prazo de 4 anos **OU** o prazo de 4 anos foi ultrapassado porque o prazo prescricional deveria ser computado pela metade, já que **o réu era menor de 21 anos (0,15).**	0,15
7. Preliminarmente, nulidade da decisão de pronúncia: **(0,30).**	0,30

7.1. Nulidade em razão do não oferecimento de proposta de suspensão condicional do processo **(0,30)**, nos termos do **art. 89 da Lei n. 9.099 (0,10), já que a pena mínima do delito imputado é de 1 ano (0,15).**	0,55
7.2. Nulidade em razão do cerceamento de defesa **OU** violação ao princípio da ampla defesa **OU** violação ao princípio do contraditório **(0,30)**, já que o juiz proferiu decisão após juntada **de documentação, sem dar vista às partes (0,15).**	0,45
8. No mérito, absolvição sumária **(0,20)** em razão de o fato evidentemente não constituir crime **OU** diante da atipicidade da conduta **(0,25)**, nos termos do **art. 415, III, CPP (0,10).**	0,55
9. A conduta de **Túlio configura crime impossível (0,80), nos termos do art. 17 do CP (0,10).**	0,90
10. Houve absoluta impropriedade do objeto **(0,15)**, tendo em vista que Joaquina não estava grávida quando da ação visando causar aborto **(0,10)**.	0,25
Pedidos	
11. **Conhecimento (0,10) e provimento do recurso (0,30).**	0,40
12. Prazo: 25 de junho de 2018 **(0,10)**.	0,10
Prazo e fechamento	
13. Local, data, advogado e OAB **(0,10)**.	0,10

8.5. XXVII Exame de Ordem

João, 22 anos, no dia 04 de maio de 2018, caminhava com o adolescente Marcelo, cada um deles trazendo consigo uma mochila nas costas. Realizada uma abordagem por policiais, foi constatado que, no interior da mochila de cada um, havia uma certa quantidade de drogas, razão pela qual elas foram, de imediato, encaminhadas para a Delegacia. Realizado laudo de exame de material entorpecente, constatou-se que João trazia 25 g de cocaína, acondicionados em 35 pinos plásticos, enquanto, na mochila do adolescente, foram encontrados 30 g de cocaína, quantidade essa distribuída em 50 pinos. Após a oitiva das testemunhas em sede policial, da juntada do laudo e da oitiva do adolescente e de João, que permaneceram em silêncio com relação aos fatos, foram lavrados o auto de prisão em flagrante em desfavor do imputável e o auto de apreensão em desfavor do adolescente. Toda a documentação foi encaminhada aos Promotores de Justiça com atribuição. O Promotor de Justiça, junto à 1.ª Vara Criminal de Maceió/AL, órgão competente, ofereceu denúncia em face de João, imputando-lhe a prática dos crimes previstos nos arts. 33 e 35, ambos com a causa de aumento do art. 40, inciso VI, todos da Lei n. 11.343/2006. Foi concedida a liberdade provisória ao denunciado, aplicando-se as medidas cautelares alternativas. Após a notificação, a apresentação de resposta prévia e o recebimento da denúncia e da citação, foi designada a audiência de instrução e julgamento, ocasião em que foram ouvidas as testemunhas de acusação. Estas confirmaram a apreensão de drogas em poder de Marcelo e João, bem como que eles estariam juntos, esclarecendo que não se conheciam anteriormente e nem tinham informações pretéritas sobre o adolescente e o denunciado. O adolescente, ouvido, disse que conhecera João no dia anterior ao de sua apreensão e que nunca o tinha visto antes vendendo drogas. Em seguida à oitiva das testemunhas de acusação e defesa, foi realizado o interrogatório do acusado, sendo que nenhuma das partes questionou o momento em que este foi realizado. Na ocasião, João confirmou que o material que ele e Marcelo traziam seria destinado à ilícita comercialização. Ele ainda esclareceu que conhecera o adolescente no dia anterior, que era a primeira vez que venderia drogas e que tinha a intenção de praticar o ato junto com o adolescente somente aquela vez, com o objetivo de conseguir dinheiro para comprar uma moto. Foi acostado o laudo de exame definitivo de material entorpecente confirmando o laudo preliminar e a Folha de Antecedentes Criminais de João, onde constava uma anotação referente a crime de furto, ainda pendente de julgamento. O juiz, após a devida manifestação das partes, proferiu sentença julgando parcialmente procedente a pretensão punitiva estatal. Em um primeiro momento, absolveu o acusado do crime de associação para o tráfico por insuficiência probatória. Em seguida, condenou o réu pela prática do crime de tráfico de drogas, ressaltando que o réu confirmou a destinação das drogas à ilícita comercialização. No momento de aplicar a pena, fixou a pena-base no mínimo legal, reconhecendo a existência da atenuante da confissão espontânea; aumentou a pena em razão da causa de aumento do art. 40, inciso VI, da Lei n. 11.343/2006 e aplicou a causa de diminuição de pena do art. 33, § 4.º, da Lei n. 11.343/2006, restando a pena final em 1 ano, 11 meses e 10 dias de reclusão e 195 dias multa, a ser cumprida em regime inicial aberto. Entendeu o magistrado pela substituição da pena privativa de liberdade por duas restritivas de direitos. O Ministério Público, ao ser intimado pessoalmente em 22 de outubro de 2018, apresentou o recurso cabível, em 25 de outubro de 2018, acompanhado das respectivas razões recursais, requerendo:

a) nulidade da instrução, porque o interrogatório não foi o primeiro ato, como prevê a Lei n. 11.343/2006;
b) condenação do réu pelo crime de associação para o tráfico, já que ele estaria agindo em comunhão de ações e desígnios com o adolescente no momento da prisão, e o art. 35 da Lei n. 11.343/2006 fala em "reiteradamente ou não";
c) aumento da pena-base em relação ao crime de tráfico diante das consequências graves que vem causando para a saúde pública e a sociedade brasileira;
d) afastamento da atenuante da confissão, já que ela teria sido parcial;

e) afastamento da causa de diminuição do art. 33, § 4.º, da Lei n. 11.343/2006, independentemente da condenação pelo crime do art. 35 da Lei n. 11.343/2006, considerando que o réu seria portador de maus antecedentes, já que responde a ação penal em que se imputa a prática do crime de furto;
f) aplicação do regime inicial fechado, diante da natureza hedionda do delito de tráfico;
g) afastamento da substituição da pena privativa de liberdade por restritiva de direitos, diante da vedação legal do art. 33, § 4.º, da Lei n. 11.343/2006.

Já o acusado e a defesa técnica, intimados do teor da sentença, mantiveram-se inertes, não demonstrando interesse em questioná-la. O magistrado, então, recebeu o recurso do Ministério Público e intimou, no dia 05 de novembro de 2018 (segunda-feira), sendo terça-feira dia útil em todo o país, você, advogado(a) de João, a apresentar a medida cabível.

Com base nas informações expostas na situação hipotética e naquelas que podem ser inferidas do caso concreto, redija a peça cabível, excluídas as possibilidades de *habeas corpus* e embargos de declaração, no último dia do prazo, sustentando todas as teses jurídicas pertinentes. (Valor: 5,00)

Obs.: a peça deve abranger todos os fundamentos de Direito que possam ser utilizados para dar respaldo à pretensão. A simples menção ou transcrição do dispositivo legal não confere pontuação.

Excelentíssimo Senhor Juiz de Direito da 1.ª Vara Criminal da Comarca de Maceió/AL,

Comentários: o enunciado disse que a decisão partiu do magistrado da 1.ª Vara Criminal da Comarca de Maceió/AL. Logo, a informação tinha de ser mencionada na peça. Quem disse *comarca ...* ou *comarca XXX* não recebeu a pontuação.

João, já qualificado nos autos, vem, por seu advogado, requerer a juntada das Contrarrazões de Apelação, com fundamento no art. 600 do CPP.

Requer sejam recebidas e processadas as razões anexadas e encaminhadas ao Tribunal de Justiça do Estado de Alagoas.

Comentários: no tópico *3.3.3 Juntada ou interposição?*, expliquei a celeuma a respeito das duas peças, por isso não tem motivo para voltar ao assunto. Quanto à nomenclatura da peça, a expressão *contrarrazões* não existe no CPP. A Banca, portanto, aceita tanto as *contrarrazões* quanto as *razões do apelado,* como consta no art. 600 do CPP. Cuidado: jamais fundamente suas contrarrazões no art. 593 do CPP.

Comarca ..., 13 de novembro de 2018.

Advogado, OAB.

Comentários: embora o enunciado tenha trazido a comarca onde o processo está correndo, prefiro fechar a peça com a fórmula genérica, como manda o edital. Além disso, após a juntada, alguns preferem pular para a segunda página de resposta. Não acho uma boa decisão, pois há desperdício de muitas linhas. Geralmente, uma petição de juntada não tem mais do que quinze linhas (das trinta de cada página). Pode acabar faltando espaço para a elaboração da peça.

Contrarrazões de Apelação
Apelante: Ministério Público.
Apelado: João.

Egrégio Tribunal de Justiça de Alagoas,
Colenda Câmara,
Douto Procurador de Justiça,

O recurso de apelação interposto pelo Ministério Público não merece prosperar, devendo ser mantida, integralmente, a decisão proferida pelo Juiz de Direito da 1.ª Vara Criminal da Comarca de Maceió/AL.

Comentários: inicie a peça sempre dizendo *contrarrazões de apelação* ou *razões do apelado*. Se, por força do hábito, tiver dito que o apelante foi o réu, não se preocupe. De tudo o que foi dito acima, o gabarito exigiu, apenas, o nome da peça e o endereçamento ao TJ/AL. O restante não tem a menor importância.

I – DOS FATOS

No dia 4 de maio de 2018, o recorrido foi preso em flagrante por ter, em sua mochila, 25 g de cocaína, acondicionados em 35 pinos plásticos. Após o regular trâmite processual, o Juiz de Direito da 1.ª Vara Criminal de Maceió/AL o condenou pela prática do crime de tráfico de drogas, ressaltando que o réu confirmou a destinação das drogas à ilícita comercialização. No momento de aplicar a pena, fixou a pena-base no mínimo legal, reconhecendo a existência da atenuante da confissão espontânea; aumentou a pena em razão da causa de aumento do art. 40, inciso VI, da Lei n. 11.343/2006 e aplicou a causa de diminuição de pena do art. 33, § 4.º, da Lei n. 11.343/2006, restando a pena final em 1 ano, 11 meses e 10 dias de reclusão e 195 dias multa, a ser cumprida em regime inicial aberto. Entendeu o magistrado pela substituição da pena privativa de liberdade por duas restritivas de direitos. O Ministério Público, ao ser intimado pessoalmente em 22 de outubro de 2018, apresentou o recurso cabível, em 25 de outubro de 2018.

Comentários: por não valer pontuação, no tópico *dos fatos*, o ideal é apenas resumir o enunciado da prova. Não é o momento para sustentar teses. No exemplo anterior, acho até que falei demais. Na 2.ª fase, não podemos perder tempo com coisas que não valem pontos.

II – DO DIREITO

Comentários: as contrarrazões estão entre as peças mais fáceis da prática penal. Em um primeiro momento, como tese preliminar, temos de avaliar a regularidade do recurso oferecido pela outra parte – se é tempestivo, por exemplo. Em seguida, temos apenas de *rebater*, ponto a ponto, o que a outra parte pediu.

a) NULIDADE DA INSTRUÇÃO

O apelante sustenta que a nulidade do interrogatório por não ter sido o primeiro ato realizado em audiência, como determina a Lei n. 11.343/2006. No entanto, a reflexão não merece prosperar. Primeiro, pelo fato de que o apelante não a alegou no momento adequado, tendo havido a preclusão. Ademais, por se tratar de instrumento de defesa, e por não ter causado prejuízo ao réu, não houve nulidade no fato de o interrogatório ter sido o último ato da instrução.

Comentários: de fato, o art. 57 da Lei n. 11.343/2006 prevê o interrogatório como primeiro ato da audiência. O objetivo do dispositivo é inviabilizar a defesa – sendo o primeiro a falar, sem ouvir as testemunhas, o réu não consegue exercer o contraditório em sua plenitude. Por esse motivo, já há algum tempo, STF e STJ entendem pelo afastamento da regra especial, devendo ser aplicado o que manda o art. 400 do CPP. Ou seja, o réu é o último a falar. Todavia, a Banca não pode exigir julgados do examinando na 2.ª fase, afinal não estão no vade-mécum, única fonte de pesquisa na prova. Por esse motivo, bastava dizer que o MP estava errado e que não havia problema no interrogatório ao final, sem ter de fundamentar.

b) CONDENAÇÃO DO APELADO PELO CRIME DO ART. 35 DA LEI N. 11.343/2006

O apelante pede a reforma da sentença em relação à absolvição do réu pelo crime de associação para o tráfico, do art. 35 da Lei n. 11.343/2006. Entretanto, ela deve ser mantida, pois não restou provada situação de permanência e estabilidade entre o adolescente e o acusado.

Comentários: novamente, a banca não exigiu do candidato a fundamentação para o que estava sendo dito. Bastava dizer que o apelante estava errado, com base nas palavras do juiz sentenciante.

c) AUMENTO DA PENA-BASE

Outro ponto sustentado pelo apelante é a necessidade de aumento da pena-base em razão da gravidade em abstrato do delito de tráfico de drogas. Mais uma vez, o apelo não merece ser acolhido. Ao fixar a pena-base, o juiz tem de levar em consideração a gravidade em concreto do delito. Logo, deve ser mantida a pena-base no mínimo legal, como fixado em sentença.

Comentários: a essa altura, você já deve ter percebido que o vade-mécum não teve muita utilidade para quem fez o XXVI Exame de Ordem. Tudo se resumiu a dizer que o promotor estava errado e pedir para que a sentença fosse mantida.

d) ATENUANTE DA CONFISSÃO

O apelante pede o afastamento da atenuante da confissão espontânea em razão de ter sido parcial a confissão. Todavia, não merece prosperar seu posicionamento. Isso porque, quando a confissão for utilizada para a formação do convencimento do julgador, o réu fará jus à atenuante prevista no art. 65, III, d, do CP, conforme a Súmula 545 do STJ. Destarte, deve ser mantida a sentença condenatória.

Comentários: veja que utilizei as palavras da Súmula 535 do STJ como se fossem minhas. É a melhor forma para assegurar a pontuação do quesito.

e) CAUSA DE DIMINUIÇÃO DO ART. 33, § 4.°, DA LEI N. 11.343/2006

O recorrente pede, ainda, o afastamento da causa de diminuição do art. 33, § 4.°, da Lei n. 11.343/2006. Mais uma vez, o pedido não pode ser acolhido, devendo ser mantida a sentença condenatória, em seus termos atuais. O fato de o réu responder à ação penal por crime de furto não justifica o reconhecimento de maus antecedentes, nos termos da Súmula 444 do STJ.

f) REGIME INICIAL FECHADO

O Ministério Público entende pela necessidade do regime inicial fechado para o cumprimento da pena, por se tratar de delito equiparado a hediondo. Todavia, o STF entendeu pela inconstitucionalidade do disposto no art. 2.°, § 1.°, da Lei n. 8.072/90. Por essa razão, deve ser mantida a sentença condenatória, que fixou o regime inicial aberto.

Comentários: um dos raros momentos em que a banca exigiu conhecimento da jurisprudência. Contudo, ela já tinha pedido esse posicionamento do STF em provas passadas. Quem havia estudado as anteriores não teve qualquer dificuldade.

g) SUBSTITUIÇÃO DA PENA PRIVATIVA DE LIBERDADE

Por derradeiro, o apelante entende, em seu recurso, pela impossibilidade da substituição da pena privativa de liberdade por restritivas de direitos, com base no disposto no art. 33, § 4.°, da Lei n. 11.343/2006. Ocorre que a vedação prevista neste dispositivo foi declarada inconstitucional pelo STF.

Comentários: outra tese embasada em pronunciamento do STF. No entanto, por existir até resolução do Senado Federal suspendendo a vedação – em seu vade-mécum, o trecho do texto que proíbe a substituição deve estar riscado –, não era necessário conhecer a jurisprudência da Corte.

III – DO PEDIDO

Diante do exposto, requer o não provimento do recurso, para que seja mantida a sentença.

Comentários: perdi as contas de quantos dos meus alunos pediram o *conhecimento* e o *provimento.* É natural, após semanas fazendo interposição de apelação. Fique atento! Ademais, caso esteja se questionando o porquê de o gabarito não ter pedido o *não conhecimento,* é simples: não havia tese para a rejeição do recurso (ex.: intempestividade). Por esse motivo, tinha de ser pedido apenas o *não provimento* ou a *manutenção da sentença* recorrida.

Comarca ..., 13 de novembro de 2018.

Advogado, OAB.

ITEM	PONTUAÇÃO
Petição de juntada	
1. Endereçamento: 1.ª Vara Criminal da Comarca de Maceió/AL **(0,10).**	0,10
2. **Fundamento legal: art. 600 do CPP (0,10).**	0,10
Razões do Apelado ou Contrarrazões de Apelação	

3. Endereçamento: Tribunal de Justiça do Estado de Alagoas **(0,10)**.	0,10
4. Afastamento da nulidade requerida **(0,20)**, considerando que não foi arguida em **momento adequado (0,15)**.	0,35
5. O interrogatório, como instrumento de defesa, poderá ser realizado como último ato da instrução **OU** o procedimento da Lei n. **11.343/2006 deve se adequar àquele previsto no CPP (0,25)**.	0,25
6. Manutenção da absolvição em **relação a crime de associação para o tráfico (0,20), tendo em vista que não restou provada situação de permanência/estabilidade entre o adolescente e o acusado (0,40).**	0,60
7. Manutenção da **pena-base no mínimo legal (0,20), uma vez que o argumento utilizado pelo Ministério Público considera a gravidade em abstrato do delito OU tendo em vista que haveria *bis in idem* no aumento da pena em razão de violação ao bem jurídico protegido pela norma (0,40).**	0,60
8. Manutenção do reconhecimento da atenuante da confissão **espontânea (0,20), considerando que foi a confissão utilizada como argumento/ para formação da convicção do juiz (0,35), nos termos da Súmula 545 do STJ (0,10).**	0,65
9. Manutenção do reconhecimento da causa de diminuição do **art. 33, § 4.º, da Lei n. 11.343 (0,15), eis que o fato de o réu responder à ação penal por crime de furto não justifica o reconhecimento de maus antecedentes (0,35), nos termos da Súmula 444 do STJ, por analogia OU conforme o art. 5.º, LVII, da CRFB/88 (princípio da não culpabilidade ou da presunção de inocência) (0,10).**	0,60
10. Afastamento do pedido de aplicação do regime inicial fechado **(0,20)**, pois o crime de tráfico privilegiado não é considerando hediondo pelo STF **OU** porque é inconstitucional a previsão do **art. 2.º, § 1.º, da Lei n. 8.072/90 de aplicação obrigatória do regime inicial fechado aos crimes hediondos (0,40).**	0,60
11. Manutenção da substituição da pena privativa de liberdade por restritiva de direitos **(0,20)**, já que a vedação em abstrato viola o princípio da **individualização da pena OU porque o STF declarou a inconstitucionalidade da vedação trazida pelo art. 33, § 4.º, da Lei n. 11.343/2006 OU porque a Resolução 05 do Senado suspendeu a eficácia da expressão que vedava a substituição (0,40).**	0,60

Pedido	
12. **Não provimento do recurso OU manutenção da sentença (0,25).**	0,25
13. Prazo: 13 de novembro de 2018 **(0,10)**.	0,10
Fechamento	
14. Local, data, advogado e OAB **(0,10)**.	0,10

8.6. XXVI Exame de Ordem

Em 03 de outubro de 2016, na cidade de Campos, no estado do Rio de Janeiro, Lauro, 33 anos, que é obcecado por Maria, estagiária de uma outra empresa que está situada no mesmo prédio em que fica o seu local de trabalho, não mais aceitando a rejeição dela, decidiu que a obrigaria a manter relações sexuais com ele, independentemente da sua concordância. Confiante em sua decisão, resolveu adquirir arma de fogo de uso permitido, considerando que tinha autorização para tanto, e a registrou, tornando-a regular. Precisando que alguém o substituísse no local do trabalho no dia do crime, narrou sua intenção criminosa para José, melhor amigo com quem trabalha, assegurando-lhe que comprou a arma exclusivamente para ameaçar Maria a manter com ele conjunção carnal, mas que não a lesionaria de forma alguma. Ainda esclareceu a José que alugara um quarto em um hotel e comprara uma mordaça para evitar que Maria gritasse e os fatos fossem descobertos. Quando Lauro saía de casa, em seu carro, para encontrar Maria, foi surpreendido por viatura da Polícia Militar, que havia sido alertada por José sobre o crime prestes a acontecer, sendo efetuada a prisão de Lauro em flagrante. Em sede policial, Maria foi ouvida, afirmando, apesar de não apresentar documentos, que tinha 17 anos e que Lauro sempre manteve comportamento estranho com ela, razão pela qual tinha interesse em ver o autor dos fatos responsabilizado criminalmente. Após receber os autos e considerando que o detido possuía autorização para portar arma de fogo, o Ministério Público denunciou Lauro apenas pela prática do crime de estupro qualificado, previsto no art. 213, § 1.º c/c art. 14, inciso II, c/c art. 61, inciso II, *f*, todos do Código Penal. O processo teve regular prosseguimento, mas, em razão da demora para realização da instrução, Lauro foi colocado em liberdade. Na audiência de instrução e julgamento, a vítima Maria foi ouvida, confirmou suas declarações em sede policial, disse que tinha 17 anos, apesar de ter esquecido seu documento de identificação para confirmar, apenas apresentando cópia de sua matrícula escolar, sem indicar data de nascimento, para demonstrar que, de fato, era Maria. José foi ouvido e também confirmou os fatos narrados na denúncia, assim como os policiais. O réu não estava presente na audiência por não ter sido intimado e, apesar de seu advogado ter-se mostrado inconformado com tal fato, o ato foi realizado, porque o interrogatório seria feito em outra data. Na segunda audiência, Lauro foi ouvido, confirmando integralmente os fatos narrados na denúncia, mas demonstrou não ter conhecimento sobre as declarações das testemunhas e da vítima na primeira audiência. Na mesma ocasião, foi, ainda, juntado o laudo de exame do material apreendido, o laudo da arma de fogo demonstrando o potencial lesivo e a Folha de Antecedentes Criminais, sem outras anotações. Encaminhados os autos para o Ministério Público, foi apresentada manifestação requerendo condenação nos termos da denúncia. Em seguida, a defesa técnica de Lauro foi intimada, em 04 de setembro de 2018, terça-feira, sendo quarta-feira dia útil em todo o país, para apresentação da medida cabível.

Considerando apenas as informações narradas, na condição de advogado(a) de Lauro, redija a peça jurídica cabível, diferente de *habeas corpus*, apresentando todas as teses jurídicas pertinentes. A peça deverá ser datada do último dia do prazo para interposição. (Valor: 5,00)

Obs.: a peça deve abranger todos os fundamentos de Direito que possam ser utilizados para dar respaldo à pretensão. A simples menção ou transcrição do dispositivo legal não confere pontuação.

Excelentíssimo Senhor Juiz de Direito da Vara Criminal da Comarca de Campos/RJ,

Comentários: o enunciado disse que o processo correu na *Vara Criminal da Comarca de Campos/RJ*, por isso tinha de haver menção expressa à comarca no endereçamento.

Lauro, já qualificado nos autos, vem, por seu advogado, oferecer Alegações Finais por Memoriais, com fundamento no art. 403, § 3.°, do CPP, pelas razões a seguir expostas:

Comentários: não há problema em dizer, apenas, *memoriais*. No entanto, como a Banca sempre fala em *alegações finais por memoriais*, prefiro adotar esta expressão. Quanto à fundamentação, cuidado com duas situações:

1.ª) Se o processo estiver correndo em um rito processual especial, além da fundamentação dos memoriais, mencione o art. 394, § 5.º, do CPP (ex.: art. 403, § 3.º, do CPP c/c art. 394, § 5.º, do CPP).

2.ª) Se tiver havido a realização de alguma diligência ao final da audiência, os memoriais devem ser fundamentados no art. 404, parágrafo único, do CPP.

I – DOS FATOS

No dia 3 de outubro de 2016, o réu foi preso em flagrante quando estava em atos preparatórios para a prática do crime de estupro contra a vítima Maria. Com ele, foi encontrada arma de fogo devidamente registrada, em situação regular.

Ouvida, a vítima disse ter dezessete anos, mas não juntado documento comprobatório da sua idade. Em juízo, o réu confessou que, de fato, estava praticando atos preparatórios com o objetivo de prática do delito de estupro.

O Ministério Público o denunciou pela prática do crime de estupro qualificado, previsto no art. 213, § 1.° c/c art. 14, inciso II, c/c art. 61, inciso II, f, todos do Código Penal. O réu não esteve presente na primeira audiência por não ter sido intimado.

Comentários: por não ser o momento para sustentar as teses, basta, no tópico *dos fatos*, um resumo do enunciado. Não é o local para dizer que o juiz errou ou que o pedido do MP não faz sentido. Guarde suas armas para o *do direito*.

II – DO DIREITO

a) NULIDADE DO PROCESSO

Preliminarmente, deve ser reconhecida a nulidade dos atos da instrução. Isso porque o réu não foi intimado para a realização da audiência de instrução em julgamento, causando cerceamento de defesa, nos termos do art. 5.°, LV, da Constituição Federal.

Comentários: a Banca erra muito na correção da prova, por isso, o edital tem trazido mais e mais medidas que facilitem a vida de quem a corrigirá. Uma delas é a exigência de início das teses em *preliminarmente*, *do mérito* e *subsidiariamente*. Veja que o gabarito trouxe os três pontos de sustentação de teses: (a) circunstância fática (a falta de intimação para a audiência); (b) circunstância jurídica (desrespeito ao contraditório); (c) consequência da tese (nulidade da instrução).

b) CONDUTA NÃO PUNÍVEL

No mérito, o réu deve ser absolvido pela prática do delito de estupro. Isso porque não foram iniciados os atos executórios do delito, sendo certo que os atos preparatórios são impuníveis.

Comentários: a banca não exigiu qualquer fundamentação. Bastava dizer que os atos preparatórios não são punidos, com a consequente absolvição. Reforça o que foi dito em outros modelos de peça: quando não souber como fundamentar uma tese, sustente-a, afinal pode acontecer de o gabarito não exigir.

c) QUALIFICADORA

Subsidiariamente, em caso de condenação, deve ser afastada a qualificadora do art. 213, § 1.°, do CP, pois não há prova de que a vítima tinha, na época dos fatos, dezessete anos.

Comentários: a partir daqui os pedidos são sempre os mesmos, como vimos no tópico *5.4. Memoriais (rito comum)*: afastamento de qualificadora, agravante e causa de aumento e reconhecimento de privilégio, atenuante e causa de diminuição. Ademais, substituição da pena privativa de liberdade por restritivas de direitos, suspensão condicional da pena e regime inicial de pena também devem ser objetos de análise. A primeira tese subsidiária era a de afastamento da qualificadora, pois ficou bem claro no enunciado que a idade da vítima não foi provada.

d) PENA-BASE

Ademais, deve a pena-base ser fixada no mínimo legal. Isso porque as circunstâncias judiciais do art. 59 do CP são favoráveis.

e) AGRAVANTE

Deve ser afastada a agravante do art. 61, II, f, do CP, pois o crime não foi praticado em situação de violência doméstica, familiar ou de coabitação contra mulher.

f) ATENUANTE

Por ter confessado a autoria do delito, o réu faz jus à atenuante da confissão espontânea, nos termos do art. 65, III, d, do CP.

Comentários: muitos examinandos perdem pontuação nas agravantes e atenuantes por fazerem referências do tipo: *o réu tem direito à atenuante do art. 65, I, do CP,* sem dizer em que consiste a atenuante. Lembre-se: nunca diga as coisas pela metade. Se for sustentar algo, diga: *faz jus à atenuante da confissão espontânea, do art. 65, I,* f, *do CP.*

g) REDUÇÃO DO QUANTUM MÁXIMO PELA TENTATIVA

Quanto à tentativa, a pena deve ser diminuída ao máximo, em dois terços, por ter o agente ficado distante da consumação do delito de estupro, nos termos do art. 14, II, parágrafo único, do CP.

Comentários: a tentativa é causa de diminuição de pena, a ser aplicada na terceira fase da dosimetria da pena. Há uma variação, entre 1/3 e 2/3. Para decidir em quanto a pena deve ser diminuída, o juiz leva em consideração o quanto o agente se aproximou da consumação da infração penal. No caso desta peça, a prisão em flagrante ocorreu quando estava praticando os atos preparatórios. Portanto, ficou muito longe da consumação, devendo ser a pena diminuída ao máximo.

h) SUSPENSÃO CONDICIONAL DA PENA

Com base no disposto no art. 77 do CP, o réu tem direito à suspensão condicional da pena, pois atendidos os requisitos legais.

Comentários: como o modelo é elaborado com base no gabarito oficial, não me aprofundei na sustentação da suspensão condicional da pena. De qualquer forma, é sempre interessante dizer quais são os requisitos legais para a concessão do benefício, pois a banca pode pontuar.

i) REGIME INICIAL

Considerando a pena mínima a ser aplicada, o regime inicial de cumprimento de pena deve ser o aberto, com fundamento no art. 33, § 2.°, c, do CP.

Comentários: para decidir qual regime deve ser pedido, leve em consideração que todas as teses sustentadas serão atendidas. Pedimos o afastamento da qualificadora, fazendo com que a pena mínima caia de 8 para 6 anos. Foi requerida a pena-base no mínimo legal. A atenuante não pode fazer que a pena fique abaixo do mínimo, mantendo nosso cálculo em 6 anos. Por fim, na tentativa, sustentamos a diminuição ao máximo, em dois terços – seis anos menos dois terços totalizam dois anos. Com base no art. 33, § 2.º, *c*, do CP, o regime a ser imposto é o aberto. A Banca acabou aceitando duas respostas: os regimes aberto e semiaberto. Curiosamente, não foi pedida a inconstitucionalidade do regime inicial fechado para os hediondos.

III – DOS PEDIDOS

Diante do exposto, requer:

(a) A nulidade dos atos de instrução;

(b) A absolvição do réu, nos termos do art. 386, III, do CPP;

(c) O afastamento da qualificadora do art. 213, § 1.°, do CP;

(d) A aplicação da pena-base no mínimo legal;

(e) O reconhecimento da atenuante da confissão espontânea;

(f) O afastamento da agravante do art. 61, II, "f", do CP;

(g) A redução ao máximo da diminuição da pena pela tentativa;

(h) A suspensão condicional da penal;

(i) A aplicação do regime inicial aberto.

Comentários: em memoriais, no *do pedido*, basta repetir, tópico a tópico, o que foi dito no *do direito*. A banca pontua tudo em duplicidade.

Comarca ..., 10 de setembro de 2018.

Advogado, OAB.

Comentários: apesar de o enunciado mencionar a comarca onde o processo correu, prefiro o fechamento padrão – *comarca ...* ou *comarca XXX*.

ITEM	PONTUAÇÃO
Endereçamento	
1. Vara Criminal da Comarca de Campos/RJ **(0,10)**.	0,10
Cabimento	
2. Fundamento legal para apresentação de Alegações Finais por Memoriais: **art. 403, § 3.º do CPP (0,10).**	0,10
Fundamentação	
3. Preliminarmente, reconhecimento da nulidade dos atos da instrução **(0,20)**.	0,20
4. A nulidade decorre da **ausência de intimação do réu para realização da audiência de instrução e julgamento (0,40), o que representa cerceamento de defesa OU configurando violação ao princípio da ampla defesa (0,15), nos termos do art. 5.º, LV, CRFB/88 OU art. 564, IV, do CPP (0,10).**	0,65
5. No mérito, absolvição de Lauro **(0,30)**.	0,30
6. Não foram iniciados atos executórios do crime de estupro **(0,60)**, sendo certo que os atos preparatórios são impuníveis **(0,20)**.	0,80
7. Subsidiariamente, afastar a qualificadora pois não há prova n**os autos da idade da vítima (0,50), nos termos do art. 213, § 1.º, do CP (0,10).**	0,60
8. Aplicação da **pena-base no mínimo legal, já que as circunstâncias do art. 59 do CP são favoráveis (0,20).**	0,20
9. Afastamento da agravante do **art. 61, inciso II, *f*, do CP (0,20), pois o crime não foi praticado em situação de violência doméstica, familiar ou de coabitação contra mulher (0,10).**	0,30
10. Reconhecimento da atenuante da confissão espontânea **(0,30)**, nos termos do **art. 65, III, *d*, CP (0,10).**	0,40

11. Aplicação do quantum máximo de redução de pena em razão da **tentativa (0,15), tendo em vista que o crime ficou longe da consumação OU tendo em vista que o critério a ser observado é do iter criminis percorrido (0,10).**	0,25
12. Aplicação **do regime aberto ou semiaberto, considerando a pena mínima a ser aplicada (0,20), nos termos do art. 33, § 2.º,** *b* ou **c**, do CP **(0,10) OU** Aplicação da suspensão condicional da pena **(0,20)**, nos termos do **art. 77 do CP (0,10).**	0,30
Pedidos	
13. **Nulidade dos atos da instrução (0,05).**	0,05
14. Absolvição de Lauro **(0,20)**, nos termos do **art. 386, inciso III, do CPP (0,10).**	0,30
14.1. Afastamento da qualificadora do **art. 213, § 1.º, do CP (0,05).**	0,05
14.2. Aplicação da **pena-base no mínimo legal ou reconhecimento da atenuante da confissão (0,05).**	0,05
14.3. Afastamento da agravante do **art. 61, II,** *f*, **do CP (0,05).**	0,05
14.4. Redução do máximo em razão da tentativa **(0,05)**.	0,05
14.5. Aplicação de regime inicial aberto ou semiaberto **(0,05)**.	0,05
Tempestividade	
15. Prazo: 10 de setembro de 2018 **(0,10)**.	0,10
Fechamento	
16. Data, local, assinatura, OAB **(0,10)**.	0,10

8.7. **XXV Exame de Ordem**

Patrick, nascido em 4 de junho de 1960, tio de Natália, jovem de 18 anos, estava na varanda de sua casa em Araruama, em 5 de março de 2017, no interior do estado do Rio de Janeiro, quando vê o namorado de sua sobrinha, Lauro, agredindo-a de maneira violenta, em razão de ciúmes. Verificando o risco que sua sobrinha corria com a agressão, Patrick gritou com Lauro, que não parou de agredi-la. Patrick não tinha outra forma de intervir, porque estava com uma perna enfaixada devido a um acidente de trânsito. Ao ver que as agressões não cessavam, foi até o interior de sua residência e pegou uma arma de fogo, de uso permitido, que mantinha no imóvel, devidamente registrada, tendo ele autorização para tanto. Com intenção de causar lesão corporal que garantisse a debilidade permanente de membro de Lauro, apertou o gatilho para efetuar disparo na direção de sua perna. Por circunstâncias alheias à vontade de Patrick, a arma não funcionou, mas o barulho da arma de fogo causou temor em Lauro, que empreendeu fuga e compareceu à Delegacia para narrar a conduta de Patrick. Após meses de investigações, com oitiva dos envolvidos e das testemunhas presenciais do fato, quais sejam, Natália, Maria e José, estes dois últimos sendo vizinhos que conversavam no portão da residência, o inquérito foi concluído, e o Ministério Público ofereceu denúncia, perante o juízo competente, em face de Patrick como incurso nas sanções penais do art. 129, § 1.º, inciso III, c/c. o art. 14, inciso II, ambos do Código Penal. Juntamente com a denúncia, vieram as principais peças que constavam do inquérito, inclusive a Folha de Antecedentes Criminais, na qual constava outra anotação por ação penal em curso pela suposta prática do crime do art. 168 do Código Penal, bem como o laudo de exame pericial na arma de Patrick apreendida, o qual concluiu pela total incapacidade de efetuar disparos. Em busca do cumprimento do mandado de citação, o oficial de justiça comparece à residência de Patrick e verifica que o imóvel se encontrava trancado. Apenas em razão desse único comparecimento no dia 26 de fevereiro de 2018, certifica que o réu estava se ocultando para não ser citado e realiza, no dia seguinte, citação por hora certa, juntando o resultado do mandado de citação e intimação para defesa aos autos no mesmo dia. Maria, vizinha que presenciou a conduta do oficial de justiça, se assusta e liga para o advogado de Patrick, informando o ocorrido e esclarecendo que ele se encontra trabalhando e ficará embarcado por 15 dias. O advogado entra em contato com Patrick por *e-mail* e este apenas consegue encaminhar uma procuração para adoção das medidas cabíveis, fazendo uma pequena síntese do ocorrido por escrito.

Considerando a situação narrada, apresente, na qualidade do advogado de Patrick, a peça jurídica cabível, diferente do *habeas corpus*, apresentando todas as teses jurídicas de direito material e processual pertinentes. A peça deverá ser datada do último dia do prazo. (Valor: 5,00)

Obs.: a peça deve abranger todos os fundamentos de Direito que possam ser utilizados para dar respaldo à pretensão. A simples menção ou transcrição do dispositivo legal não confere pontuação.

➔ Este problema foi resolvido no tópico *Peça ideal*.

ITEM	PONTUAÇÃO
1. Endereçamento: Vara Criminal da Comarca de Araruama/RJ **(0,10)**.	0,10
2. Fundamento legal: **art. 396-A do Código de Processo Penal (0,10)**.	0,10
3. Preliminarmente, deve ser **requerido o reconhecimento da nulidade do ato de citação (0,40), nos termos do art. 564, inciso III, *e*, do CPP (0,10).**	0,50

4. Patrick não estava se ocultando para ser citado e o oficial de justiça somente compareceu em uma oportunidade **(0,15)**, não pre**enchendo os requisitos do art. 362 do CPP (0,10).**	0,25
Mérito	
5. Absolvição sumária, tendo em vista que a conduta narrada evidentemente não constitui crime **(0,40)**.	0,40
6. Não há que se falar em punição da tentativa, tendo em vista que houve crime **impossível (0,70), previsto no art. 17 do CP (0,10).**	0,80
7. A arma de fogo utilizada não era apta a efetuar disparos **(0,30)**, logo houve absoluta ineficácia do meio utilizado **(0,20)**.	0,50
8. Absolvição sumária, tendo em vista que há manifesta causa **excludente da ilicitude (0,40).**	0,40
9. Patrick agiu amparado pela legítima defesa **(0,70)**, prevista no **art. 25 do CP OU no art. 23, II, do CP (0,10).**	0,80
10. Patrick utilizou dos meios necessários **(0,10)** para repelir injusta agressão atual **(0,15)**.	0,25
11. A conduta de Patrick visava resguardar direito de terceiro/sua sobrinha **(0,10)**.	0,10
Pedidos	
12. Absolvição sumária **(0,30)**, com fundamento no **art. 397, inciso I, do CPP (0,10) e no art. 397, inciso III, do CPP (0,10).**	0,50
13. Rol de testemunhas (**Maria, José e Natália) (0,10).**	0,10
14. Prazo: 09 de março de 2018 **(0,10)**.	0,10
Fechamento	
15. Local, data, advogado e OAB **(0,10)**.	0,10

8.8. XXIV Exame de Ordem

Lucas, 22 anos, foi denunciado e condenado, definitivamente, pela prática de crime de associação para o tráfico, previsto no art. 35 da Lei n. 11.343/2006, sendo, em razão das circunstâncias do crime, aplicada a pena de 06 anos de reclusão em regime inicial semiaberto, entendendo o juiz de conhecimento que o crime não seria hediondo, não tendo sido reconhecida à presença de qualquer agravante ou atenuante. No mês seguinte, após o início do cumprimento da pena, Lucas vem a sofrer nova condenação definitiva, dessa vez pela prática de crime de ameaça anterior ao de associação, sendo-lhe aplicada exclusivamente a pena de multa, razão pela qual não foi determinada a regressão de regime. Após cumprir 01 ano da pena aplicada pelo crime de associação, o defensor público que defende os interesses de Lucas apresenta requerimento de progressão de regime, destacando que o apenado não sofreu qualquer sanção disciplinar. O magistrado em atuação perante a Vara de Execução Penal da Comarca de Belo Horizonte/MG, órgão competente, indefere o pedido de progressão, sob os seguintes fundamentos:

a) o crime de associação para o tráfico, no entender do magistrado, é crime hediondo, tanto que o livramento condicional somente poderá ser deferido após o cumprimento de 2/3 da pena aplicada;
b) o apenado é reincidente, diante da nova condenação pela prática de crime de ameaça;
c) o requisito objetivo para a progressão de regime seria o cumprimento de 3/5 da pena aplicada e, caso ele não fosse reincidente, seria de 2/5, períodos esses ainda não ultrapassados;
d) em relação ao requisito subjetivo, é indispensável a realização de exame criminológico, diante da gravidade dos crimes de associação para o tráfico em geral.

Ao tomar conhecimento, de maneira informal, da decisão do magistrado, a família de Lucas procura você, na condição de advogado(a), para a adoção das medidas cabíveis. Após constituição nos autos, a defesa técnica é intimada da decisão de indeferimento do pedido de progressão de regime em 24 de novembro de 2017, sexta-feira, sendo certo que, de segunda a sexta-feira da semana seguinte, todos os dias são úteis em todo o território nacional.

Considerando apenas as informações narradas, na condição de advogado(a) de Lucas, redija a peça jurídica cabível, diferente de *habeas corpus* e embargos de declaração, apresentando todas as teses jurídicas pertinentes. A peça deverá ser datada no último dia do prazo para interposição. (Valor: 5,00)

Obs.: a peça processual deve abranger todos os fundamentos de Direito que possam ser utilizados para dar respaldo à pretensão. A simples menção ou transcrição do dispositivo legal não confere pontuação.

Excelentíssimo Senhor Juiz de Direito da Vara de Execuções Penais de Belo Horizonte/MG,

Comentários: o enunciado trouxe a vara e a comarca onde o processo está tramitando, por isso as informações tinham de estar no endereçamento da peça. Perceba que não disse *comarca*. Foi intencional, para demonstrar a irrelevância da expressão. No quesito de n. 1 do gabarito, não foi pedida a palavra.

Lucas, já qualificado nos autos, vem, por seu advogado, interpor Agravo em Execução, com fundamento no art. 197 da Lei n. 7.210/84 (Lei de Execução Penal).

Comentários: no XXIX Exame de Ordem, a banca flexibilizou e trouxe a expressão *LEP* como fundamentação adequada. No XXIV, contudo, o gabarito falou apenas em *Lei n. 7.210/84*. Na dúvida, coloque: *Lei n. 7.210/84, a Lei de Execução Penal (LEP)*. Dessa forma, todas as possíveis respostas estão abrangidas.

Requer seja recebido o recurso e procedido o juízo de retratação, com fundamento no art. 589 do Código de Processo Penal. Se mantida a decisão, contudo, pede o encaminhamento do recurso, com as inclusas razões, ao Tribunal de Justiça do Estado de Minas Gerais.

Comentários: o juízo de retratação sempre é pontuado em agravo em execução. Fiz menção ao art. 589 do CPP por ser o dispositivo que prevê a retratação em recurso em sentido estrito. Como o agravo segue o mesmo procedimento do *RESE*, é a única fundamentação possível. A banca, contudo, não trouxe o artigo no gabarito.

Comarca ..., 1.° de dezembro de 2017.

Advogado, OAB.

Comentários: ainda que o enunciado traga o nome da comarca onde o processo está correndo, prefiro fazer o fechamento da peça com a expressão genérica, prevista em edital: *comarca ...* ou *comarca XXX*.

(Salto de linhas)

Comentários: alguns examinandos optam por saltar para a segunda página de resposta após o fechamento da interposição. Não há problema nisso, mas é uma escolha arriscada. A interposição tem, geralmente, umas quinze linhas. Quando se salta para a segunda página, há o desperdício de metade da página – cada uma tem trinta linhas. Se a peça for extensa, pode faltar espaço para elaborá-la, o que seria trágico.

Razões de Agravo em Execução

Recorrente: Lucas.

Recorrido: Ministério Público.

Egrégio Tribunal de Justiça do Estado de Minas Gerais,

Colenda Câmara,

Douto Procurador de Justiça,

A decisão proferida pelo Juiz de Direito da Vara de Execução Penal merece ser reformada, pelas razões de fato e de direito a seguir expostas.

Comentários: seja qual for o recurso, sempre comece falando *razões do recurso* ou *razões do* (nome do recurso). A banca exige no gabarito. De resto, tudo o que foi dito acima não vale pontuação alguma, exceto o endereçamento. Tinha de endereçar as razões ao TJ de Minas Gerais, pois o estado foi mencionado no enunciado.

I – DOS FATOS

O recorrente foi condenado, definitivamente, pela prática do crime de associação criminosa, do art. 35 da Lei n. 11.343/2006, sendo, em razão das circunstâncias do crime, aplicada a pena de 06 anos de reclusão em regime inicial semiaberto, entendendo o juiz de conhecimento que o crime não seria hediondo, não tendo sido reconhecida a presença de qualquer agravante ou atenuante.

Posteriormente, ele foi condenado por um outro delito, praticado antes da condenação pelo delito de associação criminosa. Após cumprir um ano da pena aplicada pela associação, foi requerida a progressão de regime, mas o Juiz de Direito da Vara de Execuções Penais a indeferiu.

Comentários: a banca não pontua os fatos. Portanto, não há motivo para perder muito tempo em sua elaboração. Basta resumir o enunciado.

I – DO DIREITO

Comentários: para evitar erros de correção, é interessante dividir o *do direito* em subtópicos.

a) HEDIONDEZ DO DELITO

O magistrado entendeu pela hediondez do crime de associação para o tráfico de drogas, do art. 35 da Lei n. 11.343/2006. No entanto, a conclusão é equivocada, pois o delito não está no rol do art. 1.º da Lei n. 8.072.70, a Lei dos Crimes Hediondos.

Comentários: na época do XXIV Exame de Ordem, alguns alunos me disseram não ter sustentado a não hediondez por não conhecerem esse posicionamento. Nessas horas, de dúvida, preste atenção ao que diz o enunciado. A Banca não teria dito, sem motivo, que o magistrado entendeu pela hediondez do crime do art. 35 da Lei n. 11.343/2006. Bastava dizer que o juiz errou, mesmo sem ter ideia se a tese está ou não correta.

Cuidado: o *Pacote Anticrime* modificou a LEP e, no art. 112, § 5.º, passou a constar expressamente que o "tráfico privilegiado" não é crime hediondo.

b) PROGRESSÃO DE REGIME

Por não se tratar de crime hediondo, estão presentes os requisitos para a concessão da progressão de regime. O recorrente atendeu ao requisito objetivo: o cumprimento de um sexto da pena. Destarte, equivocada a decisão do magistrado, devendo ser reformada para a concessão da progressão de regime.

Comentários: o gabarito não exigiu fundamentação. Tinha só de ser dito que o juiz está errado e requerer a progressão.

c) REINCIDÊNCIA

Errou o juiz ao entender pela reincidência do recorrente, devendo ser afastada essa conclusão. Isso porque a condenação pelo crime de ameaça foi posterior à prática do delito de associação criminosa, não sendo hipótese de incidência do art. 63 do CP.

d) EXAME CRIMINOLÓGICO

Errou o magistrado ao exigir a realização do exame criminológico, pois não se trata de procedimento obrigatório. Ademais, a fundamentação adotada foi equivocada, pois a gravidade em abstrato do delito não é motivo para a realização do exame criminológico, conforme Súmula 439 do STJ.

Comentários: quando o enunciado disse que o juiz entendeu por ser *indispensável a realização de exame criminológico*, ficou evidente que tinha de ser dito, nas razões do recurso, o contrário. Aliás, em qualquer recurso, o foco é *rebater* o que disse o magistrado na decisão recorrida, ainda que não saiba como fundamentar o que está sendo dito.

III – DO PEDIDO

Diante do exposto, requer seja conhecido e provido o recurso.

Comentários: em recurso, a banca tem exigido apenas os pedidos de conhecimento e provimento do recurso, sem ter de especificar o que está sendo pedido. O gabarito também aceitou o pedido de progressão de regime.

Comarca ..., 1.° de dezembro de 2017.

Advogado, OAB.

Comentários: embora o enunciado diga a cidade onde o processo está correndo, prefiro usar a fórmula genérica no fechamento: *comarca ...* ou *comarca XXX.*

ITEM	PONTUAÇÃO
Petição de interposição	
1. **Endereçamento: Juízo da Vara de Execuções Penais de Belo Horizonte/MG (0,10).**	0,10
2. Fundamento legal: **art. 197 da Lei n. 7.210/84 (0,10).**	0,10
3. Pedido de retratação pelo juízo *a quo* **(0,30)**.	0,30
Razões de recurso	
4. Endereçamento: **Tribunal de Justiça do Estado de Minas Gerais (0,10).**	0,10
5. Possibilidade de concessão de progressão do regime, tendo em vista que a decisão do magistrado foi equivocada **(0,30)**.	0,30
6. O crime de associação para o tráfico não pode ser considerado crime hediondo **ou equiparado (0,60).**	0.60
7. O afastamento da hediondez decorre da não previsão do crime de associação no rol trazido pela Lei n. **8.072/90 OU o crime não é hediondo por não se confundir com crime de tráfico, sendo proibida analogia in malam partem OU em razão de o próprio magistrado do conhecimento ter afastado a hediondez do delito (0,35).**	0,35
8. Afastamento do argumento de existência de reincidência **(0,60)**.	0,60
9. O apenado não é tecnicamente reincidente, tendo em vista que a condenação pelo **crime de ameaça foi posterior à condenação pela prática do crime de associação OU tendo em vista que a agravante não foi reconhecida na sentença que transitou em julgado (0,25), em desacordo com o art. 63 do Código Penal (0,10).**	0,35
10. O requisito objetivo para obtenção da progressão de regime é o cumprimento de 1/6 da pena, período esse atendido por Lucas **(0,60)**. **Cuidado:** a progressão de regime sofreu profunda modificação pelo *Pacote Anticrime*. Veja o art. 112 da LEP.	0,60
11. Não existe obrigatoriedade na realização de exame criminológico **(0,60)**.	0,60
12. A fundamentação apresentada pelo magistrado para **exigência do exame criminológico é insuficiente para a realização do mesmo OU a fundamentação apresentada pelo magistrado considerou a natureza em abstrato do delito e não em concreto (0,30), violando os termos da Súmula 439 do STJ OU Súmula Vinculante 26 do STF (0,10).**	0,40

13. Pedidos: Conhecimento **(0,10)** e provimento do recurso **OU** concessão da progressão de regime **(0,30)**.	0,40
14. Prazo: 1.º de dezembro de 2017 **(0,10)**.	0,10
15. Fechamento: data, local, assinatura, OAB **(0,10)**.	0,10

8.9. XXIII Exame de Ordem

No dia 23 de fevereiro de 2016, Roberta, 20 anos, encontrava-se em um curso preparatório para concurso na cidade de Manaus/AM. Ao final da aula, resolveu ir comprar um café na cantina do local, tendo deixado seu notebook carregando na tomada. Ao retornar, retirou um notebook da tomada e foi para sua residência. Ao chegar em casa, foi informada de que foi realizado registro de ocorrência na Delegacia em seu desfavor, tendo em vista que as câmeras de segurança da sala de aula captaram o momento em que subtraiu o notebook de Cláudia, sua colega de classe, que havia colocado seu computador para carregar em substituição ao de Roberta, o qual estava ao lado. No dia seguinte, antes mesmo de qualquer busca e apreensão do bem ou atitude a autoridade policial, Roberta restituiu a coisa subtraída. As imagens da câmera de segurança foram encaminhadas ao Ministério Público, que denunciou Roberta pela prática do crime de furto simples, tipificado no art. 155, *caput*, do Código Penal. O Ministério Público deixou de oferecer proposta de suspensão condicional do processo, destacando que o delito de furto não é de menor potencial ofensivo, não se sujeitando à aplicação da Lei n. 9.099/95, tendo a defesa se insurgido. Recebida a denúncia, durante a instrução, foi ouvida Cláudia, que confirmou ter deixado seu notebook acoplado à tomada, mas que Roberta o subtraíra, somente havendo restituição do bem com a descoberta dos agentes da lei. Também foram ouvidos os funcionários do curso preparatório, que disseram ter identificado a autoria a partir das câmeras de segurança. Roberta, em seu interrogatório, confirma os fatos, mas esclarece que acreditava que o notebook subtraído era seu e, por isso, levara-o para casa. Foi juntada a Folha de Antecedentes Criminais da ré sem qualquer outra anotação, o laudo de avaliação do bem subtraído, que constatou seu valor de R$ 3.000,00 (três mil reais), e o CD com as imagens captadas pela câmera de segurança. O Ministério Público, em sua manifestação derradeira, requereu a condenação da ré nos termos da denúncia.

Você, como advogado(a) de Roberta, é intimado(a) no dia 24 de agosto de 2016, quarta-feira, sendo o dia seguinte útil em todo o país, bem como todos os dias da semana seguinte, exceto sábado e domingo.

Considerando apenas as informações narradas, na condição de advogado(a) de Roberta, redija a peça jurídica cabível, diferente de *habeas corpus*, apresentando todas as teses jurídicas pertinentes. A peça deverá ser datada no último dia do prazo para interposição. (Valor: 5,00)

Obs.: o examinando deve indicar todos os fundamentos e dispositivos legais cabíveis. A mera citação do dispositivo legal não confere pontuação.

Excelentíssimo Senhor Juiz de Direito da Vara Criminal da Comarca de Manaus/AM,

Comentários: tinha de ser mencionada a comarca de Manaus/AM, pois estava no enunciado. Não recebeu a pontuação quem disse *comarca ...* ou *comarca XXX*.

Roberta, já qualificada nos autos, vem, por seu advogado, oferecer Alegações Finais por Memoriais, com fundamento no art. 403, § 3.°, do Código de Processo Penal, pelas razões a seguir expostas:

Comentários: não há problema em dizer apenas *memoriais*, mas prefiro falar em *alegações finais por memoriais* por ser a expressão utilizada pela Banca no padrão de respostas.

I – DOS FATOS

No dia 23 de fevereiro de 2016, a ré encontrava-se em um curso preparatório para concurso na cidade de Manaus/AM. Ao final da aula, resolveu ir comprar um café na cantina do local, tendo deixado seu notebook carregando na tomada. Ao retornar, retirou um notebook da tomada e foi para sua residência. Ao chegar em casa, foi informada de que foi realizado registro de ocorrência na Delegacia em seu desfavor, tendo em vista que as câmeras de segurança da sala de aula captaram o momento em que subtraiu o notebook de Cláudia, sua colega de classe, que havia colocado seu computador para carregar em substituição ao de Roberta, o qual estava ao lado.

No dia seguinte, antes mesmo de qualquer busca e apreensão do bem ou atitude a autoridade policial, Roberta restituiu a coisa subtraída. Em razão disso, o Ministério ofereceu denúncia pela prática do delito de furto, do art. 155, "caput", do CP.

Comentários: por não valer pontuação, no tópico *dos fatos*, apenas resuma o enunciado.

II – DO DIREITO

a) NULIDADE

Preliminarmente, deve ser reconhecida a nulidade dos atos de instrução em razão do não oferecimento da proposta de suspensão condicional do processo, nos termos do art. 89 da Lei n. 9.099/95, embora preenchidos os requisitos para a sua concessão.

Comentários: a tese de nulidade foi um presente da Banca no XXIII Exame de Ordem. Além de esclarecer não ter havido a proposta, a banca facilitou e disse até onde (Lei n. 9.099/95) a suspensão condicional do processo está localizada. Foram aceitas três respostas diferentes (*vide* quesito n. 3).

b) ERRO DE TIPO

No mérito, a ré deve ser absolvida em razão da atipicidade da conduta. Como narrado, houve inegável hipótese de erro de tipo, nos termos do art. 20, "caput", do CP, que tem como consequência a exclusão do dolo.

Comentários: apesar de o enunciado ter dito *erro de tipo,* não haveria problema em se dizer *erro sobre elementos do tipo,* nomenclatura adotada expressamente pelo CP. A consequência (exclusão do dolo) está na redação do art. 20, *caput,* do CP. Tinha só de transcrever o que diz o dispositivo, utilizando as palavras da lei na argumentação da tese.

c) PENA-BASE

Subsidiariamente, em caso de condenação, deve ser aplicada a pena-base no mínimo legal, pois as circunstâncias judiciais do art. 59 do CP são favoráveis à ré.

d) ATENUANTES

Na época da conduta, a ré tinha menos de vinte e um anos. Por esse motivo, faz jus à atenuante da menoridade relativa, do art. 65, I, do CP.

Ademais, faz jus à atenuante da confissão espontânea, do art. 65, III, d, do CP.

Comentários: a pena-base no mínimo legal, nos termos do art. 59 do CP, é tema certo em memoriais. As atenuantes da menoridade relativa e da confissão espontânea também são muito cobradas em memoriais e em apelação.

e) ARREPENDIMENTO POSTERIOR

É imperioso o reconhecimento, ainda, do arrependimento posterior, causa de diminuição de pena prevista no art. 16 do CP, pois houve a restituição da coisa subtraída antes do recebimento da denúncia, por ato voluntário da ré, devendo a pena ser reduzida de um a dois terços.

Comentários: veja que sustentei a tese do arrependimento posterior com a redação do art. 16 do CP, usando o texto legal como se fossem minhas próprias palavras.

f) SUBSTITUIÇÃO DA PENA PRIVATIVA DE LIBERDADE

Por estarem preenchidos os requisitos do art. 44 do CP, a acusada faz jus à substituição da pena privativa de liberdade por restritivas de direitos.

Comentários: em memoriais, há sempre muitos pedidos referentes à imposição da pena. Por essa razão, a Banca não exige abordagem aprofundada das teses. Em regra, é só dizer que os requisitos estão preenchidos, sem nem dizer quais são. Foi o que aconteceu com o quesito n. 10.

g) REGIME INICIAL DE CUMPRIMENTO DA PENA

Reconhecida a pena-base no mínimo legal, deve ser imposto o regime inicial aberto, com fundamento no art. 33, § 2.º, c, do CP.

Comentários: para decidir qual regime deve ser sustentado em sua peça, considere que o juiz concedeu todos os pedidos anteriores.

III – DOS PEDIDOS

Diante do exposto, requer:

Comentários: em memoriais, nos pedidos, repita o que já foi dito no *do direito*, ao descrever as consequências de cada tese. Se o réu estiver preso, peça a expedição de alvará de soltura.

(a) A nulidade dos atos da instrução em razão do não oferecimento de proposta de suspensão condicional do processo;

(b) A absolvição da ré por causa da atipicidade da conduta;

(c) A aplicação da pena-base no mínimo legal;

(d) O reconhecimento das atenuantes;

(e) A substituição da pena privativa de liberdade por restritiva de direitos;

(f) A aplicação do regime inicial aberto.

Comentários: em memoriais, há tantos pedidos, que a banca teve de optar entre pontuar a pena-base no mínimo legal ou as atenuantes. Não teve como criar um quesito para cada um. Nessa edição da prova, tinha de ser dito, apenas, *atenuantes*. Por precaução, no entanto, acho mais seguro especificar quais são essas atenuantes, caso o gabarito as individualize.

Comarca ..., 29 de agosto de 2016.

Advogado, OAB.

ITEM	PONTUAÇÃO
1. Endereçamento: Vara Criminal da **Comarca de Manaus/AM (0,10).**	0,10
2. Fundamento legal para apresentação de Alegações Finais por Memoriais: **art. 403, § 3.º do CPP (0,10).**	0,10
3. Preliminarmente, reconhecimento da nulidade dos atos da instrução **OU** requerimento de aplicação, por analogia, **do art. 28 do CPP (0,20), diante do não oferecimento de proposta de suspensão condicional do processo, pois preenchidos os requisitos do Art. 89 da Lei n. 9.099/95 OU pois irrelevante o fato de o delito imputado não ser infração de menor potencial ofensivo (0,40).**	0,60
4A. No mérito, absolvição de Roberta **(0,30)**.	0,30
4B. Reconhecimento da ocorrência de erro de tipo **(0,90)**, previsto no **art. 20 do Código Penal (0,10).**	1,00
4C. O reconhecimento do erro de tipo tem como consequência a exclusão do dolo ou **atipicidade da conduta (0,20).**	0,20
5. Subsidiariamente, aplicação de **pena-base no mínimo legal, já que as circunstâncias do art. 59 são favoráveis (0,20).**	0,20
6. Reconhecimento da atenuante da menoridade relativa, já que menor de 21 anos na data dos **fatos (0,20), conforme art. 65, inciso I, do Código Penal (0,10).**	0,30
7. Reconhecimento da atenuação da confissão **(0,20)**, nos termos do **art. 65, inciso III,** *d*, do CP **(0,10)**.	0,30
8. Reconhecimento da causa de diminuição do arrependimento posterior **(0,40), tendo em vista que houve restituição da coisa subtraída (0,15), nos termos do art. 16 do Código Penal (0,10).**	0,65
9. Aplicação do regime inicial aberto **(0,20)**, nos termos do **art. 33, § 2.º, c,** do Código Penal **(0,10)**.	0,30
10. Substituição da pena privativa de liberdade por restritiva de direitos **(0,20)**, já que preenchidos os requisitos do **art. 44 do Código Penal (0,10).**	0,30

11. Pedidos: Nulidade dos atos da instrução em razão do não oferecimento de proposta de suspensão condicional do processo **OU** encaminhamento dos autos ao Ministério Público para oferecimento de proposta de suspensão condicional do processo **(0,05)**.	0,05
11.1. Absolvição de Roberta **(0,10)**, em razão da atipicidade da conduta **(0,10)**.	0,20
11.2. Aplicação da pena no mínimo legal **OU** reconhecimento das atenuantes **(0,05)**.	0,05
11.3. Reconhecimento do arrependimento posterior **OU** aplicação da **causa de diminuição do art. 16 do CP (0,05)**.	0,05
11.4. Substituição da pena privativa de liberdade por restritiva de direitos **(0,05)**.	0,05
11.5. Aplicação de regime inicial aberto **(0,05)**.	0,05
12. Prazo: 29 de agosto de 2016 **(0,10)**.	0,10
13. Fechamento **(Data, local, assinatura, OAB) (0,10)**.	0,10

8.10. XXII Exame de Ordem

Desejando comprar um novo carro, Leonardo, jovem com 19 anos, decidiu praticar um crime de roubo em um estabelecimento comercial, com a intenção de subtrair o dinheiro constante do caixa. Narrou o plano criminoso para Roberto, seu vizinho, mas este se recusou a contribuir. Leonardo decidiu, então, praticar o delito sozinho. Dirigiu se ao estabelecimento comercial, nele ingressou e, no momento em que restava apenas um cliente, simulou portar arma de fogo e o ameaçou de morte, o que fez com ele saísse, já que a intenção de Leonardo era apenas a de subtrair bens do estabelecimento. Leonardo, em seguida, consegue acesso ao caixa onde fica guardado o dinheiro, mas, antes de subtrair qualquer quantia, verifica que o único funcionário que estava trabalhando no horário era um senhor que utilizava cadeiras de rodas. Arrependido, antes mesmo de ser notada sua presença pelo funcionário, deixa o local sem nada subtrair, mas, já do lado de fora da loja, é surpreendido por policiais militares. Estes realizam a abordagem, verificam que não havia qualquer arma com Leonardo e esclarecem que Roberto narrara o plano criminoso do vizinho para a Polícia. Tomando conhecimento dos fatos, o Ministério Público requereu a conversão da prisão em flagrante em preventiva e denunciou Leonardo como incurso nas sanções penais do art. 157, § 2.º, inciso I, c/c o art. 14, inciso II, ambos do Código Penal. Após decisão do magistrado competente, qual seja, o da 1.ª Vara Criminal de Belo Horizonte/MG, de conversão da prisão e recebimento da denúncia, o processo teve seu prosseguimento regular. O homem que fora ameaçado nunca foi ouvido em juízo, pois não foi localizado, e, na data dos fatos, demonstrou não ter interesse em ver Leonardo responsabilizado. Em seu interrogatório, Leonardo confirma integralmente os fatos, inclusive destacando que se arrependeu do crime que pretendia praticar. Constavam no processo a Folha de Antecedentes Criminais do acusado sem qualquer anotação e a Folha de Antecedentes Infracionais, ostentando uma representação pela prática de ato infracional análogo ao crime de tráfico, com decisão definitiva de procedência da ação socioeducativa. O magistrado concedeu prazo para as partes se manifestarem em alegações finais por memoriais. O Ministério Público requereu a condenação nos termos da denúncia. O advogado de Leonardo, contudo, renunciou aos poderes, razão pela qual, de imediato, o magistrado abriu vista para a Defensoria Pública apresentar alegações finais. Em sentença, o juiz julgou procedente a pretensão punitiva estatal. No momento de fixar a pena-base, reconheceu a existência de maus antecedentes em razão da representação julgada procedente em face de Leonardo enquanto era inimputável, aumentando a pena em 06 meses de reclusão. Não foram reconhecidas agravantes ou atenuantes. Na terceira fase, incrementou o magistrado em 1/3 a pena, justificando ser desnecessária a apreensão de arma de fogo, bastando a simulação de porte do material diante do temor causado à vítima. Com a redução de 1/3 pela modalidade tentada, a pena final ficou acomodada em 4 (quatro) anos de reclusão. O regime inicial de cumprimento de pena foi o fechado, justificando o magistrado que o crime de roubo é extremamente grave e que atemoriza os cidadãos de Belo Horizonte todos os dias. Intimado, o Ministério Público apenas tomou ciência da decisão. A irmã de Leonardo o procura para, na condição de advogado, adotar as medidas cabíveis. Constituída nos autos, a intimação da sentença pela defesa ocorreu em 08 de maio de 2017, segunda-feira, sendo terça-feira dia útil em todo o país.

Com base nas informações expostas acima e naquelas que podem ser inferidas do caso concreto, redija a peça cabível, excluída a possibilidade de *habeas corpus*, no último dia do prazo para interposição, sustentando todas as teses jurídicas pertinentes. (Valor: 5,00)

Obs.: a peça deve abranger todos os fundamentos de Direito que possam ser utilizados para dar respaldo à pretensão. A simples menção ou transcrição do dispositivo legal não confere pontuação.

Excelentíssimo Senhor Juiz de Direito da 1.ª Vara Criminal da Comarca de Belo Horizonte/MG,

Comentários: no enunciado, a banca trouxe a vara e a comarca onde está correndo o processo, por isso tinha de trazer essas informações.

Leonardo, já qualificado nos autos, vem, por seu advogado, interpor Recurso de Apelação, com fundamento no art. 593, I, do Código de Processo Penal.

Comentários: não há problema em dizer, apenas, apelação. No entanto, como a Banca fala em *recurso de apelação*, prefiro esta expressão.

Requer seja recebido e processado o recurso, com as inclusas razões, e encaminhado ao Tribunal de Justiça de Minas Gerais.

Comarca ..., 15 de maio de 2017.
Advogado, OAB.

(Salto de linhas)

Comentários: apesar de o problema mencionar a comarca, prefiro o fechamento padrão, dizendo apenas *comarca ...* ou *comarca XXX*.

Razões de apelação
Recorrente: Leonardo.
Recorrido: Ministério Público.

Egrégio Tribunal de Justiça do Estado de Minas Gerais,
Colenda Câmara,
Douto Procurador de Justiça,

A sentença condenatória proferida pelo Juiz de Direito da 1.ª Vara Criminal da Comarca de Belo Horizonte/MG tem de ser reformada pelas razões a seguir expostas.

Comentários: sempre comece o seu recurso, seja qual for, dizendo *razões do recurso* ou *razões do* (nome do recurso).

I – DOS FATOS

O apelante dirigiu-se a um estabelecimento comercial e, simulando portar arma de fogo, tentou subtrair os bens a ele pertencentes. No entanto, antes de subtrair qualquer quantia, verificou que o único funcionário que estava trabalhando no horário era um senhor que utilizava cadeiras de rodas. Arrependido, antes mesmo de ser notada sua presença pelo funcionário, deixa o local sem nada subtrair.

O Ministério Público o denunciou como incurso nas sanções penais do art. 157, § 2.º, inciso I, c/c o art. 14, inciso II, ambos do Código Penal. O magistrado o condenou à pena de 4 (quatro) anos de reclusão. O regime inicial de cumprimento de pena foi o fechado, justificando o magistrado que o crime de roubo é extremamente grave e que atemoriza os cidadãos de Belo Horizonte todos os dias.

Comentários: no tópico *dos fatos*, basta resumir o enunciado. Não é o momento para sustentar as teses.

II – DO DIREITO

a) NULIDADE PROCESSUAL

Preliminarmente, deve ser reconhecida a nulidade da sentença condenatória. Isso porque não houve a intimação do réu para manifestar interesse em indicar novo advogado, em violação ao princípio da ampla defesa.

Comentários: geralmente, as teses de nulidade são bem fáceis de se identificar. Quando o enunciado disse que o advogado renunciou e que o juiz não intimou o réu para constituir um outro, ficou evidente a nulidade. O gabarito nem mesmo exigiu fundamentação da tese. Tinha só de dizer que houve a nulidade.

b) DESISTÊNCIA VOLUNTÁRIA

Conforme exposto anteriormente, deve ser reconhecida a desistência voluntária, com fundamento no art. 15 do CP, pois o agente desistiu de prosseguir na execução do delito de roubo, devendo ser responsabilizado apenas pelos atos já praticados. Por esse motivo, deve ser absolvido.

Comentários: segundo o art. 15 do CP, na hipótese de desistência voluntária, o agente deve ser punido apenas pelos atos já praticados. Em razão disso, surgem duas formas possíveis de sustentar a tese:

1.ª) O réu deveria ser absolvido pelo roubo. Pelos atos já praticados, não cabe à defesa pedir sua condenação.

2.ª) Deveria haver a desclassificação do crime de roubo (dolo inicial, antes da desistência) para o de ameaça (ato efetivamente praticado). Para quem seguiu pelo segundo caminho, tinha de ser sustentada a tese de decadência, pois o delito do art. 147 do CP é de ação penal pública condicionada.

No enunciado, quando foi dito que a vítima não quis representar contra o acusado, tive a impressão de que a Banca queria trazer, a princípio, apenas a tese de desclassificação. Contudo, a banca também tinha de aceitar a tese absolutória. No final das contas, foi o que ela fez: aceitou as suas, a desclassificação e a absolvição.

c) PENA-BASE

Subsidiariamente, em caso de condenação, a pena-base deve ser fixada no mínimo legal, pois a existência de ação socioeducativa julgada procedente não justifica o reconhecimento de maus antecedentes.

Comentários: o quesito n. 6 pegou alguns examinandos de surpresa. Geralmente, estamos acostumados com a alegação de pena-base no mínimo legal em razão das circunstâncias judiciais favoráveis, nos termos do art. 59 do CP. Todavia, no XXII Exame de Ordem, a Banca trouxe hipótese específica de não configuração de maus antecedentes quando existir ação socioeducativa julgada procedente. Aí, você se pergunta: "Como eu poderia saber disso?". Não precisava! Quando o enunciado disse que o juiz entendeu pelos maus antecedentes, estava evidente que o examinando tinha de dizer que ele estava errado. Não precisava fundamentar. Bastava dizer o oposto do que disse o magistrado.

d) ATENUANTES

Na época da conduta, o agente tinha menos de vinte e um anos. Por essa razão, tem de ser reconhecida a atenuante da menoridade relativa, do art. 65, I, do CP.

Ademais, com base no que foi dito em seu interrogatório, tem direito à incidência da atenuante da confissão espontânea, do art. 65, III, d, do CP.

Comentários: a Banca cobra com muita frequência as atenuantes da menoridade relativa e da confissão espontânea. As duas estão no mesmo artigo, o 65, e até poderia ter fundamentado em conjunto (*art. 65, I e III, d, do CP*), mas acho melhor não arriscar. Entenda: ao separar as fundamentações, se apenas uma estiver no gabarito, não haverá prejuízo à nota. Por outro lado, ao sustentar as duas em conjunto, pode o examinador entender que a resposta está errada.

e) CAUSA DE AUMENTO DE PENA

Além disso, errou o magistrado ao aplicar a causa de aumento de pena do art. 157, § 2.º-A, I, do CP, pois não houve o efetivo emprego de arma de fogo, mas apenas a simulação do porte de uma.

Comentários: a fundamentação foi adaptada por causa da Lei n. 13.654/2018.

f) CAUSA DE DIMINUIÇÃO DE PENA PELA TENTATIVA

Em razão de o agente ter ficado distante da consumação do delito, deve ser aplicada a fração máxima de diminuição da pena pela tentativa, em dois terços, nos termos do art. 14, II, parágrafo único, do CP.

Comentários: nessa prova, a banca não exigiu aprofundamento da redução ao máximo pela tentativa. Fiz a fundamentação completa para exemplificar como sustentá-la de forma detalhada, caso, no futuro, a Banca venha a exigir dessa forma.

g) SUSPENSÃO CONDICIONAL DA PENA

Fixada a pena no mínimo legal e reconhecida a tentativa em sua fração máxima, faz jus o acusado à suspensão condicional da pena, nos termos do art. 77 do CP.

h) REGIME INICIAL DE CUMPRIMENTO DA PENA

O regime inicial de pena a ser imposto é o aberto, com fundamento no art. 33, § 2.°, "c", do CP, não sendo a gravidade em abstrato motivação idônea para a fixação de regime mais gravoso, conforme Súmula 440 do STJ.

Comentários: quando decidimos pelo regime, temos de considerar que todos os pedidos anteriores serão reconhecidos. Sustentamos o roubo simples, com pena de 4 anos, com redução em dois terços pela tentativa, resultando em um total de pouco mais de 1 ano. Portanto, com fundamento no art. 33, § 2.°, do CP, o regime inicial deve ser aberto. Foi a resposta do gabarito, mas a Banca também aceitou quem pediu o semiaberto. Além disso, foi dito que o juiz fixou o regime com base na gravidade em abstrato do delito, o que não pode.

III – DO PEDIDO

Diante do exposto, deve ser conhecido e provido o recurso, com a consequente expedição de alvará de soltura.

Comentários: considerando que o réu estava preso, tinha de pedir a expedição de alvará de soltura.

Comarca ..., 15 de maio de 2017.

Advogado, OAB.

ITEM	PONTUAÇÃO
Petição de interposição	
1. Endereçamento correto: Juízo da 1.ª Vara Criminal da Comarca de Belo **Horizonte-MG (0,10).**	0,10

2. Fundamentação legal: **art. 593, inciso I, do CPP (0,10).**	0,10
Razões de apelação	
3. Endereçamento correto: Tribunal de Justiça do Estado de Minas Gerais (0,10).	0,10
4. Preliminarmente: Nulidade da sentença ou de todos os atos processuais desde as alegações finais apresentadas pela Defensoria Pública **(0,25)**, tendo em vista que não **houve intimação do réu para manifestar interesse em indicar novo advogado OU tendo em vista que houve prejuízo para ampla defesa (0,15).**	0,40
5. No mérito: absolvição de Leonardo **OU** desclassificação para o delito de ameaça com consequente reconhecimento da decadência **(0,40)**.	0,40
5.1. Houve desistência voluntária **(0,80)**, nos termos do **art. 15 do CP (0,10).**	0,90
5.2. Leonardo deve responder apenas pelos atos já praticados **OU** não deve responder pela tentativa **(0,45)**.	0,45
6. **Subsidiariamente: a pena-base deve ser fixada no mínimo legal (0,20), pois a existência de ação socioeducativa julgada procedente não justifica o reconhecimento de maus antecedentes (0,15).**	0,25
7. Reconhecimento da atenuante da menoridade relativa **(0,15), nos termos do art. 65, inciso I, do CP (0,10).**	0,25
8. Reconhecimento da atenuante da confissão **(0,15)**, nos termos do **art. 65, inciso III, *d*,** do CP **(0,10)**.	0,25
9. Afastamento da causa de aumento do **art. 157, § 2.º, inciso I, do CP (0,30), pois houve apenas simulação de porte de arma de fogo, sem incremento do potencial lesivo OU pois não existe prova do emprego de arma de fogo (0,20).**	0,50
10. Redução da tentativa em seu patamar máximo **(0,10)**, permitindo **aplicação da suspensão condicional da pena (0,05).**	0,15
11. Aplicação do regime inicial semiaberto ou aberto do cumprimento de pena **(0,20)**, pois a gravidade em abstrato não justifica regime de pena mais severo **OU** a fixação de regime de cumprimento mais severo exige motivação concreta **(0,15), nos termos da Súmula 718/STF OU 719/STF OU 440/STJ (0,10).**	0,45

12. Pedido de provimento do recurso **(0,30)**, com expedição de alvará de soltura **(0,10)**.	0,40
13. Prazo: 15 de maio de 2017 **(0,10)**.	0,10
14. Fechamento: aposição de local, data, **assinatura e OAB (0,10)**.	0,10

8.11. XXI Exame de Ordem

Gabriela, nascida em 28 de abril de 1990, terminou relacionamento amoroso com Patrick, não mais suportando as agressões físicas sofridas, sendo expulsa do imóvel em que residia com o companheiro em comunidade carente na cidade de Fortaleza, Ceará, juntamente com o filho do casal de apenas 02 anos. Sem ter familiares no Estado e nem outros conhecidos, passou a pernoitar com o filho em igrejas e outros locais de acesso público, alimentando-se a partir de ajudas recebidas de desconhecidos. Nessa época, Gabriela fez amizade com Maria, outra mulher em situação de rua que frequentava os mesmos espaços que ela. No dia 24 de dezembro de 2010, não mais aguentando a situação e vendo o filho chorar e ficar doente em razão da ausência de alimentação, após não conseguir emprego ou ajuda, Gabriela decidiu ingressar em um grande supermercado da região, onde escondeu na roupa dois pacotes de macarrão, cujo valor totalizava R$ 18,00 (dezoito reais). Ocorre que a conduta de Gabriela foi percebida pelo fiscal de segurança, que a abordou no momento em que ela deixava o estabelecimento comercial sem pagar pelos bens, e apreendeu os dois produtos escondidos. Em sede policial, Gabriela confirmou os fatos, reiterando a ausência de recursos financeiros e a situação de fome e risco físico de seu filho. Juntado à Folha de Antecedentes Criminais sem outras anotações, o laudo de avaliação dos bens subtraídos confirmando o valor, e ouvidos os envolvidos, inclusive o fiscal de segurança e o gerente do supermercado, o auto de prisão em flagrante e o inquérito policial foram encaminhados ao Ministério Público, que ofereceu denúncia em face de Gabriela pela prática do crime do art. 155, *caput*, c/c art. 14, inciso II, ambos do Código Penal, além de ter opinado pela liberdade da acusada. O magistrado em atuação perante o juízo competente, no dia 18 de janeiro de 2011, recebeu a denúncia oferecida pelo Ministério Público, concedeu liberdade provisória à acusada, deixando de converter o flagrante em preventiva, e determinou que fosse realizada a citação da denunciada. Contudo, foi concedida a liberdade para Gabriela antes de sua citação e, como ela não tinha endereço fixo, não foi localizada para ser citada. No ano de 2015, Gabriela consegue um emprego e fica em melhores condições. Em razão disso, procura um advogado, esclarecendo que nada sabe sobre o prosseguimento da ação penal a que respondia. Disse, ainda, que Maria, hoje residente na rua X, na época dos fatos também era moradora de rua e tinha conhecimento de suas dificuldades. Diante disso, em 16 de março de 2015, segunda-feira, sendo terça-feira dia útil em todo o país, Gabriela e o advogado compareceram ao cartório, onde são informados de que o processo estava em seu regular prosseguimento desde 2011, sem qualquer suspensão, esperando a localização de Gabriela para citação. Naquele mesmo momento, Gabriela foi citada, assim como intimada, junto ao seu advogado, para apresentação da medida cabível. Cabe destacar que a ré, acompanhada de seu patrono, já manifestou desinteresse em aceitar a proposta de suspensão condicional do processo oferecida pelo Ministério Público.

Considerando a situação narrada, apresente, na qualidade de advogado(a) de Gabriela, a peça jurídica cabível, diferente do *habeas corpus*, apresentando todas as teses jurídicas de direito material e processual pertinentes. A peça deverá ser datada no último dia do prazo. (Valor: 5,00)

Obs.: a peça deve abranger todos os fundamentos de Direito que possam ser utilizados para dar respaldo à pretensão. A simples menção ou transcrição do dispositivo legal não confere pontuação.

Excelentíssimo Senhor Juiz de Direito da Vara Criminal da Comarca de Fortaleza, Ceará,

Comentários: a vara e a comarca foram informadas no enunciado, por isso tinham de ser mencionadas.

Gabriela, já qualificada nos autos, vem, por seu advogado, apresentar Resposta à Acusação, com fundamento nos arts. 396 e 396-A do Código de Processo Penal, pelas razões a seguir expostas:

Comentários: a banca aceitou tanto o art. 396 quanto o 396-A como fundamentação da peça. Em RA, para não ter problema, prefiro sempre mencionar os dois.

I – DOS FATOS

No dia 24 de dezembro de 2010, a ré decidiu, ao ver o seu filho chorar e ficar doente em razão da ausência de alimentação, após não conseguir emprego ou ajuda, ingressar em um grande supermercado da região, onde escondeu na roupa dois pacotes de macarrão, cujo valor totalizava R$ 18,00 (dezoito reais). Em sede policial, ela confirmou os fatos, reiterando a ausência de recursos financeiros e a situação de fome e risco físico de seu filho.

O Ministério Público a denunciou pela prática do crime de furto, do art. 155, "caput", c/c o art. 14, II, ambos do CP.

Comentários: como não é pontuado, não perca tempo com o tópico *dos fatos*.

II – DO DIREITO

a) PRESCRIÇÃO

Deve ser reconhecida a extinção da punibilidade pela prescrição da pretensão punitiva, nos termos do art. 107, IV, do CP. Isso porque, entre a data do recebimento da denúncia e a manifestação do advogado, transcorreu prazo superior a quatro anos. Considerando que a ré tinha, na época da conduta, menos de vinte e um anos, tem de ser reduzido pela metade o prazo prescricional, nos termos do art. 115 do CP. Destarte, deve ser absolvida sumariamente a acusada.

Comentários: em RA, não há tantas teses como em memoriais, por exemplo, por isso a Banca exige que as teses sejam esmiuçadas, com riqueza de detalhes. A prescrição foi objeto de dois quesitos no XXI Exame de Ordem (3 e 3.1).

b) PRINCÍPIO DA INSIGNIFICÂNCIA

Ademais, em razão do ínfimo valor da coisa subtraída, deve ser reconhecida a hipótese de incidência do princípio da insignificância, causa de atipicidade material, devendo a ré ser absolvida sumariamente.

Comentários: o princípio da insignificância não está previsto em lei, por isso de nada adianta o vade-mécum ao sustentar essa tese. É importante ter em sua memória a consequência da incidência do princípio: a atipicidade material. Ou seja, não há crime por causa da atipicidade.

c) ESTADO DE NECESSIDADE

Por fim, deve ser a ré absolvida em virtude do estado de necessidade, causa de exclusão da ilicitude, nos termos do art. 24 do CP, pois ela praticou a subtração em defesa da saúde e da vida do seu filho, que estavam em risco por conta da situação de fome extrema.

Comentários: para ficar mais completa a sustentação, poderia ter transcrito o que diz o art. 24 do CP, utilizando a redação legal como se fossem minhas palavras. Fiz dessa forma para seguir o que determinava o gabarito, em seu quesito n. 5.

III – DOS PEDIDOS

Diante do exposto, requer:

(1) A absolvição sumária pela prescrição, com fundamento no art. 397, IV, do CPP;

(2) A absolvição sumária pela atipicidade da conduta, em razão da insignificância, nos termos do art. 397, III, do CPP;

(3) A absolvição sumária em razão do estado de necessidade, com fundamento no art. 397, I, do CPP;

(4) Subsidiariamente, caso Vossa Excelência não entenda pela absolvição sumária, pede a intimação das testemunhas ao final arroladas.

Comentários: poderia ter pedido a absolvição sumária com fundamento no *art. 397, I, III e IV.* Entretanto, não recomendo que seja feito dessa forma. Se o gabarito tivesse dito, apenas, *art. 397, I e IV,* sem o inciso III, o corretor poderia entender que errei a fundamentação. Por esse motivo, prefiro individualizar as fundamentações, para que uma não *contamine* a outra. Além disso, não se esqueça, em RA, de dizer *sumária,* logo após falar em *absolvição.*

Comarca ..., 26 de março de 2015.

Advogado, OAB.

Testemunha:

(a) Maria, endereço ...;

(b) Nome ..., endereço ... .

Comentários: logo após a prova, um *cursinho,* na época, disse que o examinando teria de nomear oito testemunhas, pois é o limite de testemunhas no rito comum ordinário, e não apenas Maria. Sinceramente, não sei de onde inventam essas regras. Se a prova tivesse dito para arrolar o máximo de testemunhas, tudo bem, mas não tinha nada nesse sentido no enunciado. A única testemunha em favor da cliente é Maria. Até poderia ter arrolado o segurança e o gerente do supermercado, mas tanto faz. O quesito n. 7 falou apenas em *rol de testemunhas.* Nem mesmo o nome da amiga da ré, Maria, foi cobrado.

ITEM	PONTUAÇÃO
Resposta à acusação	
1. Endereçamento: Vara Criminal da Comarca de **Fortaleza, Ceará (0,10).**	0,10
2. Fundamento legal: **art. 396-A OU art. 396, ambos do Código de Processo Penal (0,10).**	0,10
Teses jurídicas de direito processual e material: **3. Reconhecimento da causa de extinção da punibilidade (0,25), em razão da ocorrência de prescrição da pretensão punitiva estatal (0,30). Citação do art. 107, IV, do CP (0,10).**	0,65
3.1. Prescrição em razão de entre a data do recebimento da denúncia e a manifestação do advogado ter sido ultrapassado o prazo prescricional de 04 anos **(0,20), já que Gabriela era menor de 21 anos na data dos fatos, devendo o prazo ser computado pela metade (0,15). Citação do art. 109, IV E do art. 115 do CP (0,10).**	0,45
4. Arguição de que a conduta narrada evidentemente não constituir crime em razão da atipicidade **(0,40)**, diante da aplicação do princípio da bagatela/insignificância **(0,80)**.	1,20
5. Arguição da existência de manifesta causa de exclusão da ilicitude **(0,40)**, pois Gabriela agiu em estado de necessidade diante da situação de fome e risco para **a saúde de seu filho (0,70), nos termos do art. 24 do Código Penal (0,10).**	1,20
Pedidos: **6. Absolvição Sumária (0,50), com fundamento no art. 397, inciso I (0,10), no art. 397, inciso III (0,10), e no art. 397, inciso IV, todos do CPP (0,10).**	0,80
7. **Rol de testemunhas (0,30).**	0,30
Fechamento **8. Prazo: 26 de março de 2015 (0,10).**	0,10
9. Local, data, advogado(a) e OAB **(0,10)**.	0,10

8.12. XX Exame de Ordem

Astolfo, nascido em 15 de março de 1940, sem qualquer envolvimento pretérito com o aparato judicial, no dia 22 de março de 2014, estava em sua casa, um barraco na comunidade conhecida como Favela da Zebra, localizada em Goiânia/GO, quando foi visitado pelo chefe do tráfico da comunidade, conhecido pelo vulgo de Russo.

Russo, que estava armado, exigiu que Astolfo transportasse 50 g de cocaína para outro traficante, que o aguardaria em um Posto de Gasolina, sob pena de Astolfo ser expulso de sua residência e não mais poder morar na Favela da Zebra. Astolfo, então, se viu obrigado a aceitar a determinação, mas quando estava em seu automóvel, na direção do Posto de Gasolina, foi abordado por policiais militares, sendo a droga encontrada e apreendida. Astolfo foi denunciado perante o juízo competente pela prática do crime previsto no art. 33, *caput*, da Lei n. 11.343/2006. Em que pese tenha sido preso em flagrante, foi concedida liberdade provisória ao agente, respondendo ele ao processo em liberdade. Durante a audiência de instrução e julgamento, após serem observadas todas as formalidades legais, os policiais militares responsáveis pela prisão em flagrante do réu confirmaram os fatos narrados na denúncia, além de destacarem que, de fato, o acusado apresentou a versão de que transportava as drogas por exigência de Russo. Asseguraram que não conheciam o acusado antes da data dos fatos. Astolfo, em seu interrogatório, realizado como último ato da instrução por requerimento expresso da defesa do réu, também confirmou que fazia o transporte da droga, mas alegou que somente agiu dessa forma porque foi obrigado pelo chefe do tráfico local a adotar tal conduta, ainda destacando que residia havia mais de 50 anos na comunidade da Favela da Zebra e que, se fosse de lá expulso, não teria outro lugar para morar, pois sequer possuía familiares e amigos fora do local. Disse que nunca respondeu a nenhum outro processo, apesar já ter sido indiciado nos autos de um inquérito policial pela suposta prática de um crime de falsificação de documento particular. Após a juntada da Folha de Antecedentes Criminais do réu, apenas mencionando aquele inquérito, e do laudo de exame de material, confirmando que, de fato, a substância encontrada no veículo do denunciado era "cloridrato de cocaína", os autos foram encaminhados para o Ministério Público, que pugnou pela condenação do acusado nos exatos termos da denúncia. Em seguida, você, advogado (a) de Astolfo, foi intimado (a) em 06 de março de 2015, uma sexta-feira.

Com base nas informações acima expostas e naquelas que podem ser inferidas do caso concreto, redija a peça cabível, excluída a possibilidade de *habeas corpus*, no último dia do prazo, sustentando todas as teses jurídicas pertinentes. (Valor: 5,00)

Obs.: o examinando deve indicar todos os fundamentos e dispositivos legais cabíveis. A mera citação do dispositivo legal não confere pontuação.

Excelentíssimo Senhor Juiz de Direito da Vara Criminal da Comarca de Goiânia/GO,

Comentários: a vara e a comarca estavam no enunciado. Logo, tinham de ser mencionadas no endereçamento.

Astolfo, já qualificado nos autos, vem, por seu advogado, apresentar Alegações Finais por Memoriais, com fundamento no art. 404, parágrafo único, e no art. 394, § 5.°, ambos do Código de Processo Penal, pelas razões a seguir expostas:

Comentários: o gabarito acabou aceitando como fundamentação os arts. 403 e 404 do CPP. Todavia, pela redação do enunciado, o art. 404 parece ser o correto. Veja a sequência dos fatos:

1) Astolfo, em seu interrogatório, realizado como último ato da instrução;
2) Após a juntada da Folha de Antecedentes Criminais do réu;
3) (...) os autos foram encaminhados para o Ministério Público, que pugnou pela condenação.

Perceba que o réu foi interrogado e, ao final, foram juntados aos autos a folha de antecedentes e alguns outros documentos, incluído o laudo pericial, constatando que se tratava de droga. Após, os autos foram remetidos ao MP para os memoriais. Ou seja, houve a realização de diligências em momento posterior ao fim da audiência, razão pela qual a fundamentação é a do art. 404, parágrafo único, do CPP.

Como a Lei n. 11.343/2006 não traz previsão para a apresentação de memoriais, também tinha de ser mencionado o art. 394, § 5.º, do CPP.

I – DOS FATOS

No dia 22 de março de 2014, o réu foi preso em flagrante por possuir, em seu poder, certa quantidade de cocaína. A conduta se deu em razão de coação moral exercida por Russo, traficante de drogas. O Ministério Público o denunciou pela prática do crime do art. 33 da Lei n. 11.343/2006.

Em juízo, confessou a prática do crime, mas disse ter agido, como já mencionado, por ter sido coagido por Russo, que o ameaçou caso não praticasse a conduta típica.

Comentários: como não vale pontos, apenas resumi o enunciado.

II – DO DIREITO

a) COAÇÃO MORAL IRRESISTÍVEL

No mérito, deve o réu ser absolvido pela prática do crime de tráfico de drogas. A sua conduta se deu, exclusivamente, em virtude de coação moral irresistível, prevista no art. 22 do CP, causa de exclusão da culpabilidade em razão de inexigibilidade de conduta diversa.

Comentários: no XX Exame de Ordem, podemos perceber a transição da prova da Banca para o formato atual. Nas últimas provas, a banca tem exigido, cada vez menos, conhecimentos extralegais. Quando alguma expressão doutrinária é exigida, o gabarito traz, como alternativa, a explicação de como ela funciona.

Nos dias de hoje, o quesito n. 4 seria, mais ou menos, assim: ausência de culpabilidade *em razão da inexigibilidade de conduta diversa OU a conduta não é punível porque o réu não teve como evitar a sua prática.*

b) PENA-BASE

Subsidiariamente, em caso de condenação, a pena-base deve ser fixada no mínimo legal, pois a existência de inquérito policial não pode configurar circunstância judicial desfavorável, conforme Súmula 444 do STJ.

Comentários: curiosamente, o gabarito não trouxe a Súmula 444 do STJ, cobrada em mais de uma oportunidade no Exame de Ordem. O art. 59 do CP também não foi mencionado.

c) ATENUANTES

Além disso, deve ser reconhecida a atenuante do art. 65, I, do CP, pois o réu tinha mais de setenta anos na data da sentença.

Também deve incidir a atenuante da confissão, do art. 65, III, "d", do CP, por ter o acusado confirmado a acusação quando ouvido, em interrogatório.

Por fim, também faz jus à atenuante da coação resistível, na forma do art. 65, III, "c", do CP.

Comentários: poderia ter sustentado as atenuantes em conjunto. No entanto, separadamente, faço que uma fique desvinculada da outra. Assim, se disser algo errado, não comprometo aquilo que respondi corretamente. Dá mais trabalho, mas é mais seguro.

d) CAUSA DE DIMINUIÇÃO DE PENA

O acusado faz jus à causa de diminuição do art. 33, § 4.º, da Lei n. 11.343/2006. Ele é primário, de bons antecedentes e não se dedica a atividade criminosa e nem integra organização criminosa.

Comentários: diferentemente do que aconteceu no quesito de n. 3.1, que exigiu que fosse falado da inexigibilidade de conduta diversa, termo inexistente no art. 22 do CP, no quesito de n. 8, a banca aceitou a expressão *tráfico privilegiado*, que não está na lei, e também *causa de diminuição de pena*, natureza jurídica do que está disposto no art. 33, § 4.º, da Lei n. 11.343/2006, algo que pode ser extraído, com facilidade, da simples leitura do dispositivo legal.

e) SUBSTITUIÇÃO DA PENA PRIVATIVA DE LIBERDADE

Considerada a pena a ser aplicada ao réu, ele tem direito à substituição da pena privativa de liberdade por restritivas de direitos, nos termos do art. 44 do CP, pois o STF declarou a inconstitucionalidade da vedação trazida no art. 33, § 4.º, da Lei n. 11.343/2006.

f) REGIME INICIAL

Não sendo o caso de substituição da pena privativa de liberdade, deve ser aplicado o regime inicial aberto. A fixação obrigatória de regime inicial fechado aos crimes hediondos e equiparados, prevista no art. 2.º, § 1.º, da Lei n. 8.072/90, foi considerada inconstitucional pelo STF por violação ao princípio da individualização da pena.

Comentários: quem inicia o estudo para a 2.ª fase a partir do XX Exame de Ordem tem a mente tomada pela insegurança, caso não conheça a jurisprudência do STF. Isso porque, em dois quesitos (9 e 10), o gabarito exigiu a posição da Corte acerca da inconstitucionalidade de dois dispositivos, o art. 33, § 4.º, da Lei n. 11.343/2006 e o art. 2.º, § 1.º, da Lei n. 8.072/90. Se é o seu caso, fique tranquilo! Atualmente, a banca não tem exigido julgados – e, quando exige algum, é de algo que já caiu em provas anteriores, a exemplo da inconstitucionalidade do regime inicial fechado em crimes hediondos.

Portanto, não precisa se desesperar e passar a ler, compulsivamente, os informativos do STJ e do STF dos últimos anos. Estude os gabaritos das provas passadas, todos disponíveis no manual. É bem provável que a banca repita algum deles. Sobre os posicionamentos da jurisprudência, preocupe-se com as súmulas, pois são muito cobradas.

III – DO PEDIDO

Diante do exposto, requer:

(a) No mérito, a absolvição do acusado, nos termos do art. 386, VI, do CPP;

(b) Subsidiariamente, a aplicação da pena-base no mínimo legal;

(c) O reconhecimento das atenuantes do art. 65, I e III, c e d, do CP;

(d) A aplicação da causa de diminuição de pena do art. 33, § 4.º, da Lei n. 11.343/2006;

(e) A substituição da pena privativa de liberdade por restritivas de direitos;

(f) A aplicação do regime inicial aberto.

Comentários: em memoriais, tudo é pontuado em duplicidade. Repita, no *do pedido*, tudo o que você já disse no *do direito*. A pontuação será dada em dobro em razão de haver dois quesitos para cada uma das teses. É a conhecida promoção do *pague*

1 e leve 2. Nas atenuantes, fiz a sustentação conjunta, como está no gabarito, mas, como já expliquei em outros trechos deste manual, não acho uma boa ideia. Uma resposta errada pode acabar contaminando uma certa, causando prejuízo à nota.

Comarca ..., 13 de março de 2015.

Advogado, OAB.

ITEM	PONTUAÇÃO
1. **Endereçamento: Vara Criminal da Comarca de Goiânia/GO (0,10).**	0,10
2. Fundamento legal: **art. 403, § 3.º, do CPP OU art. 404, parágrafo único, do CPP OU art. 57 da Lei n. 11.343/2006 c/c 403, § 3.º do CPP c/c 394, § 5.º do CPP (0,10).**	0,10
3. No mérito: **Absolvição do crime imputado de tráfico de drogas (0,40), com fundamento na existência de coação moral irresistível (0,90), prevista no art. 22 do Código Penal (0,10).**	1,40
3.1. Ausência de culpabilidade em razão da inexigibilidade de conduta diversa (0,40).	0,40
4. Subsidiariamente, em caso de condenação: fixação da **pena-base no mínimo legal, pois a existência de inquérito policial não pode configurar circunstância judicial desfavorável (0,25), em atenção ao Princípio da presunção de inocência (0,10).**	0,35
5. Reconhecimento de atenuante pelo fato de o réu ser maior de 70 **anos na data da sentença (0,15), nos termos do art. 65, inciso I, do CP (0,10).**	0,25
6. Reconhecimento da atenuante da confissão **(0,15)**, nos termos do **art. 65, inciso III,** ***d*****,** do **CP (0,10).**	0,25
7. Reconhecimento da atenuante da coação resistível **(0,15)**, na forma do **art. 65, inciso III,** ***c*****,** do CP **(0,10)**.	0,25
8. Aplicação da causa de diminuição do **art. 33, § 4.º, da Lei n. 11.343 OU reconhecimento do tráfico privilegiado (0,30), pois o réu era primário, de bons antecedentes, não se dedicando a atividade criminosa nem integrando organização criminosa (0,10).**	0,40
9. Substituição da pena privativa de liberdade por restritivas de direitos **(0,20)**, pois o STF **reconheceu a inconstitucionalidade da vedação trazida pelo art. 33, § 4.º, da Lei n. 11.343/2006 OU porque a Resolução 05 do Senado Federal suspendeu a eficácia dessa vedação (0,15).**	0,35

10. Aplicação do regime inicial aberto para cumprimento de pena **(0,15)**, pois a fixação do regime inicial fechado obrigatório para crimes hediondos e equiparados trazida pelo **art. 2.º, § 1.º, da Lei n. 8072 foi considerada inconstitucional pelo STF por violação do princípio da individualização da pena (0,10).**	0,25
11. **Pedidos: Absolvição (0,10), na forma do art. 386, inciso VI, do CPP (0,10).**	0,20
11.1. Subsidiariamente, aplicação da **pena-base no mínimo (0,10).**	0,10
11.2. Reconhecimento das atenuantes do **art. 65, incisos I e III,** ***c*** **e** ***d*****, do CP (0,10).**	0,10
11.3. Aplicação da causa de diminuição do **art. 33, § 4.º, da Lei n. 11.343 (0,10); substituição da pena privativa de liberdade por restritiva de direitos (0,10); aplicação de regime inicial aberto (0,10).**	0,30
12. Prazo: 13 de março de 2015 **(0,10)**.	0,10
13. Estrutura – Local, data, assinatura, OAB **(0,10)**.	0,10

8.13. XIX Exame de Ordem

No dia 24 de dezembro de 2014, na cidade do Rio de Janeiro, Rodrigo e um amigo não identificado foram para um bloco de rua que ocorria em razão do Natal, onde passaram a ingerir bebida alcoólica em comemoração ao evento festivo. Na volta para casa, ainda em companhia do amigo, já um pouco tonto em razão da quantidade de cerveja que havia bebido, subtraiu, mediante emprego de uma faca, os pertences de uma moça desconhecida que caminhava tranquilamente pela rua. A vítima era Maria, jovem de 24 anos que acabara de sair do médico e saber que estava grávida de um mês. Em razão dos fatos, Rodrigo foi denunciado pela prática de crime de roubo duplamente majorado, na forma do art. 157, § 2.º, incisos I e II, do Código Penal. Durante a instrução, foi juntada a Folha de Antecedentes Criminais de Rodrigo, onde constavam anotações em relação a dois inquéritos policiais em que ele figurava como indiciado e três ações penais a que respondia na condição de réu, apesar de em nenhuma delas haver sentença com trânsito em julgado. Foram, ainda, durante a Audiência de Instrução e Julgamento ouvidos a vítima e os policiais que encontraram Rodrigo, horas após o crime, na posse dos bens subtraídos. Durante seu interrogatório, Rodrigo permaneceu em silêncio. Ao final da instrução, após alegações finais, a pretensão punitiva do Estado foi julgada procedente, com Rodrigo sendo condenado a pena de 05 anos e 04 meses de reclusão, a ser cumprida em regime semiaberto, e 13 dias-multa. O juiz aplicou a pena-base no mínimo legal, além de não reconhecer qualquer agravante ou atenuante. Na terceira fase da aplicação da pena, reconheceu as majorantes mencionadas na denúncia e realizou um aumento de 1/3 da pena imposta. O

Ministério Público foi intimado da sentença em 14 de setembro de 2015, uma segunda-feira, sendo terça-feira dia útil. Inconformado, o Ministério Público apresentou recurso de apelação perante o juízo de primeira instância, acompanhado das respectivas razões recursais, no dia 30 de setembro de 2015, requerendo:

i) O aumento da pena-base, tendo em vista a existência de diversas anotações na Folha de Antecedentes Criminais do acusado;

ii) O reconhecimento das agravantes previstas no art. 61, inciso II, *h* e *l*, do Código Penal;

iii) A majoração do *quantum* de aumento em razão das causas de aumentos previstas no art. 157, § 2.º, incisos I e II, do Código Penal, exclusivamente pelo fato de serem duas as majorantes;

iv) Fixação do regime inicial fechado de cumprimento de pena, pois o roubo com faca tem assombrado a população do Rio de Janeiro, causando uma situação de insegurança em toda a sociedade.

A defesa não apresentou recurso. O magistrado, então, recebeu o recurso de apelação do Ministério Público e intimou, no dia 19 de outubro de 2015 (segunda-feira), sendo terça-feira dia útil em todo o país, você, advogado(a) de Rodrigo, para apresentar a medida cabível.

Com base nas informações expostas na situação hipotética e naquelas que podem ser inferidas do caso concreto, redija a peça cabível, excluída a possibilidade de *habeas corpus*, no último dia do prazo, sustentando todas as teses jurídicas pertinentes. (Valor: 5.00)

Obs.: o examinando deve indicar todos os fundamentos e dispositivos legais cabíveis. A mera citação do dispositivo legal não confere pontuação.

Alerta: o XIX Exame de Ordem é anterior às mudanças ocorridas em 2018, pela Lei n. 13.654. Como o objetivo deste exercício é a demonstração da estrutura das contrarrazões de apelação, a peça foi resolvida com base no gabarito da Banca, agora, desatualizado.

Excelentíssimo Senhor Juiz de Direito da Vara Criminal da Comarca do Rio de Janeiro,

Comentários: como o enunciado trouxe a vara e a comarca, o examinando tinha de mencioná-las, sob pena de perder o quesito n. 1.

Rodrigo, já qualificado nos autos, vem, por seu advogado, requerer a juntada de Contrarrazões de Apelação, com fundamento no art. 600 do Código de Processo Penal.

Comentários: o CPP não fala em *contrarrazões*, mas em *razões do apelado*, por isso a banca teve de aceitar as duas formas. Prefiro falar em contrarrazões por melhor demonstrar a peça que está sendo oferecida. Ademais, em regra, não há problema em dizer *interpor, oferecer, apresentar* etc. A correção não é prejudicada por esse motivo. No entanto, em contrarrazões, como muitos reprovaram por terem feito *interposição de apelação*, acho interessante evitar o uso da expressão.

Requer sejam recebidas e processadas e encaminhadas ao Tribunal de Justiça do Estado do Rio de Janeiro.

Comarca ..., 27 de outubro de 2015.
Advogado ..., OAB ...

(Salto de linhas)

Contrarrazões de Apelação
Apelante: Ministério.
Apelado: Rodrigo.

Egrégio Tribunal de Justiça do Estado do Rio de Janeiro,
Colenda Câmara,
Douto Procurador de Justiça,

A sentença proferida pelo Juiz de Direito da Vara Criminal da Comarca do Rio de Janeiro deve ser mantida em sua integralidade pelas razões a seguir expostas.

Comentários: inicie a peça falando em *razões do apelado* ou *contrarrazões de apelação*. É uma exigência do gabarito.

I – DOS FATOS

No dia 24 de dezembro de 2014, o apelado teria praticado o crime de roubo, em concurso de pessoas, contra a vítima Maria. Em razão disso, o Ministério Público o denunciou com fundamento no art. 157, § 2.º, I e II, do Código Penal. O Juiz de Direito da Vara Criminal da Comarca do Rio de Janeiro o condenou nos termos da petição inicial à pena de 5 anos e 4 meses de reclusão, a ser cumprida em regime inicial semiaberto. O Ministério Público recorreu da decisão.

II – DO DIREITO

a) INTEMPESTIVIDADE

Preliminarmente, não deve ser conhecido o recurso de apelação interposto pelo Ministério Público por ser intempestivo, nos termos do art. 593 do CPP, que prevê o prazo de 5 dias.

b) PENA-BASE

A pena-base imposta na sentença, no mínimo legal, deve ser mantida, pois a existência de ações penais em curso, sem trânsito em julgado, ou inquéritos policiais não justificam o reconhecimento de circunstâncias judiciais prejudiciais, conforme Súmula 444 do STJ.

c) AGRAVANTE DA GRAVIDEZ

O apelante sustenta a incidência da agravante da gravidez da vítima. Contudo, o pedido não pode prosperar. O apelado não tinha conhecimento de tal circunstância.

Comentários: nas primeiras edições como banca responsável pela prova, a Banca fazia como o Cebraspe (Cespe), que exigia do examinando expressões de natureza doutrinária. Entretanto, de uns tempos para cá, a banca tem adotado uma postura interessante: aceita tanto a expressão doutrinária quanto a explicação de o porquê de uma determinada tese. Foi o que aconteceu nesse quesito de n. 6. O examinando podia falar em *responsabilidade objetiva* ou explicar o motivo do afastamento da agravante – Rodrigo não sabia que a vítima estava grávida.

d) AGRAVANTE DA EMBRIAGUEZ PREORDENADA

Também não pode ser aceito o pedido de incidência da agravante da embriaguez preordenada. Isso porque não existe prova de que o apelado ingeriu bebida alcoólica com o objetivo de cometer o crime.

Comentários: no quesito de n. 7, a banca foi bastante flexível ao aceitar várias respostas diferentes. Quem conhecia um pouco melhor do assunto podia falar a respeito do art. 28 do CP ou do consumo de bebida para criar coragem para a prática do delito. Por outro lado, quem não tinha a menor ideia do que sustentar, bastava utilizar o que o enunciado disse: não tinha prova de que o apelado bebeu para cometer o crime.

e) CAUSA DE AUMENTO DO CRIME DE ROUBO

O apelante sustenta o aumento da pena em razão do roubo circunstanciado em com base no número de majorantes. Entretanto, a reflexão não está correta. Segundo a Súmula 443 do STJ, o aumento na terceira fase de aplicação da pena no crime de roubo circunstanciado exige fundamentação concreta, não sendo suficiente para a sua exasperação a mera indicação do número de majorantes.

Comentários: quando sustentar uma tese, utilize as palavras do artigo ou da súmula que a fundamentam como se fossem suas. No texto anterior, copiei integralmente o que diz a Súmula 443 do STJ.

f) REGIME INICIAL DE CUMPRIMENTO DE PENA

Deve ser mantido o regime inicial semiaberto, fixado na sentença, e não o fechado, como sustentado pelo apelante. A gravidade em abstrato do crime não é motivação idônea para a aplicação de regime mais severo do que o compatível com a pena aplicada, nos termos da Súmula 440 do STJ.

I – DO PEDIDO

Diante do exposto, requer o não conhecimento do recurso e, subsidiariamente, o não provimento.

Comentários: estamos tão acostumados a treinar a interposição de recursos que, em contrarrazões, não são poucos os que fazem confusão e pedem o *conhecimento* e o *provimento*. Todavia, o nosso objetivo é exatamente o oposto.

Comarca ..., 27 de outubro de 2015.

Advogado ..., OAB ...

ITEM	PONTUAÇÃO
Petição de juntada	
1. Endereçamento: Vara Criminal da Comarca do Rio de Janeiro **(0,10)**.	0,10
2. Fundamento legal: **art. 600 do CPP (0,10).**	0,10
Razões do apelado ou contrarrazões de apelação	
3. **Endereçamento: Tribunal de Justiça do Rio de Janeiro.**	0,10
4. Preliminarmente: Não conhecimento do recurso de Apelação, em **razão da intempestividade (0,50), nos termos do art. 593 do CPP (0,10).** **Obs.: a mera indicação do dispositivo legal ou do número de súmula não pontua.**	0,60

5. No mérito: manter a pena-base no mínimo legal **(0,15)**, pois a existência de ações penais em curso sem trânsito em julgado ou inquéritos policiais não justificam o reconhecimento de circunstâncias judiciais **prejudiciais (0,40), sob pena de violação do princípio da presunção de inocência (art. 5.º, inciso LVII, da CF/88) OU na forma do Enunciado 444 da Súmula do STJ (0,10).** **Obs.: a mera indicação do dispositivo legal ou do número de súmula não pontua.**	0,65
6. **Não deve ser aplicada a agravante da gravidez da vítima (0,15), pois Rodrigo não tinha conhecimento de tal circunstância OU sob pena de configurar responsabilidade objetiva (0,40).**	0,55
7. Não deve ser aplicada a agravante da embriaguez preordenada **(0,15), pois não existe prova que Rodrigo ingeriu bebida alcoólica com objetivo de cometer crime OU para aumentar sua coragem para cometer o delito OU porque a embriaguez foi voluntária ou culposa, mas não preordenada (0,40).**	0,55
8. A fração do aumento de **pena em razão do roubo circunstanciado não deve ser aumentada (0,15), pois o número de majorantes, de maneira isolada, não configura fundamentação idônea OU porque deve ser apresentada fundamentação concreta para o aumento de pena acima do mínimo previsto, não sendo o número de majorantes suficientes (0,40), na forma do Enunciado 443 da Súmula do STJ (0,10).** **Obs.: a mera indicação do dispositivo legal ou do número de súmula não pontua.**	0,65
9. Deverá ser mantido o regime semiaberto para cumprimento de pena **(0,15)**, pois a gravidade em abstrato do crime não configura motivação idônea para aplicação de regime mais severo do que o compatível com a pena aplicada **(0,40)**, na forma do Enunciado 718 **OU** 719 da Súmula do STF **OU** do Enunciado 440 da **Súmula do STJ (0,10).** **Obs.: a mera indicação do dispositivo legal ou do número de súmula não pontua.**	0,65
10. Pedido: Não conhecimento do recurso **(0,35)** e, subsidiariamente, não provimento do recurso **OU** que seja mantida a sentença de 1.º grau em sua **integralidade (0,50).**	0,85
11. Data específica (último dia do prazo): 27.10.2015 **(0,10)**.	0,10
12. Data, local, OAB e assinatura **(0,10)**.	0,10

8.14. XVIII Exame de Ordem

Durante o carnaval do ano de 2015, no mês de fevereiro, a família de Joana resolveu viajar para comemorar o feriado, enquanto Joana, de 19 anos, decidiu ficar em sua residência, na cidade de Natal, sozinha, para colocar os estudos da faculdade em dia. Tendo conhecimento dessa situação, Caio, vizinho de Joana, nascido em 25 de março de 1994, foi até o local, entrou sorrateiramente no quarto de Joana e, mediante grave ameaça, obrigou-a a praticar com ele conjunção carnal e outros atos libidinosos diversos, deixando o local após os fatos e exigindo que a vítima não contasse sobre o ocorrido para qualquer pessoa. Apesar de temerosa e envergonhada, Joana contou o ocorrido para sua mãe. A seguir, as duas compareceram à Delegacia e a vítima ofertou representação. Caio, então, foi denunciado pela prática como incurso nas sanções penais do art. 213 do Código Penal, por duas vezes, na forma do art. 71 do Estatuto Repressivo. Durante a instrução, foram ouvidas a vítima, testemunhas de acusação e o réu confessou os fatos. Foi, ainda, juntado laudo de exame de conjunção carnal confirmando a prática de ato sexual violento recente com Joana e a Folha de Antecedentes Criminais (FAC) do acusado, que indicava a existência de duas condenações, embora nenhuma delas com trânsito em julgado. Em alegações finais, o Ministério Público requereu a condenação de Caio nos termos da denúncia, enquanto a defesa buscou apenas a aplicação da pena no mínimo legal. No dia 25 de junho de 2015 foi proferida sentença pelo juízo competente, qual seja a 1.ª Vara Criminal da Comarca de Natal, condenando Caio à pena privativa de liberdade de 10 anos e 06 meses de reclusão, a ser cumprida em regime inicial fechado. Na sentença consta que a pena-base de cada um dos crimes deve ser aumentada em seis meses pelo fato de Caio possuir maus antecedentes, já que ostenta em sua FAC duas condenações pela prática de crimes, e mais 06 meses pelo fato de o acusado ter desrespeitado a liberdade sexual da mulher, um dos valores mais significativos da sociedade, restando a sanção penal da primeira fase em 07 anos de reclusão, para cada um dos delitos. Na segunda fase, não foram reconhecidas atenuantes ou agravantes. Afirmou o magistrado que atualmente é o réu maior de 21 anos, logo não estaria presente a atenuante do art. 65, inciso I, do CP. Ao analisar o concurso de crimes, o magistrado considerou a pena de um dos delitos, já que eram iguais, e aumentou de ½ (metade), na forma do art. 71 do CP, justificando o acréscimo no fato de ambos os crimes praticados serem extremamente graves. Por fim, o regime inicial para o cumprimento da pena foi o fechado, justificando que, independentemente da pena aplicada, este seria o regime obrigatório, nos termos do art. 2.º, § 1.º, da Lei n. 8.072/90. Apesar da condenação, como Caio respondeu ao processo em liberdade, o juiz concedeu a ele o direito de aguardar o trânsito em julgado da mesma forma.

Caio e sua família o(a) procuram para, na condição de advogado(a), adotar as medidas cabíveis, destacando que estão insatisfeitos com o patrono anterior. Constituído nos autos, a intimação da sentença ocorreu em 07 de julho de 2015, terça-feira, sendo quarta-feira dia útil em todo o país.

Com base nas informações acima expostas e naquelas que podem ser inferidas do caso concreto, redija a peça cabível, excluída a possibilidade de *habeas corpus*, no último dia do prazo para interposição, sustentando todas as teses jurídicas pertinentes. (Valor: 5.00 pontos)

Obs.: o examinando deve fundamentar suas respostas. A mera citação do dispositivo legal não confere pontuação.

Excelentíssimo Senhor Juiz de Direito da 1.ª Vara Criminal da Comarca de Natal/RN,

Comentários: como o enunciado trouxe a vara e a comarca, o examinando tinha de mencioná-las, sob pena de perder o quesito n. 1.

Caio, já qualificado nos autos, vem, por seu advogado, interpor Recurso de Apelação, com fundamento no art. 593, I, do Código de Processo Penal.

Comentários: não há problema em dizer apenas *apelação*. Contudo, como a Banca fala em *recurso de apelação* no padrão de respostas, é a expressão que decidi adotar.

Requer seja recebido e processado o recurso, com as razões anexadas, e encaminhado ao Tribunal de Justiça do Estado do Rio Grande do Norte.

Comarca ..., 13 de julho de 2015.
Advogado ..., OAB ...

Comentários: a banca nunca pontua a menção à comarca no fechamento da peça, por isso prefiro dizer *comarca ...* ou *comarca XXX*.

Razões de Apelação
Apelante: Caio.
Apelado: Ministério Público.

Egrégio Tribunal de Justiça do Estado do Rio Grande do Norte,
Colenda Câmara,
Douto Procurador de Justiça,

A sentença condenatória proferida pelo Juiz de Direito da 1.ª Vara Criminal da Comarca de Natal deve ser reformada pelas razões a seguir expostas.

Comentários: inicie as razões dizendo *razões de apelação*. Pouco importa dizer que o apelado é o *Ministério Público* ou a *Justiça Pública*. A Banca não pontua. Da mesma forma, não existe pontuação para os cumprimentos à Câmara ou Turma e ao Procurador de Justiça.

I – DOS FATOS

Durante o carnaval de 2015, o apelante teria obrigado a vítima, Joana, à conjunção carnal e a ato libidinoso diverso. Por esse motivo, o Ministério Público o denunciou pela prática do crime de estupro, do art. 213 do CP, por duas vezes, na forma do art. 71 do CP. Encerrada a instrução, o Juiz de Direito da 1.ª Vara Criminal da Comarca de Natal o condenou nos termos da denúncia.

Comentários: se quiser *caprichar* mais no *dos fatos*, tudo bem. Só não invista muito tempo em algo que não vale pontuação.

II – DO DIREITO

a) CRIME ÚNICO

É imperiosa a necessidade de reforma da sentença condenatória proferida pelo Juiz de Direito da 1.ª Vara Criminal da Comarca de Natal. Isso porque as condutas descritas na denúncia foram praticadas contra uma mesma vítima, em um mesmo contexto fático. Destarte, o acusado não poderia ter sido condenado por dois crimes de estupro, em continuidade delitiva, mas por apenas um, pois a conduta configurou crime único, devendo ser afastado o concurso de crimes.

Comentários: no XVIII Exame de Ordem, a banca trouxe um quesito (n. 4) em que foi exigido do examinando a menção expressa à necessidade de reforma da sentença. Nas edições seguintes da prova, não houve quesito semelhante. De qualquer forma, ao fazer um recurso, diga expressamente que a decisão recorrida tem de ser reformada.

b) PENA-BASE

Ademais, a pena-base não poderia ter sido aumentada com base em maus antecedentes do apelante, pois ações penais em curso não funcionam como circunstância judicial desfavorável, conforme Súmula 444 do STJ.

A pena-base também não poderia ser aumentada pela violação da liberdade sexual da vítima, visto que é algo inerente ao tipo.

c) ATENUANTES

Devem ser reconhecidas as atenuantes da menoridade relativa, do art. 65, I, do CP, pois o apelante tinha menos de 21 anos na época da conduta, e da confissão espontânea, na forma do art. 65, III, d, do CP.

Comentários: como as duas atenuantes estão no mesmo artigo, poderia ter fundamentado em conjunto (art. 65, I e III, *d*, do CP). Seria mais prático, mas há um risco: se o gabarito não trouxer os dois incisos, o examinador pode entender que você errou. Por essa razão, prefiro fundamentar duas vezes, uma para cada inciso, para que uma resposta não comprometa a outra.

d) AUMENTO DE PENA PELA CONTINUIDADE DELITIVA

Subsidiariamente, mantido o concurso de crimes, deve ser reduzido o "quantum" de aumento pela continuidade delitiva, pois o critério a ser adotado é o número de delitos, e não a gravidade em abstrato do crime.

Comentários: a Banca não é de cobrar posicionamento da jurisprudência. Entretanto, no quesito de n. 10, o examinando tinha de conhecer o entendimento do STJ a respeito do aumento de pena pela continuidade delitiva.

e) REGIME INICIAL DE CUMPRIMENTO DA PENA

O regime inicial de cumprimento de pena deve ser o semiaberto. A imposição de regime inicial obrigatoriamente fechado, do art. 2.°, § 1.°, da Lei n. 8.072/90 é inconstitucional.

III – DO PEDIDO

Diante do exposto, requer seja conhecido e provido o recurso para:

(a) O reconhecimento de crime único de estupro;

(b) A aplicação da pena-base no mínimo legal;

(c) O reconhecimento da atenuante da confissão espontânea;

(d) O reconhecimento da atenuante da menoridade relativa;

(e) Subsidiariamente, a redução do quantum de aumento de pena pelo concurso de crimes;

(f) A fixação de regime inicial semiaberto.

Comentários: os pedidos do XVIII Exame de Ordem me fazem recomendar ao examinando a especificação do que está requerendo em sua apelação. Em regra, em recursos, basta pedir o conhecimento e o provimento do recurso. No entanto, nessa edição, a banca quis a especificação de tudo o que estava sendo sustentado. Parece ter sido uma situação isolada, afinal nunca mais aconteceu. De qualquer forma, fica a dica: se tiver tempo suficiente, além do conhecimento e do provimento, individualize os pedidos. Na pior das hipóteses, não será atribuída pontuação no gabarito e você terá desperdiçado tempo de prova.

Comarca ..., 13 de julho de 2015.

Advogado ..., OAB ...

ITEM	PONTUAÇÃO
Petição de interposição	
1. **Endereçamento correto: 1.ª Vara Criminal da Comarca de Natal/RN (0,10).**	0,10
2. Fundamento legal para petição de interposição: **art. 593, inciso I, do CPP (0,10).**	0,10
Razões de apelação	
3. Endereçamento correto: Tribunal de Justiça do Estado do Rio Grande **do Norte (0,10).**	0,10
4. Desenvolvimento jurídico acerca da necessidade de reforma da decisão **(0,30)**.	0,30
5. Afastar o concurso de crimes, com o reconhecimento de um crime único de estupro **(1,0)**, tendo em vista que o **art. 213 do CP traz um tipo misto alternativo OU tendo em vista que os atos foram praticados em um mesmo contexto e contra a mesma vítima (0,35).**	1,35
6. Afastar o aumento da **pena-base pelo reconhecimento de maus antecedentes, pois ações penais em curso não funcionam como circunstância judicial desfavorável (0,25), na forma da Súmula 444 do STJ OU em face do princípio da presunção de inocência (0,10).**	0,35
7. Afastar o aumento da pena-**base pela violação da liberdade sexual da mulher, tendo em vista que é inerente ao tipo (0,20).**	0,20
8. Reconhecimento da atenuante da menoridade relativa **(0,20)**, na forma do **art. 65, inciso I, do CP (0,10).**	0,30

9. Reconhecimento da atenuante da confissão espontânea **(0,20)**, na forma do **art. 65, inciso III,** ***d***, do CP **(0,10)**.	0,30
10. Subsidiariamente, em caso de manutenção da condenação por dois crimes de estupro, redução do quantum de aumento pelo concurso de crimes para o mínimo legal **(0,20)**, pois o critério a ser adotado é o número de delitos e não sua gravidade em abstrato **(0,15)**.	0,35
11. Fixação do regime semiaberto **(0,30)**, pois a imposição trazida pelo **art. 2.º, § 1.º, da Lei n. 8.072 é inconstitucional OU viola o princípio da individualização da pena (0,15).**	0,45
12.1. Pedidos: provimento do recurso **(0,30)**.	0,30
12.2. **Reconhecimento de crime único de estupro (0,10); aplicação da pena-base no mínimo legal (0,10); reconhecimento da atenuante da confissão (0,10) e da menoridade relativa (0,10); subsidiariamente, redução do quantum de aumento pelo concurso de crimes (0,10); e fixação do regime semiaberto (0,10).**	0,60
13. Prazo: 13 de julho de 2015 **(0,10)**.	0,10
14. Estrutura – duas petições (interposição e razões); aposição de local, data, assinatura e OAB **(0,10)**.	0,10

8.15. XVII Exame de Ordem

Daniel, nascido em 02 de abril de 1990, é filho de Rita, empregada doméstica que trabalha na residência da família Souza. Ao tomar conhecimento, por meio de sua mãe, de que os donos da residência estariam viajando para comemorar a virada de ano, vai até o local, no dia 02 de janeiro de 2010, e subtrai o veículo automotor dos patrões de sua genitora, pois queria fazer um passeio com sua namorada. Desde o início, contudo, pretende apenas utilizar o carro para fazer um passeio pelo quarteirão e, depois, após encher o tanque de gasolina novamente, devolvê-lo no mesmo local de onde o subtraiu, evitando ser descoberto pelos proprietários. Ocorre que, quando foi concluir seu plano, já na entrada da garagem para devolver o automóvel no mesmo lugar em que o havia subtraído, foi surpreendido por policiais militares, que, sem ingressar na residência, perguntaram sobre a propriedade do bem. Ao analisarem as câmeras de segurança da residência, fornecidas pelo próprio Daniel, perceberam os agentes da lei que ele havia retirado o carro sem autorização do verdadeiro proprietário. Foi, então, Daniel denunciado pela prática do crime de furto simples, destacando o Ministério Público que deixava de oferecer proposta de suspensão condicional do processo por não estarem preenchidos os requisitos do art. 89 da Lei n. 9.099/95, tendo em vista que Daniel responde a outra ação penal pela prática do crime de porte de arma de fogo. Em 18 de março de 2010, a denúncia foi recebida pelo juízo competente, qual seja, da 1.ª Vara Criminal da Comarca de Florianópolis. Os fatos acima descritos são integralmente confirmados durante a instrução, sendo certo que Daniel respondeu ao processo em liberdade. Foram ouvidos os policiais militares como testemunhas de acusação, e o acusado foi interrogado, confessando que, de fato, utilizou o veículo sem autorização, mas que sua intenção era devolvê-lo, tanto que foi preso quando ingressava na garagem dos proprietários do automóvel. Após, foi juntada a Folha de Antecedentes Criminais de Daniel, que ostentava apenas aquele processo pelo porte de arma de fogo, que não tivera proferida sentença até o momento, o laudo de avaliação indireta do automóvel e o vídeo da câmera de segurança da residência. O Ministério Público, em sua manifestação derradeira, requereu a condenação nos termos da denúncia. A defesa de Daniel é intimada em 17 de julho de 2015, sexta feira.

Com base nas informações acima expostas e naquelas que podem ser inferidas do caso concreto, redija a peça cabível, excluída a possibilidade de *habeas corpus*, no último dia do prazo para interposição, sustentando todas as teses jurídicas pertinentes (Valor: 5,00).

Obs.: o examinando deve fundamentar suas respostas. A mera citação do dispositivo legal não confere pontuação.

Excelentíssimo Senhor Juiz de Direito da 1.ª Vara Criminal da Comarca de Florianópolis,

Comentários: foi feita menção expressa à *1.ª Vara Criminal da Comarca de Florianópolis*. Logo, tinha de fazer o endereçamento a este juízo.

Daniel, já qualificado nos autos, vem, por seu advogado, apresentar Alegações Finais por Memoriais, com fundamento no art. 403, § 3.º, do Código de Processo Penal, pelas razões a seguir expostas:

Comentários: pode ser dito apenas *memoriais*. A peça será corrigida, sem prejuízo. No entanto, prefiro adotar a expressão utilizada pela Banca no padrão de respostas: *alegações finais por memoriais*.

I – DOS FATOS

No dia 2 de janeiro de 2010, com o objetivo de fazer um passeio, o réu subtraiu um veículo de propriedade da sua mãe. Desde o início, contudo, pretende apenas utilizar o carro para fazer um passeio pelo quarteirão e, depois, após encher o tanque de gasolina novamente, devolvê-lo no mesmo local de onde o subtraiu, evitando ser descoberto pelos proprietários.

Em razão disso, foi denunciado pela prática do crime de furto simples. Em audiência, foram ouvidos os policiais militares como testemunhas de acusação, e o acusado foi interrogado, confessando que, de fato, utilizou o veículo sem autorização, mas que sua intenção era devolvê-lo.

Comentários: se fosse um caso real, teria esmiuçado melhor os fatos. No entanto, aqui, a ideia é apenas ter o que dizer no tópico *dos fatos*. Fiz um simples resumo, afinal, não há atribuição de pontuação. Não é o momento para sustentar as teses de defesa.

II – DO DIREITO

a) PRESCRIÇÃO

Preliminarmente, deve ser reconhecida a extinção da punibilidade em razão da prescrição da pretensão punitiva pela pena em abstrato, pois ultrapassados 4 anos desde o recebimento da denúncia, considerando a redução do prazo pela menoridade relativa, com fundamento no art. 115 do CP, bem como no art. 109, IV, do CP.

Comentários: a banca tem exigido que o examinando indique quais são as teses preliminares, de mérito e subsidiárias. Ao sustentar nulidades ou causas de extinção da punibilidade, inicie dizendo: *preliminarmente*.

b) ATIPICIDADE DA CONDUTA

No mérito, o réu deve ser absolvido em razão da atipicidade da conduta, pois não houve, em momento algum, o dolo de ter a coisa para si, definitivamente.

Comentários: de uns tempos para cá, a Banca vem aceitando mais de uma resposta no gabarito. É algo muito legal porque, de repente, o examinando não consegue se lembrar da expressão doutrinária – no caso, o *furto de uso* –, mas consegue explicar o que aconteceu. Foi o que aconteceu no quesito n. 4.

c) PENA-BASE

Subsidiariamente, em caso de condenação, deve a pena-base ser fixada no mínimo legal, pois a existência de ações penais em curso não justifica o reconhecimento dos maus antecedentes, em obediência ao princípio da presunção de inocência.

d) ATENUANTES

O réu faz jus às atenuantes da menoridade relativa, pois tinha menos de 21 anos na época da conduta, com base no art. 65, I, do CP, e da confissão espontânea, com fundamento no art. 65, III, "d", do CP.

Comentários: não seria mais simples dizer *art. 65, I e III,* d, *do CP*? Sim, mas correria o risco de perder tudo, caso um dos incisos não esteja no gabarito. Ao separá-los, faço que as respostas sejam autônomas, embora fundamentadas no mesmo artigo do CP.

e) REGIME INICIAL DE CUMPRIMENTO DA PENA

Em razão da pena a ser fixada, o réu deve iniciar o cumprimento da pena em regime aberto, com base no art. 33, § 2.º, c, do CP.

Comentários: quando for indicar o regime, considere que todos os pedidos anteriores serão deferidos.

f) SUBSTITUIÇÃO DA PENA

Por fim, o acusado tem direito, em caso de condenação, à substituição da pena privativa de liberdade por restritiva de direitos, na forma do art. 44 do CP.

III – DO PEDIDO

Diante do exposto, requer:

(a) Preliminarmente, a extinção da punibilidade;

(b) No mérito, a absolvição, na forma do art. 386, III, do CPP;

(c) Subsidiariamente, no caso de condenação, a fixação da pena-base no mínimo legal;

(d) O reconhecimento da atenuante da menoridade relativa e da confissão espontânea;

(e) A fixação de regime inicial aberto;

(f) A substituição da pena privativa de liberdade por restritiva de direitos.

Comarca ..., 24 de julho de 2015.

Advogado ..., OAB ...

Comentários: por mais que o problema fale em *comarca de Florianópolis*, prefiro utilizar a fórmula genérica no fechamento, com reticências, pois não é feita a atribuição de pontuação.

ITEM	PONTUAÇÃO
1. Endereçamento: 1.ª Vara Criminal da Comarca de Florianópolis **(0,10)**.	0,10
2. Fundamento legal: **art. 403, § 3.º, do Código de Processo Penal (0,10).**	0,10
3. **Preliminarmente: Extinção da punibilidade, em razão da prescrição da pretensão punitiva pela pena em abstrato (0,40), pois ultrapassados 4 anos desde o recebimento da denúncia, considerando a redução do prazo pela menoridade relativa (0,35), com fulcro no art. 107, IV, do CP OU no art. 109, IV, c/c art. 115, ambos do CP (0,10).**	0,85
4. No mérito: Absolvição **OU** atipicidade **(0,55)**, pois não houve dolo de ter a coisa para si **OU** não há a elementar "para si ou para outrem" **OU** "furto de uso" é **indiferente penal (1,00)**.	1,55
5. Subsidiariamente, em caso de condenação: **pena-base no mínimo legal, pois a existência de ações penais em curso não justifica o reconhecimento de maus antecedentes (0,25). Violação do princípio da presunção de inocência (0,10).**	0,35
6. Reconhecimento de atenuante: menoridade relativa **OU** confissão **espontânea (0,20), na forma do art. 65, I, do CP OU art. 65, III, *d*, do CP, respectivamente (0,10).**	0,30
7. Regime inicial aberto para início do cumprimento de pena **(0,20), na forma do art. 33, § 2.º, c, do CP (0,10).**	0,30
8. Substituição da pena privativa de liberdade por restritiva de direitos **(0,20)**, na forma do **art. 44 do CP (0,10).**	0,30
9. Pedidos: Preliminarmente, a extinção da punibilidade **(0,15)**.	0,15
10. No mérito, absolvição **(0,30)**, na forma do **art. 386, III, do CPP (0,10).**	0,40
11. Subsidiariamente: fixação da **pena-base no mínimo legal (0,10); reconhecimento da atenuante da menoridade relativa OU da confissão espontânea (0,10); fixação de regime aberto (0,10) e substituição da pena privativa de liberdade por restritiva de direitos (0,10).**	0,40
12. Indicação da data correta: 24 de julho de 2015 **(0,10)**.	0,10
13. Estrutura: endereçamento, data, local, assinatura e OAB **(0,10)**.	0,10

8.16. XVI Exame de Ordem

Gilberto, quando primário, apesar de portador de maus antecedentes, praticou um crime de roubo simples, pois, quando tinha 20 anos de idade, subtraiu de Renata, mediante grave ameaça, um aparelho celular. Apesar de o crime restar consumado, o telefone celular foi recuperado pela vítima. Os fatos foram praticados em 12 de dezembro de 2011. Por tal conduta, foi Gilberto denunciado e condenado como incurso nas sanções penais do art. 157, *caput*, do Código Penal a uma pena privativa de liberdade de 04 anos e 06 meses de reclusão em regime inicial fechado e 12 dias multa, tendo a sentença transitada em julgado para ambas as partes em 11 de setembro de 2013. Gilberto havia respondido ao processo em liberdade, mas, desde o dia 15 de setembro de 2013, vem cumprindo a sanção penal que lhe foi aplicada regularmente, inclusive obtendo progressão de regime. Nunca foi punido pela prática de falta grave e preenchia os requisitos subjetivos para obtenção dos benefícios da execução penal. No dia 25 de fevereiro de 2015, você, advogado(a) de Gilberto, formulou pedido de obtenção de livramento condicional junto ao Juízo da Vara de Execução Penal da comarca do Rio de Janeiro/RJ, órgão efetivamente competente. O pedido, contudo, foi indeferido, apesar de, em tese, os requisitos subjetivos estarem preenchidos, sob os seguintes argumentos:

a) o crime de roubo é crime hediondo, não tendo sido cumpridos, até o momento do requerimento, 2/3 da pena privativa de liberdade;
b) ainda que não fosse hediondo, não estariam preenchidos os requisitos objetivos para o benefício, tendo em vista que Gilberto, por ser portador de maus antecedentes, deveria cumprir metade da pena imposta para obtenção do livramento condicional;
c) indispensabilidade da realização de exame criminológico, tendo em vista que os crimes de roubo, de maneira abstrata, são extremamente graves e causam severos prejuízos para a sociedade. Você, advogado(a) de Gilberto, foi intimado dessa decisão em 23 de março de 2015, uma segunda-feira.

Com base nas informações acima expostas e naquelas que podem ser inferidas do caso concreto, redija a peça cabível, excluída a possibilidade de *habeas corpus*, no último dia do prazo para sua interposição, sustentando todas as teses jurídicas pertinentes. (Valor: 5,00)

Responda justificadamente, empregando os argumentos jurídicos apropriados e a fundamentação legal pertinente ao caso.

Excelentíssimo Senhor Juiz de Direito da Vara de Execuções Penais do Rio de Janeiro/RJ,

Comentários: a peça tinha de ser endereçada ao juiz da vara de execuções penais do Rio de Janeiro, informação que estava expressa no enunciado. O uso de fórmulas genéricas (reticências ou *XXX*) rendeu nota zero ao quesito.

Gilberto, já qualificado nos autos, vem, por seu advogado, interpor Agravo em Execução, com fundamento no art. 197 da Lei n. 7.210/84.

Comentários: a Lei n. 7.210/84 é denominada *Lei de Execução Penal* – a *LEP*. Entretanto, no gabarito, a Banca exigiu menção expressa ao número da lei. Portanto, caso caia um agravo em execução, não há problema em falar em *LEP*, desde que também seja dito *Lei n. 7.210/84*.

Requer que, ao receber o recurso, Vossa Excelência realize o juízo de retratação, para que a decisão recorrida seja reformada. Caso contrário, o encaminhamento do recurso, com as inclusas razões, ao Tribunal de Justiça do Estado do Rio de Janeiro.

Comentários: a Banca sempre pontua o pedido de retratação no agravo em execução. Não é preciso dizer muita coisa. Basta falar expressamente em *retratação* e a pontuação será atribuída. Ademais, a banca nunca traz um quesito para a menção ao tribunal de justiça na interposição. Fiz no modelo por causa do contexto – quero o encaminhamento do meu recurso ao tribunal –, mas não valia nada.

Comarca ..., 30 de março de 2015.
Advogado ..., OAB ...

Comentários: a data da interposição é a mesma das razões, afinal as peças estão sendo oferecidas ao mesmo tempo. No fechamento, não menciono o nome da comarca porque a banca não pontua. Melhor usar reticências ou *XXX*.

Razões de Agravo em Execução
Agravante: Gilberto.
Agravado: Ministério Público.

Egrégio Tribunal de Justiça do Estado do Rio de Janeiro,
Colenda Câmara,
Douto Procurador de Justiça,

A decisão proferida pelo Juiz de Direito da Vara de Execuções Penais da Comarca do Rio de Janeiro tem de ser reformada pelas razões de fato e de direito a seguir expostas.

Comentários: sempre inicie dizendo que está elaborando as razões do recurso (*razões de apelação, razões de agravo em execução* etc.). É exigência do gabarito. Também deve ser mencionado o estado do TJ (ou a região do TRF). Todo o restante é apenas firula. Não vale pontuação.

I – DOS FATOS

O recorrente requereu a obtenção do livramento condicional, mas o pedido foi negado pelo Juiz de Direito da Vara de Execuções Penais. Condenado pelo crime de roubo, alcançou os requisitos objetivos e subjetivos para a concessão do benefício, mas não teve êxito em seu requerimento pelo fato de que o magistrado entende que o delito é hediondo. Ademais, impôs como condição obrigatória a realização de exame criminológico.

Comentários: considerando que a descrição dos fatos não é pontuada em agravo em execução, fiz um resumo do enunciado, apenas para manter a estrutura da peça com a divisão em *dos fatos, do direito* e *do pedido.*

II – DO DIREITO

a) A NÃO HEDIONDEZ DO CRIME DE ROUBO

O magistrado indeferiu o livramento condicional por ser o roubo um crime hediondo. Todavia, a reflexão é equivocada, visto que o roubo simples, do art. 157, "caput", do CP, não está no rol do art. 1.° da Lei n. 8.072/90.

b) REQUISITOS DO LIVRAMENTO CONDICIONAL

Por ser um crime comum, para a concessão do livramento condicional, o requisito objetivo é o cumprimento de 1/3 da pena, e não metade, afinal, o recorrente não é reincidente e não possui maus antecedentes, nos termos do art. 83, I, do CP.

Comentários: o quesito n. 7.1 diz muito a respeito de como a Banca elabora o gabarito do Exame de Ordem. No enunciado, foi dito que Gilberto é *primário.* No entanto, no gabarito, o quesito exigiu que fosse dito que ele é *não reincidente.* Dá na mesma, mas veja como a banca sempre pontua as exatas palavras do que diz o dispositivo da lei que fundamenta a resposta (*vide* art. 83, I, do CP). Por esse motivo, recomendo: em sua prova, procure utilizar as palavras do artigo ou súmula que fundamenta a tese sustentada. Além disso, não bastava dizer que o requisito é o cumprimento de 1/3 da pena. Tinha de ser dito que não é de metade. Quando sustentar as teses, faça de conta que está dando aula a um aluno do 1.° ano de

Direito. Explique tudo de forma pormenorizada. No quesito n. 5, achei interessante a banca ter exigido que fosse dito, expressamente, que o juiz errou.

c) EXAME CRIMINOLÓGICO

Errou o magistrado ao considerar que a realização de exame criminológico é indispensável. Segundo a Súmula 439 do STJ, admite-se o exame criminológico pelas peculiaridades do caso, desde que em decisão motivada. A gravidade em abstrato do delito não é suficiente para a exigência do exame criminológico.

Comentários: você não sabe se o exame criminológico é indispensável? Não importa. Se o juiz disse que é, e o seu recurso foi oferecido contra a decisão, é evidente que tinha de ser dito que o magistrado errou. Para a fundamentação, apenas transcrevi a Súmula 439 do STJ, sem ter de explicar nada. Veja que foi a forma como a banca pontuou a tese. A resposta do gabarito consiste em transcrever o enunciado do STJ e em contradizer tudo o que o juiz falou.

III – DO PEDIDO

Diante do exposto, requer seja conhecido e provido o recurso, com a consequente expedição de alvará de soltura.

Comentários: em recurso, sempre peça o conhecimento e o provimento. Se o cliente estiver preso, é bem provável que a banca pedirá a menção ao alvará de soltura.

Comarca ..., 30 de março de 2015.
Advogado ..., OAB ...

ITEM	PONTUAÇÃO
Petição de interposição	
Item 1. Endereçamento correto: Juízo da Vara de Execuções Penais do Rio de Janeiro/RJ **(0,10)**.	0,10
Item 2. Fundamento legal: **art. 197 da Lei n. 7.210/84 (0,10).**	0,10
Item 3. Pedido de retratação **(0,30)**.	0,30
Razões do recurso	

Item 4. Endereçamento correto: Tribunal de Justiça do Rio de Janeiro **(0,10)**.	0,70
Item 5. Desenvolvimento jurídico acerca da concessão do livramento condicional, pois a fundamentação trazida pelo magistrado é equivocada **(0,40)**.	0,50
Item 6. Afastamento **da hediondez do crime de roubo simples (0,50), pois este não está no rol dos crimes hediondos ou por violação ao princípio da taxatividade (0,20).**	0,70
Item 7.1. O requisito objetivo para a concessão do livramento condicional de condenado não **reincidente portador de maus antecedentes é de 1/3 e não de metade (0,50)**.	0,50
Item 7.2. Aplicação do **art. 83, I, do CP (OU não aplicabilidade do art. 83, II, do CP) (0,20), diante do princípio da legalidade, que veda a aplicação de analogia in malam partem (OU aplicação da interpretação mais favorável ao apenado) (0,50).**	0,70
Item 8. A realização do exame criminológico não é indispensável **(0,50)**, porque a decisão que determina o exame criminológico deve ser devidamente fundamentada em fatores **concretos (OU a mera gravidade em abstrato do delito não é suficiente para a exigência do exame criminológico) (0,40), conforme Súmula 439 do STJ (0,10).**	1,00
Item 9. Dos Pedidos: Conhecimento e provimento do recurso **OU** concessão do livramento condicion**al (0,50); com a consequente expedição do alvará de soltura (0,20).**	0,70
Item 10. Prazo: 30.03.2015 **(0,30)**.	0,30
Item 11. Estrutura: duas petições (interposição e razões); aposição de local, data assinatura e OAB **(0,10)**.	0,10

8.17. XV Exame de Ordem

Enrico, engenheiro de uma renomada empresa da construção civil, possui um perfil em uma das redes sociais existentes na internet e o utiliza diariamente para entrar em contato com seus amigos, parentes e colegas de trabalho. Enrico utiliza constantemente as ferramentas da internet para contatos profissionais e lazer, como o fazem milhares de pessoas no mundo contemporâneo. No dia 19 de abril de 2014, sábado, Enrico comemora aniversário e planeja, para a ocasião, uma reunião à noite com parentes e amigos para festejar a data em uma famosa churrascaria da cidade de Niterói, no estado do Rio de Janeiro. Na manhã de seu aniversário, resolveu, então, enviar o convite por meio da rede social, publicando postagem alusiva à comemoração em seu perfil pessoal, para todos os seus contatos. Helena, vizinha e ex-namorada de Enrico, que também possui perfil na referida rede social e está adicionada nos contatos de seu ex, soube, assim, da festa e do motivo da comemoração. Então, de seu computador pessoal, instalado em sua residência, um prédio na praia de Icaraí, em Niterói, publicou na rede social uma mensagem no perfil pessoal de Enrico. Naquele momento, Helena, com o intuito de ofender o ex-namorado, publicou o seguinte comentário: "Não sei o motivo da comemoração, já que Enrico não passa de um idiota, bêbado, irresponsável e sem-vergonha!", e, com o propósito de prejudicar Enrico perante seus colegas de trabalho e denegrir sua reputação acrescentou, ainda, "ele trabalha todo dia embriagado! No dia 10 do mês passado, ele cambaleava bêbado pelas ruas do Rio, inclusive, estava tão bêbado no horário do expediente que a empresa em que trabalha teve que chamar uma ambulância para socorrê-lo!". Imediatamente, Enrico, que estava em seu apartamento e conectado à rede social por meio de seu *tablet*, recebeu a mensagem e visualizou a publicação com os comentários ofensivos de Helena em seu perfil pessoal. Enrico, mortificado, não sabia o que dizer aos amigos, em especial a Carlos, Miguel e Ramirez, que estavam ao seu lado naquele instante. Muito envergonhado, Enrico tentou disfarçar o constrangimento sofrido, mas perdeu todo o seu entusiasmo, e a festa comemorativa deixou de ser realizada. No dia seguinte, Enrico procurou a Delegacia de Polícia Especializada em Repressão aos Crimes de Informática e narrou os fatos à autoridade policial, entregando o conteúdo impresso da mensagem ofensiva e a página da rede social na internet onde ela poderia ser visualizada. Passados cinco meses da data dos fatos, Enrico procurou seu escritório de advocacia e narrou os fatos acima. Você, na qualidade de advogado de Enrico, deve assisti-lo. Informa-se que a cidade de Niterói, no Estado do Rio de Janeiro, possui Varas Criminais e Juizados Especiais Criminais.

Com base somente nas informações de que dispõe e nas que podem ser inferidas pelo caso concreto acima, redija a peça cabível, excluindo a possibilidade de impetração de *habeas corpus*, sustentando, para tanto, as teses jurídicas pertinentes. (Valor: 5,00 pontos)

A peça deve abranger todos os fundamentos de Direito que possam ser utilizados para dar respaldo à pretensão.

Excelentíssimo Senhor Juiz de Direito do Juizado Especial Criminal de Niterói,

Comentários: o endereçamento do XV Exame de Ordem foi um problema para muita gente. Primeiro, pelo fato de que a banca nunca havia trazido endereçamento ao *JECrim*. Além disso, como havia dois crimes e uma causa de aumento, ninguém acreditou que a pena ficaria no teto de dois anos (Lei n. 9.099/95, art. 61) – mas ficou. Quem endereçou à vara criminal comum não recebeu a pontuação do quesito n. 1.

Enrico, engenheiro, nacionalidade ..., estado civil ..., residente no endereço ..., vem, por seu advogado (procuração com poderes especiais anexada, nos termos do art. 44 do

CPP), oferecer QUEIXA-CRIME, com fundamento no art. 41 do Código de Processo Penal, contra Helena, nacionalidade ..., estado civil ..., profissão ..., residente no endereço ..., pelas razões de fato e de direito a seguir expostas:

Comentários: tenha cuidado com as peculiaridades da queixa-crime. No quesito n. 3.1, o examinando tinha de qualificar a querelada, Helena. Muita gente esqueceu, porque não estamos acostumados a ter de qualificar a outra parte. Ainda bem que não valia muito (0,10). Por outro lado, quem se esqueceu da procuração com poderes especiais pagou um preço alto: 0,30 (6% da nota da peça). Não era necessário elaborar a procuração. Bastava a simples menção, como está no modelo. Em relação à fundamentação da queixa-crime, a banca aceitou quatro possibilidades – arts. 30 e 41 do CPP e 100, § 2.º, e 145 do CP.

I – DOS FATOS

No dia 19 de abril de 2014, a querelada publicou, em uma rede social, que o querelante é "bêbado, irresponsável e sem-vergonha". Ademais, disse ainda que, "No dia 10 do mês passado, ele cambaleava bêbado pelas ruas do Rio, inclusive, estava tão bêbado no horário do expediente que a empresa em que trabalha teve que chamar uma ambulância para socorrê-lo". Os amigos do querelante, Carlos, Miguel e Ramirez, estavam presentes no momento do ocorrido.

Comentários: no XV Exame de Ordem, a banca pontuou a *exposição dos fatos criminosos*. Isso não significa, contudo, que a Banca exigiu a elaboração do tópico *dos fatos* – e nem poderia, afinal o edital não prevê nada nesse sentido. Em verdade, como havia dois delitos diversos (difamação e injúria), o gabarito exigiu que, ao sustentar os crimes praticados por Helena, fossem descritos os fatos que embasaram a queixa-crime. Isso poderia ser feito no tópico *dos fatos* ou no *do direito*, no momento de tipificar as condutas. Para não fazer que o corretor da prova tenha de conectar pontos diferentes ao corrigir a peça – em uma parte é falado dos fatos e, em outra, são tipificadas as condutas –, prefiro fazer um simples resumo do enunciado no *dos fatos* e mencionar os fatos criminosos, para a obtenção da pontuação, no *do direito*.

II – DO DIREITO

a) DA DIFAMAÇÃO E DA INJÚRIA

Portanto, está evidente a prática dos crimes de difamação, do art. 139 do CP, e de injúria, do art. 140 do CP.

A querelada difamou (CP, art. 139) o querelante, imputando fato ofensivo à sua reputação, ao dizer em uma rede social: "ele trabalha todo dia embriagado! No dia 10 do mês passado, ele cambaleava bêbado pelas ruas do Rio, inclusive, estava tão bêbado no horário do expediente que a empresa em que trabalha teve que chamar uma ambulância para socorrê-lo!".

Ademais, injuriou (CP, art. 140) o querelante, ofendendo a dignidade ou o decoro, ao ter dito que ele é "idiota, bêbado, irresponsável e sem-vergonha".

Comentários: como comentado anteriormente, para facilitar a vida de quem faz a correção da prova, é interessante a conexão entre os fatos e a tipificação penal no tópico *do direito,* para que o corretor não tenha que procurar as suas respostas espalhadas pela peça. De qualquer forma, não me recordo de um único aluno que tenha sofrido prejuízo na correção por causa do lugar onde descreveu os fatos. O que realmente reprovou foi outro motivo: muitos falaram dos *crimes dos arts. 139 e 140 do CP,* mas não disseram os nomes dos delitos, *difamação* e *injúria*. O prejuízo: 1,2 ponto.

b) DA CAUSA DE AUMENTO DE PENA

Além da condenação pelos crimes de difamação e de injúria, deve incidir a causa de aumento do art. 141, III, do CP, pois as condutas ocorreram na presença de várias pessoas ou por meio que facilite a divulgação da calúnia, da difamação ou da injúria.

Comentários: a Banca costuma cobrar as exatas palavras do que diz a lei (ou súmula) no gabarito. No item 4.3, o vacilo: ao copiar o art. 141, III, do CP, o examinador se esqueceu de apagar a *calúnia,* que nem fazia parte do caso da peça. **Cuidado**: o crime contra a honra praticado em rede social, agora, é tratado em dispositivo próprio (CP, art. 141, § 2º).

c) DO CONCURSO DE CRIMES

A querelada, em uma única conduta, praticou dois crimes, devendo incidir o art. 70 do CP, que estabelece o concurso formal.

Comentários: sempre que o problema trouxer a prática de dois ou mais crimes, faça a análise do concurso de crimes (CP, arts. 60, 70 e 71).

III – DO PEDIDO

Diante do exposto, requer:

(a) A designação de audiência preliminar ou de conciliação;

(b) A citação da querelada;
(c) O recebimento da queixa;
(d) A oitiva das testemunhas arroladas;
(e) A condenação da querelada pelo crime de injúria (art. 140 do CP) e pelo crime de difamação (art. 139 do CP) com a causa de aumento de pena (art. 141, III do CP) em concurso formal de delitos (art. 70 do CP);
(f) A fixação de valor mínimo de indenização, nos termos do art. 387, IV, do CPP.

Comentários: de todas as peças da prática penal, a queixa tem os pedidos mais complexos. Muitos perderam pontuação por terem pedido a condenação *pelos crimes dos arts. 139 e 140 do CP,* mas sem mencionar os nomes dos delitos. **Cuidado**: o crime contra a honra praticado em rede social, agora, é tratado em dispositivo próprio (CP, art. 141, § 2º).

Comarca ..., data ...
Advogado ..., OAB ...

Comentários: a Banca não pediu que a peça fosse protocolada no último dia de prazo – 18 de outubro de 2014.

Rol de testemunhas
(a) Carlos, endereço ...;
(b) Miguel, endereço ...;
(c) Ramirez, endereço ... .

Comentários: basta trazer os nomes das testemunhas para obter a pontuação referente ao rol de testemunhas. Não é necessária a qualificação completa.

ITEM	PONTUAÇÃO
Item 1. Endereçamento correto: **Juizado Especial Criminal de Niterói (0,10).**	0,10
Item 2. Indicação correta do dispositivo legal que embasa a queixa **crime: art. 41 do CPP OU art. 100, § 2.º, do CP OU o art. 30, do CPP OU art. 145 do CP (0,10).**	0,10
Item 3.1. Qualificação do querelante e da querelada: **Indicação da qualificação do querelante (0,10) e da querelada (0,10).**	0,20

Item 3.2. Existência de Procuração com poderes especiais de acordo com o **art. 44 do CPP em anexo ou menção acerca de sua existência no corpo da qualificação (0,30).**	0,30
Item 4.1. A exposição dos fatos criminosos: **Descrição do delito de injúria (0,50) e sua classificação típica (art. 140 do CP) (0,10).**	0,60
Item 4.2. Descrição do delito de difamação **(0,50)** e sua classificação típica **(art. 139 do CP) (0,10).**	0,60
Item 4.3. Incidência da causa de aumento de pena por estar na presença de várias pessoas ou por **meio que facilite a divulgação da calúnia, da difamação ou da injúria- (0,20), nos termos do art. 141, III do CP (0,10).** **Cuidado:** o crime contra a honra praticado em rede social, agora, é tratado em dispositivo próprio (CP, art. 141, § 2º).	0,30
Item 4.4. Incidência do concurso formal de delitos **(0,30)**, previsto no **art. 70, do CP (0,10).**	0,40
Item 5. Dos pedidos: **a) designação de audiência preliminar ou de conciliação (0,20);**	0,20
b) a citação da querelada **(0,20)**;	0,20
c) recebimento da queixa **(0,20)**;	0,20
d) a oitiva das testemunhas arroladas **(0,20)**;	0,20
e) a condenação da querelada **(0,50)** pelo crime de **injúria (art. 140 do CP) (0,10) e pelo crime de difamação (art. 139 do CP) (0,10) com a causa de aumento de pena (art. 141, III do CP) (0,10) em concurso formal de delitos (art. 70 do CP) (0,10);** **Cuidado:** o crime contra a honra praticado em rede social, agora, é tratado em dispositivo próprio (CP, art. 141, § 2º).	0,90
f) a fixação de valor mínimo de indenização **(0,30)**, nos **termos do art. 387, IV, do CPP (0,10).** **Obs.: a mera indicação de dispositivo legal não pontua.**	0,40
Item 6. Rol de testemunhas: **Arrolar as testemunhas Carlos, Miguel e Ramirez (0,20).** **Obs.: é necessária indicação do nome das testemunhas**	0,20
Item 7. Estrutura correta (divisão das partes/indicação de local, data, assinatura) **(0,10).**	0,10

8.18. XIV Exame de Ordem

Felipe, com 18 anos de idade, em um bar com outros amigos, conheceu Ana, linda jovem, por quem se encantou. Após um bate-papo informal e troca de beijos, decidiram ir para um local mais reservado. Nesse local trocaram carícias, e Ana, de forma voluntária, praticou sexo oral e vaginal com Felipe. Depois da noite juntos, ambos foram para suas residências, tendo antes trocado telefones e contatos nas redes sociais. No dia seguinte, Felipe, ao acessar a página de Ana na rede social, descobre que, apesar da aparência adulta, esta possui apenas 13 (treze) anos de idade, tendo Felipe ficado em choque com essa constatação. O seu medo foi corroborado com a chegada da notícia, em sua residência, da denúncia movida por parte do Ministério Público Estadual, pois o pai de Ana, ao descobrir o ocorrido, procurou a autoridade policial, narrando o fato. Por Ana ser inimputável e contar, à época dos fatos, com 13 (treze) anos de idade, o Ministério Público Estadual denunciou Felipe pela prática de dois crimes de estupro de vulnerável, previsto no art. 217-A, na forma do art. 69, ambos do Código Penal. O Parquet requereu o início de cumprimento de pena no regime fechado, com base no art. 2.º, § 1.º, da Lei n. 8.072/90, e o reconhecimento da agravante da embriaguez preordenada, prevista no art. 61, II, *l*, do CP. O processo teve início e prosseguimento na XX Vara Criminal da cidade de Vitória, no estado do Espírito Santo, local de residência do réu. Felipe, por ser réu primário, ter bons antecedentes e residência fixa, respondeu ao processo em liberdade. Na audiência de instrução e julgamento, a vítima afirmou que aquela foi a sua primeira noite, mas que tinha o hábito de fugir de casa com as amigas para frequentar bares de adultos. As testemunhas de acusação afirmaram que não viram os fatos e que não sabiam das fugas de Ana para sair com as amigas. As testemunhas de defesa, amigos de Felipe, disseram que o comportamento e a vestimenta da Ana eram incompatíveis com uma menina de 13 (treze) anos e que qualquer pessoa acreditaria ser uma pessoa maior de 14 (quatorze) anos, e que Felipe não estava embriagado quando conheceu Ana. O réu, em seu interrogatório, disse que se interessou por Ana, por ser muito bonita e por estar bem-vestida. Disse que não perguntou a sua idade, pois acreditou que no local somente pudessem frequentar pessoas maiores de 18 (dezoito) anos. Corroborou que praticaram o sexo oral e vaginal na mesma oportunidade, de forma espontânea e voluntária por ambos. A prova pericial atestou que a menor não era virgem, mas não pôde afirmar que aquele ato sexual foi o primeiro da vítima, pois a perícia foi realizada longos meses após o ato sexual. O Ministério Público pugnou pela condenação de Felipe nos termos da denúncia. A defesa de Felipe foi intimada no dia 10 de abril de 2014 (quinta-feira).

Com base somente nas informações de que dispõe e nas que podem ser inferidas pelo caso concreto acima, redija a peça cabível, no último dia do prazo, excluindo a possibilidade de impetração de *habeas corpus*, sustentando, para tanto, as teses jurídicas pertinentes. (Valor: 5,0)

ITEM	PONTUAÇÃO
1. Endereçamento correto: **Interposição para o Juiz da XX Vara Criminal de Vitória, Estado do Espírito Santo (0,10).**	0,10
2. Indicação correta do dispositivo legal que embasa a alegação final em forma de memorial: art. 403, § 3, do CPP **(0,10)**.	0,10
Mérito	
3.1. **Absolvição pelo erro de tipo essencial (0,75), instituto descrito no art. 20, *caput*,** do CP **(0,10)** que gera a atipicidade da conduta **(0,25)**.	1,10
3.2. Da tese da prática de crime único **(0,50)**, pois o delito de estupro de vulnerável é um tipo misto **alternativo (de conteúdo múltiplo ou variado) (0,25).**	0,75
3.3. Da tese do afastamento da agravante da embriaguez preordenada **(0,50)**.	0,50
3.4. Da tese da incidência da atenuante da menoridade penal relativa **(0,20)**.	0,20
3.5. **Desenvolvimento jurídico acerca da necessidade de manutenção da pena-base no mínimo legal para o crime de estupro de vulnerável (0,20).**	0,20
3.6. Em consequência da **pena-base no mínimo legal deve ser fixado o regime semiaberto (0,20), pois a imposição obrigatória do regime inicial fechado é inconstitucional (0,35).**	0,55
Dos pedidos: **4.1. Absolvição do réu (0,20), com base no art. 386, III ou VI, do CPP (0,10), OU Absolvição do réu (0,20) por ausência de tipicidade (0,10).**	0,30
4.2. Diante da **condenação, de forma subsidiária:** **a) Afastamento do concurso material de crimes, ou reconhecimento de crime único (0,20);**	0,20
b) Incidência da atenuante da menoridade penal relativa **(0,20)**;	0,20
c) Afastamento da agravante da embriaguez **preordenada (0,20);**	0,20
d) Fixação da pena-base no mínimo legal ou diminuição da pena **(0,20)**;	0,20
e) Fixação de regime semiaberto **(0,20)**.	0,20
5. Data **(15-4-2014, último dia do prazo) (0,10).**	0,10
6. Estrutura correta (indicação de local, data, assinatura, OAB) **(0,10)**.	0,10

8.19. XIII Exame de Ordem

Diogo está sendo regularmente processado pela prática dos crimes de violação de domicílio (art. 150, do CP) em concurso material com o crime de furto qualificado pela escalada (art. 155, § 4.º, II, do CP). Isso porque, segundo narrou a inicial acusatória, no dia 10 de novembro de 2012 (sábado), Diogo pulou o muro de cerca de três metros que guarnecia a casa da vítima e, então, após ingressar clandestinamente na residência, subtraiu diversos pertences e valores, a saber: três anéis de ouro, dois relógios de ouro, dois aparelhos de telefone celular, um notebook e quinhentos reais em espécie, totalizando R$ 9.000,00 (nove mil reais). Na audiência de instrução e julgamento, realizada em 29 de agosto de 2013 (quinta-feira), foram ouvidas duas testemunhas de acusação que, cada uma a seu turno, disseram ter visto Diogo pular o muro da residência da vítima e dali sair, cerca de vinte minutos após, levando uma mochila cheia. A defesa, por sua vez, não apresentou testemunhas. Também na audiência de instrução e julgamento foi exibido um DVD contendo as imagens gravadas pelas câmeras de segurança presentes na casa da vítima, sendo certo que à defesa foi assegurado o acesso ao conteúdo do DVD, mas essa se manifestou no sentido de que nada havia a impugnar. Nas imagens exibidas em audiência ficou constatado (dada a nitidez das mesmas) que fora Diogo quem realmente pulou o muro da residência e realizou a subtração dos bens. Em seu interrogatório o réu exerceu o direito ao silêncio. Em alegações finais orais, o Ministério Público exibiu cópia de sentença prolatada cerca de uma semana antes (ainda sem trânsito em julgado definitivo, portanto), em que se condenou o réu pela prática, em 25 de dezembro de 2012 (terça-feira), do crime de estelionato. A defesa, em alegações finais, limitou-se a falar do princípio do estado de inocência, bem como que eventual silêncio do réu não poderia importar-lhe em prejuízo. O Juiz, então, proferiu sentença em audiência condenando Diogo pela prática do crime de violação de domicílio em concurso material com o crime de furto qualificado pela escalada. Para a dosimetria da pena o magistrado ponderou o fato de que nenhum dos bens subtraídos fora recuperado. Além disso, fez incidir a circunstância agravante da reincidência, pois considerou que a condenação de Diogo pelo crime de estelionato o faria reincidente. O total da condenação foi de 4 anos e 40 dias de reclusão em regime inicial semiaberto e multa à proporção de um trigésimo do salário mínimo. Por fim, o magistrado, na sentença, deixou claro que Diogo não fazia jus a nenhum outro benefício legal, haja vista o fato de não preencher os requisitos para tanto. A sentença foi lida em audiência.

O advogado(a) de Diogo, atento(a) tão somente às informações descritas no texto, deve apresentar o recurso cabível à impugnação da decisão, respeitando as formalidades legais e desenvolvendo, de maneira fundamentada, as teses defensivas pertinentes. O recurso deve ser datado com o último dia cabível para a interposição. (Valor: 5,0)

ITEM	PONTUAÇÃO
1. Endereçamento da petição de interposição: Juiz de Direito da ___ Vara Criminal da Comarca ___.	0,20
2. Fundamento legal da petição de interposição: **art. 593, I, do CPP.**	0,30
3. Data: **3 de setembro de 2013.** **Obs.: é necessária a data correta na petição de interposição.**	0,25
4. Endereçamento das razões: Tribunal de Justiça do Estado ___.	0,20
5) Mérito: **5.1. Da aplicação do princípio da consunção ou absorção (0,30): O crime de violação de domicílio deve ser absorvido pelo delito de furto qualificado, pois configurou um crime-meio, essencial à execução do crime-fim, que era o furto qualificado. Assim, deve ser excluída a condenação pelo delito de violação de domicílio, restando, apenas, o delito de furto qualificado (0,50).**	0,80
5.2.a. Da inaplicabilidade da reincidência: Não há que se falar em reincidência **(0,30)**, nos termos do **art. 63 do CP (0,10).** **Obs.: a mera indicação de artigo não será pontuada.**	0,40
5.2.b. O delito em análise não foi praticado após o trânsito em **julgado de condenação anterior. Uma sentença condenatória recorrível não tem o condão de gerar reincidência (0,25).**	0,25
5.3. Da consequente diminuição de pena: Levando em conta o afastamento do delito de violação de domicílio, bem como o afastamento da ci**rcunstância agravante da reincidência, o réu fará jus à diminuição da pena (0,30).**	0,30
5.4. Da consequente fixação de regime aberto: Levando em conta o afastamento do delito de violação de domicílio, bem como o afastamento da circunstância agravante da **reincidência, o réu fará jus à modificação de seu regime de cumprimento, passando do semiaberto para o aberto (0,25), nos termos do art. 33, § 2.º,** c, do CP **(0,15).** **Obs.: a mera indicação de artigo não será pontuada e a indicação do regime aberto é essencial para atribuição de pontos.**	0,40

5.5. Da consequente possibilidade de substituição da pena privativa de liberdade por pena restritiva de direitos: Levando em **conta o afastamento da reincidência, verifica-se que o réu faz jus à substituição da pena privativa de liberdade por pena restritiva de direitos (0,25), nos termos do art. 44, do CP (0,15).** **Obs.: a mera indicação de artigo não será pontuada.**	0,40
6) Pedido: **a) Absolvição do crime de violação de domicílio OU Absolvição nos termos do art. 386, III, do CPP (0,25);**	0,25
b) Afastamento da circunstância agravante da reincidência **(0,25)**;	0,25
c) Consequente diminuição da pena **(0,25)**;	0,25
d) **Consequente fixação do regime aberto para cumprimento de pena (0,25);**	0,25
e) Substituição da pena privativa de liberdade por pena restritiva de direitos **(0,25)**.	0,25
7. Estrutura: duas petições (interposição e razões); colocação de endereçamento nas peti**ções; aposição de local, data, assinatura (0,25).**	0,25

8.20. XII Exame de Ordem

Rita, senhora de 60 anos, foi presa em flagrante no dia 10 de novembro de 2011 (quinta-feira), ao sair da filial de uma grande rede de farmácias, após ter furtado cinco tintas de cabelo. Para subtrair os itens, Rita arrebentou a fechadura do armário onde estavam os referidos produtos, conforme imagens gravadas pelas câmeras de segurança do estabelecimento. O valor total dos itens furtados perfazia a quantia de R$ 49,95 (quarenta e nove reais e noventa e cinco centavos). Instaurado inquérito policial, as investigações seguiram normalmente. O Ministério Público, então, por entender haver indícios suficientes de autoria, provas da materialidade e justa causa, resolveu denunciar Rita pela prática da conduta descrita no art. 155, § 4.º, inciso I, do CP (furto qualificado pelo rompimento de obstáculo). A denúncia foi regularmente recebida pelo juízo da 41.ª Vara Criminal da Comarca da Capital do Estado 'X' e a ré foi citada para responder à acusação, o que foi devidamente feito. O processo teve seu curso regular e, durante todo o tempo, a ré ficou em liberdade. Na audiência de instrução e julgamento, realizada no dia 18 de outubro de 2012 (quinta-feira), o Ministério Público apresentou certidão cartorária apta a atestar que no dia 15 de maio de 2012 (terça-feira) ocorrera o trânsito em julgado definitivo de sentença que condenava Rita pela prática do delito de estelionato. A ré, em seu interrogatório, exerceu o direito ao silêncio. As alegações finais foram orais; acusação e defesa manifestaram-se. Finda a instrução criminal, o magistrado proferiu sentença em audiência. Na dosimetria da pena, o magistrado entendeu por bem elevar a pena-base em patamar acima do mínimo, ao argumento de que o trânsito em julgado de outra sentença condenatória configurava maus antecedentes; na segunda fase da dosimetria da pena o magistrado também entendeu ser cabível a incidência da agravante da reincidência, levando em conta a data do trânsito em julgado definitivo da sentença de estelionato, bem como a data do cometimento do furto (ora objeto de julgamento); não verificando a incidência de nenhuma causa de aumento ou de diminuição, o magistrado fixou a pena definitiva em 4 (quatro) anos de reclusão no regime inicial semiaberto e 80 (oitenta) dias-multa. O valor do dia-multa foi fixado no patamar mínimo legal. Por entender que a ré não atendia aos requisitos legais, o magistrado não substituiu a pena privativa de liberdade por pena restritiva de direitos. Ao final, assegurou-se à ré o direito de recorrer em liberdade. O advogado da ré deseja recorrer da decisão.

Atento ao caso narrado e levando em conta tão somente as informações contidas no texto, elabore o recurso cabível. (Valor: 5,0)

ITEM	PONTUAÇÃO
1. **Endereçamento da petição de interposição: Juiz da 41.ª Vara Criminal da Comarca da Capital do Estado "X" (0,20).**	0,20
2. Demonstração do cabimento do recurso: **art. 593, I, do CPP (0,20).**	0,20
3. Endereçamento correto das razões: Tribunal de Justiça do **Estado "X".**	0,20
4.1. Mérito: **Desenvolvimento acerca da atipicidade da conduta pela falta de tipicidade material: a conduta de Rita não configurou efetiva lesão ao patrimônio da grande rede de farmácias, assim, o fato é atípico (0,50) pela falta de tipicidade material (0,30).**	0,80
4.2. Desenvolvimento do pedido subsidiário: aplicação do chamado furto privilegiado **(0,30)**, já que Rita é primária e o objeto furtado é de pequeno valor **(0,20)**, conforme previu o § 2.º do **art. 155 do CP (0,10).** **Obs.: a simples menção aos artigos não pontua.**	0,60
4.3. Desenvolvimento correto acerca da impossibilidade de bis in idem: o trânsito em julgado da sentença de estelionato não pode ensejar, ao mesmo tempo, elevação da pena-base e da pena intermediária **(0,25)**, pois não **se admite o bis in idem (0,15).**	0,40

4.4. Desenvolvimento correto acerca da não configuração da reincidência. **Não há reincidência (0,10), pois o delito de furto foi cometido antes do trânsito em julgado definitivo do delito de estelionato (0,20), ausentes, pois, os pressupostos do art. 63, do CP (0,10).** **Obs.: a mera indicação de artigo não pontua.**	0,40
4.5. Desenvolvimento correto acerca da fixação errada do regime inicial fechado para cumprimento de pena: como a ré não é reincidente, faz jus ao regime aberto **(0,25)**, conforme disposto no **art. 33, § 2.º, c, do CP ou súmula 269 do STJ (0,15).** **Obs.: a mera indicação do artigo ou súmula não pontua.**	0,40
4.6. Desenvolvimento correto acerca da possibilidade de substituição da pena privativa de liberdade **por pena restritiva de direitos (0,25), conforme art. 44, do CP (0,15) OU Desenvolvimento correto acerca da possibilidade de aplicação da pena de multa (0,25), conforme art. 155, § 2.º, do CP. (0,15).** **Obs.: a mera indicação de artigo não pontua.**	0,40
5. **Pedidos:** **a) Absolvição (0,10) com base na atipicidade da conduta ou art. 386, inciso III, do CPP (0,20);**	0,30
Alternativamente, não reconhecida a atipicidade, deverá requerer: **b.1) a aplicação do furto privilegiado ou aplicação do previsto no § 2.º do art. 155 CP (0,25);** **b.2) a diminuição da pena pelo afastamento da circunstância agravante da reincidência (0,25);** **b.3) A fixação do regime aberto para o cumprimento da pena (0,25);** **b.4) A substituição da pena privativa de liberdade por pena restritiva de direitos (0,25).**	1,00
6. Fechamento da Peça: **(0,10).** **Data, Local, Advogado, OAB ... n. ... .**	0,10

8.21. XI Exame de Ordem

Jerusa, atrasada para importante compromisso profissional, dirige seu carro bastante preocupada, mas respeitando os limites de velocidade. Em uma via de mão dupla, Jerusa decide ultrapassar o carro à sua frente, o qual estava abaixo da velocidade permitida. Para realizar a referida manobra, entretanto, Jerusa não liga a respectiva seta luminosa sinalizadora do veículo e, no momento da ultrapassagem, vem a atingir Diogo, motociclista que, em alta velocidade, conduzia sua moto no sentido oposto da via. Não obstante a presteza no socorro que veio após o chamado da própria Jerusa e das demais testemunhas, Diogo falece em razão dos ferimentos sofridos pela colisão. Instaurado o respectivo inquérito policial, após o curso das investigações, o Ministério Público decide oferecer denúncia contra Jerusa, imputando-lhe a prática do delito de homicídio doloso simples, na modalidade dolo eventual (art. 121 c/c art. 18, I parte final, ambos do CP). Argumentou o ilustre membro do Parquet a imprevisão de Jerusa acerca do resultado que poderia causar ao não ligar a seta do veículo para realizar a ultrapassagem, além de não atentar para o trânsito em sentido contrário. A denúncia foi recebida pelo juiz competente e todos os atos processuais exigidos em lei foram regularmente praticados. Finda a instrução probatória, o juiz competente, em decisão devidamente fundamentada, decidiu pronunciar Jerusa pelo crime apontado na inicial acusatória. O advogado de Jerusa é intimado da referida decisão em 02 de agosto de 2013 (sexta-feira).

Atento ao caso apresentado e tendo como base apenas os elementos fornecidos, elabore o recurso cabível e date-o com o último dia do prazo para a interposição. (Valor: 5,0)

A simples menção ou transcrição do dispositivo legal não pontua.

ITEM	PONTUAÇÃO
Item 01. Petição de interposição: Endereçamento: Juiz da Vara do Tribunal do Júri da Comarca de___ (0,30).	0,3
Item 02. Fundamento legal: **art. 581, IV, do CPP (0,30).**	0,3
Item 03. Pedido de retratação / efeito regressivo ou iterativo (0,40), nos termos do art. 589 do CPP (0,25). **Obs.: a mera indicação do artigo não pontua.** **Obs.: para que seja pontuado, o pedido de retratação deve ser feito na petição de interposição. A ausência de petição de interposição implicará, também, na perda dos pontos relativos à estrutura da peça, além daqueles relativos aos itens da referida petição de interposição**	0,65
Item 04. Razões do Recurso: Endereçamento: Tribunal de Justiça do Estado ____ **(0,30).**	0,3
Item 05. Mérito: 5.1. Jerusa não agiu com dolo e sim com culpa **(0,40).**	0,4
5.2. Desenvolvimento jurídico no sentido de que o dolo eventual exige, **além da previsão do resultado, que o agente assuma o risco pela sua ocorrência (0,30), nos termos do art. 18, I (parte final), do CP, que adotou, em relação ao dolo eventual, a teoria do consentimento (0,20).** **Obs.: a mera indicação do artigo não pontua, sendo essencial a menção à teoria do consentimento para o segundo intervalo de pontuação.**	0,5

5.3. Desenvolvimento jurídico no sentido da desclassificação da infração **(0,40)**, pois a conduta de Jerusa adequa-se ao homicídio culposo na direção de **veículo automotor, crime descrito no art. 302 do CTB (0,50).**	0,9
5.4. Consequentemente, o Tribunal do Júri não é competente para apreciar a questão (0,30).	0,3
Item 06. Pedido: 6.1) Desclassificação de homicídio simples doloso, para o delito de homicídio culposo na direção de veículo automotor (0,30), tipificado no art. 302 do CTB (0,10). **Obs.: a mera indicação do artigo não pontua.**	0,4
6.2. Com a consequente remessa ao juízo competente (0,30), na forma do art. 419 do CPP (0,10).	0,4
Item 07. **Prazo: 9 de agosto de 2013 (art. 586 do CPP) (0,30)** **Obs.: a falta de data em qualquer uma das peças implicará, também, na perda de pontos pela estrutura, além da perda dos pontos relativos ao item "prazo"; a colocação de datas diferentes nas peças implicará na perda dos pontos relativos ao item "prazo", pois a questão exige uma única data.**	0,3
Item 08. Estrutura: Duas petições (interposição e razões); colocação de endereçamento nas petições; aposição de local, data, assinatura **(0,25)**. **Obs.: caso não seja feita petição de interposição haverá desconto no item relativo à estrutura da peça, além daqueles relativos aos itens de referida petição.**	0,25

8.22. X Exame de Ordem

Jane, no dia 18 de outubro de 2010, na cidade de Cuiabá – MT, subtraiu veículo automotor de propriedade de Gabriela. Tal subtração ocorreu no momento em que a vítima saltou do carro para buscar um pertence que havia esquecido em casa, deixando-o aberto e com a chave na ignição. Jane, ao ver tal situação, aproveitou-se e subtraiu o bem, com o intuito de revendê-lo no Paraguai. Imediatamente, a vítima chamou a polícia e esta empreendeu perseguição ininterrupta, tendo prendido Jane em flagrante somente no dia seguinte, exatamente quando esta tentava cruzar a fronteira para negociar a venda do bem, que estava guardado em local não revelado. Em 30 de outubro de 2010, a denúncia foi recebida. No curso do processo, as testemunhas arroladas afirmaram que a ré estava, realmente, negociando a venda do bem no país vizinho e que havia um comprador, terceiro de boa-fé arrolado como testemunha, o qual, em suas declarações, ratificou os fatos. Também ficou apurado que Jane possuía maus antecedentes e reincidente específica nesse tipo de crime, bem como que Gabriela havia morrido no dia seguinte à subtração, vítima de enfarte sofrido logo após os fatos, já que o veículo era essencial à sua subsistência. A ré confessou o crime em seu interrogatório. Ao cabo da instrução criminal, a ré foi condenada a cinco anos de reclusão no regime inicial fechado para cumprimento da pena privativa de liberdade, tendo sido levada em consideração a confissão, a reincidência específica, os maus antecedentes e as consequências do crime, quais sejam, a morte da vítima e os danos decorrentes da subtração de bem essencial à sua subsistência. A condenação transitou definitivamente em julgado, e a ré iniciou o cumprimento da pena em 10 de novembro de 2012. No dia 5 de março de 2013, você, já na condição de advogado(a) de Jane, recebe em seu escritório a mãe de Jane, acompanhada de Gabriel, único parente vivo da vítima, que se identificou como sendo filho desta. Ele informou que, no dia 27 de outubro de 2010, Jane, acolhendo os conselhos maternos, lhe telefonou, indicando o local onde o veículo estava escondido. O filho da vítima, nunca mencionado no processo, informou que no mesmo dia do telefonema foi ao local e pegou o veículo de volta, sem nenhum embaraço, bem como que tal veículo estava em seu poder desde então. Com base somente nas informações de que dispõe e nas que podem ser inferidas pelo caso concreto acima, redija a peça cabível, excluindo a possibilidade de impetração de *habeas corpus*, sustentando, para tanto, as teses jurídicas pertinentes. (Valor: 5,0)

Excelentíssimo Senhor Desembargador Presidente do Tribunal de Justiça do Estado de Mato Grosso,

Comentários: a revisão criminal é sempre endereçada a algum tribunal, ainda que a decisão tenha sido apenas do juiz de alguma vara criminal.

Jane, nacionalidade ..., estado civil ..., profissão ..., vem, por seu advogado, ajuizar Revisão Criminal, com fundamento no art. 621, I, do CPP, pelas razões a seguir expostas:

Comentários: veja que, no gabarito, não há exigência do que deve ser dito na qualificação. Tem gente que faz mais completa (*CPF, RG* etc.), mas é uma escolha pessoal, que não vale pontuação alguma.

I - DOS FATOS

No dia 18 de outubro de 2010, na cidade de Cuiabá, Mato Grosso, subtraiu veículo automotor de propriedade de Gabriela...

Comentários: no tópico *dos fatos*, apenas resuma o enunciado. Não é o momento para sustentar as teses.

II - DO DIREITO

a) ARREPENDIMENTO POSTERIOR

Conforme exposto, a revisionanda restituiu integralmente o bem subtraído antes do recebimento da denúncia, razão pela qual faz jus à causa de diminuição do arrependimento posterior, nos termos do art. 16 do CP.

Comentários: para receber a pontuação, bastava utilizar as exatas palavras do art. 16 do CP. Aliás, como já dito em outros momentos deste manual, é a melhor maneira de sustentar as teses de defesa.

b) DESCLASSIFICAÇÃO

Deveria, ademais, ter havido a desclassificação do furto qualificado para o furto simples, do art. 155, "caput", do CP, pois não houve o efetivo deslocamento do bem ao exterior.

c) REGIME DE CUMPRIMENTO DE PENA

Em consequência dos pedidos anteriores, deve ser imposto o regime inicial semiaberto, nos termos do art. 33, § 2.°, do CP e Súmula 269 do STJ.

Comentários: sempre divida o tópico *do direito* em subtópicos, para facilitar a vida de quem corrigirá sua prova, evitando, assim, erros.

III – DOS PEDIDOS

Diante do exposto, com fundamento no art. 626 do CP, requer:

a) A desclassificação para o delito de furto simples;

b) A diminuição da pena;

c) A fixação para regime semiaberto.

Comentários: por não ser um recurso, não deve ser pedido o *conhecimento* ou o *provimento*. Em vez disso, devem ser individualizados os pedidos, como em uma queixa-crime. Se cair novamente, não se esqueça de pedir indenização, com fundamento no art. 630 do CPP.

Comarca ..., data ... .

Advogado ..., OAB ... .

ITEM	PONTUAÇÃO
Item 01. Endereçamento correto: Tribunal de Justiça do Estado de Mato Grosso **(0,25)**.	0,25
Item 02. Indicação correta do dispositivo legal que embasa a Revisão Criminal: art. 621, I, do CPP **OU art. 621, III, do CPP (0,25).**	0,25
Item 03.1. Da tese do arrependimento posterior: incide na hipótese o instituto do arrependimento posterior **(0,50)** nos termos do **art. 16 do CP (0,25).** **Obs.: a mera indicação do artigo não pontua.**	0,75
Item 03.2. **Desenvolvimento jurídico no sentido de que a restituição do bem ocorreu antes do recebimento da denúncia (0,25) e tal restituição foi integral (0,25), razão pela qual a revisionanda faz jus à diminuição da pena (0,25).** **Obs.: a simples reprodução de dados contidos no enunciado, dissociada da correta indicação do instituto cabível ao caso (qual seja, arrependimento posterior), impede atribuição de pontos.**	0,75
Item 04. Desenvolvimento jurídico acerca da desclassificação para furto simples **(0,50)**, pois **não houve efetivo deslocamento do bem para o exterior (0,50), restando então o crime do art. 155, *caput*,** do CP **(0,25).** **Obs.: a mera indicação do artigo não pontua.**	1,25
Item 05. Desenvolvimento jurídico acerca da consequente modificação do regime para o semiaberto **(0,25)**, conforme a Súmula 269 do STJ **(0,25)**. **Obs.: deverá haver indicação expressa e única do regime semiaberto.**	0,50
Item 06. Dos pedidos: **Com fundamento no art. 626 do CPP (0,25):** **6.1. Desclassificação para o delito de furto simples (0,25);** **6.2. Diminuição da pena (0,25);** **6.3. Fixação/mudança para regime semiaberto (0,25).** **Obs.: não será aceito como desenvolvimento relativo ao item 5 o simples pedido de mudança para o regime semiaberto com base no verbete 269 da Súmula do STJ.**	1,00
Item 07. Estrutura correta (divisão das partes, indicação de local, data, assinatura e demai**s formalidades inerentes à estrutura da peça em análise).**	0,25

ITEM	PONTUAÇÃO
Item 01. Endereçamento correto: Vara Criminal do Tribunal de Justiça do Estado de Mato Grosso **(0,25)**.	0,25
Item 02. Indicação correta do dispositivo legal que **embasa o pedido de Justificação: art. 861 do CPC c/c art. 3.º do CPP (0,50).** **Obs.: para obter a pontuação, o examinando deve, necessariamente, citar os dois dispositivos legais.**	0,50
Item 03. Desenvolvimento no sentido da necessidade da oitiva da testemu**nha Gabriel, tendo em vista que as novas provas autorizariam diminuição especial de pena, nos termos do art. 621, III, do CPP (0,75). Isto porque não é possível a produção de provas em sede de revisão criminal (0,75).**	1,50
Item 04. Dos pedidos: **a) Seja a testemunha intimada para comparecer à audiência (0,75);** **b) Efetuada a justificação, pede-se seja a mesma homologada por sentença, entregando-se os autos ao requerente, decorridas 48 horas da decisão, nos termos do art. 866 do CPC (0.75).**	1,50
Item 05. Atribuição de valor à causa, conforme art. 282, V, CPC **(0,5)**.	0,50
Item 06. Rol de testemunhas **(0,5)**.	0,50
Item 07. Estrutura correta (divisão das partes, indicação de local, data, assinatura e demais formalidades inerentes à estrutura da **peça em análise) (0,25)**.	0,25

8.23. IX Exame de Ordem

Gisele foi denunciada, com recebimento ocorrido em 31 de outubro de 2010, pela prática do delito de lesão corporal leve, com a presença da circunstância agravante, de ter o crime sido cometido contra mulher grávida. Isso porque, segundo narrou a inicial acusatória, Gisele, no dia 1.º de abril de 2009, então com 19 anos, objetivando provocar lesão corporal leve em Amanda, deu um chute nas costas de Carolina, por confundi-la com aquela, ocasião em que Carolina (que estava grávida) caiu de joelhos no chão, lesionando-se. A vítima, muito atordoada com o acontecido, ficou por um tempo sem saber o que fazer, mas foi convencida por Amanda (sua amiga e pessoa a quem Gisele realmente queria lesionar) a noticiar o fato na delegacia. Sendo assim, tão logo voltou de um intercâmbio, mais precisamente no dia 18 de outubro de 2009, Carolina compareceu à delegacia e noticiou o fato, representando contra Gisele. Por orientação do delegado, Carolina foi instruída a fazer exame de corpo de delito, o que não ocorreu, porque os ferimentos, muito leves, já haviam sarado. O Ministério Público, na denúncia, arrolou Amanda como testemunha. Em seu depoimento, feito em sede judicial, Amanda disse que não viu Gisele bater em Carolina e nem viu os ferimentos, mas disse que poderia afirmar com convicção que os fatos noticiados realmente ocorreram, pois estava na casa da vítima quando esta chegou chorando muito e narrando a história. Não foi ouvida mais nenhuma testemunha e Gisele, em seu interrogatório, exerceu o direito ao silêncio. Cumpre destacar que a primeira e única audiência ocorreu apenas em 20 de março de 2012, mas que, anteriormente, três outras audiências foram marcadas; apenas não se realizaram porque, na primeira, o magistrado não pôde comparecer, na segunda o Ministério Público não compareceu e a terceira não se realizou porque, no dia marcado, foi dado ponto facultativo pelo governador do Estado, razão pela qual todas as audiências foram redesignadas. Assim, somente na quarta data agendada é que a audiência efetivamente aconteceu. Também merece destaque o fato de que na referida audiência o Parquet não ofereceu proposta de suspensão condicional do processo, pois, conforme documentos comprobatórios juntados aos autos, em 30 de março de 2009, Gisele, em processo criminal onde se apuravam outros fatos, aceitou o benefício proposto. Assim, segundo o promotor de justiça, afigurava-se impossível formulação de nova proposta de suspensão condicional do processo, ou de qualquer outro benefício anterior não destacado, e, além disso, tal dado deveria figurar na condenação ora pleiteada para Gisele como outra circunstância agravante, qual seja, reincidência. Nesse sentido, considere que o magistrado encerrou a audiência e abriu prazo, intimando as partes, para o oferecimento da peça processual cabível.

Como advogado de Gisele, levando em conta tão somente os dados contidos no enunciado, elabore a peça cabível. (Valor: 5,0)

ITEM	PONTUAÇÃO
1. A peça deve ser endereçada ao Juiz do Juizado Especial Criminal **(0,25)**.	0,25
2. Indicação do dispositivo legal que fundamenta a peça: **art. 403, § 3.º, do CPP (0,20)**.	0,20
3. Arguição da preliminar de decadência do direito de representação **(0,50)**. Desenvolvimento fundamentado no sentido de que os fatos ocorreram em **1.º de abril de 2009 e a representação apenas foi feita em 18 de outubro de 2009 (art. 38, do CPP) (0,75).** **Obs: a mera indicação do artigo não pontua.**	1,25
4. Também em caráter preliminar deve ser alegada a nulidade do processo pela inobservância do rito da Lei n. 9.099/95 **(0,25)**, **anulando-se o recebimento da denúncia (0,25) com a consequente prescrição da pretensão punitiva (0,25).**	0,75

5. Desenvolvimento fundamentado acerca da absolvição por falta de prova **(0,25)**, bem como da ausência de materialidade do delito **(0,50)**.	0,75
6. Desenvolvimento fundamentado acerca da não incidência da agravante de crime praticado contra mulher grávida, pois a hipótese é de erro quanto à pessoa **(0,30)** na forma do **art. 20, § 3.º do CP (0,10)**. **Obs: a mera indicação do artigo não pontua.**	0,40
7. Desenvolvimento fundamentado acerca da não incidência da agravante da reincidência **(0,35)**.	0,35
8. Pedidos: **a) extinção de punibilidade pela decadência do direito de representação (0,20);** **b) declaração da nulidade do processo (0,10) com a consequente extinção da punibilidade pela prescrição da pretensão punitiva (0,10);** **c) Absolvição (0,10) por falta de provas para a condenação OU por não haver prova da existência do fato (0,10);**	0,60
d) Subsidiariamente, em caso de condenação: **d1) não incidência da agravante de crime cometido contra mulher grávida (0,10);** **d2) não incidência da agravante da reincidência (0,10);** **d3) incidência da atenuante da menoridade relativa da ré (0,10).**	0,30
9. Estrutura correta (indicação das partes/local/data/assinatura).	0,15

8.24. VIII Exame de Ordem

Visando abrir um restaurante, José pede vinte mil reais emprestados a Caio, assinando, como garantia, uma nota promissória no aludido valor, com vencimento para o dia 15 de maio de 2010. Na data mencionada, não tendo havido pagamento, Caio telefona para José e, educadamente, cobra a dívida, obtendo do devedor a promessa de que o valor seria pago em uma semana. Findo o prazo, Caio novamente contata José, que, desta vez, afirma estar sem dinheiro, pois o restaurante não apresentara o lucro esperado. Indignado, Caio comparece no dia 24 de maio de 2010 ao restaurante e, mostrando para José uma pistola que trazia consigo, afirma que a dívida deveria ser saldada imediatamente, pois, do contrário, José pagaria com a própria vida. Aterrorizado, José entra no restaurante e telefona para a polícia, que, entretanto, não encontra Caio quando chega ao local. Os fatos acima referidos foram levados ao conhecimento do delegado de polícia da localidade, que instaurou inquérito policial para apurar as circunstâncias do ocorrido. Ao final da investigação, tendo Caio confirmado a ocorrência dos eventos em sua integralidade, o Ministério Público o denuncia pela prática do crime de extorsão qualificada pelo emprego de arma de fogo. Recebida a inicial pelo juízo da 5.ª Vara Criminal, o réu é citado no dia 18 de janeiro de 2011.

Procurado apenas por Caio para representá-lo na ação penal instaurada, sabendo-se que Joaquim e Manoel presenciaram os telefonemas de Caio cobrando a dívida vencida, e com base somente nas informações de que dispõe e nas que podem ser inferidas pelo caso concreto acima, redija, no último dia do prazo, a peça cabível, invocando todos os argumentos em favor de seu constituinte. (Valor: 5,0)

ITEM	PONTUAÇÃO
Endereçamento correto (juízo da 5.ª Vara Criminal).	0,25
Indicação correta do dispositivo legal que fundamenta a resposta à acusação (art. 396 do CPP e/ou art. 396-A do CPP).	0,30
a) Desenvolvimento fundamentado do argumento de que a **conduta de extorsão seria atípica (1,00) por ausência da elementar "vantagem indevida" (0,50).**	1,50
b1) Desenvolvimento fundamentado do argumento de que a conduta se amoldaria ao delito de exercício arbitrário das próprias razões **(0,40)** previsto no **art. 345, *caput*,** do CP **(0,10).** **Obs.: a mera indicação do dispositivo legal não pontua.**	0,50
b2) Desenvolvimento fundamentado de que o delito de exercício arbitrário das próprias razões é persequível por ação penal privada.	0,30
b3) Incide sobre a hipó**tese o fenômeno da decadência do direito de queixa (0,30), razão pela qual está extinta a punibilidade (0,20).** **Obs.: a indicação apenas de que houve extinção de punibilidade, dissociada da correta fundamentação, impede atribuição de pontos.**	0,50
Pedidos: **a) absolvição (0,25) com fundamento no art. 397, III do CPP (0,25) e art. 397, IV, do CPP (0,25);** **b) requerimento de produção de prova testemunhal ou indicação de rol de testemunhas (0,25).**	1,00
Indicação do último dia do prazo (art. 396 do CPP): 28 de janeiro de 2011.	0,40
Estrutura correta (divisão das partes / indicação de local, data, assinatura).	0,25

8.25. VII Exame de Ordem

Grávida de nove meses, Ana entra em trabalho de parto, vindo dar à luz um menino saudável, o qual é imediatamente colocado em seu colo. Ao ter o recém-

-nascido em suas mãos, Ana é tomada por extremo furor, bradando aos gritos sobre seu filho: "monstro horrível que não saiu de mim", e batendo por seguidas vezes a cabeça da criança na parede do quarto do hospital, vitimando-a fatalmente. Após ser dominada pelos funcionários do hospital, Ana é presa em flagrante delito.

Durante a fase e inquérito policial, foi realizado exame médico-legal, o qual atestou que Ana agira sob influência de estado puerperal. Posteriormente, foi denunciada, com base nas provas colhidas na fase inquisitorial, sobretudo o laudo do expert, perante a 1.ª Vara Criminal/Tribunal do Júri pela prática do crime de homicídio triplamente qualificado, haja vista ter sustentado o Parquet que Ana fora movida por motivo fútil, empregara meio cruel para a consecução do ato criminoso, além de se utilizar de recurso que tornou impossível a defesa da vítima. Em sede de Alegações Finais Orais, o Promotor de Justiça reiterou os argumentos da denúncia, sustentando que Ana teria agido impelida por motivo fútil ao decidir matar seu filho em razão de tê-lo achado feio e teria empregado meio cruel ao bater a cabeça do bebê repetidas vezes contra a parede, além de impossibilitar a defesa da vítima, incapaz, em razão da idade, de defender-se. A Defensoria Pública, por sua vez, alegou que a ré não teria praticado o fato e, alternativamente, se o tivesse feito, não possuiria plena capacidade de autodeterminação, sendo inimputável. Ao proferir a sentença, o magistrado competente entendeu por bem absolver sumariamente a ré em razão de inimputabilidade, pois, ao tempo da ação, não seria ela inteiramente capaz de se autodeterminar em consequência da influência do estado puerperal. Tendo sido intimado o Ministério Público da decisão, em 11 de janeiro de 2011, o prazo recursal transcorreu *in albis* sem manifestação do Parquet.

Em relação ao caso narrado, você, na condição de advogado(a), é procurado pelo pai da vítima, em 20 de janeiro de 2011, para habilitar-se como assistente da acusação e impugnar a decisão.

Com base somente nas informações de que dispõe e nas que podem ser inferidas pelo caso concreto acima, redija a peça cabível, sustentando, para tanto, as teses jurídicas pertinentes, datando do último dia do prazo. (Valor: 5,0)

ITEM	PONTUAÇÃO
Item 1. Estrutura correta (divisão das partes / indicação de local, assinatura). **Obs.: a falta de legitimidade para requerer a habilitação implicará na não atribuição de pontos nesse item.**	0,25
Item 2. Indicação correta dos dispositivos legais que dão ensejo à apelação (art. 593, I, do CPP **OU** art. 416 do CPP **(0,20)** E art. 598 do CPP **(0,30)**.	0,50

Item 3. Endereçamento correto da interposição (1.ª Vara Criminal /Tribunal do Júri).	0,25
Item 4. **Endereçamento correto das razões (Tribunal de Justiça).**	0,25
Item 5. Pedido de habilitação, na interposição, do pai da vítima como assistente de acusação. **Obs.: não será pontuado o pedido de habilitação feito nas razões do recurso.**	0,25
Item 6. **Desenvolvimento jurídico acerca da impossibilidade de se absolver sumariamente pela inimputabilidade por não ser a única tese defensiva alegada na primeira fase do júri (0,95) e consequente violação ao art. 415, parágrafo único, do CPP (0,30).** **Obs.: a mera indicação do artigo não pontua.**	1,25
Item 7. Desenvolvimento jurídico acerca da impossibilidade de se absolver sumariamente pela inimputabilidade por não ser o estado puerperal considerado como tal **(0,95)**, já que é elemento do tipo no art. 123 do CP **(0,30).** **Obs.: a mera indicação do artigo não pontua.**	1,25
Item 8. Pedidos: **8.1. Reforma da sentença de absolvição sumária (0,40).**	0,40
8.2. Pronúncia da ré nos exatos termos da denúncia **OU** pronúncia por homicídio triplamente qualificado **OU pronúncia da ré por infanticídio (0,40).**	0,40
Item 9. Indicação do prazo (art. 598, parágrafo único, do CPP). **Obs.: somente será atribuída pontuação se houver indicação correta do prazo nas duas peças (interposição e razões recursais).**	0,20

8.26. VI Exame de Ordem

No dia 10 de março de 2011, após ingerir um litro de vinho na sede de sua fazenda, José Alves pegou seu automóvel e passou a conduzi-lo ao longo da estrada que tangencia sua propriedade rural. Após percorrer cerca de dois quilômetros na estrada absolutamente deserta, José Alves foi surpreendido por uma equipe da Polícia Militar que lá estava a fim de procurar um indivíduo foragido do presídio da localidade. Abordado pelos policiais, José Alves saiu de seu veículo trôpego e exalando forte odor de álcool, oportunidade em que, de maneira incisiva, os policiais lhe compeliram a realizar um teste de alcoolemia em aparelho de ar alveolar. Realizado o teste, foi constatado que José Alves tinha concentração de álcool de um miligrama por litro de ar expelido pelos pulmões, razão pela qual os policiais o conduziram à Unidade de Polícia Judiciária, onde foi lavrado Auto de Prisão em Flagrante pela prática do crime previsto no art. 306 da Lei n. 9.503/97, c/c art. 2.º, inciso II, do Decreto 6.488/2008, sendo-lhe negado no referido Auto de Prisão em Flagrante o direito de entrevistar-se com seus advogados ou com seus familiares.

Dois dias após a lavratura do Auto de Prisão em Flagrante, em razão de José Alves ter permanecido encarcerado na Delegacia de Polícia, você é procurado pela família do preso, sob protestos de que não conseguiam vê-lo e de que o delegado não comunicara o fato ao juízo competente, tampouco à Defensoria Pública.

Com base somente nas informações de que dispõe e nas que podem ser inferidas pelo caso concreto acima, na qualidade de advogado de José Alves, redija a peça cabível, exclusiva de advogado, no que tange à liberdade de seu cliente, questionando, em juízo, eventuais ilegalidades praticadas pela Autoridade Policial, alegando para tanto toda a matéria de direito pertinente ao caso. (Valor: 5,0)

Excelentíssimo Senhor Juiz de Direito da ... Vara Criminal da Comarca ...

Comentário: por não ter o enunciado trazido qualquer menção à vara competente ou à comarca, devem ser adotadas as reticências ou XXX, como determina o edital.

José Alves, nacionalidade ..., estado civil ..., profissão ..., residente no endereço ..., vem, por seu advogado, requerer o Relaxamento da Prisão em Flagrante, com fundamento no art. 5.º, LXV, da Constituição, pelas razões a seguir expostas:

Comentário: por ser uma peça inicial, o requerente deve ser qualificado. Cuidado para não inventar dados: em momento algum foi dito, por exemplo, que José é brasileiro. Sobre a fundamentação, a Banca aceitou o art. 5.º, LXV, da CF ou o art. 310, I, do CPP.

I – DOS FATOS

No dia 10 de março de 2011...

Comentário: a divisão em *dos fatos, do direito* e *do pedido* não é pontuada pela banca. Entretanto, gosto de utilizá-la. Como a correção da Banca é muito ruim, quanto mais bem organizada a sua peça, menor a chance de erros de correção – a banca errará de qualquer forma, mas o prejuízo será menor se a sua peça estiver bem estruturada. Como já dito, a descrição dos fatos não é pontuada pela Banca – na queixa-crime, há uma situação especial, tratada no modelo da peça. Portanto, limite-se a um resumo do enunciado. Não perca muito tempo em sua elaboração. Não é o momento de sustentar teses de defesa.

II – DO DIREITO

a) DA ILICITUDE DA PROVA

Como exposto acima, a prisão em flagrante de José Alves foi, inegavelmente, ilegal. O primeiro motivo disso se dá em razão da forma como foi realizado o teste de alcoolemia. Os policiais militares o obrigaram à realização do teste, em violação ao art. 8.°, 2, "g", do Decreto n. 678/92, que assegura ao preso o direito de não depor contra si mesmo, e ao art. 5.°, LXIII, da Constituição Federal, que garante o direito ao silêncio. Por ter sido a prova obtida em violação à lei, deve ser reconhecida a sua ilicitude, com fulcro no art. 157 do Código de Processo Penal e, em consequência disso, a ilegalidade da prisão em flagrante, que deve ser relaxada.

Comentário: o VI Exame de Ordem reflete uma outra época da prova, com teses que exigem algum conhecimento doutrinário ou jurisprudencial sobre o assunto. Da leitura dos artigos mencionados, não dá para extrair, com exatidão, a tese do direito de não produzir prova contra si. No formato atual, todavia, a prova pode ser respondida apenas com o que consta na lei, salvo em um ou outro momento, quando a banca traz posicionamentos jurisprudenciais.

Além disso, há uma série de outras violações à Constituição e ao Código de Processo Penal, causando a ilegalidade da prisão em flagrante.

b) DA ILEGALIDADE DA INCOMUNICABILIDADE DO PRESO

O Sr. José Alves está em situação de incomunicabilidade, sem contato com o seu advogado ou família, em discordância do que prevê o art. 5.°, LXIII, da Constituição Federal.

Aliás, não houve nem mesmo a comunicação de sua prisão ao juiz competente e à família ou à pessoa por ele indicada, como impõe o art. 5.° LXII, da Constituição Federal.

c) DA ILEGALIDADE DO EXCESSO DE PRAZO E DA AUSÊNCIA DE COMUNICAÇÃO À DEFENSORIA PÚBLICA E AO JUIZ COMPETENTE

Ademais, ele está há dois dias preso, sem que o auto de prisão em flagrante tenha sido encaminhado à Defensoria Pública, visto que não foi assistido por advogado, ou ao juiz competente, no prazo de vinte e quatro horas, como determina o art. 306, § 1.°, do Código de Processo Penal. Em razão do relato acima, a prisão em flagrante é ilegal, devendo ser relaxada.

Comentários: sempre que uma tese é sustentada, não basta mencioná-la. O examinando deve explicá-la – o que é, quais os requisitos e consequências. Nos últimos Exames de Ordem, a banca tem pontuado a transcrição do que diz a legislação ao ser sustentada uma tese, como pode ser percebido em peças mais atuais ao longo deste manual.

III – DO PEDIDO

Com base no que foi dito, requer o relaxamento da prisão em flagrante e a expedição de alvará de soltura.

Comarca ..., data ... .

Advogado ..., OAB ... .

Comentário: para que alguém seja liberado da prisão, é necessário que seja expedido alvará de soltura pela autoridade competente. Por esse motivo, é essencial pedi-lo, quando for hipótese de soltura do cliente – embora, na prática, em um processo real, não exista essa necessidade, pois o juiz expede o alvará de ofício.

ITEM	PONTUAÇÃO
1. Estrutura correta (divisão das partes / indicação de local, data, assinatura).	0,25
2. Indicação correta dos dispositivos legais que dão ensejo ao pedido de relaxamento de prisão – art. 5.º, LXV, da CRFB **OU** art. 310, I, do CPP.	0,5
3. **Endereçamento correto – Juiz de Direito da XX Vara Criminal da Comarca...**	0,25
4.1. Desenvolvimento jurídico acerca da nulidade do auto de prisão em flagrante por violação ao direito a não produzir prova contra si **(0,5)** [art. 5.º, LXIII, da CRFB **OU** art. **8.º, 2, *g*, do Decreto 678/92 (Pacto de San José da Costa Rica)] (0,25).** **Obs.: a mera indicação do artigo não é pontuada.**	0,75
4.2. Em razão da colheita forçada do exame de teor alcoólico e consequente ilicitude da prova **(0,5)** [art. 5.º, LVI, **OU** art. 157 d**o CPP] (0,25).** **Obs.: a mera indicação do artigo não é pontuada.**	0,75
5. Desenvolvimento jurídico acerca da nulidade do auto de prisão em flagrante por violação ao direito à comunicação entre o preso e o advogado, bem como familiares **(0,8)**, nos termos do art. 5.º, LXIII, da CRFB **OU art. 7.º, III, do EOAB (0,2).** **Obs.: a mera indicação do artigo não é pontuada.**	1,0

6. Desenvolvimento jurídico acerca da nulidade do auto de prisão em flagrante por violação à exigência de comunicação da medida à autoridade judiciária e à defensoria pública dentro de 24 horas **(0,8)**, nos termos do art. 306, § **1.º, do CPP OU art. 5.º, LXII, da CRFB (0,2).** **Obs.: a mera indicação do artigo não é pontuada.**	1,0
7. Pedido de relaxamento de prisão em razão da nulidade do auto de prisão em flagrante **(0,25)** e expedição de alvará de soltura **(0,25)**.	0,50

8.27. V Exame de Ordem

Em 10 de janeiro de 2007, Eliete foi denunciada pelo Ministério Público pela prática do crime de furto qualificado por abuso de confiança, haja vista ter alegado o Parquet que a denunciada havia se valido da qualidade de empregada doméstica para subtrair, em 20 de dezembro de 2006, a quantia de R$ 50,00 de seu patrão Cláudio, presidente da maior empresa do Brasil no segmento de venda de alimentos no varejo. A denúncia foi recebida em 12 de janeiro de 2007, e, após a instrução criminal, foi proferida, em 10 de dezembro de 2009, sentença penal julgando procedente a pretensão acusatória para condenar Eliete à pena final de dois anos de reclusão, em razão da prática do crime previsto no art. 155, § 2.º, inciso IV, do Código Penal. Após a interposição de recurso de apelação exclusivo da defesa, o Tribunal de Justiça entendeu por bem anular toda a instrução criminal, ante a ocorrência de cerceamento de defesa em razão do indeferimento injustificado de uma pergunta formulada a uma testemunha. Novamente realizada a instrução criminal, ficou comprovado que, à época dos fatos, Eliete havia sido contratada por Cláudio havia uma semana e só tinha a obrigação de trabalhar às segundas, quartas e sextas-feiras, de modo que o suposto fato criminoso teria ocorrido no terceiro dia de trabalho da doméstica. Ademais, foi juntada aos autos a comprovação dos rendimentos da vítima, que giravam em torno de R$ 50.000,00 (cinquenta mil reais) mensais. Após a apresentação de memoriais pelas partes, em 9 de fevereiro de 2011, foi proferida nova sentença penal condenando Eliete à pena final de 2 (dois) anos e 6 (seis) meses de reclusão. Em suas razões de decidir, assentou o magistrado que a ré possuía circunstâncias judiciais desfavoráveis, uma vez que se reveste de enorme gravidade a prática de crimes em que se abusa da confiança depositada no agente, motivo pelo qual a pena deveria ser distanciada do mínimo. Ao final, converteu a pena privativa de liberdade em restritiva de direitos, consubstanciada na prestação de 8 (oito) horas semanais de serviços comunitários, durante o período de 2 (dois) anos e 6 (seis) meses em instituição a ser definida pelo juízo de execuções penais. Novamente não houve recurso do Ministério Público, e a sentença foi publicada no Diário Eletrônico em 16 de fevereiro de 2011.

Com base somente nas informações de que dispõe e nas que podem ser inferidas pelo caso concreto acima, redija, na qualidade de advogado de Eliete, com data para o último dia do prazo legal, o recurso cabível à hipótese, invocando todas as questões de direito pertinentes, mesmo que em caráter eventual. (Valor: 5,0)

ITEM	PONTUAÇÃO
Estrutura correta (divisão das partes/indicação de local, data, assinatura).	0,25
Indicação correta dos **dispositivos legais que dão ensejo à apelação (art. 593, I, do CPP).**	0,50
Endereçamento correto da interposição.	0,25
Endereçamento correto das razões.	0,25
Indicação de reformatio in pejus **(0,20)**.	0,20
Desenvolvimento jurídico acerca da **ocorrência de reformatio in pejus (0,40) art. 617 do CPP (0,15).**	0,55
Incidência da prescrição da pretensão punitiva **(0,30)**. Desenvolvimento jurídico **(0,45)**.	0,75
Não incidência da qualificadora de abuso de confiança **OU** desclassificação para furto **simples (0,3)**. **Desenvolvimento jurídico (0,45).**	0,75
Atipicidade material da conduta **OU** Princípio da bagatela **(0,3)**. Desenvolvimento jurídico **(0,45)**.	0,75
Desenvolvimento jurídico acerca da incidência, em caráter eventual, da figura do furto privilegiado.	0,25
Desenvolvimento jurídico acerca da substituição da pena privativa de **liberdade por multa OU suspensão condicional da pena (*sursis*) e do processo OU diminuição da pena por *bis in idem*.**	0,25
Pedido correto, contemplando as teses **desenvolvidas.**	0,25

ITEM	PONTUAÇÃO
Endereçamento ao juiz que proferiu a sentença recorrida.	0,50
Fundamento no art. 382 do CPP.	0,50
Indicação do prazo legal de 2 dias.	0,50

Desenvolvimento jurídico acerca da obscuridade quanto ao artigo que **embasou a condenação, levando-se em conta que houve perfeita narrativa de furto cometido com abuso de confiança, mas a capitulação dada não existe.**	1,00
Desenvolvimento jurídico acerca da obscuridade quanto aos critérios **utilizados pelo magistrado para embasar o aumento da pena levando-se em conta a gravidade do crime cometido com abuso de confiança. Referido juiz não foi claro quanto ao critério utilizado, não informando em sua decisão, objetivamente, por que considerou mais gravosa a conduta de Eliete.**	1,00
Desenvolvimento jurídico acerca da contradição existente entre a condenação de 8 horas semanais de serviços comunitários, considerando-se que o art. 46, parágrafo 3.º, do CP estabelece que a fração é de apenas uma hora de prestação de serviços por semana.	1,00
Data em que deveriam ser opostos os embargos: **18 de fevereiro de 2011 (último dia, levando-se em conta que a sentença foi publicada em 16 de fevereiro de 2011 e que o prazo legal é de 2 dias).**	0,50

8.28. IV Exame de Ordem

Tício foi denunciado e processado, na 1.ª Vara Criminal da Comarca do Município X, pela prática de roubo qualificado em decorrência do emprego de arma de fogo. Ainda durante a fase de inquérito policial, Tício foi reconhecido pela vítima. Tal reconhecimento se deu quando a referida vítima olhou através de pequeno orifício da porta de uma sala onde se encontrava apenas o réu. Já em sede de instrução criminal, nem vítima nem testemunhas afirmaram ter escutado qualquer disparo de arma de fogo, mas foram uníssonas no sentido de assegurar que o assaltante portava uma. Não houve perícia, pois os policiais que prenderam o réu em flagrante não lograram êxito em apreender a arma. Tais policiais afirmaram em juízo que, após escutarem gritos de "pega ladrão!", viram o réu correndo e foram em seu encalço. Afirmaram que, durante a perseguição, os passantes apontavam para o réu, bem como que este jogou um objeto no córrego que passava próximo ao local dos fatos, que acreditavam ser a arma de fogo utilizada. O réu, em seu interrogatório, exerceu o direito ao silêncio. Ao cabo da instrução criminal, Tício foi condenado a oito anos e seis meses de reclusão, por roubo com emprego de arma de fogo, tendo sido fixado o regime inicial fechado para cumprimento de pena. O magistrado, para fins de condenação e fixação da pena, levou em conta os depoimentos testemunhais colhidos em juízo e o reconhecimento feito pela vítima em sede policial, bem como o fato de o réu ser reincidente e portador de maus antecedentes, circunstâncias comprovadas no curso do processo.

Você, na condição de advogado(a) de Tício, é intimado(a) da decisão. Com base somente nas informações de que dispõe e nas que podem ser inferidas pelo caso concreto acima, redija a peça cabível, apresentando as razões e sustentando as teses jurídicas pertinentes. (Valor: 5,0)

ITEM	PONTUAÇÃO
Estrutura correta (divisão das partes/indicação de local, data, assinatura).	0,25
Indicação correta do prazo e dispositivos legais que dão ensejo à apelação, na petição de interposição (art. 593, **I, do CPP).**	0,25
Endereçamento correto da interposição – 1.ª Vara Criminal do Município X.	0,25
Endereçamento correto das razões – Tribunal de Justiça do Estado.	0,25
Desenvolvimento jurídico acerca da falta de observância da formalidade legal **(0,8) / prevista no art. 226, II, do CPP (0,2).**	1,0
Desenvolvimento jurídico acerca da ausência da apreensão da arma (ou de ausência de potencialidade lesiva), o que impede o exame pericial da arma, nos termos do art. 158 do CPP **(0,6)**. / Ninguém afirmou que a **arma tenha efetuado qualquer disparo (perícia indireta) (0,4).**	1,0
Pedido: **Absolvição + argumento + base legal.**	0,5
Pedidos (0,5 cada) – no mínimo 3 pedidos – máximo 1,5 ponto: **– redução da pena + base legal;** **– mudança de regime + base legal;** **– nulidade da prova + base legal;** **– afastamento da agravante + argumento + base legal.**	1,5

8.29. **Exame de Ordem 2010.3**

No dia 17 de junho de 2010, uma criança recém-nascida é vista boiando em um córrego e, ao ser resgatada, não possuía mais vida. Helena, a mãe da criança, foi localizada e negou que houvesse jogado a vítima no córrego. Sua filha teria sido, segundo ela, sequestrada por um desconhecido. Durante a fase de inquérito, testemunhas afirmaram que a mãe apresentava quadro de profunda depressão no momento e logo após o parto. Além disso, foi realizado exame médico legal, o qual constatou que Helena, quando do fato, estava sob influência de estado puerperal. À míngua de provas que confirmassem a autoria, mas desconfiada de que a mãe da criança pudesse estar envolvida no fato, a autoridade policial representou pela decretação de interceptação telefônica da linha de telefone móvel usado pela mãe, medida que foi decretada pelo juiz competente. A prova constatou que a mãe efetivamente praticara o fato, pois, em conversa telefônica com uma conhecida, de nome Lia, ela afirmara ter atirado a criança ao córrego, por desespero, mas que estava arrependida. O delegado intimou Lia para ser ouvida, tendo ela confirmado, em sede policial, que Helena de fato havia atirado a criança, logo após o parto, no córrego. Em razão das aludidas provas, a mãe da criança foi então denunciada pela prática do crime descrito no art. 123 do Código Penal perante a 1.ª Vara Criminal (Tribunal do Júri). Durante a ação penal, é juntado aos autos o laudo de necropsia realizada no corpo da criança. A prova técnica concluiu que a criança já nascera morta. Na audiência de instrução, realizada no dia 12 de agosto de 2010, Lia é novamente inquirida, ocasião em que confirmou ter a denunciada, em conversa telefônica, admitido ter jogado o corpo da criança no córrego. A mesma testemunha, no entanto, trouxe nova informação, que não mencionara quando ouvida na fase inquisitorial. Disse que, em outras conversas que tivera com a mãe da criança, Helena contara que tomara substância abortiva, pois não poderia, de jeito nenhum, criar o filho. Interrogada, a denunciada negou todos os fatos. Finda a instrução, o Ministério Público manifestou-se pela pronúncia, nos termos da denúncia, e a defesa, pela impronúncia, com base no interrogatório da acusada, que negara todos os fatos. O magistrado, na mesma audiência, prolatou sentença de pronúncia, não nos termos da denúncia, e sim pela prática do crime descrito no art. 124 do Código Penal, punido menos severamente do que aquele previsto no art. 123 do mesmo código, intimando as partes no referido ato.

Com base somente nas informações de que dispõe e nas que podem ser inferidas pelo caso concreto acima, na condição de advogado(a) de Helena, redija a peça cabível à impugnação da mencionada decisão, acompanhada das razões pertinentes, as quais devem apontar os argumentos para o provimento do recurso, mesmo que em caráter sucessivo.

ITEM	PONTUAÇÃO
Endereçamento correto e indicação da norma (art. 581, IV, CPP).	0,7
Pedido de reconsideração ao juiz de 1.º grau e indicação da norma (art. 589, parágrafo único, CPP).	0,2
Indicação da ilegitimidade/ilicitude da interceptação telefônica **(0,4)** por tratar-se de crime apenado com detenção **(0,4) OU** Indicação da **ilegitimidade/ilicitude da interceptação telefônica (0,4) com fundamento na necessidade de esgotamento prévio dos meios de investigação (0,4).**	0,8
Indicação do dispositivo legal (art. 2.º, III, Lei n. 9.296/96) **OU** (art. 2.º, II, **Lei n. 9.296/96).**	0,5

Indicação da ilicitude por derivação da prova testemunhal **(0,25)** com **fundamentação legal (art. 157, § 1.º, CPP) (0,25).**	0,5
Desenvolvimento fundamentado de que haveria violação das regras **referentes à *mutatio libelli* (0,25/0,5) / Indicação do dispositivo legal: art. 384 do CPP (0,25), c/c art. 411, § 3.º, do CPP (0,25).**	1,0
Desenvolvimento fundamentado acerca da ausência de prova da **materialidade do crime de aborto por inexistência de perícia que vincule o óbito à substância abortiva.**	0,5
Pedidos **principais corretos (0,2 cada):** **- desentranhamento da prova Ilícita;** **- impronúncia em virtude do desentranhamento da prova ilícita e consequente ausência de indícios suficientes de autoria;** **- impronúncia por ausência de prova da materialidade do crime de aborto;** **- absolvição sumária OU nulidade da decisão de pronúncia, com fundamento na *mutatio libelli*.**	0,8

8.30. Exame de Ordem 2010.2

A Polícia Civil do Estado do Rio Grande do Sul recebe notícia crime identificada, imputando a Maria Campos a prática de crime, eis que mandaria crianças brasileiras para o estrangeiro com documentos falsos. Diante da notícia crime, a autoridade policial instaura inquérito policial e, como primeira providência, representa pela decretação da interceptação das comunicações telefônicas de Maria Campos, "dada a gravidade dos fatos noticiados e a notória dificuldade de apurar crime de tráfico de menores para o exterior por outros meios, pois o *modus operandi* envolve sempre atos ocultos e exige estrutura organizacional sofisticada, o que indica a existência de uma organização criminosa integrada pela investigada Maria". O Ministério Público opina favoravelmente e o juiz defere a medida, limitando-se a adotar, como razão de decidir, "os fundamentos explicitados na representação policial". No curso do monitoramento, foram identificadas pessoas que contratavam os serviços de Maria Campos para providenciar expedição de passaporte para viabilizar viagens de crianças para o exterior. Foi gravada conversa telefônica de Maria com um funcionário do setor de passaportes da Polícia Federal, Antônio Lopes, em que Maria consultava Antônio sobre os passaportes que ela havia solicitado, se já estavam prontos, e se poderiam ser enviados a ela. A pedido da autoridade policial, o juiz deferiu a interceptação das linhas telefônicas utilizadas por Antônio Lopes, mas nenhum diálogo relevante foi interceptado. O juiz, também com prévia representação da autoridade policial e manifestação favorável do Ministério Público, deferiu a quebra de sigilo bancário e fiscal dos investigados, tendo sido identificado um depósito de dinheiro em espécie na conta de Antônio, efetuado naquele mesmo ano, no valor de R$ 100.000,00 (cem mil reais). O monitoramento telefônico foi mantido pelo período de 15 dias, após o que foi deferida medida de busca e apreensão nos endereços de Maria e Antônio. A decisão foi proferida nos seguintes termos: "diante da gravidade dos fatos e da real possibilidade de serem encontrados objetos relevantes para investigação, defiro requerimento de busca e apreensão nos endereços de Maria (Rua dos Casais, 213) e de Antonio (Rua Castro, 170, apartamento 201)". No endereço de Maria Campos, foi encontrada apenas uma relação de nomes que, na visão da autoridade policial, seriam clientes que teriam requerido a expedição de passaportes com os nomes de crianças que teriam viajado para o exterior. No endereço indicado no mandado de Antônio Lopes, nada foi encontrado. Entretanto, os policiais que cumpriram a ordem judicial perceberam que o apartamento 202 do mesmo prédio também pertencia ao investigado, motivo pelo qual nele ingressaram, encontrando e apreendendo a quanti a de cinquenta mil dólares em espécie. Nenhuma outra diligência foi realizada. Relatado o inquérito policial, os autos foram remetidos ao Ministério Público, que ofereceu a denúncia nos seguintes termos: "o Ministério Público vem oferecer denúncia contra Maria Campos e Antônio Lopes, pelos fatos a seguir descritos: Maria Campos, com o auxílio do agente da polícia federal Antônio Lopes, expediu diversos passaportes para crianças e adolescentes, sem observância das formalidades legais. Maria tinha a finalidade de viabilizar a saída dos menores do país. A partir da quantia de dinheiro apreendida na casa de Antônio Lopes, bem como o depósito identificado em sua conta bancária, evidente que ele recebia vantagem indevida para efetuar a liberação dos passaportes. Assim agindo, a denunciada Maria Campos está incursa nas penas do art. 239, parágrafo único, da Lei n. 8069/90 (Estatuto da Criança e do Adolescente), e nas penas do art. 333, parágrafo único, c/c o art. 69, ambos do Código Penal. Já o denunciado Antônio Lopes está incurso nas penas do art. 239, parágrafo único, da Lei n. 8069/90 (Estatuto da Criança e do Adolescente) e nas penas do art. 317, § 1.º, c/c art. 69, ambos do Código Penal". O juiz da 15.ª Vara Criminal de Porto Alegre, RS, recebeu a denúncia, nos seguintes termos: "compulsando os autos, verifico que há prova indiciária suficiente da ocorrência dos fatos descritos na denúncia e do envolvimento dos denunciados. Há justa causa para a ação penal, pelo que recebo a denúncia. Citem-se os réus, na forma da lei". Antonio foi citado pessoalmente em 27.10.2010 (quarta-feira) e o respectivo mandado foi acostado aos autos dia 1.º de novembro de 2010 (segunda-feira). Antonio contratou você como Advogado, repassando-lhe nomes de pessoas (Carlos de Tal, residente na Rua 1, n. 10, nesta capital; João de Tal, residente na Rua 4, n. 310, nesta capital; Roberta de Tal, residente na Rua 4, n. 310, nesta capital) que prestariam relevantes informações para corroborar com sua versão.

Nessa condição, redija a peça processual cabível desenvolvendo TODAS AS TESES DEFENSIVAS que podem ser extraídas do enunciado com indicação de respectivos dispositivos legais. Apresente a peça no último dia do prazo.

Excelentíssimo Senhor Juiz de Direito da 15.ª Vara Criminal da Comarca de Porto Alegre, Rio Grande do Sul,

Comentários: o Cespe tinha por hábito trazer a competência da Justiça Federal na prova da segunda fase. Aconteceu, por exemplo, na prova 2008.2, quando caiu uma apelação. A Banca pediu uma única vez, no Exame de Ordem 2010.2, quando ainda estava, aparentemente, "copiando" o perfil de prova da banca anterior. Se voltar a cair, peço muita atenção ao seguinte: não corrija incompetência no endereçamento. Enderece a peça ao juiz incompetente, onde o processo está correndo, e peça a incompetência. Reflita: não existe processo em trâmite na Vara Federal. O juiz federal não saberá o que fazer com a sua peça.

Antônio Lopes, já qualificado nos autos, vem, por seu advogado, oferecer Resposta à Acusação, com fundamento nos arts. 396 e 396-A do Código de Processo Penal, pelas razões a seguir expostas:

Comentários: embora o gabarito nada mencione, o padrão de resposta publicado pela Banca aceitou os arts. 396 e 396-A do CPP. Não é necessário escrever Código de Processo Penal, por extenso, mas acho mais seguro para evitar equívocos – por exemplo, escrever "CP" e perder a prova toda. Não era necessário qualificar Antônio, pois a denúncia já havia trazido os dados. De qualquer forma, quem qualificou não sofreu prejuízo. O que é dito a mais não causa prejuízo.

I – DOS FATOS

No dia...

Comentários: a Banca não exige a divisão da peça em *dos fatos, do direito* e *do pedido.* No entanto, reflita comigo: todos os cursos e livros ensinam dessa forma. Portanto, quase todas as peças dos examinandos terão essa estrutura. O examinador não enxergará com bons olhos se a sua fugir do padrão. A banca sempre erra muito ao corrigir as provas discursivas. Entretanto, não se preocupe com o teor do tópico *dos fatos.* Faça um simples resumo do enunciado, com os principais pontos. Dois parágrafos são mais do que suficientes. Se falta alguma informação, não tem problema. O tópico dos *fatos* não é pontuado.

II – DO DIREITO

a) INCOMPETÊNCIA DA JUSTIÇA ESTADUAL

Deve ser reconhecida a incompetência da Justiça Estadual para o julgamento do caso, pois se trata de crime de competência da Justiça Federal, com fundamento no art. 109, V, da Constituição Federal.

Comentários: a tese de incompetência foi um grande problema do Exame de Ordem 2010.2. Entenda: segundo o art. 396-A, § 1.º, do CPP, as exceções devem ser oferecidas em apartado (em separado). Ou seja, se existir uma tese de incompetência em resposta à acusação, ela deve ser oferecida em uma peça chamada *exceção de incompetência*. Contudo, quem elaborou o problema não sabia disso, e trouxe como tese da *RA*. No final das contas, a banca acabou aceitando as duas peças, *exceção* e *RA*. Sobre o assunto, falei mais a respeito no tópico teórico da resposta à acusação.

b) NULIDADE DA INTERCEPTAÇÃO TELEFÔNICA

Conforme exposto, deve ser declarada a nulidade da decisão que decretou a interceptação telefônica. A medida não poderia ser decretada como primeira medida investigatória, como foi feito, em violação ao art. 2.°, II, da Lei n. 9.296/96.

Ademais, deve ser reconhecida a nulidade da decisão em razão de ausência de fundamentação adequada, conforme art. 5.° da Lei n. 9.296/96 e art. 93, IX da Constituição Federal.

Comentários: a divisão do tópico *do direito* em subtópicos é muito importante. Como a Banca erra muito na correção das peças, é interessante destacar as teses, para que o examinador veja que você deu a resposta ao *bater o olho* em seu caderno.

c) NULIDADE DA APREENSÃO

Também deve ser reconhecida a nulidade da apreensão do dinheiro – ao todo, cinquenta mil dólares –, visto que não havia autorização judicial para a realização do procedimento no endereço onde ocorreu.

Comentários: é normal que uma peça tenha mais de uma tese de mesma natureza. Na prova 2010.2, havia três teses de nulidade que deveriam ser sustentadas. Não bastava sustentar uma ou outra. Isso pode acontecer com teses absolutórias – em uma mesma peça, a sustentação de duas ou três (ou mais) teses absolutórias. Por mais que o resultado seja igual, todas devem ser sustentadas.

d) INÉPCIA DA DENÚNCIA

A denúncia deve ser rejeitada, nos termos do art. 395, I, do CPP, em razão de sua inépcia, em violação ao art. 41 do CPP, ao art. 8.º, 2, "b", do Decreto n. 678/92 e o art. 5.º, LV, da CF.

Comentários: essa tese causou muita confusão na época. Isso porque a *RA* é peça cabível após o recebimento da denúncia ou queixa. Por esse motivo, a princípio, não tinha mais como sustentar as teses de rejeição da inicial (não recebimento), afinal o recebimento já havia ocorrido. Posteriormente, o STJ entendeu que é possível, sim, a discussão sobre o recebimento em *RA*. A Banca se antecipou e pediu o posicionamento como tese em 2010. Hoje em dia, a banca não é de fazer isso. Quando há um posicionamento jurisprudencial, é algo já sedimentado, que ninguém mais discute – por exemplo, a inconstitucionalidade do art. 2.º, § 1.º, da Lei n. 8.072/90.

e) ATIPICIDADE DA CONDUTA

No mérito, deve ser reconhecida a atipicidade da conduta, com a consequente absolvição sumária, pois ausente o dolo, não estando configurado o delito do art. 239, parágrafo único, da Lei n. 8.069/90, o Estatuto da Criança e do Adolescente.

Também deve o denunciado ser absolvido sumariamente por falta de justa causa para a condenação pelo crime do art. 317, § 1.º, do CP.

Comentários: o Exame de Ordem 2010.2 foi muito diferente do perfil atual da prova de 2.ª fase. A forma como as teses tinham de ser sustentadas não parece em nada com a prova atual. Veja, por exemplo, a tese de falta de justa causa da corrupção passiva. Hoje em dia, teria de explicar o porquê de não estar configurado o delito. Na época, bastava dizer que faltava justa causa.

III – DO PEDIDO

Diante do exposto, requer:

(a) O reconhecimento da nulidade;

(b) A rejeição da denúncia;

(c) A absolvição sumária, com fundamento no art. 397, III, do CPP;

(d) A produção as provas admitidas;

(e) A intimação e oitiva das testemunhas ao final arroladas.

Comentários: os pedidos são a consequência lógica das teses sustentadas. No gabarito do Exame de Ordem 2010.2, a banca não exigiu que os pedidos fossem especificados – *a absolvição sumária, com fundamento no art. 397, III, do CPP, em* *razão da atipicidade da conduta*. De qualquer forma, é sempre bom fazer. Na prova, é sempre melhor dizer a mais do que a menos.

Comarca..., 08 de novembro de 2010.
Advogado, OAB.
Rol de testemunhas:
(1) Nome, endereço;
(2) Nome, endereço;
(3) Nome, endereço.

Comentários: sempre sugeri aos meus alunos para que não mencionem o nome da comarca no fechamento da peça, por receio de que o examinador entenda como identificação. É um absurdo, afinal, se o enunciado fala em *Porto Alegre*, é óbvio que a menção à comarca no fechamento é em razão disso. Contudo, no XXIX Exame de Ordem, uma infeliz surpresa: uma aluna foi reprovada por colocar o nome da comarca ao final. Nem mesmo após os recursos a injustiça foi desfeita. Por esse motivo, imploro: no fechamento, diga apenas *comarca ...* ou *comarca XXX*, como manda o edital. Além disso, em *RA*, jamais se esqueça do rol de testemunhas.

ITEM	PONTUAÇÃO
Incompetência da Justiça Estadual. **Art. 109, V, CF.**	0,75
Nulidade da decisão que decretou a interceptação telefônica como primeira medida investigatória. **Art. 2.º, II, da Lei n. 9.296/96.** **Nulidade da decisão que decretou a interceptação telefônica sem fundamentação adequada. Basta indicar um dos seguintes dispositivos: art. 5.º, da Lei n. 9.296/96 e art. 93, IX, da Constituição da República.**	0,5
Nulidade da decisão que **deferiu a busca e apreensão por ser genérica e sem devida fundamentação. Art. 93, IX, da Constituição da República.**	0,5
Nulidade na apreensão dos cinquenta mil dólares em endereço para o qual não havia autorização judicial.	0,5
Inépcia da **denúncia, eis que genérica. Basta indicar um dos seguintes dispositivos: art. 8.º, 2, *b*, do Decreto 678/92, art. 5.º, LV, da Constituição da República, e art. 41, do Código de Processo Penal.**	0,5
Atipicidade do **art. 239, parágrafo único, da Lei n. 8.069/90, eis que sem dolo.**	0,5
Falta de justa causa para ação penal em relação ao crime previsto no **art. 317, § 1.º, do Código Penal.**	0,75

Apresentação de requerimento de declaração de nulidades, absolvição sumária e, alternativamente, sendo instruído o feito, produção das provas em direito admitidas.	0,25
Apresentação de rol de testemunhas.	0,25
Prazo: **8 de novembro de 2010.**	0,5

9. QUESTÕES DISCURSIVAS DAS PROVAS ANTERIORES

XXXI Exame de Ordem

Questão 1

Após receber informações de que teria ocorrido subtração de valores públicos por funcionários públicos no exercício da função, inclusive com vídeo das câmeras de segurança da repartição registrando o ocorrido, o Ministério Público ofereceu, sem prévio inquérito policial, uma única denúncia em face de Luciano e Gilberto, em razão da conexão, pela suposta prática do crime de peculato, sendo que, ao primeiro, foi imputada conduta dolosa e, ao segundo, conduta culposa. De acordo com a denúncia, Gilberto, funcionário público, com violação do dever de cuidado, teria contribuído para a subtração de R$ 2.000,00 de repartição pública por parte de Luciano, que teria tido sua conduta facilitada pelo cargo público que exercia. Diante da reincidência de Gilberto, já condenado definitivamente por roubo, não foram a ele oferecidos os institutos despenalizadores. O magistrado, de imediato, sem manifestação das partes, recebeu a denúncia e designou audiência de instrução e julgamento. No dia anterior à audiência, Gilberto ressarciu a Administração do prejuízo causado. Com a juntada de tal comprovação, após a audiência, foram os autos encaminhados às partes para apresentação de alegações finais. O Ministério Público, diante da confirmação dos fatos, requereu a condenação dos réus nos termos da denúncia. Insatisfeito com a assistência técnica que recebia, Gilberto procura você para, na condição de advogado(a), assumir a causa e apresentar memoriais. Com base nas informações expostas, responda, como advogado(a) contratado por Gilberto, aos itens a seguir.

A) Existe argumento de direito material a ser apresentado em favor de Gilberto para evitar sua condenação? (Valor: 0,60)

B) Qual o argumento de direito processual a ser apresentado em memoriais para questionar toda a instrução produzida? (Valor: 0,65)

Obs.: o(a) examinando(a) deve fundamentar suas respostas. A mera citação do dispositivo legal não confere pontuação.

Distribuição dos Pontos

Item	Pontuação
A. Sim, o argumento de que ocorreu extinção da punibilidade diante da reparação do dano pelo réu **(0,35)**, pagamento esse que precedeu	0,00/0,15/0,25/0,35/ 0,45/0,50/0,60

sentença irrecorrível **(0,15)**, nos termos do art. 312, § 3º, do CP **(0,10)**.	
B. O argumento é de que houve nulidade em razão da ausência de notificação do réu para apresentação de defesa prévia **(0,40)**, antes do recebimento da denúncia **(0,15)**, nos termos do art. 514 do CPP **(0,10)**.	0,00/0,15/0,25/0,40/0,50/0,55/0,65

Questão 2

Em 05 de junho de 2019, Paulo dirigia veículo automotor em via pública, com capacidade psicomotora alterada em razão da influência de álcool, ocasião em que veio a atropelar Lúcia por avançar cruzamento com o sinal fechado para os veículos. Lúcia sofreu lesões que a deixaram com debilidade permanente no braço, o que foi reconhecido pelo laudo pericial respectivo, também ficando comprovado o estado clínico em que se encontrava o motorista atropelador. Considerando que Paulo arcou com as despesas que Lúcia teve que despender em razão do evento, a vítima não quis representar contra ele. Inobstante tal manifestação da vítima, o Ministério Público denunciou Paulo pela prática dos injustos do art. 303, § 2º, e do art. 306, ambos da Lei n. 9.503/97. Considerando as informações narradas, esclareça, na condição de advogado(a), aos seguintes questionamentos formulados por Paulo, interessado em constituí-lo para apresentação de resposta à acusação.

A) Qual a tese jurídica de direito material que a defesa de Paulo deverá alegar para contestar a tipificação apresentada? (Valor: 0,60)

B) Diante da ausência de representação por parte da ofendida, o Ministério Público teria legitimidade para propor ação penal contra Paulo? (Valor: 0,65)

Obs.: o(a) examinando(a) deve fundamentar suas respostas. A mera citação do dispositivo legal não confere pontuação.

Distribuição dos Pontos

Item	Pontuação
A. O crime do art. 306 do CTB deve ser absorvido pelo crime do art. 303, § 2º, do CTB **(0,40)**, em razão da aplicação do princípio da consunção OU já que a capacidade psicomotora alterada em razão de álcool é elementar do crime de lesão corporal **(0,20)**.	0,00/0,20/0,40/0,60
B. Sim, teria, tendo em vista que o agente estava sob a influência de álcool OU tendo em vista que a representação da vítima é desnecessária diante da embriaguez OU tendo em vista que não se aplica o art. 88 da Lei n. 9.099/95 diante da embriaguez **(0,55)**, nos termos do art. 291, § 1º, inciso I, do CTB **(0,10)**.	0,00/0,55/0,65

Questão 3

Carlos, 43 anos, foi flagrado, no dia 10 de março de 2014, transportando arma de fogo de uso permitido. Foi denunciado, processado e condenado à pena de 02 anos de reclusão, a ser cumprida em regime aberto, e multa de 10 dias, à razão unitária mínima, sendo a pena privativa de liberdade substituída por duas penas restritivas de direitos, consistentes em prestação de serviços à comunidade e limitação de final de semana. A decisão transitou em julgado, para ambas as partes, em 25 de novembro de 2015. Após a condenação definitiva, Carlos conseguiu emprego fixo em cidade diferente daquela em que morava e fora condenado, para onde se mudou, deixando de comunicar tal fato ao juízo respectivo, não sendo encontrado no endereço constante nos autos para dar início à execução da pena. Por tal motivo, o juiz, provocado pelo Ministério Público, converteu, de imediato, as penas restritivas de direitos em pena privativa de liberdade, determinando a expedição de mandado de prisão. A ordem de prisão foi cumprida em 20 de dezembro de 2019, quando Carlos foi ao DETRAN/RJ objetivando a renovação de sua habilitação, certo que, após aquele fato, nunca se envolveu em qualquer outro ilícito penal. Desesperada, a família procura você, na condição de advogado(a), para a adoção das medidas cabíveis.

Considerando a situação apresentada, responda, na condição de advogado(a) de Carlos, aos itens a seguir.

A) Para questionar a decisão do magistrado de converter a pena restritiva de direitos em privativa de liberdade e expedir mandado de prisão, qual o argumento de direito processual a ser apresentado? Justifique. (Valor: 0,60)

B) Existe argumento de direito material a ser apresentado para evitar que Carlos cumpra a sanção penal imposta na sentença? Justifique. (Valor: 0,65)

Obs.: o(a) examinando(a) deve fundamentar suas respostas. A mera citação do dispositivo legal não confere pontuação.

Distribuição dos Pontos

Item	Pontuação
A. A conversão da pena restritiva de direitos em privativa de liberdade exige que haja descumprimento injustificado das medidas impostas **(0,15)**, de modo que deveria o condenado ter sido intimado para justificar o descumprimento das penas substitutivas OU logo houve violação da ampla defesa/contraditório ao não ser possibilitado a Carlos o direito de manifestação sobre o descumprimento **(0,35)**, nos termos do art. 44, § 4º, do CP **(0,10)**.	0,00/0,15/0,25/0,35/ 0,45/0,50/0,60
B. Sim, o argumento seria de que ocorreu a prescrição da pretensão executória **(0,40)**, com consequente extinção da punibilidade do agente **(0,15)**, conforme o art. 107, inciso IV, do CP, OU o art. 109, inciso V, do CP, OU o art. 110 do CP **(0,10)**.	0,00/0,15/0,25/0,40/ 0,50/0,55/0,65

Questão 4

Paulo, estudante, condenado anteriormente por crime culposo no trânsito, em 20/08/2019 adentrou loja de conveniência de um posto de gasolina e, aproveitando-se de um descuido dos funcionários do estabelecimento, furtou todo o dinheiro que se encontrava no caixa. Após sair da loja sem ter sua conduta percebida, consumado o delito, Paulo avistou sua antiga namorada

Jaqueline, que abastecia seu carro no posto de gasolina, e contou-lhe sobre o crime que praticara momentos antes, pedindo que Jaqueline, igualmente estudante, primária e sem qualquer envolvimento anterior com fatos ilícitos, ajudasse-o a deixar o local, pois notou que os empregados do posto já tinham percebido que ocorrera a subtração. Jaqueline, então, dá carona a Paulo, que se evade com os valores subtraídos. Após instauração de inquérito policial para apurar o fato, os policiais, a partir das câmeras de segurança da loja, identificaram Paulo como o autor do delito, bem como o veículo de Jaqueline utilizado pelo autor para deixar o local, tendo o Ministério Público denunciado ambos pela prática do crime de furto qualificado pelo concurso de agentes, na forma do art. 155, § 4º, inciso IV, do Código Penal. Por ocasião do recebimento da denúncia, o juiz indeferiu a representação pela decretação da prisão preventiva formulada pela autoridade policial, mas aplicou aos denunciados medidas cautelares alternativas, dentre as quais a suspensão do exercício de atividade de natureza econômica em relação a Jaqueline, já que ela seria proprietária de um estabelecimento de comércio de roupas no bairro em que residia, nos termos requeridos pelo Ministério Público.

Considerando os fatos acima narrados, responda, na condição de advogado(a) de Jaqueline, aos questionamentos a seguir.

A) Qual argumento de direito material poderá ser apresentado pela defesa técnica de Jaqueline para questionar a capitulação delitiva imputada pelo Ministério Público? Justifique. (Valor: 0,65)

B) Existe argumento para questionar a medida cautelar alternativa de suspensão da atividade econômica aplicada a Jaqueline? Justifique. (Valor: 0,60)

Obs.: o(a) examinando(a) deve fundamentar suas respostas. A mera citação do dispositivo legal não confere pontuação.

Distribuição dos Pontos

Item	Pontuação
A. Jaqueline não concorreu para o crime de furto **(0,15)**, tendo em vista que sua contribuição ocorreu após a consumação do delito OU tendo em vista que não existe participação após a consumação OU tendo em vista que não havia liame subjetivo no momento da subtração **(0,50)**.	0,00/0,15/0,50/0,65
B. O argumento é o de que a cautelar de suspensão da atividade de natureza econômica exige que haja justo receio em sua utilização para a prática de novas infrações penais, o que não restou configurado na hipótese **(0,50)**, conforme art. 319, inciso VI, OU art. 282, inciso II, ambos do CPP **(0,10)**.	0,00/0,50/0,60

XXX Exame de Ordem

Questão 1

Beto e Juca eram vizinhos em um prédio que veio a ser atingido por incêndio. Em razão das longas obras que seriam necessárias para recuperar os apartamentos, decidem se hospedar em um hotel por 06 meses, novamente sendo vizinhos de quarto. Em determinada data, policiais militares surpreenderam Juca entrando com uma sacola preta no seu quarto do hotel, ficando claro que ele estava fugindo ao avistar os agentes da lei. Diante disso, ingressaram no quarto e apreenderam 100 g de maconha, que estavam na sacola que Juca trazia consigo, e mais 50 g de cocaína, que estavam sendo guardados no cômodo, sendo confirmado por Juca que o material seria destinado à venda. Em seguida, os policiais optaram por fazer diligência também no quarto vizinho, que era de Beto, apreendendo uma série de documentos que, após investigação, verificou-se que estavam relacionados a um crime de estelionato. O Ministério Público ofereceu denúncia em face de Juca pela prática de dois crimes de tráfico em concurso, tendo em vista que guardava cocaína e trazia consigo maconha. Já Beto, exclusivamente em razão da documentação apreendida, foi denunciado pelo crime de estelionato. Considerando apenas as informações narradas, na condição de advogado(a) dos denunciados, responda aos itens a seguir.

A) Qual argumento deve ser apresentado pela defesa técnica, em busca da absolvição de Beto? Justifique. (Valor: 0,60)

B) Qual argumento a ser apresentado pela defesa técnica para questionar a capitulação jurídica constante na denúncia em face de Juca? Justifique. (Valor: 0,65)

Obs.: o(a) examinando(a) deve fundamentar suas respostas. A mera citação do dispositivo legal não confere pontuação.

Distribuição dos Pontos

Item	Pontuação
A. O argumento é a ilicitude do meio de obtenção das provas na apreensão dos documentos **(0,15)**, tendo em vista que o quarto de hotel está amparado pela inviolabilidade de domicílio e não havia situação de flagrante delito ou mandado de busca e apreensão **(0,35)**, na forma do art. 5º, inciso XI, da CRFB/88 OU do art. 150, § 4º, do CP OU do art. 246 do CPP OU art. 157 do CPP **(0,10)**.	0,00/0,15/0,25/0,35/ 0,45/0,50/0,60
B. O argumento a ser apresentado é que houve crime único **(0,40)**, pois os dois verbos núcleos do tipo foram praticados em um mesmo contexto OU diante do princípio da alternatividade OU pelo fato de o crime de tráfico ser misto alternativo OU houve uma única violação ao bem jurídico protegido **(0,25)**.	0,00/0,25/0,40/0,65

Questão 2

Carleto foi denunciado pela prática do injusto de homicídio simples porque teria desferido disparos, com sua arma regular, contra seu vizinho Mário durante uma discussão, provocando-lhe as lesões que foram a causa da morte da vítima. Logo que recebida a denúncia, Carleto foi submetido a exame de insanidade mental, tendo o laudo concluído que ele se encontrava nas condições do art. 26, *caput*, do Código Penal. Finda a primeira etapa probatória do procedimento dos crimes dolosos contra a vida, no momento das alegações finais, a defesa técnica de Carleto, escorada em uma das vertentes da prova produzida, alegou que o réu atuou em legítima defesa. O juiz, ao final da primeira fase do procedimento, absolveu sumariamente o acusado em razão da inimputabilidade reconhecida, aplicando a medida de segurança de internação pelo prazo mínimo de 01 ano. A família de Carleto, insatisfeita com a medida de segurança aplicada, procura você, como advogado(a), para a adoção das medidas cabíveis. Considerando o caso narrado, responda, na condição de advogado(a) de Carleto, aos itens a seguir.

A) Qual o recurso cabível para a defesa combater aquela decisão? Justifique. (Valor: 0,60)

B) Qual a tese jurídica de direito processual que a defesa de Carleto poderá alegar para combater a decisão respectiva? Justifique. (Valor: 0,65)

Obs.: o(a) examinando(a) deve fundamentar suas respostas. A mera citação do dispositivo legal não confere pontuação.

Distribuição dos Pontos

Item	Pontuação
A. Recurso de apelação **(0,50)**, nos termos do art. 416 do CPP **(0,10)**.	0,00/0,50/0,60
B. O agente não poderia ter sido absolvido sumariamente em razão da inimputabilidade porque essa não era a única tese defensiva **(0,40)**, somente podendo o magistrado absolver sumariamente com reconhecimento da legítima defesa e sem aplicação de medida de segurança OU devendo o magistrado submetê-lo a julgamento perante o Tribunal do Júri para análise da excludente de ilicitude **(0,15)**, nos termos do art. 415, parágrafo único, do CPP **(0,10)**.	0,00/0,15/0,25/0,40/ 0,50/0,55/0,65

Questão 3

Eduardo foi preso em flagrante no momento em que praticava um crime de roubo simples, no bairro de Moema, São Paulo. Ainda na unidade policial, compareceram quatro outras vítimas, todas narrando que tiveram seus patrimônios lesados por Eduardo naquela mesma data, com intervalo de cerca de 30 minutos entre cada fato, naquele mesmo bairro. As cinco vítimas descreveram que Eduardo, simulando portar arma de fogo, anunciava o assalto e subtraía os bens, empreendendo fuga em uma bicicleta. Eduardo foi denunciado pela prática do crime do art. 157, *caput*, por cinco vezes, na forma do art. 69, ambos do Código Penal, e, em sede de audiência, as vítimas confirmaram a versão fornecida em sede policial. Assistido por seu advogado Pedro, Eduardo confessou os crimes, esclarecendo que pretendia subtrair bens de seis vítimas para conseguir dinheiro suficiente para comprar uma motocicleta. Disse, ainda, que apenas simulou portar arma de fogo, mas não utilizou efetivamente material bélico ou simulacro de arma. O juiz, no momento da sentença, condenou o réu nos termos da denúncia, sendo aplicada a pena mínima de 04 anos para cada um dos delitos, totalizando 20 anos de pena privativa de liberdade a ser cumprida em regime inicial fechado, além da multa. Ao ser intimado do teor da sentença, pessoalmente, já que se encontrava preso, Eduardo tomou conhecimento de que Pedro havia falecido, mas que foram apresentadas alegações finais pela Defensoria Pública por determinação do magistrado logo em seguida à informação do falecimento do patrono. A família de Eduardo, então, procura você, na condição de advogado(a), para defendê-lo. Considerando apenas as informações narradas, responda, na condição de advogado(a) de Eduardo, constituído para apresentação de apelação, aos itens a seguir.

A) Existe argumento de direito processual, em sede de recurso, a ser apresentado para desconstituir a sentença condenatória? Justifique. (Valor: 0,65)

B) Diante da confirmação dos fatos pelo réu, qual argumento de direito material poderá ser apresentado, em sede de apelação, em busca da redução da sanção penal aplicada? Justifique. (Valor: 0,60)

Obs.: o(a) examinando(a) deve fundamentar suas respostas. A mera citação do dispositivo legal não confere pontuação.

Distribuição dos Pontos

Item	Pontuação
A. Sim. Tendo em vista que Eduardo deveria ter sido intimado para manifestar seu interesse em constituir novo advogado ou ser assistido pela Defensoria Pública, para oferecimento das alegações finais, em razão do falecimento do antigo patrono **(0,40)**, houve violação ao princípio da ampla defesa **(0,15)**, nos termos do art. 5º, inciso LV, da CRFB **(0,10)**.	0,00/0,15/0,25/0,40/ 0,50/0,55/0,65
B. Reconhecimento da continuidade delitiva **(0,35)**, na forma do art. 71 do CP **(0,10)**, já que os crimes são da mesma espécie e foram praticados nas mesmas condições de tempo, local e modo de execução **(0,15)**.	0,00/0,15/0,25/0,35/ 0,45/0,50/0,60

Questão 4

Maria foi denunciada pela suposta prática do crime de descaminho, tendo em vista que teria deixado de recolher impostos que totalizavam R$ 500,00 (quinhentos reais) pela saída de mercadoria, fato constatado graças ao lançamento definitivo realizado pela Administração Pública. Considerando que constava da Folha de Antecedentes Criminais de Maria outro processo pela suposta prática de crime de roubo, inclusive estando Maria atualmente presa em razão dessa outra ação penal, o Ministério Público deixou de oferecer proposta de suspensão condicional do processo. Após a instrução criminal em que foram observadas as formalidades legais, sendo Maria assistida pela Defensoria Pública, foi a ré condenada nos termos da denúncia. A pena aplicada foi a mínima prevista para o delito, a ser cumprida em regime inicial aberto, substituída por restritiva de direitos. Maria foi intimada da sentença através de edital, pois não localizada no endereço constante do processo. A família de Maria, ao tomar conhecimento do teor da sentença, procura você, na condição de advogado(a), para prestar esclarecimentos técnicos. Informa estar preocupada com o prazo recursal, já que Maria ainda não tinha conhecimento da condenação, pois permanecia presa. Na condição de advogado(a), esclareça os seguintes questionamentos formulados pela família da ré.

A) Existe argumento de direito processual para questionar a intimação de Maria do teor da sentença condenatória? Justifique. (Valor: 0,60)

B) Qual argumento de direito material poderá ser apresentado, em eventual recurso, em busca da absolvição de Maria? Justifique. (Valor: 0,65)

Obs.: o(a) examinando(a) deve fundamentar suas respostas. A mera citação do dispositivo legal não confere pontuação.

Distribuição dos Pontos

Item	Pontuação
A. Sim. Existe, tendo em vista que Maria deveria ter sido intimada pessoalmente por estar presa **(0,50)**, na forma do art. 392, inciso I, do CPP **(0,10)**.	0,00/0,50/0,60
B. Atipicidade material da conduta **(0,25)**, em razão do reconhecimento do princípio da insignificância/bagatela **(0,40)**.	0,00/0,25/0,40/0,65

XXIX Exame de Ordem

Questão 1

Caio e Bruno são irmãos e estão em dificuldades financeiras. Caio, que estava sozinho em seu quarto, verifica que a janela da casa dos vizinhos está aberta; então, ingressa no local e subtrai um telefone celular avaliado em R$ 500,00. Ao mesmo tempo, apesar de não saber da conduta de seu irmão, Bruno percebe que a porta da residência dos vizinhos também ficou aberta. Tendo conhecimento que os proprietários eram um casal de empresários muito rico, ingressa no local e subtrai uma bolsa, avaliada em R$ 450,00. Os fatos são descobertos 2 dias depois, e Bruno e Caio são denunciados pelo crime de furto qualificado (art. 155, § 4.º, inciso IV, do Código Penal), sendo acostadas as Folhas de Antecedentes Criminais (FAC), contendo, cada uma delas, outra anotação pela suposta prática de crime de estelionato, sem, contudo, haver condenação com trânsito em julgado em ambas. Após instrução, a pretensão punitiva do Estado é julgada procedente, sendo aplicada pena mínima de 02 anos de reclusão e 10 dias-multa, em regime inicial aberto, devidamente substituída por restritiva de direitos.

Com base nas informações expostas, intimado(a) para apresentação de recurso, responda, na condição de advogado(a) de Caio e Bruno, aos itens a seguir.

A) Existe argumento de direito material a ser apresentado para questionar a capitulação jurídica apresentada pelo Ministério Público e acolhida na sentença? (Valor: 0,60)

B) Mantida a capitulação acolhida na sentença (art. 155, § 4.º, inciso IV, do Código Penal), existe argumento em busca da redução da pena aplicada? (Valor: 0,65)

Obs.: o(a) examinando(a) deve fundamentar suas respostas. A mera citação do dispositivo legal não confere pontuação.

Distribuição dos Pontos

Item	Pontuação
A. Sim, o argumento seria pela inexistência de **liame subjetivo** entre os agentes **(0,45)**, afastando-se a qualificadora do concurso de pessoas **(0,15)**.	0,00/0,15/0,45/0,60

B. Sim, aplicação do furto **privilegiado (0,35)**, já que a coisa é de pequeno valor e os réus são primários **(0,20)**, conforme Súmula 511 do STJ **(0,10)**.	0,00/0,20/0,30/0,35/ 0,45/0,55/0,65

Questão 2

No dia 1.º de janeiro de 2008, após ingerir bebida alcoólica, Caio, 50 anos, policial militar reformado, efetuou dois disparos de arma de fogo em direção à parede de sua casa vazia, localizada no interior de grande quintal, com arma de sua propriedade, devidamente registrada e com posse autorizada. Apesar de os tiros terem sido efetuados em direção ao interior do imóvel, vizinhos que passavam pela rua naquele momento, ao ouvirem os disparos, entraram em contato com a Polícia Militar, que compareceu ao local e constatou que as duas munições deflagradas ficaram alojadas na parede do imóvel, sendo a perícia acostada ao procedimento. Caio obteve liberdade provisória e foi denunciado como incurso nas sanções do art. 15 da Lei n. 10.826/2003, não sendo localizado, porém, por ocasião da citação, por ter mudado de endereço, apesar das diversas diligências adotadas pelo juízo. Após não ser localizado, Caio foi corretamente citado por edital e, não comparecendo, nem constituindo advogado, foi aplicado o art. 366 do Código de Processo Penal, suspendendo-se o processo e o curso do prazo prescricional, em 04 de abril de 2008. Em 06 de julho de 2018, o novo juiz titular da vara criminal competente determinou que fossem realizadas novas diligências na tentativa de localizar o denunciado, confirmando que o processo, assim como o curso do prazo prescricional, deveria permanecer suspenso.

Com base nas informações narradas, na condição de advogado(a) de Caio, que veio a tomar conhecimento dos fatos em julho de 2018, responda aos questionamentos a seguir.

A) Existe argumento para questionar a decisão do magistrado que, em julho de 2018, determinou que o processo e o curso do prazo prescricional permanecessem suspensos? (Valor: 0,65)

B) Existe argumento de direito material a ser apresentado em busca da absolvição de Caio? (Valor: 0,60)

Obs.: o(a) examinando(a) deve fundamentar suas respostas. A mera citação do dispositivo legal não confere pontuação.

Distribuição dos Pontos

Item	Pontuação
A. Sim, a suspensão da prescrição somente poderia durar o período do prazo prescricional, computado de acordo com o máximo da pena em abstrato prevista, voltando a correr em abril de 2016 **(0,55)**, nos termos da Súmula 415 do STJ **(0,10)**.	0,00/0,55/0,65
B. Sim, a tipicidade da conduta **(0,20)**, tendo em vista que o disparo não foi realizado em via pública e nem em direção à via Pública **OU** tendo em vista que o disparo não foi realizado em local habitado **(0,40)**.	0,00/0,20/0,40/0,60

Questão 3

Em patrulhamento de rotina, policiais militares receberam uma informação não identificada de que Wesley, que estava parado em frente à padaria naquele momento, estaria envolvido com o tráfico de drogas da localidade. Diante disso, os policiais identificaram e realizaram a abordagem de Wesley, não sendo, em um primeiro momento, encontrado qualquer material ilícito com ele. Diante da notícia recebida momentos antes da abordagem, porém, e considerando que o crime de associação para o tráfico seria de natureza permanente, os policiais apreenderam o celular de Wesley e, sem autorização, passaram a ter acesso às fotografias e conversas no WhatsApp, sendo verificado que existiam fotos armazenadas de Wesley portando suposta arma de fogo, bem como conversas sobre compra e venda de material entorpecente. Entendendo pela existência de flagrante em relação ao crime permanente de associação para o tráfico, Wesley foi encaminhado para a Delegacia, sendo lavrado auto de prisão em flagrante. Após liberdade concedida em audiência de custódia, Wesley é denunciado como incurso nas sanções do art. 35 da Lei n. 11.343/2006. No curso da instrução, foram acostadas imagens das conversas de Wesley via aplicativo a que os agentes da lei tiveram acesso, assim como das fotografias. Os policiais foram ouvidos em audiência, ocasião em que confirmaram as circunstâncias do flagrante. O réu exerceu seu direito ao silêncio. Com base nas fotografias acostadas, o juiz competente julgou a pretensão punitiva do estado procedente, aplicando a pena mínima de 03 anos de reclusão, além de multa, e fixando o regime inicial fechado, já que o crime imputado seria equiparado a hediondo. Ainda assim, substituiu a pena privativa de liberdade por restritiva de direitos.

Considerando as informações narradas, responda, na condição de advogado(a) de Wesley, intimado(a) para apresentação de recurso de apelação.

A) Existe argumento a ser apresentado para questionar as provas utilizadas pelo magistrado como fundamento para condenação? Justifique. (Valor: 0,65)

B) Mantida a condenação, qual o argumento a ser apresentado para questionar a sanção penal aplicada? Justifique. (Valor: 0,60)

Obs.: o(a) examinando(a) deve fundamentar suas respostas. A mera citação do dispositivo legal não confere pontuação.

Distribuição dos Pontos

Item	Pontuação
A. Sim, a prova foi obtida por meio ilícito **(0,30)**, diante da ausência de autorização judicial para quebra de sigilo de dados **OU** diante da ausência de autorização de Wesley para acesso ao conteúdo de seu celular **(0,25)**, com violação ao direito à intimidade/privacidade/vida privada **(0,10)**.	0,00/0,55/0,65
B. O crime de associação para o tráfico não é delito equiparado a hediondo **(0,35)** porque não está previsto no art. 1.º da Lei n. 8.072 **OU** porque não cabe analogia *in malam partem*, **OU** em respeito ao princípio da legalidade **(0,10)**, podendo ser aplicado regime aberto **(0,15)**.	0,00/0,20/0,40/0,60

Questão 4

Em processo no qual se imputava a Antônio a prática do crime de constituição de milícia privada, foi designada audiência de instrução e julgamento para oitiva das testemunhas arroladas pela acusação e pela defesa. No dia da audiência, as testemunhas de acusação não compareceram, determinando o magistrado, por economia processual, a oitiva das testemunhas de defesa presentes, apesar de o advogado de Antônio se insurgir contra esse fato. Na ocasião, foram ouvidas três testemunhas de defesa, dentre as quais Pablo, que prestou declarações falsas para auxiliar o colega nesse processo criminal. Identificada sua conduta, porém, houve extração de peças ao Ministério Público, que, em 09 de abril de 2019, ofereceu denúncia em face de Pablo, imputando-lhe a prática do crime de falso testemunho na forma majorada. No processo de Antônio, foi designada nova audiência de instrução e julgamento, ocasião em que foram ouvidas as testemunhas de acusação; novamente, Pablo, a seu pedido, prestou declarações, confirmando que havia mentido na audiência anterior, mas que agora contava a verdade, o que veio a prejudicar a própria defesa do réu. Com base nas declarações das testemunhas de acusação e nas novas declarações de Pablo, Antônio veio a ser condenado. Pablo, por sua vez, em seu processo pelo crime de falso testemunho, também veio a ser condenado, reconhecendo o magistrado a atenuante do art. 65, inciso III, *b*, do Código Penal.

Considerando as informações narradas, responda, na condição de advogado(a) de Antônio e Pablo.

A) Qual argumento de direito processual poderá ser apresentado por você para desconstituir a sentença condenatória do réu? Justifique. (Valor: 0,65)

B) Qual o argumento de direito material a ser apresentado pela defesa técnica de Pablo para questionar a sentença condenatória? Justifique. (Valor: 0,60)

Obs.: o(a) examinando(a) deve fundamentar suas respostas. A mera citação do dispositivo legal não confere pontuação.

Distribuição dos Pontos

Item	Pontuação
A. Houve inversão na ordem de oitiva das testemunhas **OU** as testemunhas de defesa não poderia ter sido ouvidas antes das testemunhas de acusação **(0,40)**, havendo violação ao devido processo legal **OU** violação à ampla defesa Ou violação ao contraditório **(0,15)**, conforme o art. 564, inciso IV, do CPP **OU** art. 400 do CPP **(0,10)**.	0,00/0,15/0,25/0,40/ 0,50/0,55/0,65
B. Houve retratação antes da sentença ser proferida no processo de Antônio **(0,35)**, deixando o fato de ser punível **(0,15)**, nos termos do art. 342, § 2.º, do CP **(0,10)**.	0,00/0,15/0,25/0,35/ 0,45/0,50/0,60

XXVIII Exame de Ordem

Questão 1

Matheus conduzia seu automóvel em alta velocidade. Em razão de manobra indevida, acabou por atropelar uma vítima, causando-lhe lesões corporais. Com a chegada da Polícia Militar, foi solicitado que Matheus realizasse exame de etilômetro (bafômetro); diante de sua recusa, foi informado pela autoridade policial, que comparecera ao local, que ele seria obrigado a realizar o exame para verificar eventual prática também do crime previsto no art. 306 da Lei n. 9.503/97. Diante da afirmativa da autoridade policial, Matheus, apesar de não desejar, viu-se obrigado a realizar o teste do bafômetro. Após conclusão do inquérito policial, com oitiva e representação da vítima, foi o feito encaminhado ao Ministério Público, que ofereceu denúncia imputando a Matheus apenas a prática do crime do art. 303, da Lei n. 9.503/97, prosseguindo as investigações com relação ao crime do art. 306 do mesmo diploma legal. Ainda na exordial acusatória, foi requerida a decretação da prisão preventiva de Matheus, pelo risco de reiteração delitiva, tendo em vista que ele seria reincidente específico, já que a única anotação constante de sua Folha de Antecedentes Criminais, para além do presente processo, seria a condenação definitiva pela prática de outro crime de lesão corporal culposa praticada na direção de veículo automotor. No recebimento da denúncia, o juiz competente decretou a prisão preventiva. Considerando as informações narradas, na condição de advogado(a) de Matheus, responda aos itens a seguir.

A) Poderia Matheus ter sido obrigado a realizar o teste de bafômetro, conforme informado pela autoridade policial, mesmo diante de sua recusa? Justifique. (Valor: 0,60)

B) Qual requerimento deveria ser formulado, em busca da liberdade de Matheus, diante da decisão do magistrado, que decretou sua prisão preventiva em razão de sua reincidência? Justifique. (Valor: 0,65)

Obs.: o(a) examinando(a) deve fundamentar as respostas. A mera citação do dispositivo legal não confere pontuação.

Distribuição de Pontos

Item	Pontuação
A. Não poderia Matheus ter sido obrigado a realizar o teste do bafômetro, em respeito ao princípio de que ninguém é obrigado a produzir prova contra si **OU** diante do princípio *nem tenetur se detegere* **(0,60)**.	0,00/0,60
B. O requerimento a ser formulado é de relaxamento da prisão **(0,30)**, conforme art. 5º, inciso LXV, da CRFB/88 **(0,10)**, tendo em vista que Matheus é reincidente na prática de crimes culposos **OU** tendo em vista que não foram preenchidos os requisitos do art. 313 do CPP **(0,25)**.	0,00/0,25/0,30/0,35/ 0,40/0,55/0,65

Questão 2

Após regular processamento em que figurava na condição de réu solto, Hugo foi condenado pela prática de crime de apropriação indébita majorada ao cumprimento da pena de 01 ano e

06 meses de reclusão e 14 dias-multa, sendo reconhecida a agravante da reincidência, tendo em vista que foi juntada aos autos Folha de Antecedentes Criminais a demonstrar trânsito em julgado, no ano anterior ao da prática da apropriação indébita, de condenação pelo crime de lesão corporal dolosa, praticada no contexto de violência doméstica e familiar contra a mulher. No momento da sentença, considerando a reincidência, o magistrado aplicou o regime inicial fechado de cumprimento da pena. Destacou, ainda, que, apesar de Hugo estar trabalhando e cuidando de filhos menores, não poderia substituir a pena privativa de liberdade por restritiva de direitos por expressa vedação legal no caso de reincidência dolosa. Intimado da sentença, Hugo procura seu advogado para a adoção das medidas cabíveis.

Considerando apenas o narrado, na condição de advogado(a) de Hugo, responda aos questionamentos a seguir.

A) Diante da reincidência, de acordo com a jurisprudência do Superior Tribunal de Justiça, existe argumento a ser apresentado, em sede de recurso, em busca da aplicação de regime inicial mais benéfico de cumprimento de pena? Justifique. (Valor: 0,65)

B) É possível, em sede de recurso, buscar a substituição da pena privativa de liberdade por restritiva de direitos? Justifique. (Valor: 0,60)

Obs.: o(a) examinando(a) deve fundamentar as respostas. A mera citação do dispositivo legal não confere pontuação.

Distribuição de Pontos

Item	Pontuação
A. Sim. O advogado poderá argumentar que, apesar da reincidência, as circunstâncias judiciais são favoráveis e que a pena foi fixada abaixo de 04 anos **(0,25)**, sendo cabível aplicação do regime semiaberto **(0,30)**, nos termos da Súmula 269 do STJ **(0,10)**.	0,00/0,25/0,30/0,35/0,40/0,55/0,65
B. É possível a substituição da pena privativa de liberdade por restritiva de direitos, tendo em vista que a reincidência não é específica **(0,35)** e a medida é socialmente recomendável **(0,15)**, nos termos do art. 44, § 3.º, do CP **(0,10)**.	0,00/0,15/0,25/0,35/0,45/0,50/0,60

Questão 3

Leal cumpre pena em regime semiaberto após condenação definitiva pela prática de crime de lesão corporal seguida de morte, ocasião em que foi aplicada pena de 06 anos de reclusão. Após permanecer 11 meses da pena aplicada em regime semiaberto e considerando que trabalhou com autorização judicial, fora do estabelecimento penitenciário, em "serviço extramuros", por 120 dias, pretende a obtenção de progressão para o regime aberto. Diante disso, em visita realizada pela defesa técnica, demonstra sua intenção para o advogado, informando que não sofreu qualquer punição administrativa no período, mas demonstrou preocupação com o fato de que soube, por meio de outros detentos, que não haveria vagas disponíveis em estabelecimentos de regime aberto no Estado.

Sob o ponto de vista técnico, de acordo com a jurisprudência pacificada dos Tribunais Superiores, na condição de advogado(a) de Leal, esclareça os itens a seguir.

A) Leal preencheu os requisitos objetivos para a progressão para o regime aberto? Justifique. (Valor: 0,65)

B) A inexistência de vagas no regime pretendido pelo apenado pode ser considerada fundamento idôneo para a não concessão do benefício por ocasião do preenchimento dos requisitos objetivos e subjetivos para progressão? Justifique. (Valor: 0,60)

Obs.: o(a) examinando(a) deve fundamentar as respostas. A mera citação do dispositivo legal não confere pontuação.

Distribuição de Pontos

Item	Pontuação
A. Sim. tendo em vista que foi cumprido mais de 1/6 da pena aplicada **OU** mais de 01 ano da pena imposta **(0,30)**, nos termos do art. 112 **OU** do art. 126, ambos da LEP **OU** da Súmula 562 do STJ **(0,10)**, considerando como pena cumprida o tempo remido em razão do trabalho extramuros **(0,25)**.	0,00/0,25/0,30/0,35/ 0,40/0,55/0,65
B. Não pode o apenado permanecer em regime mais gravoso em razão da falta de estabelecimento penal adequado, devendo ser colocado em liberdade ou regime mais favorável **(0,50)**, nos termos da Súmula Vinculante 56/STF **(0,10)**.	0,00/0,50/0,60

Cuidado: a progressão de regime sofreu profunda modificação pelo *Pacote Anticrime*. Veja o art. 112 da LEP.

Questão 4

Na manhã do dia 09 de outubro de 2018, Talles, na cidade de Bom Jesus de Itabapoana, praticou 03 crimes de furto simples em continuidade delitiva, subtraindo, do primeiro estabelecimento, dinheiro e uma arma de brinquedo; do segundo estabelecimento, uma touca ninja e um celular; e, do terceiro estabelecimento, uma motocicleta.

De posse dos bens subtraídos, Talles foi até a cidade de Cardoso Moreira, abordou Joana, que passava pela rua segurando seu celular, e, utilizando-se do simulacro da arma para emprego de grave ameaça e da touca, segurou-a pelos braços e subtraiu o celular de suas mãos. De imediato, Talles empreendeu fuga, mas Joana compareceu em sede policial, narrou o ocorrido e Talles foi localizado e preso em flagrante na cidade de São Fidélis, ainda na posse dos bens da vítima e da motocicleta utilizada.

Assegurado o direito ao silêncio e o acompanhamento da defesa técnica, Talles prestou declarações na delegacia e confessou integralmente os fatos, sendo ele indiciado pela prática dos crimes previstos no art. 155, *caput*, por três vezes, n/f do art. 71 do CP e do art. 157, § 2.º, inciso V, também do CP.

Considerando as informações expostas, responda, na condição de advogado(a) de Talles, aos itens a seguir.

A) Considerando que os delitos são conexos, de qual cidade será o juízo criminal competente para o julgamento de Talles? Justifique. (Valor: 0,65)

B) Qual o argumento de direito material para questionar a capitulação delitiva realizada pela autoridade policial? Justifique. (Valor: 0,60)

Obs.: o(a) examinando(a) deve fundamentar as respostas. A mera citação do dispositivo legal não confere pontuação.

Distribuição de Pontos

Item	Pontuação
A. Será competente o juízo da Comarca de Cardoso Moreira **(0,35)**, local onde foi praticada a infração penal mais grave **(0,20)**, nos termos do art. 78, inciso II, alínea *a*, do CPP **(0,10)**.	0,00/0,20/0,30/0,35/ 0,45/0,55/0,65
B. Não houve restrição da liberdade da vítima por tempo significativo/suficiente para ultrapassar o normal do tipo, devendo ser afastada a causa de aumento de pena **(0,60)**.	0,00/0,60

XXVII Exame de Ordem

Questão 1

Rafael subtraiu, mediante grave ameaça, coisa alheia móvel de Joana juntamente com outro indivíduo não identificado e com restrição da liberdade da vítima. Foi, então, denunciado pela prática do crime previsto no art. 157, § 2.º, incisos II e V, do Código Penal.

Durante a instrução, quando da oitiva da vítima, esta mencionou que todos os fatos foram presenciados, de longe, por sua amiga Carla, não tendo ela contado em momento anterior para preservar a amiga. Diante dessa menção, o advogado de Rafael requereu ao juízo a oitiva da testemunha Carla, mas o magistrado indeferiu o pedido sob o argumento de que, na resposta à acusação, foram arroladas testemunhas no número máximo permitido pela lei, de modo que não poderia a defesa acrescentar mais uma, apesar de reconhecer a conveniência da oitiva.

O advogado registrou seu inconformismo, foram ouvidas as testemunhas de defesa arroladas e foi realizado o interrogatório, em que o acusado negou o fato. Rafael foi condenado ao cumprimento da pena de 05 anos e 06 meses de reclusão, reconhecendo o magistrado o aumento de 3/8 na terceira fase de aplicação da pena exclusivamente em razão da existência de duas causas de aumento, não tendo a pena-base e a intermediária se afastado do mínimo legal.

Considerando as informações narradas, responda, na condição de advogado(a) de Rafael, na ocasião da apresentação de recurso de apelação:

A) qual argumento de direito processual poderia ser alegado em busca de desconstituir a sentença condenatória? Justifique. (Valor: 0,60)

B) qual argumento de direito material deverá ser apresentado em busca de redução da sanção penal aplicada? Justifique. (Valor: 0,65)

Obs.: o(a) examinando(a) deve fundamentar as respostas. A mera citação do dispositivo legal não confere pontuação.

Distribuição dos Pontos

Item	Pontuação
A. Houve cerceamento de defesa **OU** violação ao princípio do contraditório ou da ampla defesa **(0,15)**, tendo em vista que **testemunhas referidas** não são computadas no **número máximo** de testemunhas a serem ouvidas **(0,35)**, nos termos do art. 401, § 1.º, do CPP **OU** art. 209 do CPP **OU** art. 5.º, LV, CRFB **(0,10)**.	0,00/0,15/0,25/0,35/ 0,45/0,50/0,65
B. O **número de majorantes** não é fundamento adequado para aplicação da causa de aumento de pena acima do mínimo legal **(0,55)**, nos termos da súmula 443 do STJ **(0,10)**.	0,00/0,55/0,65

Questão 2

Em cumprimento de mandado de busca e apreensão, o oficial de justiça Jorge compareceu ao local de trabalho de Lucas, sendo encontradas, no interior do imóvel, duas armas de fogo de calibre .38, calibre esse considerado de uso permitido, devidamente municiadas, ambas com numeração suprimida. Em razão disso, Lucas foi preso em flagrante e denunciado pela prática de dois crimes previstos no art. 16, *caput*, da Lei n. 10.826/2003, em concurso material, sendo narrado que "Lucas, de forma livre e consciente, guardava, em seu local de trabalho, duas armas de fogo de calibre restrito, devidamente municiadas".

Após a instrução, em que os fatos foram confirmados, foi juntado o laudo confirmando o calibre .38 das armas de fogo, a capacidade de efetuar disparos, bem como que ambas tinham a numeração suprimida. As partes apresentaram alegações finais, e o magistrado, em sentença, considerando o teor do laudo, condenou Lucas pela prática de dois crimes previstos no art. 16, parágrafo único, inciso IV, da Lei n. 10.826/2003, em concurso formal. Intimada a defesa técnica da sentença condenatória, responda, na condição de advogado(a) de Lucas, aos itens a seguir.

A) Qual o argumento de direito processual a ser apresentado em busca da desconstituição da sentença condenatória? Justifique. (Valor: 0,65)

B) Reconhecida a validade da sentença em segundo grau, qual o argumento de direito material a ser apresentado para questionar o mérito da sentença condenatória e, consequentemente, a pena aplicada? Justifique. (Valor: 0,60)

Obs.: o(a) examinando(a) deve fundamentar as respostas. A mera citação do dispositivo legal não confere pontuação.

Distribuição dos Pontos

Item	Pontuação
A. Houve violação ao princípio da correlação **OU** não houve aditamento dos fatos narrados da denúncia, não podendo o magistrado alterá-los **(0,40)**, nos termos do art. 384 do CPP **(0,10)**, o que representa violação ao princípio da ampla defesa **OU** contraditório **(0,15)**.	0,00/0,15/0,25/0,40/ 0,50/0,55/0,65
B. Houve crime único **OU** não houve **qualquer espécie** de concurso de delitos **(0,50)**, tendo em vista que as armas de fogo foram apreendidas em um mesmo contexto **(0,10)**.	0,00/0,10/0,50/0,60

Questão 3

No interior de um coletivo, Alberto, João, Francisco e Ronaldo, até então desconhecidos, começaram a conversar sobre a crise financeira que assombra o país e sobre as dificuldades financeiras que estavam passando.

Em determinado momento da conversa, Alberto informa que tinha um conhecido seu, Lucas, com intenção de importar uma arma de fogo de significativo potencial ofensivo, que seria um fuzil de venda proibida no Brasil, mas que ele precisava da ajuda de outras pessoas para conseguir a importação. Diante da oferta em dinheiro pelo serviço específico, todos concordaram em participar do plano criminoso, sendo que Alberto iria ao exterior adquirir a arma, João alugaria um barco para trazer o material, Francisco auxiliaria junto à imigração brasileira para que a conduta não fosse descoberta e Ronaldo entregaria o material para Lucas, que era o mentor do plano. Após toda a organização do grupo e divisão de tarefas, assustado com as informações veiculadas na mídia sobre as punições de crime de organização criminosa, Francisco comparece ao Ministério Público com seu advogado e indica a intenção de realizar delação premiada.

Participaram das negociações do acordo Francisco, sua defesa técnica, o membro do Ministério Público com atribuição e o juiz que seria competente para julgamento, sendo acordada a redução de 1/3 da pena em relação ao crime de organização criminosa.

Após ser denunciado junto com Alberto, João, Ronaldo e Lucas pela prática do crime de organização criminosa (art. 2.º, da Lei n. 12.850/2013), Francisco contrata você, como novo(a) advogado(a), para patrocinar seus interesses.

Na condição de advogado(a) de Francisco, com base apenas nas informações narradas, esclareça os itens a seguir.

A) Considerando que aquela delação premiada não seria benéfica ao seu cliente, existe argumento a ser apresentado em busca de desconstituir o acordo celebrado quanto ao seu aspecto formal? Justifique. (Valor: 0,65)

B) Qual argumento de direito material deve ser apresentado para questionar a capitulação jurídica realizada pelo Ministério Público na denúncia? Justifique. (Valor: 0,60)

Obs.: o(a) examinando(a) deve fundamentar as respostas. A mera citação do dispositivo legal não confere pontuação.

Distribuição dos Pontos

Item	Pontuação
A. Sim, poderia ser buscada a desconstituição do acordo de colaboração premiada, pois não poderia o magistrado ter participado das negociações do acordo **(0,55)**, conforme o art. 4.º, § 6.º, da Lei n. 12.850/13 **(0,10)**.	0,00/0,55/0,65
B. Não restou configurado o crime imputado, tendo em vista o grupo tinha intenção de praticar apenas um crime específico e não várias infrações penais **OU** tendo em vista que não havia relação de estabilidade e permanência **(0,60)**.	0,00/0,60

Questão 4

Revoltada com o fato de que sua melhor amiga Clara estaria se relacionando com seu ex-companheiro João, Maria a procurou e iniciou uma discussão.

Durante a discussão, Clara, policial militar, afirmou que, se Maria a xingasse novamente, ela a mataria gastando apenas uma munição da sua arma. Persistindo na discussão, Maria voltou a ofender Clara. Esta, então, abriu sua bolsa e pegou um bem de cor preta. Acreditando que Clara cumpriria sua ameaça, Maria desferiu um golpe na cabeça da rival, utilizando um pedaço de pau que estava no chão. A perícia constatou que o golpe foi a causa eficiente da morte de Clara. Posteriormente, também foi constatado que Clara, de fato, estava com sua arma de fogo na bolsa, mas que ela apenas pegara seu telefone celular para ligar para João.

Após denúncia pela prática do crime de homicídio qualificado e encerrada a instrução da primeira fase do procedimento do Tribunal do Júri, entendeu o magistrado por pronunciar Maria nos termos da inicial acusatória.

Com base nas informações expostas, responda, na condição de advogado(a) de Maria, aos itens a seguir.

A) Qual o recurso cabível da decisão proferida pelo magistrado? Caso tivesse ocorrido a impronúncia, o recurso pela parte interessada seria o mesmo? Justifique. (Valor: 0,65)

B) Qual a tese de direito material a ser apresentada em sede de recurso para combater a decisão de submeter a ré ao julgamento pelo Tribunal do Júri? Justifique. (Valor: 0,60)

Obs.: o(a) examinando(a) deve fundamentar as respostas. A mera citação do dispositivo legal não confere pontuação.

Distribuição dos Pontos

Item	Pontuação
A_1. O recurso cabível da decisão de pronúncia é o recurso em sentido estrito **(0,30)**, conforme art. 581, inciso IV, do CPP **(0,10)**.	0,00/0,30/0,40

A_2. Caso a decisão fosse de impronúncia, o recurso cabível seria de apelação **(0,15)**, conforme previsão do art. 416 do CPP **(0,10)**.	0,00/0,15/0,25
B. A tese de direito material seria que Maria agiu em legítima defesa putativa **(0,15)**, estando amparada por descriminante putativa Ou erro de tipo permissivo **(0,35)**, conforme art. 20, § 1.º, do CP **(0,10)**.	0,00/0,15/0,25/0,35/ 0,45/0,50/0,60

XXVI Exame de Ordem

Questão 1

Insatisfeito com a atividade do tráfico em determinado condomínio de residências, em especial em razão da venda de drogas de relevante valor, o juiz da comarca autorizou, após requerimento do Ministério Público, a realização de busca e apreensão em todas as centenas de residências do condomínio, sem indicar o endereço de cada uma delas, apesar de estas serem separadas e identificadas, sob o argumento da existência de informações de que, no interior desse condomínio, haveria comercialização de drogas e que alguns dos moradores estariam envolvidos na conduta.

Com base nesse mandado, a Polícia Civil ingressou na residência de Gabriel, 22 anos, sendo apreendidos, no interior de seu imóvel, 15 g de maconha, que, de acordo com Gabriel, seriam destinados a uso próprio. Após denúncia pela prática do crime do art. 28 da Lei n. 11.343/2006, em razão de anterior condenação definitiva pela prática do mesmo delito, o que impossibilitaria a aplicação de institutos despenalizadores, foi aplicada a Gabriel a sanção de cumprimento de 10 meses de prestação de serviços à comunidade.

Intimado da condenação e insatisfeito, Gabriel procura um advogado para consulta técnica, esclarecendo não ter interesse em cumprir a medida aplicada de prestação de serviços à comunidade.

Considerando apenas as informações narradas, na condição de advogado de Gabriel, esclareça os itens a seguir.

A) Qual o argumento de direito processual a ser apresentado em sede de recurso para questionar a apreensão das drogas na residência de Gabriel? Justifique. (Valor: 0,60)

B) Em caso de descumprimento, por Gabriel, da medida de prestação de serviços à comunidade imposta na sentença condenatória pela prática do crime do art. 28 da Lei n. 11.343/2006, poderá esta ser convertida em pena privativa de liberdade? Justifique. (Valor: 0,65)

Obs.: o(a) examinando(a) deve fundamentar as respostas. A mera citação do dispositivo legal não confere pontuação.

Distribuição dos Pontos

Item	Pontuação
A. O argumento é que o mandado de busca e apreensão não era válido, tendo em vista que genérico **OU** que foi expedido mandado de	0,00/0,50/0,60

busca e apreensão sem indicação de um endereço específico onde a diligência deveria ser realizada **(0,50)**, desrespeitando o art. 243, inciso I, do CPP **(0,10)**.	
B. A medida de prestação de serviços à comunidade não poderá ser substituída por privativa de liberdade, tendo em vista que o crime do art. 28 da Lei n. 11.343/06 não admite aplicação de pena privativa de liberdade **OU** tendo em vista que a Lei n. 11.343/06 somente admite, em caso de descumprimento, aplicação de admoestação verbal ou multa **(0,55)**, nos termos do art. 28, § 6.º, da Lei n. 11.343/06 **(0,10)**.	0,00/0,55/0,65

Questão 2

Arthur, Adriano e Junior, insatisfeitos com a derrota do seu time de futebol, saíram à rua, após a partida, fazendo algazarra na companhia de Roberto, que não gostava de futebol. Durante o ato, depararam com Pedro, que vestia a camisa do time rival; simplesmente por isso, Arthur, Adriano e Junior passaram a agredi-lo, tendo ficado Roberto à distância por não concordar com o ato e não ter intenção de conferir cobertura aos colegas.

Em razão dos atos de agressão, o celular de Pedro veio a cair no chão, momento em que Roberto, aproveitando-se da situação, subtraiu o bem e empreendeu fuga. Com a chegada de policiais, Arthur, Adriano e Junior empreenderam fuga, mas Roberto veio a ser localizado pouco tempo depois na posse do bem subtraído e de seu próprio celular.

Diante das lesões causadas na vítima, Roberto foi denunciado pela prática do crime de roubo majorado pelo concurso de agentes e teve sua prisão em flagrante convertida em preventiva. Na instrução, as testemunhas confirmaram integralmente os fatos, assim como Roberto reiterou o acima narrado. A família de Roberto, então, procura você para, na condição de advogado(a), adotar as medidas cabíveis, antes da sentença, apresentando nota fiscal da compra do celular de Roberto.

Considerando apenas as informações narradas, responda, na condição de advogado(a) de Roberto, aos itens a seguir.

A) Existe requerimento a ser formulado pela defesa para reaver, de imediato, o celular de Roberto? Justifique. (Valor: 0,60)

B) Confessados por Roberto os fatos acima narrados, existe argumento de direito material a ser apresentado em busca da não condenação pelo crime imputado? Justifique. (Valor: 0,65)

Obs.: o(a) examinando(a) deve fundamentar as respostas. A mera citação do dispositivo legal não confere pontuação.

Distribuição dos Pontos

Item	Pontuação
A. Sim. o requerimento a ser formulado é de restituição do celular apreendido (,35), tendo em vista que não mais interessa ao processo	0,00/0,15/0,25/0,35/ 0,45/0,50/0,60

(0,15), nos termos do art. 118 do CPP **OU** art. 119 do CPP **OU** art. 120 do CPP **(0,10)**.	
B. Sim, existe argumento a ser apresentado para afastar a condenação do crime de roubo, tendo em vista que o agente não empregou violência ou grave ameaça à pessoa para a subtração da coisa **(0,50)**, valendo-se apenas da facilidade da situação para subtrair coisa alheia móvel e praticar crime de furto **(0,15)**.	0,00/0,15/0,50/0,65

Questão 3

Flávio está altamente sensibilizado com o fato de que sua namorada de infância faleceu. Breno, não mais aguentando ver Flávio sofrer, passa a incentivar o amigo a dar fim à própria vida, pois, assim, nas palavras de Breno, ele "novamente estaria junto do seu grande amor."

Diante dos incentivos de Breno, Flávio resolve pular do seu apartamento, no 4.º andar do prédio, mas vem a cair em um canteiro de flores, sofrendo apenas arranhões leves no braço. Descobertos os fatos, Breno é denunciado pela prática do crime previsto no art. 122 do Código Penal, na forma consumada, já que ele incentivou Flávio a se suicidar.

Recebida a denúncia, o juiz, perante a Vara Única da Comarca onde os fatos ocorreram, determina que seja observado o procedimento comum ordinário. Durante a instrução, todos os fatos anteriormente narrados são confirmados. Os autos são encaminhados para as partes para apresentação de alegações finais.

A família de Breno procura você para, na condição de advogado(a), prestar os esclarecimentos a seguir.

A) O procedimento observado durante a ação penal em desfavor de Breno foi o adequado? Justifique. (Valor: 0,60)

B) Qual o argumento a ser apresentado pela defesa técnica para questionar a capitulação delitiva realizada pelo Ministério Público? Justifique. (Valor: 0,65)

Obs.: o(a) examinando(a) deve fundamentar as respostas. A mera citação do dispositivo legal não confere pontuação.

Distribuição dos Pontos

Item	Pontuação
A. Não, tendo em vista que deveria ser aplicado ao caso o procedimento dos crimes dolosos contra a vida **OU** o procedimento previsto para o Tribunal do Júri **(0,50)**, na forma do art. 394, § 3.º do CPP **OU** art. 5.º, XXXVIII, "d", da CRFB/88 **OU** art. 74, § 1.º, do CPP **(0,10)**.	0,00/0,50/0,60

B. O argumento é de atipicidade da conduta **OU** que a conduta não é punível **(0,20)**, tendo em vista que o Código Penal somente pune a instigação ao suicídio que gere resultado morte ou lesões corporais graves **(0,45)**.	0,00/0,20/0,45/0,65

Cuidado: o art. 122 do CP foi completamente reformulado pela Lei n. 13.968/2019. Agora, não é mais crime condicionado, que só se pune se a vítima sofrer lesão corporal grave ou morte. Portanto, a letra "B" do gabarito está desatualizada.

Questão 4

Larissa, revoltada com o comportamento de Renata, ex-namorada de seu companheiro, foi, em 20 de julho de 2017, até a rua em que esta reside. Verificando que o automóvel de Renata estava em via pública, Larissa quebra o vidro dianteiro do veículo, exatamente com a intenção de deteriorar coisa alheia.

Na manhã seguinte, Renata constatou o dano causado ao seu carro, mas não identificou, em um primeiro momento, quem seria o autor do crime. Solicitou, então, a instauração de inquérito policial, em 25 de julho de 2017. Após diligências, foi identificado, em 23 de outubro de 2017, que Larissa seria a autora do fato e que o prejuízo era de R$ 150,00, tendo sido a informação imediatamente passada à vítima Renata.

Com viagem marcada, Renata somente procurou seu advogado em 21 de fevereiro de 2018, informando sobre o interesse em apresentar queixa-crime em face da autora dos fatos. Assim, o advogado de Renata apresentou queixa-crime em face de Larissa, imputando o crime do art. 163, *caput*, do Código Penal, em 28 de fevereiro de 2018, perante o Juizado Especial Criminal competente, tendo sido proferida decisão pelo magistrado de rejeição da queixa, em razão da decadência, em 7 de março de 2018. A defesa técnica é intimada da decisão.

Considerando as informações narradas, na condição de advogado(a) de Renata, responda aos itens a seguir.

A) Qual o recurso cabível da decisão de rejeição da queixa-crime apresentada por Renata? Indique o fundamento legal e o prazo de interposição. (Valor: 0,65)

B) Qual o argumento para combater o mérito da decisão do magistrado de rejeição da denúncia? Justifique. (Valor: 0,60)

Obs.: o(a) examinando(a) deve fundamentar as respostas. A mera citação do dispositivo legal não confere pontuação.

Distribuição dos Pontos

Item	Pontuação
A. Recurso de apelação **(0,40)**, no prazo de 10 dias **(0,15)**, conforme art. 82, *caput* **OU** § 1.º, da Lei n. 9.099/95 **(0,10)**.	0,00/0,15/0,25/0,40/ 0,50/0,55/0,65

B. O argumento é o de que o início da contagem do prazo decadencial somente ocorreu em 23/10/2017 **OU** no dia em que o ofendido teve conhecimento sobre a autoria, logo não havia se encerrado quando do oferecimento da queixa-crime **(0,50)**, nos termos do art. 38 do CPP **OU** art. 103 do CP **(0,10)**.	0,00/0,50/0,60

XXV Exame de Ordem

Questão 1

Bruna, nascida em 30 de março de 1999, e sua irmã Júlia, nascida em 21 de janeiro de 1998, revoltadas com o comportamento de Maria, que, segundo as irmãs, buscava um relacionamento amoroso com o namorado de Júlia, iniciaram uma discussão com esta, no dia 28 de março de 2017.

Durante a discussão, descontroladas por Maria ter dito que Júlia não tinha capacidade de manter um namorado, as irmãs pegaram pedaços de ferro que estavam no chão da rua e começaram a agredir Maria com golpes na cabeça, com intenção de matar. Após a fuga de Bruna e Júlia do local, Maria é socorrida e recebe atendimento médico no hospital da região, ficando internada por 5 dias, mas vem a falecer em razão dos golpes sofridos.

Ao tomar conhecimento dos fatos, o Ministério Público oferece denúncia em face de Bruna e Júlia pela prática do crime do art. 121, § 2.º, inciso II, do Código Penal, requerendo a prisão preventiva apenas de Júlia, considerando que a mesma já seria reincidente. Após citação de Bruna e Júlia, a família das rés o(a) procura na condição de advogado(a), informando que Júlia está grávida de 20 semanas e que temem por sua saúde dentro da prisão.

Considerando apenas as informações narradas, na condição de advogado(a) de Bruna e Júlia, responda aos itens a seguir.

A) Qual argumento de direito material a ser apresentado em favor de Bruna para evitar o prosseguimento da ação penal em relação a mesma? Justifique. (Valor: 0,65)

B) Considerando que verdadeiramente estejam presentes os requisitos previstos nos arts. 312 e 313 do Código de Processo Penal, qual requerimento deveria ser formulado ao juízo para evitar que Julia permaneça no interior do sistema prisional? Justifique. (Valor: 0,60)

Obs.: o(a) examinando(a) deve fundamentar as respostas. A mera citação do dispositivo legal não confere pontuação.

Distribuição dos Pontos

Item	Pontuação
A. Bruna era inimputável na data dos fatos **OU** Bruna deveria responder por ato infracional **(0,35)**, tendo em vista que era menos	0,00/0,20/0,30/0,35/ 0,45/0,55/0,65

de 18 anos na data dos fatos, ainda que maior no momento do resultado **OU** em razão da Teoria da Atividade **(0,20)**, nos termos do art. 4.º **OU** art. 27 do Código de Processo Penal **OU** art. 228 da CRFB/88 **(0,10)**.	
B. O requerimento a ser formulado é de substituição da prisão preventiva por prisão domiciliar **(0,50)**, nos termos do Art. 318, inciso IV, do CPP **(0,10)**.	0,00/0,50/0,60

Questão 2

No dia 06 de abril de 2017, João retirou Clara, criança de 11 anos de idade, do interior da residência em que esta morava, sem autorização de qualquer pessoa, vindo a restringir sua liberdade e mantê-la dentro de um quarto trancado e sem janelas. Logo em seguida, João entrou em contato com o pai de Clara, famoso empresário da cidade, exigindo R$ 200.000,00 para liberar Clara e devolvê-la à sua residência.

Após o pai de Clara pagar o valor exigido, Clara é liberada e, de imediato, a família comparece à Delegacia para registrar o fato. Depois das investigações, João é identificado e os autos são encaminhados ao Ministério Público com relatório final de investigação, indiciando João. Após 90 (noventa) dias do recebimento do inquérito, os autos permanecem no gabinete do Promotor de Justiça, sem que qualquer medida tenha sido adotada.

Considerando as informações narradas, responda, na condição de advogado(a) da família de Clara, aos itens a seguir.

A) Considerando que o crime é de ação penal pública incondicionada, qual a medida a ser adotada diretamente pela família de Clara e seu advogado em busca da responsabilização criminal de João? Justifique. (Valor: 0,65)

B) Em caso de inicial acusatória, qual infração penal deve ser imputada a João? Justifique. (Valor: 0,60)

Obs.: o(a) examinando(a) deve fundamentar as respostas. A mera citação do dispositivo legal não confere pontuação.

Distribuição dos Pontos

Item	Pontuação
A. Caberia à família de Clara dar início à ação penal privada subsidiária da pública **OU** oferecer queixa substitutiva da denúncia **(0,40)**, diante da omissão do Ministério Público **(0,15)**, nos termos do art. 29 do CPP **OU** do art. 5.º, inciso LIX, da CRFB/88 **(0,10)**.	0,00/0,15/0,25/0,40/ 0,50/0,55/0,65

B. Extorsão mediante sequestro **(0,35)**, presente a qualificadora pelo fato de a vítima ser menor de 18 anos **(0,15)**, nos termos do art. 159, § 1.º, do CP **(0,10)**.	0,00/0,15/0,25/0,35/ 0,45/0,50/0,60

Questão 3

Carlos, 50 anos, foi condenado, de maneira definitiva, pela prática de crime de roubo, ao cumprimento de pena de 04 anos de reclusão, em regime inicial semiaberto em razão das peculiaridades do caso, apesar de naquele momento ser primário.

Após o cumprimento de 03 anos e 10 dias da pena aplicada, considerando o período de prisão provisória, Carlos veio a praticar falta grave, em 10 de março de 2015, dentro do estabelecimento prisional, sendo que, no mesmo dia, empreendeu fuga. Após processo administrativo disciplinar, inclusive com participação da defesa técnica de Carlos, foi reconhecida a prática de falta grave.

O juiz da execução penal, em procedimento regular, ainda no ano de 2015, confirmou o reconhecimento da prática de falta grave e determinou o reinício do prazo para obtenção do livramento condicional. Por falhas cartorárias, a defesa técnica de Carlos somente foi intimada da decisão em 14 de março de 2018. Com a intimação, Carlos, que nunca mais foi localizado para cumprimento do restante da pena, apesar do mandado de prisão em aberto, procura seu advogado, indaga sobre as medidas cabíveis, esclarecendo que, de fato, houve prática de falta grave, mas assegurando estar ressocializado e que nunca mais se envolveu com a prática de crimes.

Considerando apenas as informações narradas, na condição de advogado de Carlos, responda aos itens a seguir.

A) Em sede de Agravo à Execução, qual argumento deverá ser apresentado para combater o mérito da decisão do magistrado? Justifique. (Valor: 0,60)

B) Por meio de *habeas corpus*, qual argumento de direito material poderá ser apresentado para evitar a execução do restante da pena de Carlos? Justifique. (Valor: 0,65)

Obs.: o(a) examinando(a) deve fundamentar as respostas. A mera citação do dispositivo legal não confere pontuação.

Distribuição dos Pontos

Item	Pontuação
A. O argumento a ser apresentado é o de que a prática de falta grava não gera o reinício da contagem do prazo do livramento condicional **(0,50)**, nos termos da Súmula 441/STJ **(0,10)**.	0,00/0,50/0,60
B. O argumento é o de que ocorreu prescrição da pretensão executória **(0,40)**, nos termos do art. 107, inciso IV, do CP **OU** do art. 110 do CP **(0,10)**, pois entre a interrupção do cumprimento da pena e a data da manifestação do(a) advogado(a) foi ultrapassado o prazo de 03 anos **(0,15)**.	0,00/0,15/0,25/0,40/ 0,50/0,55/0,65

Questão 4

Vitor efetuou disparos de arma de fogo contra José, com a intenção de causar sua morte. Ocorre que, por erro durante a execução, os disparos atingiram a perna de seu inimigo e não o peito, como pretendido. Esgotada a munição disponível, Vitor empreendeu fuga, enquanto José solicitou a ajuda de populares e compareceu, de imediato, ao hospital para atendimento médico.

Após o atendimento médico, já no quarto com curativos, enquanto dormia, José vem a ser picado por um escorpião, vindo a falecer no dia seguinte em razão do veneno do animal, exclusivamente. Descobertos os fatos, considerando que José somente estava no hospital em razão do comportamento de Vitor, o Ministério Público oferece denúncia em face do autor dos disparos pela prática do crime de homicídio consumado, previsto no art. 121, *caput*, do Código Penal.

Após regular prosseguimento do feito, na audiência de instrução e julgamento da primeira fase do procedimento do Tribunal do Júri, quando da oitiva das testemunhas, o magistrado em atuação optou por iniciar a oitiva das testemunhas formulando diretamente suas perguntas, sem permitir às partes complementação. Após alegações finais orais das partes, o magistrado proferiu decisão de pronúncia. Apesar da impugnação da defesa quanto à formulação das perguntas pelo juiz, o magistrado esclareceu que não importaria quem fez a pergunta, pois as respostas seriam as mesmas.

Com base apenas nas informações narradas, na condição de advogado(a) de Vitor, responda aos itens a seguir.

A) Qual o recurso cabível da decisão proferida pelo magistrado e qual argumento de direito processual pode ser apresentado em busca da desconstituição de tal decisão? Justifique. (Valor: 0,65)

B) Existe argumento de direito material a ser apresentado, em momento oportuno, para questionar a capitulação jurídica apresentada pelo Ministério Público? Justifique. (Valor: 0,60)

Obs.: o(a) examinando(a) deve fundamentar as respostas. A mera citação do dispositivo legal não confere pontuação.

Distribuição dos Pontos

Item	Pontuação
A$_1$. O recurso cabível da decisão de pronúncia é o Recurso em Sentido Estrito **(0,20)**, na forma do art. 581, do CPP **(0,10)**.	0,00/0,20/0,30
A$_2$. O argumento de direito processual a ser apresentado é o de que houve nulidade com a formulação de perguntas diretas por parte do magistrado, sem oportunizar complementação das partes **(0,20)**, o que viola o princípio da ampla defesa **OU** o que gera o cerceamento de defesa **(0,15)**.	0,00/0,15/0,20/0,35

B. O argumento de direito material é o de que ocorreu causa superveniente relativamente independente que por si só causou o resultado **(0,35)**, devendo Vitor responder por tentativa de homicídio **(0,15)**, nos termos do art. 13, § 1.º, do CP **(0,10)**.	0,00/0,15/0,25/0,35/0,45/0,50/0,60

XXIV Exame de Ordem

Questão 1

No dia 11 de janeiro de 2016, Arnaldo, nascido em 1.º de fevereiro de 1943, primário e de bons antecedentes, enquanto estava em um bar, desferiu pauladas na perna e socos na face de Severino, nascido em 30 de março de 1980, por acreditar que este demonstrara interesse amoroso em sua neta de apenas 16 anos. As agressões praticadas por Arnaldo geraram deformidade permanente em Severino, que, revoltado com o ocorrido, foi morar em outro estado.

Denunciado pela prática do crime do art. 129, § 2.º, inciso IV, do Código Penal, Arnaldo confessou em juízo, durante o interrogatório, as agressões; contudo, não foram acostados aos autos boletim de atendimento médico e exame de corpo de delito da vítima, que também não foi localizada para ser ouvida. As testemunhas confirmaram ter visto Arnaldo desferir um soco em Severino, mas não viram se da agressão resultou lesão. Em sentença, diante da confissão, Arnaldo foi condenado a pena de 03 anos de reclusão, deixando o magistrado de substituir a pena privativa de liberdade por restritiva de direitos em virtude da violência.

Considerando a situação narrada, na condição de advogado(a) de Arnaldo, responda aos itens a seguir.

A) Em sede de recurso de apelação, qual argumento poderá ser apresentado em busca da absolvição de Arnaldo? Justifique. (Valor: 0,65)

B) Ainda em sede de apelação, existe algum benefício legal a ser requerido pela defesa de Arnaldo para evitar a execução da pena, caso sejam mantidas a condenação e a sanção penal imposta? Justifique. (Valor: 0,60)

Obs.: o(a) examinando(a) deve fundamentar as respostas. A mera citação do dispositivo legal não confere pontuação.

Distribuição dos Pontos

Item	Pontuação
A. O argumento a ser apresentado em favor de Arnaldo é que a infração deixou vestígios e **não existe prova de materialidade do crime** de lesão corporal **OU** que não foi realizado exame de corpo de delito na vítima, não o suprindo a confissão do acusado **(0,55)**, nos termos do art. 158 do CPP **(0,10)**.	0,00/0,55/0,65

B. Sim, poderia ser buscada a **suspensão condicional da pena (0,35)**, já que Arnaldo era maior de 70 anos da data dos fatos **E** a sanção penal aplicada é inferior a 4 anos **(0,15)**, nos termos do art. 77, § 2.º, do Código Penal **(0,10)**.	0,00/0,15/0,25/0,35/ 0,45/0,50/0,60

Questão 2

No dia 10 de setembro de 2014, Maria conversava na rua com amigas da escola, quando passou pelo local Túlio, jovem de 19 anos, que ficou interessado em conhecer Maria em razão da beleza desta. Um mês após se conhecerem e iniciarem um relacionamento, Túlio e Maria passaram a ter relações sexuais, apesar de Maria ter informado ao namorado que nascera em 09 de julho de 2001. Ao tomar conhecimento dos fatos, o Ministério Público denunciou Túlio pela prática do crime do art. 217-A do Código Penal.

Após a instrução e juntada da carteira de identidade de Maria, na qual constava seu nascimento em 09 de julho de 2001, Túlio foi condenado nos termos da denúncia, tendo ocorrido o trânsito em julgado. Dois anos após a sentença condenatória, os pais de Maria procuram os familiares de Túlio e narram que se sentiam mal pelo ocorrido, porque sempre consideraram o condenado um bom namorado para a filha. Afirmaram, ainda, que autorizavam o namoro, porque, na verdade, consideravam sua filha uma jovem, já que ela nasceu em 09 de julho de 2000, mas somente foi registrada no ano seguinte, pois tinham o sonho de sua filha ser profissional do esporte e entenderam que o registro tardio a beneficiaria profissionalmente.

Diante de tais informações, em posse de fotografias que comprovam que Maria, de fato, nasceu em 09 de julho de 2000 e da retificação no registro civil, os familiares de Túlio procuram você na condição de advogado(a).

Na condição de advogado(a) de Túlio, considerando apenas as informações narradas, responda aos itens a seguir.

A) Diante do trânsito em julgado da sentença condenatória, existe medida judicial a ser apresentada em favor de Túlio, diferente de *habeas corpus*, em busca da desconstituição da sentença? Justifique e indique, em caso positivo. (Valor: 0,65)

B) Qual argumento de direito material deverá ser apresentado pelo(a) patrono(a) de Túlio em busca da desconstituição da sentença? Justifique. (Valor: 0,60)

Obs.: o(a) examinando(a) deve fundamentar as respostas. A mera citação do dispositivo legal não confere pontuação.

Distribuição dos Pontos

Item	Pontuação
A. A medida judicial cabível é da **revisão criminal (0,40)**, com fundamento no art. 621, inciso II **OU** III, do Código de Processo Penal **(0,10)**, tendo em vista que a condenação foi baseada em documento comprovadamente falso **OU** em razão do surgimento de prova nova, após a sentença, apta a demonstrar a inocência do acusado **(0,15)**.	0,00/0,15/0,25 0,40/0,50/0,55/0,65

B. O argumento é de que a conduta de Túlio era **atípica (0,20)**, tendo em vista que, objetivamente, Maria era **maior de 14 anos na data dos fatos** e houve consentimento na prática dos atos sexuais **(0,40)**.	0,00/0,20/0,40/0,60

Questão 3

Aroldo, Bernardo, Caio e David, que se conheceram em razão de todos exercerem a função de pintores de residências, durante diversas quartas-feiras do ano de 2015 encontravam-se na garagem da residência do primeiro para organizarem a prática de crimes de receptação simples. Com o objetivo de receber vantagem financeira, nos encontros, muito bem organizados e que ocorreram por mais de 06 meses, era definido como os crimes seriam realizados, havendo plena divisão de funções e tarefas entre os membros do grupo.

Um morador da região que tinha conhecimento dos encontros, apresenta notícia criminis à autoridade policial, mas informa que acredita que o grupo pretendia realizar a prática de roubos. Diante disso, instaurado o inquérito para apurar o crime de organização criminosa, o delegado de polícia determina diretamente, sem intervenção judicial, a infiltração de agentes de polícia no grupo, de maneira velada, para obtenção de provas. Ao mesmo tempo, realiza outros atos investigatórios e obtém, de forma autônoma, outras provas, que, de fato, confirmam a atividade do grupo; contudo, resta constatado que, verdadeiramente, a pretensão do grupo era apenas a prática de crimes de receptação simples.

Após a obtenção das provas necessárias, Aroldo, Bernardo, Caio e David são denunciados pela prática do crime previsto no art. 2.º da Lei n. 12.850/2013.

Na condição de advogado(a) dos denunciados, considerando apenas as informações narradas, responda aos questionamentos a seguir.

A) A infiltração de agentes determinada pela autoridade policial foi válida? Justifique. (Valor: 0,65)

B) Qual o argumento de direito material a ser apresentado pela defesa em busca da não condenação dos denunciados da prática do crime imputado? Justifique. (Valor: 0,60)

Obs.: o(a) examinando(a) deve fundamentar as respostas. A mera citação do dispositivo legal não confere pontuação.

Distribuição dos Pontos

Item	Pontuação
A. A infiltração não foi válida, tendo em vista que não houve autorização da autoridade judicial **(0,40)** e havia outros meios para obtenção da prova **(0,15)**, na forma do art. 10 da Lei n. 12.850/13 **(0,10)**.	0,00/0,15/0,40/ 0,50/0,55/0,65
B. O argumento é que **não houve a prática do crime de organização criminosa**, tendo em vista que a associação do grupo era voltada para prática de crimes de receptação simples, cuja **pena máxima não ultrapassa 04 anos (0,50)**, na forma do art. 1.º, § 1.º, da Lei n. 12.850/13 **(0,10)**.	0,00/0,50/0,60

Questão 4

Pablo, que possui quatro condenações pela prática de crimes com violência ou grave ameaça à pessoa, estava no quintal de sua residência brincando com seu filho, quando ingressa em seu terreno um cachorro sem coleira. O animal adota um comportamento agressivo e começa a tentar atacar a criança de 05 anos, que brincava no quintal com o pai. Diante disso, Pablo pega um pedaço de pau que estava no chão e desfere forte golpe na cabeça no cachorro, vindo o animal a falecer.

No momento seguinte, chega ao local o dono do cachorro, que, inconformado com a morte deste, chama a polícia, que realiza a prisão em flagrante de Pablo pela prática do crime do art. 32 da Lei n. 9.605/98. Os fatos acima descritos são integralmente confirmados no inquérito pelas testemunhas. Considerando que Pablo é multirreincidente na prática de crimes graves, o Ministério Público se manifesta pela conversão do flagrante em preventiva, afirmando o risco à ordem pública pela reiteração delitiva.

Considerando as informações narradas, na condição de advogado(a) de Pablo, que deverá se manifestar antes da decisão do magistrado quanto ao requerimento do Ministério Público, responda aos itens a seguir.

A) Qual pedido deverá ser formulado pela defesa de Pablo para evitar o acolhimento da manifestação pela conversão da prisão em flagrante em preventiva? Justifique. (Valor: 0,60)

B) Sendo oferecida denúncia, qual argumento de direito material poderá ser apresentado em busca da absolvição de Pablo? Justifique. (Valor: 0,65)

Obs.: o(a) examinando(a) deve fundamentar as respostas. A mera citação do dispositivo legal não confere pontuação.

Distribuição dos Pontos

Item	Pontuação
A. **Liberdade provisória (0,35)**, nos termos do art. 310, parágrafo único, do CPP **(0,10)**, já que o juiz pode verificar, com base nas informações do auto de prisão em flagrante, que Pablo agiu amparado em **causa excludente da ilicitude (0,15)**.	0,00/0,15/0,25/0,35 0,45/0,50/0,60
B. A existência de estado de necessidade **(0,40)**, nos termos do art. 24 do CP **OU** art. 23, inciso I, do CP **(0,10)**, que funciona como causa excludente da ilicitude **(0,15)**.	0,00/0,15/0,25/0,40/ 0,50/0,55/0.65

XXIII Exame de Ordem

Questão 1

José Barbosa, nascido em 11 de março de 1998, caminhava para casa após sair da faculdade, às

11 horas da manhã, no dia 7 de março de 2016, quando se deparou com Daniel, ex-namorado de sua atual companheira, conversando com esta. Em razão de ciúmes, retirou a faca que trazia na mochila e aplicou numerosas facadas no peito de Daniel, com a intenção de matá-lo. Daniel recebeu pronto atendimento médico, foi encaminhado para um hospital de Niterói, mas faleceu 5 dias após os golpes de faca.

Já no dia 8 de março de 2016, policiais militares, informados sobre o fato ocorrido no dia anterior, comparecem à residência de José Barbosa, já que um dos agentes da lei era seu vizinho. Apesar de não ter ninguém em casa, a janela estava aberta, e os policiais puderam ver seu interior, verificando que havia uma faca suja de sangue escondida junto ao sofá. Diante disso, para evitar que José Barbosa desaparecesse com a arma utilizada, ingressaram no imóvel e apreenderam a arma branca, que foi devidamente apresentada pela autoridade policial.

Com base na prova produzida a partir da apreensão da faca, o Ministério Público oferece denúncia em face de José Barbosa, imputando-lhe a prática do crime de homicídio consumado.

Considerando a situação narrada, na condição de advogado(a) de José Barbosa, responda aos itens a seguir.

A) Qual argumento a ser apresentado pela defesa técnica do denunciado para combater a prova decorrente da apreensão da faca? Justifique. (Valor: 0,65)

B) Existe argumento de direito material a ser apresentado em favor de José Barbosa para evitar o prosseguimento da ação penal? Justifique. (Valor: 0,60)

Obs.: o(a) examinando(a) deve fundamentar suas respostas. A mera citação ou transcrição do dispositivo legal não confere pontuação.

Distribuição dos Pontos

Item	Pontuação
A. O meio de obtenção da prova quando da apreensão da faca foi ilícito **(0,20)**, tendo em vista que houve ingresso na residência de José Barbosa sem autorização do morador, flagrante delito ou ordem judicial **(0,35)**, nos termos do art. 5.º, XI, CRFB **OU** 157 do CPP **(0,10)**.	0,00/0,20/0,30/0,35/0,45/0,55/0,65
B. Não poderia José Barbosa ser processado criminalmente pela prática do crime de homicídio, tendo em vista que era inimputável na data dos golpes desferidos **OU** tendo em vista que praticou ato infracional análogo ao crime de homicídio **(0,45)**, pois o Código Penal adota a Teoria da Atividade para definir o momento do crime **(0,15)**.	0,00/0,15/0,45/0,60

Questão 2

Gabriel, condenado pela prática do crime de porte de arma de fogo de uso restrito, obteve livramento condicional quando restava 01 ano e 06 meses de pena privativa de liberdade a ser cumprida.

No curso do livramento condicional, após 06 meses da obtenção do benefício, vem Gabriel a ser novamente condenado, definitivamente, pela prática de crime de roubo, que havia sido praticado antes mesmo do delito de porte de arma de fogo, mas cuja instrução foi prolongada.

Diante da nova condenação, o magistrado competente revogou o livramento condicional concedido e determinou que Gabriel deve cumprir aquele 01 ano e 06 meses de pena restante quando da obtenção do livramento em relação ao crime de porte, além da nova sanção imposta em razão do roubo.

Considerando a situação narrada, na condição de advogado(a) de Gabriel, responda aos itens a seguir.

A) Qual o recurso cabível da decisão do magistrado que revogou o benefício do livramento condicional e determinou o cumprimento da pena restante quando da obtenção do benefício? É cabível juízo de retratação em tal modalidade recursal? Justifique. (Valor: 0,65)

B) Qual argumento deverá ser apresentado pela defesa de Gabriel para combater a decisão do magistrado? Justifique. (Valor: 0,60)

Obs.: o(a) examinando(a) deve fundamentar suas respostas. A mera citação ou transcrição do dispositivo legal não confere pontuação.

Distribuição dos Pontos

Item	Pontuação
A. O recurso cabível da decisão é de Agravo de Execução, **(0,40)** na forma do art. 197 da LEP **(0,10)**, cabendo ao magistrado exercer juízo de retratação em razão da aplicação, no recurso de agravo, do rito previsto para o recurso em sentido estrito **(0,15)**.	0,00/0,15/0,25/0,40/ 0,50/0,55/0,65
B. O argumento para combater a decisão é o de que o período em livramento condicional deveria ser considerado como pena cumprida **(0,20)**, tendo em vista que o delito que justificou a revogação é anterior ao benefício **(0,30)**, nos termos do art. 88 do CP **OU** art. 141 da Lei n. 7.210/84 **(0,10)**. **Cuidado**: a posse ou porte ilegal de arma de fogo de uso restrito não mais é considerada crime hediondo.	0,00/0,20/0,30/0,40/ 0,50/0,60

Questão 3

No dia 29 de dezembro de 2011, Cláudio, 30 anos, profissional do ramo de informática, invadiu dispositivo informático alheio, mediante violação indevida de mecanismo de segurança, com o fim de obter informações pessoais de famoso ator da televisão brasileira, sem autorização do titular do dispositivo.

Após longa investigação e representação da vítima, o fato e a autoria de Cláudio foram identificados no ano de 2014, vindo o autor a ser indiciado e, posteriormente, oferecida pelo Ministério Público proposta de transação penal em razão da prática do crime do art. 154-A do Código Penal, dispositivo este incluído pela Lei n. 12737/2012. Cláudio aceitou a proposta de transação penal, mas, em julho de 2015, interrompeu o cumprimento das condições impostas.

Temeroso em razão de sua conduta, Cláudio procura seu advogado, informando que não justificou o descumprimento e, diante disso, o Ministério Público ofereceu denúncia por aquele delito, tendo o juiz competente recebido a inicial acusatória em agosto de 2015.

Considerando apenas as informações narradas, esclareça, na condição de advogado(a) prestando consultoria jurídica para Cláudio, os seguintes questionamentos.

A) De acordo com a jurisprudência do Supremo Tribunal Federal, é possível a revogação do benefício da transação penal pelo descumprimento das condições impostas, com posterior oferecimento de denúncia? Justifique. (Valor: 0,65)

B) Os fatos praticados por Cláudio, de fato, permitem sua responsabilização penal pelo crime do art. 154-A do Código Penal? Justifique. (Valor: 0,60)

Obs.: o(a) examinando(a) deve fundamentar suas respostas. A mera citação ou transcrição do dispositivo legal não confere pontuação.

Item	Pontuação
A. Sim, é possível a revogação do benefício, nos termos da Súmula Vinculante 35 do STF **OU** Sim, pois a decisão que homologa transação penal não faz coisa julgada material **(0,65)**.	0,00/0,65
B. Não é possível a responsabilização penal de Cláudio pelo crime do art. 154-A do Código Penal, tendo em vista que a lei posterior que de qualquer forma prejudique o acusado não pode retroagir para atingir situação pretérita **OU** tendo em vista que a lei que tipificou a conduta é posterior à data dos fatos **(0,50)**, com base no art. 5.º, inciso XL, da CRFB/88 **OU** no art. 1.º do Código Penal **(0,10)**. **Cuidado**: o art. 154-A do CP sofreu importantes alterações a partir da entrada em vigor da Lei n. 14.155/2021.	0,00/0,50/0,60

Questão 4

Manoel conduzia sua bicicleta, levando em seu colo, sem qualquer observância às regras de segurança, seu filho de 02 anos de idade. Para tornar o passeio do filho mais divertido, Manoel pedalava em alta velocidade, quando, em determinado momento, perdeu o controle da bicicleta e caiu, vindo seu filho a bater a cabeça e falecer de imediato.

Após ser instaurado procedimento para investigar os fatos, a perícia constata que, de fato, Manoel estava em alta velocidade e não havia qualquer segurança para o filho em seu colo. O Ministério Público oferece denúncia em face de Manoel, imputando-lhe a prática do crime previsto no art. 121, §§ 3.º e 4.º, do Código Penal, já que a vítima era menor de 14 anos. Durante a instrução, todos os fatos são confirmados por diversos meios de prova.

Considerando apenas as informações narradas, responda, na qualidade de advogado(a) de Manoel, aos itens a seguir.

A) A capitulação delitiva realizada pelo Ministério Público está integralmente correta? Justifique. (Valor: 0,60)

B) Qual argumento a ser apresentado para evitar a punição de Manoel pelo crime de homicídio culposo? Justifique. (Valor: 0,65)

Obs.: o(a) examinando(a) deve fundamentar suas respostas. A mera citação ou transcrição do dispositivo legal não confere pontuação.

Distribuição dos Pontos

Item	Pontuação
A. Não foi correta a capitulação delitiva do Ministério Público, pois em sendo o crime culposo, a idade da vítima não é relevante para imputação da causa de aumento do art. 121, § 4.º, do CP, **OU** pois a causa de aumento em razão de a vítima ser menor de 14 anos somente será aplicada ao crime de homicídio doloso **(0,60)**.	0,00/0,60
B. Aplicação do perdão judicial **(0,55)**, nos termos do art. 121, § 5.º, do CP **(0,10)**.	0,00/0,55/0,65

XXII Exame de Ordem

Questão 1

Chegou ao Ministério Público denúncia de pessoa identificada apontando Cássio como traficante de drogas. Com base nessa informação, entendendo haver indícios de autoria e não havendo outra forma de obter prova do crime, a autoridade policial representou pela interceptação da linha telefônica que seria utilizada por Cássio e que fora mencionada na denúncia recebida, tendo o juiz da comarca deferido a medida pelo prazo inicial de 30 dias.

Nas conversas ouvidas, ficou certo que Cássio havia adquirido certa quantidade de cocaína, pela primeira vez, para ser consumida por ele, juntamente com seus amigos Pedro e Paulo, na comemoração de seu aniversário, no dia seguinte. Diante dessa prova, policiais militares obtiveram ordem judicial e chegaram à casa de Cássio quando este consumia e oferecia a seus amigos os seis papelotes de cocaína para juntos consumirem. Cássio, portador de maus antecedentes, foi preso em flagrante e autuado pela prática do crime de tráfico, sendo, depois, denunciado como incurso nas penas do art. 33, *caput*, da Lei n. 11.343/2006.

Considerando os fatos narrados, responda, na qualidade de advogado(a) de Cássio, aos itens a seguir.

A) Qual a tese de direito processual a ser suscitada para afastar a validade da prova obtida? (Valor: 0,65)

B) Reconhecidos como verdadeiros os fatos narrados, qual a tese de direito material a ser alegada para tornar menos gravosa a tipificação da conduta de Cássio? (Valor: 0,60)

Obs.: o(a) examinando(a) deve fundamentar suas respostas. A mera citação do dispositivo legal não confere pontuação.

Tabela de Pontos

Item	Pontuação
A. A nulidade da decisão que decretou a interceptação das comunicações telefônicas **OU** ilicitude da prova obtida a partir das interceptações telefônicas **(0,20)**, pois decretadas a medida pelo prazo inicial de 30 dias **(0,35)**, em desacordo com a previsão do art. 5.º da Lei n. 9.296/96 **(0,10)**.	0,00/0,20/0,30/0,35/ 0,45/0,55/0,65
B. A tese de direito material é que foi praticado o crime previsto no art. 33, § 3.º da Lei n. 11.343/06 **(0,45)**, tendo em vista que o agente tinha o material e o oferecia para junto consumir com seus amigos, de maneira eventual e sem intenção de lucro **(0,15)**.	0,00/0,15/0,45/0,60

Questão 2

Em inquérito policial, Antônio é indiciado pela prática de crime de estupro de vulnerável, figurando como vítima Joana, filha da grande amiga da Promotora de Justiça Carla, que, inclusive, aconselhou a família sobre como agir diante do ocorrido.

Segundo consta do inquérito, Antônio encontrou Joana durante uma festa de música eletrônica e, após conversa em que Joana afirmara que cursava a Faculdade de Direito, foram para um motel onde mantiveram relações sexuais, vindo Antônio, posteriormente, a tomar conhecimento de que Joana tinha apenas 13 anos de idade.

Recebido o inquérito concluído, Carla oferece denúncia em face de Antônio, imputando-lhe a prática do crime previsto no art. 217-A do Código Penal, ressaltando a jurisprudência do Supremo Tribunal Federal no sentido de que, para a configuração do delito, não se deve analisar o passado da vítima, bastando que a mesma seja menor de 14 anos.

Considerando a situação narrada, na condição de advogado(a) de Antônio, responda aos itens a seguir.

A) Existe alguma medida a ser apresentada pela defesa técnica para impedir Carla de participar do processo? Justifique. (Valor: 0,60)

B) Qual a principal alegação defensiva de direito material a ser apresentada em busca da absolvição do denunciado? Justifique. (Valor: 0,65)

Obs.: o(a) examinando(a) deve fundamentar suas respostas. A mera citação do dispositivo legal não confere pontuação.

Tabela de Pontos

Item	Pontuação
A. Sim, com apresentação de exceção de suspeição **(0,50)**, nos termos do art. 95, inciso I, do CPP **OU** do art. 104 do CPP **(0,10)**.	0,00/0,50/0,60

B. A principal tese defensiva é a ocorrência de erro de tipo **(0,55)**, nos termos do art. 20 do CP **(0,10)**.	0,00/0,55/0,65

Questão 3

Na cidade de Porto Alegre, no Rio Grande do Sul, Maurício iniciou a execução de determinada contravenção penal que visava atingir e gerar prejuízo em detrimento de patrimônio de entidade autárquica federal, mas a infração penal não veio a se consumar por circunstâncias alheias à sua vontade.

Ao tomar conhecimento dos fatos, o Ministério Público dá início a procedimento criminal perante juízo do Tribunal Regional Federal com competência para atuar no local dos fatos, imputando ao agente a prática da contravenção penal em sua modalidade tentada, oferecendo, desde já, proposta de transação penal.

Maurício conversa com sua família e procura um(a) advogado(a) para patrocinar seus interesses, destacando que não tem interesse em aceitar transação penal, suspensão condicional do processo ou qualquer outro benefício despenalizador.

Com base apenas nas informações narradas e na condição de advogado(a) de Maurício, responda:

A) Considerando que a contravenção penal causaria prejuízo ao patrimônio de entidade autárquica federal, o órgão perante o qual o procedimento criminal foi iniciado é competente para julgamento da infração penal imputada? Justifique. (Valor: 0,65)

B) Qual argumento de direito material deverá ser apresentado para evitar a punição de Maurício? Justifique. (Valor: 0,60)

Obs.: o examinando deve fundamentar suas respostas. A mera citação do dispositivo legal não confere pontuação.

Tabela de Pontos

Item	Pontuação
A. Não, a Justiça Federal não é competente para julgamento de contravenções penais, ainda que praticadas em detrimento de bens, serviços e patrimônio de entidade autárquica da União **(0,55)**, nos termos do art. 109, inciso IV, da CRFB/88 **OU** Súmula 38/STJ **(0,10)**.	0,00/0,55/0,65
B. O argumento a ser apresentado é que não se pune a tentativa de contravenção penal **(0,50)**, nos termos do art. 4.º da DL 3.688/41 **(0,10)**.	0,00/0,50/0,60

Questão 4

Diego e Júlio caminham pela rua, por volta das 21 horas, retornando para suas casas após mais um dia de aula na faculdade, quando são abordados por Marcos, que, mediante grave ameaça de morte e utilizando simulacro de arma de fogo, exige que ambos entreguem as mochilas e os celulares que carregavam.

Após os fatos, Diego e Júlio comparecem em sede policial, narram o ocorrido e descrevem as características físicas do autor do crime. Por volta das 5 horas da manhã do dia seguinte, policiais militares em patrulhamento se deparam com Marcos nas proximidades do local do fato e verificam que ele possuía as mesmas características físicas do roubador. Todavia, não são encontrados com Marcos quaisquer dos bens subtraídos, nem o simulacro de arma de fogo. Ele é encaminhado para a Delegacia e, tendo-se verificado que era triplamente reincidente na prática de crimes patrimoniais, a autoridade policial liga para as residências de Diego e Júlio, que comparecem em sede policial e, em observância de todas as formalidades legais, realizam o reconhecimento de Marcos como responsável pelo assalto. O Delegado, então, lavra auto de prisão em flagrante em desfavor de Marcos, permanecendo este preso, e o indicia pela prática do crime previsto no art. 157, *caput*, do Código Penal, por duas vezes, na forma do art. 69 do Código Penal.

Diante disso, Marcos liga para seu advogado para informar sua prisão. Este comparece, imediatamente, em sede policial, para acesso aos autos do procedimento originado do Auto de Prisão em Flagrante.

Considerando apenas as informações narradas, na condição de advogado de Marcos, responda, de acordo com a jurisprudência dos Tribunais Superiores, aos itens a seguir.

A) Qual requerimento deverá ser formulado, de imediato, em busca da liberdade de Marcos e sob qual fundamento? Justifique. (Valor: 0,65)

B) Oferecida denúncia na forma do indiciamento, qual argumento de direito material poderá ser apresentado pela defesa para questionar a capitulação delitiva constante da nota de culpa, em busca de uma punição mais branda? Justifique. (Valor: 0,60)

Obs.: o(a) examinando(a) deve fundamentar suas respostas. A mera citação do dispositivo legal não confere pontuação.

Tabela de Pontos

Item	Pontuação
A. O requerimento a ser formulado é de relaxamento da prisão **(0,35)**, tendo em vista que não está presente nenhuma das situações de flagrante elencadas no art. 302 do CPP **(0,30)**.	0,00/0,30/0,35/0,65
B. O argumento é que houve concurso formal de crimes **(0,35)**, tendo em vista que, com uma só ação, foram praticados dois delitos **(0,15)**, nos termos do art. 70 do CP **(0,10)**.	0,00/0,15/0,25/0,35/ 0,45/0,50/0,60

XXI Exame de Ordem

Questão 1

Paulo e Júlio, colegas de faculdade, comemoravam juntos, na cidade de São Gonçalo, o título obtido pelo clube de futebol para o qual o primeiro torce. Não obstante o clima de confraternização, em determinado momento, surgiu um entrevero entre eles, tendo Júlio desferido um tapa no rosto de Paulo. Apesar da pouca intensidade do golpe, Paulo vem a falecer no hospital da cidade, tendo a perícia constatado que a morte decorreu de uma fatalidade, porquanto, sem que fosse do conhecimento de qualquer pessoa, Paulo tinha uma lesão pretérita em uma artéria, que foi violada com aquele tapa desferido por Júlio e causou sua morte. O órgão do Ministério Público, em atuação exclusivamente perante o Tribunal do Júri da Comarca de São Gonçalo, denunciou Júlio pelo crime de lesão corporal seguida de morte (art. 129, § 3.º, do CP).

Considerando a situação narrada e não havendo dúvidas em relação à questão fática, responda, na condição de advogado(a) de Júlio:

A) É competente o juízo perante o qual Júlio foi denunciado? Justifique. (Valor: 0,65)

B) Qual tese de direito material poderia ser alegada em favor de Júlio? Justifique. (Valor: 0.60)

Obs.: o(a) examinando(a) deve fundamentar as respostas. A mera citação do dispositivo legal não confere pontuação.

Distribuição dos Pontos

Item	Pontuação
A. O Tribunal do Júri não é o juízo competente, pois o crime imputado não é doloso contra a vida **(0,55)**, nos termos do art. 74, § 1.º, do CPP **OU** do art. 5.º, inciso XXXVIII, da CRFB/88 **(0,10)**.	0,00/0,55/0,65
B. Júlio não poderia responder pelo resultado morte **(0,25)**, nem mesmo a título de culpa, em razão da ausência de previsibilidade **OU** porque existe causa relativamente independente preexistente desconhecida **OU** porque a atribuição do resultado violaria o princípio da vedação da responsabilidade objetiva **(0,35)**. Obs.: *a mera repetição do enunciado no sentido de que o resultado decorreu de uma fatalidade em razão de lesão em artéria desconhecida, sem qualquer fundamentação jurídica, não é suficiente para atribuição do segundo intervalo de pontuação.*	0,00/0,25/0,35/0,60

Questão 2

No dia 03 de março de 2016, Vinícius, reincidente específico, foi preso em flagrante em razão da apreensão de uma arma de fogo, calibre .38, de uso permitido, número de série identificado, devidamente municiada, que estava em uma gaveta dentro de seu local de trabalho, qual seja, o estabelecimento comercial "Vinícius House", do qual era sócio-gerente e proprietário. Denunciado pela prática do crime do art. 14 da Lei n. 10.826/2003, confessou os fatos, afirmando que mantinha a arma em seu estabelecimento para se proteger de possíveis assaltos. Diante da prova testemunhal e da confissão do acusado, o Ministério Público pleiteou a condenação nos termos da denúncia em alegações finais, enquanto a defesa afirmou que o delito do art. 14 do Estatuto do Desarmamento não foi praticado, também destacando a falta de prova da materialidade.

Após manifestação das partes, houve juntada do laudo de exame da arma de fogo e das munições apreendidas, constatando-se o potencial lesivo do material, tendo o magistrado, de imediato, proferido sentença condenatória pela imputação contida na denúncia, aplicando a pena mínima de 02 anos de reclusão e 10 dias-multa. O advogado de Vinícius é intimado da sentença e apresentou recurso de apelação.

Considerando apenas as informações narradas, responda na condição de advogado(a) de Vinicius:

A) Qual requerimento deveria ser formulado em sede de apelação e qual tese de direito processual poderia ser alegada para afastar a sentença condenatória proferida em primeira instância? Justifique. (Valor: 0,65)

B) Confirmados os fatos, qual tese de direito material poderia ser alegada para buscar uma condenação penal mais branda em relação ao quantum de pena para Vinicius? Justifique. (Valor: 0,60)

Obs.: o(a) examinando(a) deve fundamentar as respostas. A mera citação do dispositivo legal não confere pontuação.

Distribuição dos Pontos

Item	Pontuação
A. Deveria o advogado de Vinicius requerer a anulação da sentença de primeira instância **(0,30)**, tendo em vista houve violação ao princípio do contraditório ou da ampla defesa **(0,15)**, no momento em que foi proferida sentença condenatória sem que a defesa tivesse vista da prova pericial juntada aos autos **(0,20)**.	0,00/0,15/0,20/0,30/ 0,35/0,45/0,50/0,65
B. A tese de direito material é a desclassificação para o crime de posse de arma de fogo, já que Vinicius possuía arma em seu local de trabalho **(0,50)**, nos termos do art. 12 da Lei n. 10.826/03 **(0,10)**.	0,00/0,50/0,60

Questão 3

Mário foi surpreendido por uma pessoa que, mediante ameaça verbal de morte, subtraiu seu celular. No dia seguinte, quando passava pelo mesmo local, avistou Paulo e o reconheceu como sendo a pessoa que o roubara no dia anterior. Levado para a delegacia, Paulo admitiu ter subtraído o celular de Mário mediante grave ameaça, mas alegou que estava em estado de necessidade. O celular não foi recuperado e Paulo foi liberado em razão da ausência da situação de flagrante. Oferecida a denúncia pela prática do delito de roubo, Paulo foi pessoalmente citado e manifestou interesse em ser assistido pela Defensoria Pública.

No curso da instrução, a vítima, única testemunha arrolada pelo Ministério Público, não foi localizada, assim como Paulo nunca compareceu em juízo, sendo decretada sua revelia. A pretensão punitiva foi acolhida nos termos do pedido inicial, tendo o juiz fundamentado seu convencimento no que foi dito pelo lesado e pelo acusado na fase extrajudicial, aumentando a pena-base pelo fato de o agente ter ameaçado de morte o ofendido e deixando de reconhecer a atenuante da confissão espontânea porque qualificada.

Considerando apenas as informações narradas, responda, na condição de advogado(a) de Paulo, aos itens a seguir.

A) Qual a tese jurídica a ser apresentada nas razões de apelação de modo a buscar a absolvição de Paulo? Justifique. (Valor: 0,65)

B) Quais as teses jurídicas a serem apresentadas em sede de apelação de modo a buscar a redução da pena aplicada, caso mantida a condenação? Justifique. (Valor: 0,60)

Obs.: o(a) examinando(a) deve fundamentar as respostas. A mera citação do dispositivo legal não confere pontuação.

Distribuição dos Pontos

Item	Pontuação
A. Insuficiência probatória **(0,20)**, tendo em vista que o magistrado baseou sua decisão exclusivamente em elementos informativos, o que é vedado pelo ordenamento jurídico **(0,35)**, nos termos do art. 155 do CPP **OU** art. 5.º, LV, da CRFB/88 **(0,10)**.	0,00/0,20/0,30/0,35/ 0,45/0,55/0,65
B. O aumento da pena base em razão da ameaça de morte configura bis in idem **OU** que a grave ameaça é elementar do tipo **(0,30)** e deveria ser reconhecida a atenuante da confissão, já que, embora qualificada, escorou o decreto condenatório **(0,20)**, nos termos da Súmula 545/STJ **(0,10)**.	0,00/0,20/0,30/0,40/ 0,50/0,60

Questão 4

Diana, primária e de bons antecedentes, em dificuldades financeiras, com inveja das amigas que exibiam seus automóveis recém-adquiridos, resolve comprar joias em loja localizada no Município de Campinas, para usar em uma festa de comemoração de 10 anos de formatura da faculdade.

Em razão de sua situação, todavia, no momento do pagamento, entrega no estabelecimento um cheque sem provisão de fundos. Quando a proprietária da loja deposita o cheque, é informada, na cidade de Santos, pelo banco sacado, que inexistiam fundos suficientes, havendo recusa de pagamento, razão pela qual comparece em sede policial na localidade de sua residência, uma cidade do Estado de São Paulo, para narrar o ocorrido.

Convidada a comparecer em sede policial para esclarecer o ocorrido, Diana confirma a emissão do cheque sem provisão de fundos, mas efetua, de imediato, o pagamento do valor devido à proprietária do estabelecimento comercial.

Posteriormente, a autoridade policial elabora relatório conclusivo e encaminha o inquérito ao Ministério Público, que oferece denúncia em face de Diana como incursa nas sanções do art. 171, § 2.º, inciso VI, do Código Penal.

Considerando a situação narrada, na condição de advogado(a) de Diana, responda aos itens a seguir.

A) Existe argumento a ser apresentado em favor de Diana para evitar, de imediato, o prosseguimento da ação penal? Em caso positivo, indique; em caso negativo, justifique. (Valor: 0,65)

B) De acordo com a jurisprudência do Supremo Tribunal Federal, qual será o foro competente para julgamento do crime imputado a Diana? Justifique. (Valor: 0,60)

Obs.: o(a) examinando(a) deve fundamentar as respostas. A mera citação do dispositivo legal não confere pontuação.

Distribuição dos Pontos

Item	Pontuação
A. Sim, o argumento a ser apresentado em favor de Diana é que houve pagamento do cheque antes do recebimento da denúncia, obstando o prosseguimento da ação penal **(0,55)**, nos termos da Súmula 554/STF **(0,10)**.	0,00/0,55/0,65
B. O foro competente para julgamento do crime imputado a Diana é o da Comarca de Santos, onde houve recusa de pagamento pelo sacado **(0,50)**, nos termos da Súmula 521/STF **(0,10)**.*	0,00/0,50/0,60

XX Exame de Ordem

Questão 1

Jorge, com 21 anos de idade, reincidente, natural de São Gonçalo/RJ, entrou em uma briga com seus pais, razão pela qual foi morar na casa de sua tia Marta, irmã de seu pai, na cidade de Maricá/RJ, já que esta tinha apenas 40 anos e "o entenderia melhor". Após 06 meses residindo no mesmo local que sua tia, Jorge subtraiu o carro de Marta, levando-o para uma favela em Niterói, onde pretendia morar no futuro. No começo, Marta não desconfiou da autoria, porém após alguns dias, teve certeza de que o autor do crime era seu sobrinho, mas nada fez para vê-lo responsabilizado criminalmente, em razão do afeto que tinha por ele. Apenas, então, comunicou à seguradora que seu veículo fora furtado.

* Cuidado: a partir da entrada em vigor da Lei n. 14.155/2021, as Súmulas 521 do STF e 244 do STJ foram superadas. Agora, a competência no caso trazido é definida pelo local de domicílio da vítima (CPP, art. 70, § 4.º).

Jorge, 01 ano após esses fatos, estava na direção do veículo que havia subtraído quando foi abordado por policiais militares que, constatando que aquele bem era produto de crime pretérito, realizaram sua prisão em flagrante. Jorge foi denunciado pela prática do crime de receptação, mas, no curso da instrução, foi descoberto que, na verdade, o acusado era o autor do crime de furto. O Ministério Público aditou a denúncia para adequá-la às novas descobertas e, após manifestação da Defensoria Pública, foi o aditamento recebido. Não houve requerimento de novas provas. Jorge o(a) procura para, na condição de advogado(a), apresentar as Alegações Finais.

Considerando as informações extraídas da hipótese, responda aos itens a seguir.

A) Qual a principal tese defensiva a ser formulada nas Alegações Finais para evitar a condenação de Jorge? (Valor: 0,65)

B) Na condição de advogado(a) do acusado, o que você alegaria, no campo processual, caso o juiz viesse a condenar Jorge, após o aditamento, de acordo com a imputação original de receptação? (Valor: 0,60)

Obs.: o examinando deve fundamentar suas respostas. A mera citação do dispositivo legal não confere pontuação.

Distribuição dos Pontos

Item	Pontuação
A. Extinção da punibilidade pela decadência **(0,20)**, pois a ação penal do caso de furto praticado por sobrinho contra tio com quem coabite é pública condicionada à representação **(0,35)**, na forma do art. 182, inciso III, do CP **(0,10)**.	0,00/0,20/0,30/0,45/ 0,55/0,65
B. Deveria ser alegada a impossibilidade de condenação na imputação originária, pois o juiz está adstrito aos termos do aditamento (art. 384, § 4.º do CPP) **OU** porque não foram observados os princípios da ampla defesa e do contraditório **OU** houve violação ao princípio da correlação **(0,60)**.	0,00/0,60

Questão 2

Lívia, primária e de bons antecedentes, foi presa em flagrante enquanto transportava 100 g de cocaína a pedido do namorado, conhecido traficante da comunidade em que residiam.

Apesar de nunca ter participado de qualquer atividade do tráfico em momento anterior, Lívia atendeu ao pedido do namorado com medo de ele terminar o relacionamento em caso de negativa. Já na viatura da Polícia Militar, os policiais passaram a filmar Lívia e conversar sobre o ocorrido quando de sua prisão, tendo ela confirmado os fatos acima descritos sem que soubesse estar sendo filmada.

Lívia, então, foi denunciada como incursa nas sanções penais do art. 33 da Lei n. 11.343/2006. Durante a instrução, o Ministério Público juntou aos autos o vídeo feito no interior da viatura e dispensou a oitiva dos policiais responsáveis pela prisão, que eram as únicas testemunhas de acusação, tendo em vista que eles foram transferidos para um batalhão de outra comarca. Em seu interrogatório, Lívia permaneceu em silêncio. Insatisfeitos com a defesa técnica que atuava até o momento, a família da acusada, no momento das alegações finais, o(a) contrata na condição de advogado(a).

Considerando apenas os fatos narrados, responda, justificadamente, aos itens a seguir.

A) É possível a condenação de Lívia apenas com base no vídeo acostado aos autos? (Valor: 0,60)

B) Em caso de condenação de Lívia como incursa nas sanções do art. 33, § 4.º, da Lei n. 11.343/2006, é possível a substituição de pena privativa de liberdade por restritiva de direitos? (Valor: 0,65)

Obs.: o examinando deve fundamentar suas respostas. A mera citação do dispositivo legal não confere pontuação.

Distribuição dos Pontos

Item	Pontuação
A. Não é possível, devendo o vídeo ser considerado como prova ilícita **(0,40)**, pois foi realizado em um interrogatório sem as garantias constitucionais **(0,20)**.	0,00/0,20/0,40/0,60
B. Sim, é possível a substituição de pena privativa de liberdade por restritiva de direitos, pois o STF considerou inconstitucional a vedação em abstrato do art. 33, § 4.º da Lei n. 11.343 **OU** porque o Senado suspendeu a eficácia de parte da redação do art. 33, § 4.º da Lei n. 11.343 por meio da Resolução 05 **OU** porque é inconstitucional, por violar o princípio da individualização da pena, a vedação em abstrato de substituição trazida pelo art. 33, § 4.º, da Lei n. 11.343 **(0,65)**.	0,00/0,65

Questão 3

No curso de uma audiência criminal, João, advogado de Pedro, acusado da prática de um crime de estupro, em sede de alegações finais orais, assevera que o representante do Ministério Público "é arbitrário e tem a sede da condenação, não se importando em acusar uma pessoa comprovadamente inocente".

Atendendo à manifestação do Promotor de Justiça, que se sentiu ofendido, o juiz destituiu o advogado e nomeou Defensor Público para continuar na defesa do acusado, que, na ocasião, não estava presente. O Defensor, então, concluiu as alegações finais orais. Na mesma assentada, o magistrado determinou a extração de peças, com o encaminhamento ao Ministério Público, para apurar possível crime contra a honra praticado por João. Pedro, assistido pela Defensoria Pública, acabou condenado na forma do pedido inicial. João, por sua vez, após representação do Promotor de Justiça vítima, foi denunciado pela prática de crime de injúria.

Considerando apenas as informações constantes na hipótese narrada, responda, fundamentadamente, aos itens a seguir.

A) Na condição de advogado(a) de João, qual tese de direito material você alegaria em seu favor para afastar a imputação delitiva?(Valor: 0,60)

B) Na condição de advogado(a) de Pedro, qual é a tese a ser alegada, em sede de recurso, para anular a sentença condenatória?(Valor: 0,65)

Obs.: o examinando deve fundamentar suas respostas. A mera citação do dispositivo legal não confere pontuação.

Distribuição dos Pontos

Item	Pontuação
A. João não praticou crime de injúria e deve ser absolvido, pois atuava na condição de advogado e a ofensa irrogada em juízo, na discussão da causa, por parte do procurador não constitui injúria **(0,50)**, nos termos do art. 142, inciso I, do CP **(0,10)**.	0,00/0,50/0,60
B. Nulidade da sentença ou de todos os atos a partir da desconstituição de João **(0,10)**, por violação da ampla defesa de Pedro **OU** porque deveria Pedro ser intimado para manifestar interesse em constituir novo advogado **OU** porque não poderia o magistrado ter desconstituído advogado de Pedro na sua ausência **(0,55)**.	0,00/0,10/0,55/0,65

Questão 4

Maria, primária e com bons antecedentes, trabalha há vários anos dirigindo uma van de transporte de crianças. Certo dia, após mudar o itinerário sempre observado, resolve fazer compras em um supermercado, onde permaneceu por duas horas, esquecendo de entregar uma das crianças de 03 anos na residência da mesma. Ao retornar ao veículo, encontra a criança desfalecida e, desesperada, leva-a ao hospital, não conseguindo, porém, evitar o óbito. Acabou denunciada e condenada pela prática do injusto do art. 133, § 2.º, do Código Penal (abandono de incapaz com resultado morte) à pena de 04 anos de reclusão em regime aberto.

Apesar de ter respondido ao processo em liberdade, não foi permitido à Maria apelar em liberdade, fundamentando o juiz a ordem de prisão na grande comoção social que o fato causou. A família dispensou o advogado anterior e o(a) procurou para que assumisse a defesa de Maria.

Considerando apenas as informações narradas na situação hipotética, responda aos itens a seguir.

A) Qual a tese de direito material a ser alegada em eventual recurso defensivo para evitar a punição de Maria pelo crime pelo qual foi denunciada? Justifique. (Valor: 0,65)

B) Qual a medida que deve ser adotada na busca da liberdade imediata de Maria e com qual fundamento? Justifique. (Valor: 0,60)

Obs.: o examinando deve fundamentar suas respostas. A mera citação do dispositivo legal não confere pontuação.

Distribuição dos Pontos

Item	Pontuação
A. A tese a ser alegada é que Maria deve ser absolvida ou ter na sua conduta desclassificada para o crime de homicídio culposo **(0,30)**, pois o abandono decorreu de culpa e não de dolo **(0,35)**.	0,00/0,30/0,35/0,65

B. O advogado deveria impetrar *habeas corpus* **(0,25)**, alegando que não houve alteração fática a justificar o decreto prisional **OU** que a comoção social não é motivação idônea, **OU** porque com a aplicação do regime aberto, a medida cautelar acabaria sendo mais gravoso que a definitiva **(0,35)**.	0,00/0,25/0,35/0,60

XIX Exame de Ordem

Questão 1

João estava dirigindo seu automóvel a uma velocidade de 100 km/h em uma rodovia em que o limite máximo de velocidade é de 80 km/h. Nesse momento, foi surpreendido por uma bicicleta que atravessou a rodovia de maneira inesperada, vindo a atropelar Juan, condutor dessa bicicleta, que faleceu no local em virtude do acidente. Diante disso, João foi denunciado pela prática do crime previsto no art. 302 da Lei n. 9.503/97. As perícias realizadas no cadáver da vítima, no automóvel de João, bem como no local do fato, indicaram que João estava acima da velocidade permitida, mas que, ainda que a velocidade do veículo do acusado fosse de 80 km/h, não seria possível evitar o acidente e Juan teria falecido. Diante da prova pericial constatando a violação do dever objetivo de cuidado pela velocidade acima da permitida, João foi condenado à pena de detenção no patamar mínimo previsto no dispositivo legal.

Considerando apenas os fatos narrados no enunciado, responda aos itens a seguir.

A) Qual o recurso cabível da decisão do magistrado, indicando seu prazo e fundamento legal? (Valor: 0,60)

B) Qual a principal tese jurídica de direito material a ser alegada nas razões recursais? (Valor: 0,65)

Obs.: o examinando deve fundamentar suas respostas. A mera citação do dispositivo legal não confere pontuação.

Distribuição dos Pontos

Item	Pontuação
A. O recurso cabível da sentença do magistrado é a Apelação **(0,35)**, cujo fundamento legal é previsto no art. 593, **inciso I**, do CPP **(0,10)**, com prazo de interposição de 05 dias **(0,15)**.	0,00/0,15/0,25/0,35/ 0,45/0,50/0,60
B. Não foi praticado crime **OU** deveria João ser absolvido **(0,15)**, razão da aplicação da Teoria da Imputação Objetiva, pois ainda que não houvesse violação do dever objetivo de cuidado, o resultado teria	0,00/0,15/0,50/0,65

ocorrido da mesma maneira que ocorreu, não havendo incremento do risco realizado no resultado **OU** porque não havia culpa em razão da ausência do elemento previsibilidade **(0,50)**.	

Questão 2

Ronaldo foi denunciado pela prática do crime de integrar organização criminosa por fatos praticados em 2014. Até o momento, porém, somente ele foi identificado como membro da organização pelas autoridades policiais, razão pela qual prosseguiu o inquérito em relação aos demais agentes não identificados. Arrependido, Ronaldo procura seu advogado e afirma que deseja contribuir com as investigações, indicando o nome dos demais integrantes da organização, assim como esclarecendo os crimes cometidos.

Considerando apenas as informações narradas, responda aos itens a seguir.

A) Existe alguma medida a ser buscada pelo advogado de Ronaldo para evitar aplicação ou cumprimento de pena no processo pelo qual foi denunciado? Em caso positivo, qual? Em caso negativo, justifique. (Valor: 0,65)

B) É possível um dos agentes identificados por Ronaldo ser condenado exclusivamente com base em suas declarações? Fundamente. (Valor: 0,60)

Obs.: o examinando deve fundamentar suas respostas. A mera citação do dispositivo legal não confere pontuação.

Distribuição dos Pontos

Item	Pontuação
A. Sim, deverá o advogado buscar um acordo de colaboração premiada ou delação premiada **(0,55)**, nos termos do art. 4º, inciso I, da Lei n. 12.850/13 **(0,10)**.	0,00/0,55/0,65
B. Não é possível a condenação exclusivamente com base nas declarações do agente colaborador **(0,35)**, segundo o art. 4.º, § 16.º, da Lei n. 12.850/13 **(0,10)**, devendo ser corroborada por outros elementos de prova **(0,15)**.	0,00/0,15/0,25/0,35/ 0,45/0,50/0,60

Questão 3

Sabendo que Vanessa, uma vizinha com quem nunca tinha conversado, praticava diversos furtos no bairro em que morava, João resolve convidá-la para juntos subtraírem R$ 1.000,00 de um cartório do Tribunal de Justiça, não contando para ela, contudo, que era funcionário público e nem que exercia suas funções nesse cartório.

Praticam, então, o delito, e Vanessa fica surpresa com a facilidade que tiveram para chegar ao cofre do cartório.

Descoberto o fato pelas câmeras de segurança, são os dois agentes denunciados, em 10 de março de 2015, pela prática do crime de peculato. João foi notificado e citado pessoalmente, enquanto Vanessa foi notificada e citada por edital, pois não foi localizada em sua residência.

A família de Vanessa constituiu advogado e o processo prosseguiu, mas dele a ré não tomou conhecimento. Foi decretada a revelia de Vanessa, que não compareceu aos atos processuais. Ao final, os acusados foram condenados pela prática do crime previsto no art. 312 do Código Penal à pena de 02 anos de reclusão. Ocorre que, na verdade, Vanessa estava presa naquela mesma Comarca, desde 05 de março de 2015, em razão de prisão preventiva decretada em outros dois processos.

Ao ser intimada da sentença, ela procura você na condição de advogado(a).

Considerando a hipótese narrada, responda aos itens a seguir.

A) Qual argumento de direito processual poderia ser apresentado em favor de Vanessa em sede de apelação? Justifique. (Valor: 0,65)

B) No mérito, foi Vanessa corretamente condenada pela prática do crime de peculato? Justifique. (Valor: 0,60)

Obs.: o mero "sim" ou "não", desprovido de justificativa ou mesmo com a indicação de justificativa inaplicável ao caso, não será pontuado.

Distribuição dos Pontos

Item	Pontuação
A. Nulidade dos atos processuais praticados após sua citação **OU** nulidade da sentença **(0,25)**, pois a citação por edital foi inválida, já que Vanessa estava presa **OU** já que a citação de Vanessa deveria ter sido realizada pessoalmente **(0,30)**, nos termos da Súmula 351 do STF **OU** do art. 360, CPP **(0,10)**.	0,00/0,25/0,30/0,35/ 0,40/0,55/0,65
B. Vanessa não foi corretamente condenada por peculato porque não tinha conhecimento da condição de funcionário público de João, dependendo a comunicação da elementar desse elemento subjetivo **OU** porque não pode ser aplicado o art. 30 do CP pela ausência de elemento subjetivo **(0,60)**.	0,00/0,60

Questão 4

Carlos foi condenado pela prática de um crime de receptação qualificada à pena de 04 anos e 06 meses de reclusão, sendo fixado o regime semiaberto para início do cumprimento de pena. Após o trânsito em julgado da decisão, houve início do cumprimento da sanção penal imposta.

Cumprido mais de 1/6 da pena imposta e preenchidos os demais requisitos, o advogado de Carlos requer, junto ao Juízo de Execuções Penais, a progressão para o regime aberto. O magistrado competente profere decisão concedendo a progressão e fixa como condição especial o cumprimento de prestação de serviços à comunidade, na forma do art. 115 da Lei n. 7.210/84. O advogado de Carlos é intimado dessa decisão.

Considerando apenas as informações apresentadas, responda aos itens a seguir.

A) Qual medida processual deverá ser apresentada pelo advogado de Carlos, diferente do *habeas corpus*, para questionar a decisão do magistrado? (Valor: 0,60)

B) Qual fundamento deverá ser apresentado pelo advogado de Carlos para combater a decisão do magistrado? (Valor: 0,65)

Obs.: o examinando deve fundamentar suas respostas. A mera citação do dispositivo legal não confere pontuação.

Distribuição dos Pontos

Item	Pontuação
A. A medida processual a ser apresentada é o Agravo **OU** Agravo de Execução **OU** Agravo de Execução **(0,50)**, na forma do art. 197 da Lei n. 7.210/84 **(0,10)**.	0,00/0,50/0,60
B. Inadmissibilidade de ser fixada prestação de serviços à comunidade (ou pena substitutiva) como condição especial ao regime aberto **(0,40)**, na forma do Enunciado 493 da Súmula do STJ **(0,10)**, sob pena de configurar dupla punição **OU** *bis in idem* **(0,15)**.	0,00/0,15/0,25/0,40/ 0,50/0,55/0,65

Cuidado: a progressão de regime sofreu profunda modificação pelo *Pacote Anticrime*. Veja o art. 112 da LEP.

XVIII Exame de Ordem

Questão 1

No dia 02 de março de 2008, Karen, 30 anos, funcionária do caixa do Supermercado Rei, subtraiu para si a quantia de R$ 700,00 (setecentos reais) do estabelecimento, ao final de seu expediente. No dia seguinte, percebendo a facilidade ocorrida no dia anterior, Karen voltou a subtrair determinada quantia do caixa do supermercado. Ainda na mesma semana, a funcionária, com o mesmo modus operandi, subtraiu, por mais duas vezes, valores pertencentes ao estabelecimento comercial. Ocorre que as condutas de Karen foram filmadas e os vídeos foram encaminhados para o Ministério Público, que ofereceu denúncia pela prática do crime descrito no art. 155, § 4.º, inciso II, do Código Penal, por quatro vezes, na forma do art. 71 do mesmo diploma legal. Em 20 de abril de 2008 a denúncia foi recebida, tendo o feito seu regular processamento, até que, em 25 de abril de 2012, foi publicada decisão condenando Karen à pena final de 2 anos e 6 meses de reclusão e 12 dias multa, substituída por restritiva de direitos. Para cada um dos crimes foi aplicada a pena mínima de 02 anos de reclusão e 10 dias multa, mas fixou o magistrado a fração de 1/4 para aumento da pena, em virtude do reconhecimento do crime continuado. As partes não interpuseram recurso de apelação.

Considerando que não existe mais possibilidade de interposição de recurso da decisão, responda aos itens a seguir.

A) Qual a tese defensiva a ser alegada, de modo a impedir que Karen cumpra a pena que lhe foi aplicada? Fundamente. (Valor: 0,65)

B) Quais as consequências jurídicas do acolhimento dessa tese? Aquela condenação poderá ser considerada para efeito de reincidência futuramente? (Valor: 0,60)

Obs.: o examinando deve fundamentar suas respostas. A mera citação do dispositivo legal não confere pontuação.

Distribuição dos Pontos

Item	Pontuação
A. Ocorrência da prescrição da pretensão punitiva **(0,40)**, já que a análise da prescrição ocorre de acordo com a pena fixada para cada um dos delitos em separado **(0,15)**, segundo o art. 109, V, do CP e/ou art. 119, CP **(0,10)**.	0,00/0,15/0,25/0,40/ 0,50/0,55/0,65
B. A principal consequência é a extinção da punibilidade **(0,35)**, na forma do art. 107, IV, do CP **(0,10)**, não podendo aquela condenação funcionar como reincidência por não gerar qualquer efeito, já que a prescrição é da pretensão punitiva e não executória **(0,15)**.	0,00/0,15/0,25/0,35/ 0,45/0,50/0,60

Questão 2

No dia 10 de fevereiro de 2012, João foi condenado pela prática do delito de quadrilha armada, previsto no art. 288, parágrafo único, do Código Penal. Considerando as particularidades do caso concreto, sua pena foi fixada no máximo de 06 anos de reclusão, eis que duplicada a pena-base por força da quadrilha ser armada. A decisão transitou em julgado. Enquanto cumpria pena, entrou em vigor a Lei n. 12.850/2013, que alterou o artigo pelo qual João fora condenado. Apesar da sanção em abstrato, excluídas as causas de aumento, ter permanecido a mesma (reclusão, de 1 (um) a 3 (três) anos), o aumento de pena pelo fato de a associação ser armada passou a ser de até a metade e não mais do dobro.

Procurado pela família de João, responda aos itens a seguir.

A) O que a defesa técnica poderia requerer em favor dele? (Valor: 0,65)

B) Qual o juízo competente para a formulação desse requerimento? (Valor: 0,60)

Obs.: sua resposta deve ser fundamentada. A simples citação do dispositivo legal não será pontuada.

Distribuição dos Pontos

Item	Pontuação
A. Poderia requerer a redução de sua pena pela aplicação da Lei n. 12.850/13 ou pela aplicação da nova redação do artigo 288, parágrafo único do Código Penal, que traz previsão mais favorável ao acusado e deve retroagir **(0,55)**, na forma do artigo 2.º, parágrafo único, do Código Penal **OU** do artigo 5.º, XL, CRFB **(0,10)**.	0,00/0,55/0,65
B. O juízo competente é o da Vara de Execuções Penais **(0,50)**, na forma do enunciado 611 da Súmula não vinculante do STF **OU** do art. 66, inciso I, da LEP **(0,10)**.	0,00/0,50/0,60

Questão 3

Fernando foi pronunciado pela prática de um crime de homicídio doloso consumado que teve como vítima Henrique. Em sessão plenária do Tribunal do Júri, o réu e sua namorada, ouvida na condição de informante, afirmaram que Henrique iniciou agressões contra Fernando e que este agiu em legítima defesa. Por sua vez, a namorada da vítima e uma testemunha presencial asseguraram que não houve qualquer agressão pretérita por parte de Henrique.

No momento do julgamento, os jurados reconheceram a autoria e materialidade, mas optaram por absolver Fernando da imputação delitiva. Inconformado, o Ministério Público apresentou recurso de apelação com fundamento no art. 593, inciso III, *d*, do CPP, alegando que a decisão foi manifestamente contrária à prova dos autos. A família de Fernando fica preocupada com o recurso, em especial porque afirma que todos tinham conhecimento que dois dos jurados que atuaram no julgamento eram irmãos, mas em momento algum isso foi questionado pelas partes, alegado no recurso ou avaliado pelo Juiz Presidente.

Considerando a situação narrada, esclareça, na condição de advogado(a) de Fernando, os seguintes questionamentos da família do réu:

A) A decisão dos jurados foi manifestamente contrária à prova dos autos? Justifique. (Valor: 0,60)

B) Poderá o Tribunal, no recurso do Ministério Público, anular o julgamento com fundamento em nulidade na formação do Conselho de Sentença? Justifique. (Valor: 0,65)

Obs.: o examinando deve fundamentar suas respostas. A mera citação do dispositivo legal não confere pontuação.

Distribuição dos Pontos

Item	Pontuação
A. Não. A decisão dos jurados não foi manifestamente contrária à prova dos autos, pois está baseada em uma das versões existentes nos autos **OU** porque as declarações do réu e de sua namorada escoram a decisão **(0,45)**, devendo prevalecer a soberania dos vereditos **OU** a íntima convicção dos jurados **(0,15)**.	0,00/0,15/0,45/0,60
B. Não, pois o Tribunal está limitado ao conteúdo da apelação apresentada pelo Ministério Público, **OU** não, foi decisão em vista que não foi rebatido em contrarrazões **(0,55)**, na forma do enunciado 713 da Súmula não vinculante do STF **OU** do enunciado 160 da Súmula do STF **(0,10)**.	0,00/0,55/0,65

Questão 4

John, primário e de bons antecedentes, foi denunciado pela prática do crime de tráfico de drogas. Após a instrução, inclusive com realização do interrogatório, ocasião em que o acusado confessou os fatos, John foi condenado, na forma do art. 33, § 4.º, da Lei n. 11.343/2006, à pena de 1 ano e 08 meses de reclusão, a ser cumprido em regime inicial aberto. O advogado de John interpôs o recurso cabível da sentença condenatória. Em julgamento pela Câmara Criminal do Tribunal de Justiça, a sentença foi integralmente mantida por maioria de votos. O Desembargador revisor, por sua vez, votou no sentido de manter a pena de 01 ano e 08 meses de reclusão, assim como o regime, mas foi favorável à substituição da pena privativa de liberdade por duas restritivas de direitos, no que restou vencido. O advogado de John é intimado do acórdão.

Considerando a situação narrada, responda aos itens a seguir.

A) Qual medida processual, diferente de *habeas corpus*, deverá ser formulada pelo advogado de John para combater a decisão da Câmara Criminal do Tribunal de Justiça? (Valor: 0,65)

B) Qual fundamento de direito material deverá ser apresentado para fazer prevalecer o voto vencido? (Valor: 0,60)

Obs.: o examinando deve fundamentar suas respostas. A mera citação do dispositivo legal não confere pontuação.

Distribuição dos Pontos

Item	Pontuação
A. A medida processual é de embargos infringentes **(0,55)**, na forma do art. 609, parágrafo único, do CPP **(0,10)**.	0,00/0,55/0,65

B. O fundamento seria a possibilidade de substituição da pena privativa de liberdade por restritiva de direitos, tendo em vista que o STF considerou inconstitucional a vedação trazida pelo art. 33, § 4.º, da Lei n. 11.343/06 **OU** porque a vedação do art. 33, § 4.º, da Lei n. 11.343/06, viola o princípio da individualização da pena **OU** porque a Resolução 5 do Senado suspendeu a eficácia de parte da redação do art. 33, § 4.º, da Lei n. 11.343/06 **(0,60)**.	0,00/0,60

XVII Exame de Ordem

Questão 1

Rodrigo, primário e de bons antecedentes, quando passava em frente a um estabelecimento comercial que estava fechado por ser domingo, resolveu nele ingressar. Após romper o cadeado da porta principal, subtraiu do seu interior algumas caixas de cigarro. A ação não foi notada por qualquer pessoa. Todavia, quando caminhava pela rua com o material subtraído, veio a ser abordado por policiais militares, ocasião em que admitiu a subtração e a forma como ingressou no comércio lesado. O material furtado foi avaliado em R$ 1.300,00 (um mil e trezentos reais), sendo integralmente recuperado. A perícia não compareceu ao local para confirmar o rompimento de obstáculo. O autor do fato foi denunciado como incurso nas sanções penais do art. 155, § 4.º, inciso I, do Código Penal. As únicas testemunhas de acusação foram os policiais militares, que confirmaram que apenas foram responsáveis pela abordagem do réu, que confessou a subtração. Disseram não ter comparecido, porém, ao estabelecimento lesado. Em seu interrogatório, Rodrigo confirmou apenas que subtraiu os cigarros do estabelecimento, recusando-se a responder qualquer outra pergunta. A defesa técnica de Rodrigo é intimada para apresentar alegações finais por memoriais.

Com base na hipótese apresentada, responda, fundamentadamente, aos itens a seguir.

A) Diante da confissão da prática do crime de furto por Rodrigo, qual a principal tese defensiva em relação à tipificação da conduta a ser formulada pela defesa técnica? (Valor: 0,65)

B) Em caso de acolhimento da tese defensiva, poderá Rodrigo ser, de imediato, condenado nos termos da manifestação da defesa técnica? (Valor: 0,60)

Obs.: sua resposta deve ser fundamentada. A simples menção do dispositivo legal não será pontuada.

Distribuição dos Pontos

Item	Pontuação
A. A principal tese defensiva é a desclassificação do furto qualificado para o simples **OU** que deve ser afastada a qualificadora prevista no inciso I do parágrafo 4.º do art. 155 do Código Penal **(0,25)**, pois não existe prova pericial do rompimento de obstáculo **(0,30)**, prevista no art. 158 do CPP **(0,10)**.	0,00/0,25/0,30/0,35/ 0,40/0,55/0,65

Item	Pontuação
B. Em caso de acolhimento da tese defensiva, não pode o réu ser de imediato condenado, pois deve ser possibilitado ao Ministério Público o oferecimento de proposta de suspensão condicional do processo **(0,50)**, nos termos do enunciado 337 da Súmula do STJ **(0,10)**.	0,00/0,50/0,60

Questão 2

Glória, esposa ciumenta de Jorge, inicia uma discussão com o marido no momento em que ele chega do trabalho à residência do casal. Durante a discussão, Jorge faz ameaças de morte à Glória, que, de imediato comparece à Delegacia, narra os fatos, oferece representação e solicita medidas protetivas de urgência. Encaminhados os autos para o Ministério Público, este requer em favor de Glória a medida protetiva de proibição de aproximação, bem como a prisão preventiva de Jorge, com base no art. 313, inciso III, do CPP. O juiz acolhe os pedidos do Ministério Público e Jorge é preso.

Novamente os autos são encaminhados para o Ministério Público, que oferece denúncia pela prática do crime do art. 147 do Código Penal. Antes do recebimento da inicial acusatória, arrependida, Glória retorna à Delegacia e manifesta seu interesse em não mais prosseguir com o feito.

A família de Jorge o procura em busca de orientação, esclarecendo que o autor é primário e de bons antecedentes.

Considerando apenas a situação narrada, na condição de advogado(a) de Jorge, esclareça os seguintes questionamentos formulados pelos familiares:

A) A prisão de Jorge, com fundamento no art. 313, inciso III, do Código de Processo Penal, é válida? (Valor: 0,60)

B) É possível a retratação do direito de representação por parte de Glória? Em caso negativo, explicite as razões; em caso positivo, esclareça os requisitos. (Valor: 0,65)

Obs.: o examinando deve fundamentar suas respostas. A mera citação do dispositivo legal não confere pontuação.

Distribuição dos Pontos

Item	Pontuação
A. A prisão de Jorge não é válida, pois o art. 313, III, do CPP, exige que a prisão seja decretada para garantir execução de medida protetiva de urgência **OU** porque não houve medida anteriormente aplicada e descumprida **(0,60)**.	0,00/0,60
B. Sim. A retratação da ofendida deve ocorrer em audiência especial, na presença do magistrado e ouvido o Ministério Público **(0,30)**, antes do recebimento da denúncia **(0,25)**, na forma do art. 16 da Lei n. 11.340/06 **(0,10)**.	0,00/0,25/0,30/0,35 0,40/0,55/0,65

Questão 3

Ruth voltava para sua casa falando ao celular, na cidade de Santos, quando foi abordada por Antônio, que afirmou: "Isso é um assalto! Passa o celular ou verá as consequências!". Diante da grave ameaça, Ruth entregou o telefone e o agente fugiu em sua motocicleta em direção à cidade de Mogi das Cruzes, consumando o crime. Nervosa, Ruth narrou o ocorrido para o genro Thiago, que saiu em seu carro, junto com um policial militar, à procura de Antônio.

Com base na placa da motocicleta anotada por Ruth, Thiago localizou Antônio, já em Mogi das Cruzes, ainda na posse do celular da vítima e também com uma faca em sua cintura, tendo o policial efetuado a prisão em flagrante. Em razão dos fatos, Antônio foi denunciado pela prática do crime previsto no art. 157, § 2.º, inciso I, do Código Penal, perante uma Vara Criminal da comarca de Mogi das Cruzes, ficando os familiares do réu preocupados, porque todos da região sabem que o magistrado, em atuação naquela Vara, é extremamente severo. A defesa foi intimada a apresentar resposta à acusação.

Considerando que o flagrante foi regular e que os fatos são verdadeiros, responda, na qualidade de advogado(a) de Antônio, aos itens a seguir.

A) Que medida processual poderia ser adotada para evitar o julgamento perante a Vara Criminal de Mogi das Cruzes? Justifique. (Valor: 0,65)

B) No mérito, caso Antônio confesse os fatos durante a instrução, qual argumento de direito material poderia ser formulado para garantir uma punição mais branda do que a pleiteada na denúncia? Justifique. (Valor: 0,60)

Obs.: o examinando deve fundamentar suas respostas. A mera citação do dispositivo legal não confere pontuação.

Distribuição dos Pontos

Item	Pontuação
A. A medida processual a ser adotada é a exceção de incompetência ou a arguição de preliminar de incompetência na resposta à acusação **(0,35)**, nos termos do art. 108 ou 396-A, do CPP, respectivamente **(0,10)**, pois o crime se consumou em Santos, logo o juízo competente é o dessa comarca **(0,20)**.	0,00/0,20/0,30/0,35/ 0,45/0,55/0,65
B. O argumento a ser apresentado é que foi praticado um crime de roubo simples **OU** que deve ser afastada a causa de aumento/majorante do art. 157, § 2.º, inciso I, do CP **(0,35)**, pois não houve efetivo emprego de arma **(0,25)**.	0,00/0,25/0,35/0,60

Questão 4

No interior de uma casa de festas, Paulo estava bebendo whisky com sua namorada Roberta para comemorar um ano de namoro. Em determinado momento, chegou Flávio ao local, ex-

-namorado de Roberta, indo de imediato cumprimentá-la. Insatisfeito, Paulo foi em direção a Flávio e desferiu três socos em sua cabeça, causando lesões corporais gravíssimas. Paulo foi denunciado pela prática do crime do art. 129, § 2.º, do Código Penal, sendo absolvido em sentença de primeiro grau, entendendo o magistrado que, apesar de Paulo ter ingerido grande quantidade de bebida alcoólica conscientemente, a embriaguez não foi voluntária, logo naquele momento Paulo era inimputável.

Flávio procura você na condição de advogado, esclarece que não houve habilitação como assistente de acusação e informa que o prazo de recurso do Ministério Público se esgotou no dia anterior, tendo o Promotor se mantido inerte.

Considerando a situação hipotética, na condição de advogado de Flávio, responda aos itens a seguir.

A) Qual medida processual deve ser adotada pelo ofendido para superar a decisão do magistrado e em qual prazo? Justifique. (Valor: 0,65)

B) Qual argumento de direito material a ser alegado para combater a decisão de primeiro grau? Justifique. (Valor: 0,60)

Obs.: o examinando deve fundamentar suas respostas. A mera citação do dispositivo legal não confere pontuação.

Distribuição dos Pontos

Item	Pontuação
A. O ofendido poderia interpor recurso de apelação **(0,35)**, na forma do art. 598 do CPP **(0,10)**, sendo o prazo de 15 dias **(0,20)**.	0,00/0,20/0,30/0,35/ 0,45/0,55/0,65
B. O argumento é que a embriaguez de Paulo foi voluntária ou culposa **(0,15)**, logo não exclui a imputabilidade penal **(0,35)**, na forma do art. 28, inciso II, do CP **(0,10)**.	0,00/0,15/0,25/0,35 0,45/0,50/0,60

XVI Exame de Ordem

Questão 1

Carlos foi condenado pelos crimes de tráfico de entorpecentes e posse de arma de fogo de uso permitido, em concurso material, sendo sua conduta tipificada da seguinte forma: art. 33 da Lei n. 11.343/2006 e art. 12 da Lei n. 10.826/2003, na forma do art. 69 do Código Penal. A pena ficou estabelecida em 05 anos de reclusão em regime fechado para o crime de tráfico e 01 ano de detenção em regime semiaberto pelo crime de posse de arma de fogo. Apenas a defesa técnica apelou, requerendo a mudança do regime de pena aplicado para o crime do art. 33 da Lei n. 11.343/2006, tendo o feito transitado em julgado para a acusação. O recurso foi desprovido. Todavia, de ofício, sem reflexo no quantum, que permaneceu em 06 anos de pena privativa de liberdade, o Tribunal reclassificou o fato para o art. 33 c/c o art. 40, IV, da Lei n. 11343/2006, afastando o crime autônomo da lei de armas e aplicando a causa de aumento respectiva.

Considerando as informações narradas na hipótese, responda aos itens a seguir.

A) Poderia ser aplicado regime inicial de cumprimento da pena diverso do fechado para o crime de tráfico ilícito de entorpecentes, previsto no art. 33, *caput*, da Lei n. 11.343/2006? (Valor: 0,60)

B) Poderia o Tribunal de Justiça em sede de recurso da defesa realizar a reclassificação adotada? (Valor: 0,65)

Responda justificadamente, empregando os argumentos jurídicos apropriados e a fundamentação legal pertinente ao caso.

Distribuição dos Pontos

Item	Pontuação
A. Sim, pois o STF considerou inconstitucional a obrigatoriedade do início de cumprimento de pena em regime fechado para os crimes hediondos e assemelhados **(0,35)**, prevista no art. 2.º, § 1.º, da Lei n. 8.072/90 **(0,10)**, por violar o Princípio da Individualização da Pena **(0,15)**. *Obs.: a mera citação do dispositivo legal não será pontuada.*	0,00/0,15/0,35/ 0,45/0,50/0,60
B. Não, pois viola o princípio da vedação da *reformatio in pejus* **(0,35)**, tendo em vista que geraria prejuízo na aplicação do regime **OU** na prescrição **OU** na execução da pena **(0,30)**.	0,00/0,30/0,35/0,65

Questão 2

No dia 3 de maio de 2008, Luan foi condenado à pena privativa de liberdade de 12 anos de reclusão pela prática dos crimes previstos nos arts. 213 e 214 do Código Penal, na forma do art. 69 do mesmo diploma legal, pois, no dia 11 de julho de 2007, por volta das 19 horas, constrangeu Carla, mediante grave ameaça, a com ele praticar conjunção carnal e ato libidinoso diverso. Ainda cumprindo pena em razão dessa sentença condenatória, Luan, conversando com outro preso, veio a saber que ele havia sido condenado por fatos extremamente semelhantes a uma pena de 07 anos de reclusão. Luan, então, pergunta o nome do advogado do colega de cela, que lhe fornece a informação.

Luan entra em contato pelo telefone indicado e pergunta se algo pode ser feito para reduzir sua pena, apesar de sua decisão ter transitado em julgado.

Diante dessa situação, responda aos itens a seguir.

A) Qual a tese de direito material que poderia ser suscitada pelo novo advogado em favor de Luan? (Valor: 0,65)

B) A pretensão deverá ser manejada perante qual órgão? (Valor: 0,60)

Sua resposta deve ser fundamentada. A simples citação do dispositivo legal não será pontuada.

Distribuição dos Pontos

Item	Pontuação
A. A tese adequada é a da aplicação da lei mais benéfica ao condenado, que importará na redução da sua pena, **(0,30)** tendo em vista que a alteração legislativa transformou o tipo penal no estupro em misto alternativo, portanto crime único **OU** tendo em vista que a alteração legislativa transformou o tipo penal do estupro em misto cumulativo, sujeito à aplicação da continuidade delitiva **(0,25)** o que permite sua aplicação para fatos praticados antes de sua entrada em vigor, ainda que a decisão seja definitiva **(0,10)**.	0,00/0,25/0,30/0,35/ 0,40/0,55/0,65
B. O pedido deverá ser formulado perante a Vara de Execuções Penais, pois existe decisão com trânsito em julgado **(0,50)**, na forma da Súmula 611 do STF **OU** do art. 66, inciso I, da LEP **(0,10)**. *Obs.: a mera citação do dispositivo legal não será pontuada.*	0,00/0,50/0,60

Questão 3

Em uma discussão de futebol, Rubens e Enrico, em comunhão de ações e desígnios, chamaram Eduardo de "ladrão" e "estelionatário", razão pela qual Eduardo formulou uma queixa-crime em face de ambos.

No curso da ação penal, porém, Rubens procurou Eduardo para pedir desculpas pelos seus atos, razão pela qual Eduardo expressamente concedeu perdão do ofendido em seu favor, sendo esse prontamente aceito e, consequentemente, extinta a punibilidade de Rubens. Eduardo, contudo, se recusou a conceder o perdão para Enrico, pois disse que não era a primeira vez que o querelado tinha esse tipo de atitude.

Considerando apenas as informações narradas, responda aos itens a seguir.

A) Qual o crime praticado, em tese, por Rubens e Enrico? (Valor: 0,60)

B) Que argumento poderá ser formulado pelo advogado de Enrico para evitar sua punição? (Valor: 0,65)

Responda justificadamente, empregando os argumentos jurídicos apropriados e a fundamentação legal pertinente ao caso.

Distribuição dos Pontos

Item	Pontuação
A. O crime é de injúria **(0,30)**, pois apenas foi atribuída qualidade negativa e não houve narração de um fato delitivo **(0,20)**, conforme o art. 140 do CP **(0,10)**. *Obs.: a mera citação do dispositivo legal não será pontuada.*	0,00/0,30/0,40/ 0,50/0,60

B. O argumento a ser apresentado é de que o perdão do ofendido concedido a um dos **querelados a todos aproveita**, desde que aceito **(0,55)**, na forma do art. 51, do CPP **OU** do art. 106, I, do CP **(0,10)**. *Obs.: a mera citação do dispositivo legal não será pontuada.*	0,00/0,55/0,65

Questão 4

Wesley, estudante, foi preso em flagrante no dia 03 de março de 2015 porque conduzia um veículo automotor que sabia ser produto de crime pretérito registrado em Delegacia da área em que residia. Na data dos fatos, Wesley tinha 20 anos, era primário, mas existia um processo criminal em curso em seu desfavor, pela suposta prática de um crime de furto qualificado. Diante dessa anotação em sua Folha de Antecedentes Criminais, a autoridade policial representou pela conversão da prisão em flagrante em preventiva, afirmando que existiria risco concreto para a ordem pública, pois o indiciado possuía outros envolvimentos com o aparato judicial. Você, como advogado(a) indicado por Wesley, é comunicado da ocorrência da prisão em flagrante, além de tomar conhecimento da representação formulada pelo Delegado. Da mesma forma, o comunicado de prisão já foi encaminhado para o Ministério Público e para o magistrado, sendo todas as legalidades da prisão em flagrante observadas.

Considerando as informações narradas, responda aos itens a seguir.

A) Qual a medida processual, diferente de *habeas corpus*, a ser adotada pela defesa técnica de Wesley? (Valor: 0,50)

B) A representação da autoridade policial foi elaborada de modo adequado? (Valor: 0,75)

Responda justificadamente, empregando os argumentos jurídicos apropriados e a fundamentação legal pertinente ao caso.

Distribuição dos Pontos

Item	Pontuação
A. Formulação de pedido de liberdade provisória **(0,40)**, com fundamento no art. 321 do CPP ou no art. 310, III, do CPP **(0,10)**. *Obs.: a mera citação do dispositivo legal não será pontuada.*	0,00/0,40/0,50
B. A representação da autoridade policial não foi elaborada de maneira adequada em relação à sua fundamentação, pois não estão preenchidos os requisitos para a decretação da prisão preventiva **(0,65)**, do art. 313 do CPP **(0,10)**. *Obs.: a mera citação do dispositivo legal não será pontuada.*	0,00/0,65/0,75

XV Exame de Ordem

Questão 1

Miguel foi condenado pela prática do crime previsto no art. 157, § 2.º, inciso V, do Código Penal, à pena privativa de liberdade de 05 anos e 04 meses de reclusão e 13 dias-multa. Após cumprir 04 anos da reprimenda penal aplicada, foi publicado, no dia 24 de dezembro de 2013, um Decreto prevendo que caberia indulto para o condenado à pena privativa de liberdade não superior a 08 anos que tivesse cumprido 1/3 da pena, se primário, ou 1/2, se reincidente, além da inexistência de aplicação de sanção pela prática de falta grave nos 12 meses anteriores ao Decreto. Cinco dias após a publicação do Decreto, mas antes de apreciado seu pedido de indulto, Miguel praticou falta grave, razão pela qual teve seu requerimento indeferido pelo Juiz em atuação junto à Vara de Execução Penal.

Considerando apenas as informações contidas na presente hipótese, responda aos itens a seguir.

A) Qual medida processual, diferente do *habeas corpus*, deve ser adotada pelo advogado de Miguel e qual seria o seu prazo? (Valor: 0,75)

B) Miguel faz jus ao benefício do indulto? (Valor: 0,50)

O examinando deve fundamentar suas respostas. A mera citação do dispositivo legal não confere pontuação.

Distribuição dos Pontos

Item	Pontuação
A.1) Agravo em execução **(0,40)** / art. 197 da LEP **(0,10)**. *Obs.: a mera citação do dispositivo legal não pontua.*	0,00/0,40/0,50
A.2) 5 DIAS **(0,15)** / Verbete 700 da Súmula do STF **OU** art. 586 CPP **(0,10)**. *Obs.: a mera citação do dispositivo legal não pontua.*	0,00/0,15/0,25
B. Sim, pois Miguel preencheu os requisitos do decreto **(0,50)**. **OU** Sim, pois Miguel preencheu o requisito temporal e a falta grave ocorreu após o decreto **(0,50)**. **OU** Sim, com base no princípio da legalidade **(0,50)**. **OU** Sim, pois o juiz não pode estabelecer outros requisitos que não constem expressamente no decreto **(0,50)**.	0,00/0,50

Questão 2

Durante inquérito policial que investigava a prática do crime de extorsão mediante sequestro, esgotado o prazo sem o fim das investigações, a autoridade policial encaminhou os autos para o Judiciário, requerendo apenas a renovação do prazo. O magistrado, antes de encaminhar o feito ao Ministério Público, verificando a gravidade em abstrato do crime praticado, decretou a prisão preventiva do investigado.

Considerando a narrativa apresentada, responda aos itens a seguir.

A) Poderia o magistrado adotar tal medida? Justifique. (Valor: 0,65)

B) A fundamentação apresentada para a decretação da preventiva foi suficiente? Justifique. (Valor: 0,60)

O examinando deve fundamentar suas respostas. A mera citação do dispositivo legal não confere pontuação.

Distribuição dos Pontos

Item	Pontuação
A) Não poderia, sob pena de violação do princípio da imparcialidade **OU** princípio da inércia **OU** sistema/princípio acusatório **(0,55)**, com base nos arts. 311 ou 282, § 2.º do CPP **OU** art. 129, I, da CRFB/88 **(0,10)**. **OU** Não, com base no fato de que o juiz não pode decretar prisão preventiva de ofício na fase de inquérito **(0,55)**, com base no art. 311 ou 282, § 2.º do CPP **OU** art. 129, I, da CRFB/88 **(0,10)**. **OU** Não, com base no fato de que o juiz só poderia decretar prisão preventiva de ofício na base processual **(0,55)**, com base no art. 311 ou 282, § 2.º do CPP ou art. 129, I, da CRFB/88 **(0,10)**. *Obs.: a mera citação do artigo não pontua.*	0,00/0,10/0,55/0,65
B) A fundamentação não foi suficiente porque a gravidade em abstrato do crime não é argumento hábil a fundamentar uma prisão **(0,60)**.	0,00/0,60

Questão 3

A Receita Federal identificou que Raquel possivelmente sonegou Imposto sobre a Renda, causando prejuízo ao erário no valor de R$ 27.000,00 (vinte e sete mil reais). Foi instaurado, então, procedimento administrativo, não havendo, até o presente momento, lançamento definitivo do crédito tributário. Ao mesmo tempo, a Receita Federal expediu ofício informando tais fatos ao Ministério Público Federal, que, considerando a autonomia das instâncias, ofereceu denúncia em face de Raquel pela prática do crime previsto no art. 1.º, inciso I, da Lei n. 8.137/90.

Assustada com a ratificação do recebimento da denúncia após a apresentação de resposta à acusação pela Defensoria Pública, Raquel o procura para, na condição de advogado, tomar as medidas cabíveis.

Diante disso, responda aos itens a seguir.

A) Qual a medida jurídica a ser adotada de imediato para impedir o prosseguimento da ação penal? (Valor: 0,60)

B) Qual a principal tese jurídica a ser apresentada? (Valor: 0,65)

O examinando deve fundamentar suas respostas. A mera citação do dispositivo legal não confere pontuação.

Distribuição dos Pontos

Item	Pontuação
A) *Habeas corpus* **(0,50)** / art. 5.º, LXVIII, CRFB/88 **OU** art. 647 do CPP **OU** art. 648, incisos I ou VI do CPP **(0,10)**.	0,00/0,50/0,60
B) A principal tese defensiva é a atipicidade da conduta **(0,55)** / nos termos do verbete 24 da Súmula Vinculante do STF **(0,10)**. OU A principal tese defensiva é a de que primeiro deveria ocorrer o esgotamento da via administrativa **(0,55)** / nos termos do verbete 24 da Súmula Vinculante do STF **(0,10)**. OU A principal tese defensiva é a de que não há crime, pois ainda não ocorreu o lançamento definitivo do tributo **(0,55)** / nos termos do verbete 24 da Súmula Vinculante do STF **(0,10)**. OU A principal tese defensiva é de que não há justa causa para a propositura da ação penal **(0,55)** / nos termos do verbete 24 da Súmula Vinculante do STF **(0,10)**. *Obs.: a mera indicação de verbete sumular, sem nenhuma interpretação de seu conteúdo, não pontua.*	0,00/0,10/0,55/0,65

Questão 4

No dia 6 de julho de 2010, Júlia, nascida em 6 de abril de 1991, aproveitando-se de um momento de distração de Ricardo, subtraiu-lhe a carteira. Após recebimento da denúncia, em 11 de agosto de 2011, e regular processamento do feito, Júlia foi condenada a uma pena privativa de liberdade de 01 ano de reclusão, em sentença publicada em 8 de outubro de 2014.

Nem o Ministério Público nem a defesa de Júlia interpuseram recurso, tendo o feito transitado em julgado em 22 de outubro de 2014.

Sobre esses fatos, responda aos itens a seguir.

A) Diante do trânsito em julgado, qual a tese defensiva a ser alegada em favor de Júlia para impedir o cumprimento da pena? (Valor: 0,75)

B) Quais as consequências do acolhimento da tese defensiva? (Valor: 0,50)

O examinando deve fundamentar suas respostas. A mera citação do dispositivo legal não confere pontuação.

Distribuição dos Pontos

Item	Pontuação
A) A ocorrência da prescrição da pretensão punitiva retroativa **(0,65)**, conforme arts. 109, V, c/c 115, ambos do CP **(0,10)**. OU A ocorrência da prescrição da pretensão punitiva entre a data do recebimento da denúncia e a publicação da sentença condenatória **(0,65)** / conforme arts. 109, V, cc 115, ambos do CP **(0,10)**. *Obs.: a mera citação do artigo não pontua.*	0,00/0,65/0,75
B) A extinção da punibilidade **(0,40)** / e o desaparecimento dos demais efeitos penais ou civis **(0,10)**.	0,00/0,10/0,40/0,50

XIV Exame de Ordem

Questão 1

Gustavo está sendo regularmente processado, perante o Tribunal do Júri da Comarca de Niterói-RJ, pela prática do crime de homicídio simples, conexo ao delito de sequestro e cárcere privado. Os jurados consideraram-no inocente em relação ao delito de homicídio, mas culpado em relação ao delito de sequestro e cárcere privado. O juiz presidente, então, proferiu a respectiva sentença. Irresignado, o Ministério Público interpôs apelação, sustentando que a decisão dos jurados fora manifestamente contrária à prova dos autos. A defesa, de igual modo, apelou, objetivando também a absolvição em relação ao delito de sequestro e cárcere privado.

O Tribunal de Justiça, no julgamento, negou provimento aos apelos, mas determinou a anulação do processo (desde o ato viciado, inclusive) com base no art. 564, III, i, do CPP, porque restou verificado que, para a constituição do Júri, somente estavam presentes 14 jurados.

Nesse sentido, tendo como base apenas as informações contidas no enunciado, responda justificadamente às questões a seguir.

A) A nulidade apresentada pelo Tribunal é absoluta ou relativa? Dê o respectivo fundamento legal. (Valor: 0,40)

B) A decisão do Tribunal de Justiça está correta? (Valor: 0,85)

Utilize os argumentos jurídicos apropriados e a fundamentação legal pertinente ao caso.

Item	Pontuação
A) Nulidade Absoluta **(0,30)**, nos termos do artigo 564, III, alínea "i" c/c 572, ambos do CPP **(0,10)**. *Obs.: a mera indicação de artigo não pontua*	0,00/0,30/0,40
B) Não foi correta a decisão do Tribunal de Justiça, pois o Tribunal não pode acolher, contra o réu, nulidade não arguida pela acusação em seu recurso **(0,85)**. **OU** Não foi correta a decisão, nos termos do Verbete 160 ou 713 da Súmula do STF **(0,85)**. **OU** Não foi correta a decisão, com base no princípio que veda a *reformatio in pejus* indireta **(0,85)**. *Obs.: a justificativa é essencial para a atribuição de pontos.*	0,00/0,85

Questão 2

Mário foi condenado a 24 (vinte e quatro) anos de reclusão no regime inicialmente fechado, com trânsito em julgado no dia 20 de abril de 2005, pela prática de latrocínio (art. 157, § 3.º, parte final, do Código Penal). Iniciou a execução da pena no dia seguinte. No dia 22 de abril de 2009, seu advogado, devidamente constituído nos autos da execução penal, ingressou com pedido de progressão de regime, com fulcro no art. 112 da Lei de Execuções Penais. O juiz indeferiu o pedido com base no art. 2.º, § 2.º, da Lei n. 8.072/90, argumentando que o condenado não preencheu o requisito objetivo para a progressão de regime.

Como advogado de Mário, responda, de forma fundamentada e de acordo com o entendimento sumulado dos Tribunais Superiores, aos itens a seguir:

A) Excetuando-se a possibilidade de *habeas corpus*, qual recurso deve ser interposto pelo advogado de Mário e qual o respectivo fundamento legal? (Valor: 0,40)

B) Qual a principal tese defensiva? (Valor: 0,85)

Obs.: o examinando deve fundamentar corretamente sua resposta. A simples menção ou transcrição do dispositivo legal não pontua.

Distribuição dos Pontos

Item	Pontuação
A) Agravo **(0,30)**, artigo 197 da LEP **(0,10)**. *Obs.: a mera indicação do artigo não pontua.*	0,00/0,30/0,40

B) Mário não se sujeita ao artigo 2.º, § 2º, da Lei n. 8.072/90 por se tratar de *novatio legis in pejus* **OU** com base na irretroatividade da lei penal mais gravosa o artigo 2.º, § 2.º, da Lei n. 8.072/90 não se aplica a situação de Mário **OU** a antiga redação do artigo 2.º, da Lei n. 8.972/90 é inconstitucional **(0,35)**, razão pela qual a progressão deve ocorrer com base no art. 112 da LEP, observando o *quantum* de 1/6 de cumprimento de pena **(0,40)** / Tal entendimento é fundamentado nos verbetes 26 da súmula vinculante do STF ou 471 do STJ **(0,10)**. *Obs.: a justificativa é essencial para atribuição de pontos.*	0,00/0,35/0,40/0,45 0,50/0,75/0,85

Cuidado: o art. 2.º, § 2.º, da Lei n. 8.072/90 foi revogado pelo *Pacote Anticrime*.

Questão 3

Daniel, Ana Paula, Leonardo e Mariana, participantes da quadrilha "X", e Carolina, Roberta, Cristiano, Juliana, Flavia e Ralph, participantes da quadrilha "Y", fazem parte de grupos criminosos especializados em assaltar agências bancárias. Após intensos estudos sobre divisão de tarefas, locais, armas, bancos etc., ambos os grupos, sem ciência um do outro, planejaram viajar até a pacata cidade de Arroizinho com o intuito de ali realizarem o roubo. Cumpre ressaltar que, na cidade de Arroizinho, havia apenas duas únicas agências bancárias, a saber: uma agência do Banco do Brasil, sociedade de economia mista, e outra da Caixa Econômica Federal, empresa pública federal. No dia marcado, os integrantes da quadrilha "X" praticaram o crime objetivado contra o Banco do Brasil; os integrantes da quadrilha "Y" o fizeram contra a Caixa Econômica Federal. Cada grupo, com sua conduta, conseguiu auferir a vultosa quantia de R$ 1.000.000,00 (um milhão de reais).

Nesse caso, atento tão somente aos dados contidos no enunciado, responda fundamentadamente de acordo com a Constituição:

A) Qual a justiça competente para o processo e julgamento do crime cometido pela quadrilha "Y"? (Valor: 0,65)

B) Qual a justiça competente para o processo e julgamento do crime cometido pela quadrilha "X"? (Valor: 0,60)

Distribuição dos Pontos

Item	Pontuação
A) Justiça Federal **(0,55)**, conforme disposto no art. 109, IV da CRFB/88 **(0,10)**. *Obs.: a mera indicação de artigo ou súmula não pontua.*	0,00/0,55/0,65

B) Justiça Estadual **(0,50)**, pois o BB está fora do alcance da regra insculpida no artigo 109, IV da CF, sendo certo que a competência da Justiça Estadual é residual **(0,10)**. OU Justiça Estadual **(0,50)**, nos termos do verbete 42 da Súmula do STJ **(0,10)**. *Obs.: a mera indicação de artigo ou súmula não pontua.*	0,00/0,50/0,60

Questão 4

Cristiano foi denunciado pela prática do delito tipificado no art. 171, do Código Penal. No curso da instrução criminal, o magistrado que presidia o feito decretou a prisão preventiva do réu, com o intuito de garantir a ordem pública, "já que o crime causou grave comoção social, além de tratar-se de um crime grave, que coloca em risco a integridade social, configurando conduta inadequada ao meio social."

O advogado de Cristiano, inconformado com a fundamentação da medida constritiva de liberdade, impetrou *habeas corpus* perante o Tribunal de Justiça, no intuito de relaxar tal prisão, já que a considerava ilegal, tendo em vista que toda decisão judicial deve estar amparada em uma fundamentação idônea.

O Tribunal de Justiça, por unanimidade, não concedeu a ordem, entendendo que a decisão que decretou a prisão preventiva estava corretamente fundamentada.

De acordo com a jurisprudência atualizada dos Tribunais Superiores, responda aos itens a seguir.

A) Qual o recurso que o advogado de Cristiano deve manejar visando à reforma do acórdão? (Valor: 0,65)

B) Qual o prazo e para qual Tribunal deverá ser dirigido? (Valor: 0,65)

Distribuição dos Pontos

Item	Pontuação
A) Recurso Ordinário **(0,65)**.	0,00/0,65
B) O recurso deve ser dirigido ao Superior Tribunal de Justiça **(0,40)**, no prazo de 05 (cinco) dias **(0,20)**.	0,00/0,20/0,40/0,60

XIII Exame de Ordem

Questão 1

Gustavo, retornando para casa após ir a uma festa com sua esposa, é parado em uma blitz de rotina. Ele fica bastante nervoso, pois sabe que seu carro está com a documentação totalmente irregular (IPVA atrasado, multas vencidas e vistoria não realizada) e, muito provavelmente, o veículo será rebocado para o depósito. Após determinar a parada do veículo, o policial solicita que Gustavo saia do carro e exiba os documentos. Como havia diversos outros carros parados na fiscalização, forma-se uma fila de motoristas.

Gustavo, então, em pé, na fila, aguardando sua vez para exibir a documentação, fala baixinho à sua esposa: "Vou ver se tem jogo. Vou oferecer cem reais pra ele liberar a gente. O que você acha? Será que dá?". O que Gustavo não sabia, entretanto, é que exatamente atrás dele estava um policial que tudo escutara e, tão logo acaba de proferir as palavras à sua esposa, Gustavo é preso em flagrante. Atordoado, ele pergunta: "O que eu fiz?", momento em que o policial que efetuava o flagrante responde: "Tentativa de corrupção ativa!".

Atento(a) ao caso narrado e tendo como base apenas as informações descritas no enunciado, responda justificadamente, aos itens a seguir.

A) É correto afirmar que Gustavo deve responder por tentativa de corrupção ativa? (Valor: 0,70)

B) Caso o policial responsável por fiscalizar os documentos, observando a situação irregular de Gustavo, solicitasse quantia em dinheiro para liberá-lo e, Gustavo, por medo, pagasse tal quantia, ele (Gustavo) responderia por corrupção ativa? (Valor: 0,55)

O mero "sim" ou "não", desprovido de justificativa ou mesmo com a indicação de justificativa inaplicável ao caso, não será pontuado.

Distribuição dos Pontos

Item	Pontuação
A) Não, pois o delito de corrupção ativa, da maneira como foi narrado, não admite a modalidade tentada **(0,30)**. / Ademais, como sequer houve a prática de qualquer das condutas descritas no tipo penal, o fato é atípico **(0,40)**. OU Não, pois o agente não iniciou a execução do delito objetivado **(0,30)**. / Inclusive como sequer houve a prática de qualquer das condutas descritas no tipo penal, o fato é atípico **(0,40)**.	0,00/0,30/0,40/0,70
B) Não, pois nessa hipótese a conduta não está prevista no tipo penal **(0,55)**. OU Não, pois nessa hipótese a conduta é atípica **(0,55)**.	0,00/0,55

Questão 2

Antônio, auxiliar de serviços gerais de uma multinacional, nos dias de limpeza, passa a observar uma escultura colocada na mesa de seu chefe. Com o tempo, o desejo de ter aquele objeto fica incontrolável, razão pela qual ele decide subtraí-lo.

Como Antônio não tem acesso livre à sala onde a escultura fica exposta, utiliza-se de uma chave adaptável a qualquer fechadura, adquirida por meio de um amigo chaveiro, que nada sabia sobre suas intenções. Com ela, Antônio ingressa na sala do chefe, após o expediente de trabalho, e subtrai a escultura pretendida, colocando-a em sua bolsa.

Após subtrair o objeto e sair do edifício onde fica localizada a empresa, Antônio caminha tranquilamente cerca de 400 metros. Apenas nesse momento é que os seguranças da portaria suspeitam do ocorrido. Eles acham estranha a saída de Antônio do local após o expediente (já que não era comum a realização de horas extras), razão pela qual acionam policiais militares que estavam próximos do local, apontando Antônio como suspeito. Os policiais conseguem alcançá-lo e decidem revistá-lo, encontrando a escultura da sala do chefe na sua bolsa. Preso em flagrante, Antônio é conduzido até a Delegacia de Polícia.

Antônio, então, é denunciado e regularmente processado. Ocorre que, durante a instrução processual, verifica-se que a escultura subtraída, apesar de bela, foi construída com material barato, avaliada em R$ 250,00 (duzentos e cinquenta reais), sendo, portanto, de pequeno valor. A FAC (folha de antecedentes criminais) aponta que Antônio é réu primário.

Ao final da instrução, em que foram respeitadas todas as exigências legais, o juiz, em decisão fundamentada, condena Antônio a 2 (dois) anos de reclusão pela prática do crime de furto qualificado pela utilização de chave falsa, consumado, com base no art. 155, § 4.º, III, do CP.

Nesse sentido, levando em conta apenas os dados contidos no enunciado, responda aos itens a seguir.

A) É correto afirmar que o crime de furto praticado por Antônio atingiu a consumação? Justifique. (Valor: 0,40)

B) Considerando que Antônio não preenche os requisitos elencados pelo STF e STJ para aplicação do princípio da insignificância, qual seria a principal tese defensiva a ser utilizada em sede de apelação? Justifique. (Valor: 0,85)

O examinando deve fundamentar corretamente sua resposta. A simples menção ou transcrição do dispositivo legal não pontua.

Distribuição dos Pontos

Item	Pontuação
A) Sim, porque a subtração foi completa, já que a *res furtiva* foi encontrada na bolsa de Antônio, havendo perda da disponibilidade por parte do proprietário do bem subtraído **(0,40)**.	0,00/0,40
B) Antônio tem direito ao reconhecimento do furto privilegiado **(0,65)**, conforme o artigo 155, § 2.º do CP **(0,20)**. Obs.: a simples menção do dispositivo legal não pontua.	0,00/0,65/0,85

Questão 3

Jeremias foi preso em flagrante, no Aeroporto Internacional de Arroizinhos, quando tentava viajar para Madri, Espanha, transportando três tabletes de cocaína. Quando já havia embarcado na aeronave, foi "convidado" por Agentes da Polícia Federal a se retirar do avião e acompanhá-los até o local onde se encontravam as bagagens. Lá chegando, foi solicitado a Jeremias que reconhecesse e abrisse sua bagagem, na qual foram encontrados, dentro da capa que acondicionava suas pranchas de *surf*, três tabletes de cocaína. Por essa razão, Jeremias foi processado e, ao final, condenado pela Justiça Federal de Arroizinhos por tráfico internacional de entorpecentes.

Após o trânsito em julgado da sentença condenatória, foi expedido o mandado de prisão e Jeremias foi recolhido ao estabelecimento prisional sujeito à administração estadual, já que em Arroizinhos não há estabelecimento prisional federal. Transcorrido o prazo legal e, tendo em vista que Jeremias preenchia os demais requisitos previstos na legislação, seu advogado deseja requerer a mudança para regime prisional menos severo.

Responda de forma fundamentada, de acordo com a jurisprudência sumulada dos Tribunais Superiores: Qual Justiça é competente para processar e julgar o pedido de Jeremias? (Valor: 1,25)

a mera indicação da Súmula não pontua.

Distribuição dos Pontos

Item	Pontuação
A competência é da Justiça Estadual **(0,85)**, conforme preceitua a Súmula 192 do STJ **(0,40)**. *Obs.: a mera indicação da Súmula não pontua.*	0,00/0,85/1,25

Questão 4

Pedro foi preso em flagrante por tráfico de drogas. Após a instrução probatória, o juiz ficou convencido de que o réu, por preencher os requisitos do art. 33, § 4.º, da Lei n. 11.343/2006, merecia a redução máxima da pena. Na sentença penal condenatória, fixou o regime inicialmente fechado ao argumento de que o art. 2.º, § 1.º, da Lei n. 8.072/90, assim determina, vedando a conversão da pena privativa de liberdade em pena restritiva de direitos, com base no próprio art. 33, § 4.º, da Lei n. 11.343/2006. O advogado de Pedro é intimado da sentença.

À luz da jurisprudência do STF, responda aos itens a seguir.

A) Cabe ao advogado de defesa a impugnação da fixação do regime inicial fechado, fixado exclusivamente com base no art. 2.º, § 1.º, da Lei n. 8.072/90? (Valor: 0,60)

B) Com relação ao tráfico-privilegiado, previsto na Lei n. 11.343/2006, art. 33, § 4.º, é possível a conversão da pena privativa de liberdade em pena restritiva de direitos? (Valor: 0,65)

O examinando deve fundamentar corretamente sua resposta. A simples menção ou transcrição do dispositivo legal não pontua.

Distribuição dos Pontos

Item	Pontuação
A) Cabe impugnação ao regime fechado, pois o STF reconheceu a inconstitucionalidade da norma **(0,60)**. *Obs.: a justificativa é essencial para atribuição de pontos.*	0,00/0,60
B) É possível a conversão da pena privativa de liberdade em pena restritiva de direitos no tráfico-privilegiado, pois o STF reconheceu a inconstitucionalidade da norma. **(0,45)**, desde que o réu preencha os requisitos do artigo 44 do CP **(0,20)**. *Obs.: a justificativa é essencial para a atribuição de pontos.*	0,00/0,20/0,45/0,65

XII Exame de Ordem

Questão 1

Carolina foi denunciada pela prática do delito de estelionato, mediante emissão de cheque sem suficiente provisão de fundos. Narra a inicial acusatória que Carolina emitiu o cheque número 000, contra o Banco ABC S/A, quando efetuou compra no estabelecimento "X", que fica na cidade de "Y". Como a conta corrente de Carolina pertencia à agência bancária que ficava na cidade vizinha "Z", a gerência da loja, objetivando maior rapidez no recebimento, resolveu lá apresentar o cheque, ocasião em que o título foi devolvido.

Levando em conta que a compra originária da emissão do cheque sem fundos ocorreu na cidade "Y", o ministério público local fez o referido oferecimento da denúncia, a qual foi recebida pelo juízo da 1.ª Vara Criminal da comarca. Tal magistrado, após o recebimento da inicial acusatória, ordenou a citação da ré, bem como a intimação para apresentar resposta à acusação.

Nesse sentido, atento(a) apenas às informações contidas no enunciado, responda de maneira fundamentada, e levando em conta o entendimento dos Tribunais Superiores, o que pode ser arguido em favor de Carolina. (Valor: 1,25)

Distribuição dos Pontos

Item	Pontuação
A1 – Deve ser arguida a exceção de incompetência (ou preliminar de incompetência na resposta à acusação) **(0,50)**.	0,00/0,50
A2 – O crime em análise se consuma no local onde ocorreu o efetivo prejuízo econômico **(0,30)**.	0,00/0,30

A3 – Aplica-se, portanto, o disposto no verbete 521 da Súmula do STF OU verbete 244 da Súmula do STJ **(0,45)**.*	0,00/0,45
Obs.: a mera indicação ou reprodução do conteúdo da súmula não pontua.	

Questão 2

Ricardo é delinquente conhecido em sua localidade, famoso por praticar delitos contra o patrimônio sem deixar rastros que pudessem incriminá-lo. Já cansando da impunidade, Wilson, policial e irmão de uma das vítimas de Ricardo, decide que irá empenhar todos os seus esforços na busca de uma maneira para prender, em flagrante, o facínora.

Assim, durante meses, se faz passar por amigo de Ricardo e, com isso, ganhar a confiança deste. Certo dia, decidido que havia chegada a hora, pergunta se Ricardo poderia ajudá-lo na próxima empreitada. Wilson diz que elaborou um plano perfeito para assaltar uma casa lotérica e que bastaria ao amigo seguir as instruções. O plano era o seguinte: Wilson se faria passar por um cliente da casa lotérica e, percebendo o melhor momento, daria um sinal para que Ricardo entrasse no referido estabelecimento e anunciasse o assalto, ocasião em que o ajudaria a render as pessoas presentes. Confiante nas suas próprias habilidades e empolgado com as ideias dadas por Wilson, Ricardo aceita. No dia marcado por ambos, Ricardo, seguindo o roteiro traçado por Wilson, espera o sinal e, tão logo o recebe, entra na casa lotérica e anuncia o assalto. Todavia, é surpreendido ao constatar que tanto Wilson quanto todos os "clientes" presentes na casa lotérica eram policiais disfarçados. Ricardo acaba sendo preso em flagrante, sob os aplausos da comunidade e dos demais policiais, contentes pelo sucesso do flagrante. Levado à delegacia, o delegado de plantão imputa a Ricardo a prática do delito de roubo na modalidade tentada.

Nesse sentido, atento tão somente às informações contidas no enunciado, responda justificadamente:

A) Qual a espécie de flagrante sofrido por Ricardo? (Valor: 0,80)

B) Qual é a melhor tese defensiva aplicável à situação de Ricardo relativamente à sua responsabilidade jurídico-penal? (Valor: 0,45)

Distribuição dos Pontos

Item	Pontuação
A – Flagrante preparado (ou provocado) **(0,50)**, pois houve a presença da figura do agente provocador que adotou medidas impeditivas à consumação do crime **(0,30)**. *Obs.: o correto desenvolvimento, dissociado da indicação da correta espécie de flagrante (ou mesmo de indicação errônea) não será pontuado*	0,00/0,50/0,80

* Cuidado: a partir da entrada em vigor da Lei n. 14.155/2021, as Súmulas 521 do STF e 244 do STJ foram superadas. Agora, a competência no caso trazido é definida pelo local de domicílio da vítima (CPP, art. 70, § 4.º).

B – a hipótese é de crime impossível (**OU** o fato é atípico) **(0,35)**, consoante Verbete 145 da Súmula do STF **(0,10)**. *Obs.: a mera indicação ou reprodução do conteúdo da Súmula não pontua.*	0,00/0,35/0,45

Questão 3

Félix, objetivando matar Paola, tenta desferir-lhe diversas facadas, sem, no entanto, acertar nenhuma. Ainda na tentativa de atingir a vítima, que continua a esquivar-se dos golpes, Félix, aproveitando-se do fato de que conseguiu segurar Paola pela manga da camisa, empunha a arma. No momento, então, que Félix movimenta seu braço para dar o golpe derradeiro, já quase atingindo o corpo da vítima com a faca, ele opta por não continuar e, em seguida, solta Paola, que sai correndo sem ter sofrido sequer um arranhão, apesar do susto.

Nesse sentido, com base apenas nos dados fornecidos, poderá Félix ser responsabilizado por tentativa de homicídio? Justifique. (Valor: 1,25)

A resposta que contenha apenas as expressões "sim" ou "não" não será pontuada, bem como a mera indicação de artigo legal ou a resposta que apresente teses contraditórias.

Distribuição dos Pontos

Item	Pontuação
Félix não responde por tentativa de homicídio, pois agiu em hipótese de desistência voluntária **(1,00)**, instituto descrito na primeira parte do art. 15 do CP **(0,25)**. *Obs.: não será pontuada a reprodução de texto legal ou a mera indicação de artigo de lei.*	0,00/1,00/1,25

Questão 4

Marcos, jovem inimputável conforme o art. 26 do CP, foi denunciado pela prática de determinado crime. Após o regular andamento do feito, o magistrado entendeu por bem aplicar medida de segurança consistente em internação em hospital psiquiátrico por período mínimo de 03 (três) anos. Após o cumprimento do período supramencionado, o advogado de Marcos requer ao juízo de execução que seja realizado o exame de cessação de periculosidade, requerimento que foi deferido. É realizada uma rigorosa perícia, e os experts atestam a cura do internado, opinando, consequentemente, por sua desinternação. O magistrado então, baseando-se no exame pericial realizado por médicos psiquiatras, exara sentença determinando a desinternação de Marcos. O Parquet, devidamente intimado da sentença proferida pelo juízo da execução, interpõe o recurso cabível na espécie.

A partir do caso apresentado, responda, fundamentadamente, aos itens a seguir.

A) Qual o recurso cabível da sentença proferida pelo magistrado determinando a desinternação de Marcos? (Valor: 0,75)

B) Qual o prazo para interposição desse recurso? (Valor: 0,25)

C) A interposição desse recurso suspende ou não a eficácia da sentença proferida pelo magistrado? (Valor: 0,25)

Distribuição dos Pontos

Item	Pontuação
A – Agravo em Execução **(0,55)**, previsto no art. 197 da Lei de Execução Penal - Lei n. 7.210/84 **(0,20)**. *Obs.: a mera indicação ou reprodução do conteúdo do artigo não pontua.*	0,00/0,55/0,75
B – O prazo para a interposição do recurso é de 05 (cinco) dias **(0,15)**, conforme previsto na Súmula 700 ou Súmula 699, ambas do STF **(0,10)**. *Obs.: a mera indicação da Súmula não pontua.*	0,00/0,15/0,25
C – A interposição desse recurso suspende a eficácia da sentença, conforme previsto no art. 179, da LEP c/c art. 197, da LEP **(0,25)**.	0,00/0,25

XI Exame de Ordem

Questão 1

O Juiz da Vara de Execuções Penais da Comarca "Y" converteu a medida restritiva de direitos (que fora imposta em substituição à pena privativa de liberdade) em cumprimento de pena privativa de liberdade imposta no regime inicial aberto, sem fixar quaisquer outras condições. O Ministério Público, inconformado, interpôs recurso alegando, em síntese, que a decisão do referido Juiz da Vara de Execuções Penais acarretava o abrandamento da pena, estimulando o descumprimento das penas alternativas ao cárcere.

O recurso, devidamente contra-arrazoado, foi submetido a julgamento pela Corte Estadual, a qual, de forma unânime, resolveu lhe dar provimento. A referida Corte fixou como condição especial ao cumprimento de pena no regime aberto, com base no art. 115 da LEP, a prestação de serviços à comunidade, o que deveria perdurar por todo o tempo da pena a ser cumprida no regime menos gravoso.

Atento ao caso narrado e considerando apenas os dados contidos no enunciado, responda fundamentadamente, aos itens a seguir.

A) Qual foi o recurso interposto pelo Ministério Público contra a decisão do Juiz da Vara de Execuções Penais? (Valor: 0,50)

B) Está correta a decisão da Corte Estadual, levando-se em conta entendimento jurisprudencial sumulado? (Valor: 0,75)

A simples menção ou transcrição do dispositivo legal não pontua.

Direito Penal – Questão 1

Quesito avaliado	Faixa de Valores
A) Agravo em Execução **(0,30)**, nos termos do art. 197 da LEP **(0,20)** *Obs.: a mera indicação de artigo não é pontuada.*	0,00/0,30/0,50
B) Não, pois de acordo com o verbete 493 da Súmula do STJ, é inadmissível a fixação de pena substitutiva (art. 44 do CP) como condição especial ao regime aberto **(0,75)**. **OU** Não, pois ao assim agir, o magistrado levaria à ocorrência do indesejável *bis in idem*, importando na aplicação de dúplice sanção **(0,75)**. **OU** Não, pois o art. 44 do Código Penal é claro ao afirmar a natureza autônoma das penas restritivas de direitos. Diante do caráter substitutivo das sanções restritivas, vedada está sua cumulatividade com a pena privativa de liberdade, salvo expressa previsão legal, o que não é o caso **(0,75)**. *Obs.: a mera indicação do verbete sumular OU a reprodução literal de seu conteúdo, dissociada da resposta negativa essencial à questão, não será pontuada.*	0,00/0,75

Questão 2

Daniel foi denunciado, processado e condenado pela prática do delito de roubo simples em sua modalidade tentada. A pena fixada pelo magistrado foi de dois anos de reclusão em regime aberto. Todavia, atento às particularidades do caso concreto, o referido magistrado concedeu-lhe o benefício da suspensão condicional da execução da pena, sendo certo que, na sentença, não fixou nenhuma condição. Somente a defesa interpôs recurso de apelação, pleiteando a absolvição de Daniel com base na tese de negativa de autoria e, subsidiariamente, a substituição do benefício concedido por uma pena restritiva de direitos. O Tribunal de Justiça, por sua vez, no julgamento da apelação, de forma unânime, negou provimento aos dois pedidos da defesa e, no acórdão, fixou as condições do sursis, haja vista o fato de que o magistrado a quo deixou de fazê-lo na sentença condenatória.

Nesse sentido, atento apenas às informações contidas no texto, responda, fundamentadamente, aos itens a seguir.

A) Qual o recurso cabível contra a decisão do Tribunal de Justiça? (Valor: 0,55)

B) Qual deve ser a principal linha de argumentação no recurso? (Valor: 0,70)

A simples menção ou transcrição do dispositivo legal não pontua.

Direito Penal – Questão 2

Quesito avaliado	Faixa de Valores
A) Cabível a interposição de recurso especial, **(0,40)** / com fulcro no art. 105, III, *a*, da CRFB/88 **(0,15)**. *Obs.: a mera indicação do dispositivo legal não pontua.*	0,00/0,40/0,55

B) Não agiu corretamente o Tribunal de Justiça, pois sua atuação configura verdadeira *reformatio in pejus*, **(0,60)** / vedada pelo art. 617 do CPP **(0,10)**. *Obs.: a mera indicação do dispositivo legal não pontua.*	0,00/0,60/0,70

Questão 3

Ricardo cometeu um delito de roubo no dia 10 de novembro de 2007, pelo qual foi condenado no dia 29 de agosto de 2009, sendo certo que o trânsito em julgado definitivo de referida sentença apenas ocorreu em 15 de maio de 2010. Ricardo também cometeu, no dia 10 de setembro de 2009, um delito de extorsão. A sentença condenatória relativa ao delito de extorsão foi prolatada em 18 de outubro de 2010, tendo transitado definitivamente em julgado no dia 7 de abril de 2011. Ricardo também praticou, no dia 12 de março de 2010, um delito de estelionato, tendo sido condenado em 25 de maio de 2011. Tal sentença apenas transitou em julgado no dia 27 de julho de 2013.

Nesse sentido, tendo por base apenas as informações contidas no enunciado, responda aos itens a seguir.

A) O juiz, na sentença relativa ao crime de roubo, deve considerar Ricardo portador de bons ou maus antecedentes? (Valor: 0,25)

B) O juiz, na sentença relativa ao crime de extorsão, deve considerar Ricardo portador de bons ou maus antecedentes? Na hipótese, incide a circunstância agravante da reincidência ou Ricardo ainda pode ser considerado réu primário? (Valor: 0,50)

C) O juiz, na sentença relativa ao crime de estelionato, deve considerar Ricardo portador de bons ou maus antecedentes? Na hipótese, incide a circunstância agravante da reincidência ou Ricardo ainda pode ser considerado réu primário? (Valor: 0,50)

Utilize os argumentos jurídicos apropriados e a fundamentação legal pertinente ao caso. A simples menção ou transcrição do dispositivo legal não pontua.

Direito Penal – Questão 3

Quesito avaliado	Faixa de Valores
A) Bons antecedentes **(0,25)**.	0,00/0,25
B) Maus antecedentes **(0,25)**. Primário **(0,25)**.	0,00/0,25/0,50
C) Maus antecedentes **(0,25)**. Primário **(0,25)**.	0,00/0,25/0,50

Questão 4

O Ministério Público ofereceu denúncia contra Lucile, imputando-lhe a prática da conduta descrita no art. 155, *caput*, do CP. Narrou, a inicial acusatória, que no dia 18 de outubro de 2012 Lucile subtraiu, sem violência ou grave ameaça, de um grande estabelecimento comercial do ramo de venda de alimentos, dois litros de leite e uma sacola de verduras, o que totalizou a quantia de R$ 10,00 (dez reais). Todas as exigências legais foram satisfeitas: a denúncia foi recebida, foi oferecida suspensão condicional do processo e foi apresentada resposta à acusação.

O magistrado, entretanto, após convencer-se pelas razões invocadas na referida resposta à acusação, entende que a fato é atípico.

Nesse sentido, tendo como base apenas as informações contidas no enunciado, responda, justificadamente, aos itens a seguir.

A) O que o magistrado deve fazer? Após indicar a solução, dê o correto fundamento legal. (Valor: 0,65)

B) Qual é o elemento ausente que justifica a alegada atipicidade? (Valor: 0,60)

Utilize os argumentos jurídicos apropriados e a fundamentação legal pertinente ao caso.

A simples menção ou transcrição do dispositivo legal não pontua.

Direito Penal – Questão 4

Quesito avaliado	Faixa de Valores
A) Absolver sumariamente a ré **(0,45)**, com fundamento no art. 397, III, do CPP **(0,20)**. *Obs.: a simples menção do dispositivo legal não pontua.*	0,00/0,45/0,65
Tipicidade material	0,00/0,60

X Exame de Ordem

Questão 1

O Ministério Público, tomando conhecimento da prática de falta grave no curso de execução penal, pugna pela interrupção da contagem do prazo para efeitos de concessão do benefício do livramento condicional, fundamentando seu pleito em interpretação sistemática do art. 83, do CP, e dos arts. 112 e 118, I, ambos da Lei n. 7.210/84.

Levando em conta apenas os dados contidos no enunciado, com base nos princípios do processo penal e no entendimento mais recente dos Tribunais Superiores, responda à seguinte questão:

O Ministério Público está com a razão? (Valor: 1,25)

O examinando deve fundamentar corretamente sua resposta. A simples menção ou transcrição do dispositivo legal não pontua.

Distribuição dos Pontos

Quesito avaliado	Valores
A1. Não, por falta de previsão legal **(0,85)**. **OU**	0,00/0,85

Não, porque o art. 83 do CP não prevê tal possibilidade **(0,85)**. OU Não, com base no Verbete 441 da Súmula do STJ, *verbis*: "*A falta grave não interrompe o prazo para obtenção de livramento condicional*" **(0,85)**. *Obs.: a mera indicação ou reprodução literal de dispositivo legal ou verbete sumular impede a atribuição de pontos.*	0,00/0,85
A2. Admitir tal possibilidade seria ferir o princípio da legalidade **(0,40)**. OU Admitir tal possibilidade seria ferir o princípio do *ne bis in idem* **(0,40)**. OU Admitir tal possibilidade seria permitir analogia *in malam partem*, o que é vedado em Direito Penal **(0,40)**.	0,00/0,40

Questão 2

Maria, mulher solteira de 40 anos, mora no Bairro Paciência, na cidade Esperança. Por conta de seu comportamento, Maria sempre foi alvo de comentários maldosos por parte dos vizinhos; alguns até chegavam a afirmar que ela tinha "cara de quem cometeu crime". Não obstante tais comentários, nunca houve prova de qualquer das histórias contadas, mas o fato é que Maria é pessoa conhecida na localidade onde mora por ter má índole, já que sempre arruma brigas e inimizades.

Certo dia, com raiva de sua vizinha Josefa, Maria resolve quebrar a janela da residência desta. Para tanto, espera chegar a hora em que sabia que Josefa não estaria em casa e, após olhar em volta para ter certeza de que ninguém a observava, Maria arremessa com força, na direção da casa da vizinha, um enorme tijolo. Ocorre que Josefa, naquele dia, não havia saído de casa e o tijolo após quebrar a vidraça, atinge também sua nuca. Josefa falece instantaneamente.

Nesse sentido, tendo por base apenas as informações descritas no enunciado, responda justificadamente:

É correto afirmar que Maria deve responder por homicídio doloso consumado? (Valor: 1,25)

A simples menção ou transcrição do dispositivo legal não pontua.

Distribuição dos Pontos

Quesito avaliado	Valores
A1. Não, uma vez que não houve dolo em relação à produção do resultado morte, razão pela qual responde por homicídio culposo **(0,60)**.	0,00/0,60

A2. A hipótese é de resultado diverso do pretendido (art. 74 do CP) **(0,50)**, devendo responder por dano em concurso formal com o crime de homicídio culposo **(0,15)**. *Obs.: a mera indicação de dispositivo legal ou transcrição de seu conteúdo não será pontuada.*	0,00/0,15/0,50/0,65

Questão 3

José, conhecido em seu bairro por vender entorpecentes, resolve viajar para Foz do Iguaçu (PR). Em sua bagagem, José transporta 500 g de cocaína e 50 ampolas de cloreto de etila. Em Foz do Iguaçu, José foi preso em flagrante pela Polícia Militar em virtude do transporte das substâncias entorpecentes. Na lavratura do flagrante, José afirma que seu objetivo era transportar a droga até a cidade de Porto Vera Cruz (RS), mencionando inclusive a passagem de avião que já havia comprado.

Você é contratado para efetuar um pedido de liberdade provisória e o que mais entender de Direito em favor de José.

Atento somente ao que foi narrado na hipótese acima, responda aos itens a seguir.

A) O órgão competente para julgamento é a Justiça Estadual ou a Justiça Federal? Justifique. (Valor: 0,75)

B) Se José objetivasse apenas traficar drogas em Foz do Iguaçu, o órgão competente seria o mesmo da situação acima? Justifique. (Valor: 0,50)

O examinando deve fundamentar corretamente sua resposta.

A simples menção ou transcrição do dispositivo legal não pontua.

Distribuição dos Pontos

Quesito avaliado	Valores
A) O órgão competente é a Justiça Estadual **(0,50)**, haja vista que as duas cidades mencionadas ficam no Brasil **OU** porque não houve efetivo tráfico internacional **OU** porque deve ser observado o dispositivo no Verbete 522 da Súmula do STF **OU** nos termos do art. 70 da Lei n. 11.343/06. **(0,25)**. *Obs. 1: a mera indicação de justificativa cabível, dissociada da adequada menção à competência da Justiça Estadual, não enseja pontuação.* *Obs. 2: a mera indicação ou transcrição do conteúdo de dispositivo legal ou de verbete sumular não será pontuada.*	0,00/0,50/0,75

B) Sim, é competente a Justiça Estadual, pois conforme já mencionado não houve dolo de traficar para o exterior **(0,50)**. *Obs. 1: A justificativa correta é essencial para atribuição de pontos, pois não há intervalo de pontuação.* *Obs. 2: a mera indicação ou transcrição do conteúdo legal ou de verbete sumular não será pontuada.*	0,00/0,50

Questão 4

Erika e Ana Paula, jovens universitárias, resolvem passar o dia em uma praia paradisíaca e, de difícil acesso (feito através de uma trilha), bastante deserta e isolada, tão isolada que não há qualquer estabelecimento comercial no local e nem mesmo sinal de telefonia celular. As jovens chegam bastante cedo e, ao chegarem, percebem que além delas há somente um salva-vidas na praia. Ana Paula decide dar um mergulho no mar, que estava bastante calmo naquele dia. Erika, por sua vez, sem saber nadar, decide puxar assunto com o salva-vidas, Wilson, pois o achou muito bonito. Durante a conversa, Erika e Wilson percebem que têm vários interesses em comum e ficam encantados um pelo outro. Ocorre que, nesse intervalo de tempo, Wilson percebe que Ana Paula está se afogando. Instigado por Erika, Wilson decide não efetuar o salvamento, que era perfeitamente possível. Ana Paula, então, acaba morrendo afogada.

Nesse sentido, atento(a) apenas ao caso narrado, indique a responsabilidade jurídico-penal de Erika e Wilson. (Valor: 1,25)

O examinando deve fundamentar corretamente sua resposta. A simples menção ou transcrição do dispositivo legal não pontua.

Distribuição dos Pontos

Quesito avaliado	Valores
Wilson, por ser agente garantidor **(0,30)** / responde pelo delito de homicídio **(0,30)** / praticado via omissão imprópria **(0,30)**.	0,00/0,30/0,30/0,90
Erika responde como partícipe de tal homicídio **(0,35)**.	0,00/0,35

IX Exame de Ordem

Questão 1

Raimundo, já de posse de veículo automotor furtado de concessionária, percebe que não tem onde guardá-lo antes de vendê-lo para a pessoa que o encomendara. Assim, resolve ligar para um grande amigo seu, Henrique, e após contar toda sua empreitada, pede-lhe que ceda a garagem de sua casa para que possa guardar o veículo, ao menos por aquela noite. Como Henrique aceita ajudá-lo, Raimundo estaciona o carro na casa do amigo. Ao raiar do dia, Raimundo parte com o veículo, que seria levado para o comprador.

Considerando as informações contidas no texto responda, justificadamente, aos itens a seguir.

A) Raimundo e Henrique agiram em concurso de agentes? (Valor: 0,75)

B) Qual o delito praticado por Henrique? (Valor: 0,50)

Distribuição dos Pontos

Quesito avaliado	Valores
A) Não, pois o auxílio foi proposto após a consumação do crime de furto **(0,75) OU** Não, pois inexistente liame subjetivo e identidade da infração penal entre ambos **(0,75)**.	0,00/0,75
B) Favorecimento real **OU** praticou o delito descrito no art. 349, do CP **(0,50)**.	0,00/0,50

Questão 2

Wilson, extremamente embriagado, discute com seu amigo Junior na calçada de um bar já vazio pelo avançado da hora. A discussão torna-se acalorada e, com intenção de matar, Wilson desfere quinze facadas em Junior, todas na altura do abdômen. Todavia, ao ver o amigo gritando de dor e esvaindo-se em sangue, Wilson, desesperado, pega um taxi para levar Junior ao hospital. Lá chegando, o socorro é eficiente e Junior consegue recuperar-se das graves lesões sofridas.

Analise o caso narrado e, com base apenas nas informações dadas, responda, fundamentadamente, aos itens a seguir.

A) É cabível responsabilizar Wilson por tentativa de homicídio? (Valor: 0,65)

B) Caso Junior, mesmo tendo sido socorrido, não se recuperasse das lesões e viesse a falecer no dia seguinte aos fatos, qual seria a responsabilidade jurídico-penal de Wilson? (Valor: 0,60)

Distribuição dos Pontos

Quesito avaliado	Valores
A) Não, pois Wilson será beneficiado pelo instituto do arrependimento eficaz, **(0,35)** de modo que somente responderá pelos atos praticados **OU** somente responderá por lesões corporais graves **(0,30)**.	0,00/0,30/0,35/0,65

B) Como não houve eficácia no arrependimento **OU** como não houve atendimento à exigência do art. 15, CP **(0,30)**, Wilson deverá responder pelo resultado morte **OU** deverá responder pelo crime de homicídio doloso consumado **(0,30)**.	0,00/0,30/0,60

Questão 3

Mário está sendo processado por tentativa de homicídio uma vez que injetou substância venenosa em Luciano, com o objetivo de matá-lo. No curso do processo, uma amostra da referida substância foi recolhida para análise e enviada ao Instituto de Criminalística, ficando comprovado que, pelas condições de armazenamento e acondicionamento, a substância não fora hábil para produzir os efeitos a que estava destinada. Mesmo assim, arguindo que o magistrado não estava adstrito ao laudo, o Ministério Público pugnou pela pronúncia de Mário nos exatos termos da denúncia.

Com base apenas nos fatos apresentados, responda justificadamente.

A) O magistrado deveria pronunciar Mário, impronunciá-lo ou absolvê-lo sumariamente? (Valor: 0,65)

B) Caso Mário fosse pronunciado, qual seria o recurso cabível, o prazo de interposição e a quem deveria ser endereçado? (Valor: 0,60)

Distribuição dos Pontos

Quesito avaliado	Valores
A1) Deveria absolvê-lo sumariamente, por força do art. 415, III, do CPP **(0,35)**. *Obs.: a mera indicação de artigo não pontua.*	0,00/0,35
A2) A hipótese é de crime impossível **(0,30)**.	0,00/0,30
B1) Recurso em sentido estrito (Art. 581, IV do CPP) **(0,15)**;	0,00/0,15
B2) Deve ser interposto em 5 dias (Art. 586, do CPP) **(0,15)**;	0,00/0,15
B3) A petição de interposição deve ser endereçada ao juiz *a quo* **(0,15)** e as razões deverão ser endereçadas ao Tribunal de Justiça **(0,15)**.	0,00/0,15/0,30

Questão 4

Laura, empresária do ramo de festas e eventos, foi denunciada diretamente no Tribunal de Justiça do Estado "X", pela prática do delito descrito no art. 333 do CP (corrupção ativa). Na mesma inicial acusatória, o Procurador Geral de Justiça imputou a Lucas, Promotor de Justiça estadual, a prática da conduta descrita no art. 317 do CP (corrupção passiva).

A defesa de Laura, então, impetrou *habeas corpus* ao argumento de que estariam sendo violados os princípios do juiz natural, do devido processo legal, do contraditório e da ampla defesa; arguiu, ainda, que estaria ocorrendo supressão de instância, o que não se poderia permitir.

Nesse sentido, considerando apenas os dados fornecidos, responda, fundamentadamente, aos itens a seguir.

A) Os argumentos da defesa de Laura procedem? (Valor: 0,75)

B) Laura possui direito ao duplo grau de jurisdição? (Valor: 0,50)

Distribuição dos Pontos

Quesito avaliado	Valores
A1) Não, com base no Verbete 704, da Súmula do STF **(0,35)**.	0,00/0,35
A2) O fato de Laura ser julgada diretamente pelo Tribunal de Justiça não lhe tira a possibilidade de manejar outros recursos **OU** não há que se falar em desrespeito ao princípio do juiz natural, já que a atração por conexão ou continência não configura criação de tribunal de exceção **(0,40)**.	0,00/0,40
B) Não, como Laura será julgada diretamente pelo Tribunal de Justiça, não terá direito ao duplo grau de jurisdição **OU** não terá direito ao duplo grau de jurisdição porque, no caso de Laura, eventual recurso interposto aos Tribunais Superiores não avaliará matéria fática **(0,50)**.	0,00/0,50

VIII Exame de Ordem

Questão 1

Em determinada ação fiscal procedida pela Receita Federal, ficou constatado que Lucile não fez constar quaisquer rendimentos nas declarações apresentadas pela sua empresa nos anos de 2009, 2010 e 2011, omitindo operações em documentos e livros exigidos pela lei fiscal.

Iniciado processo administrativo de lançamento, mas antes de seu término, o Ministério Público entendeu por bem oferecer denúncia contra Lucile pela prática do delito descrito no art. 1.º, inciso II da Lei n. 8.137/90, combinado com o art. 71 do Código Penal. A inicial acusatória foi recebida e a defesa intimada a apresentar resposta à acusação.

Atento(a) ao caso apresentado, bem como à orientação dominante do STF sobre o tema, responda, fundamentadamente, o que pode ser alegado em favor de Lucile. (Valor: 1,25)

Distribuição dos Pontos

Quesito avaliado	Valores
A1) O fato é atípico **(0,40)** nos termos da súmula vinculante 24 do STF **(0,40)** **OU** o fato é atípico **(0,40)** pois não se tipifica o crime do art. 1.º, incisos I a IV, da Lei n. 8.137/90, antes do lançamento definitivo do tributo **(0,40)**. *Obs.: a mera reprodução do texto da Súmula Vinculante 24 do STF não permite pontuação integral.*	0,00/0,40/0,80
A2) Absolvição **(0,20)** **OU** absolvição sumária **(0,45)**, **OU** absolvição nos termos do art. 397, III do CPP **(0,45)**. *Obs.: a mera indicação do dispositivo legal não pontua.*	0,00/0,20/0,45

Questão 2

Abel e Felipe observavam diariamente um restaurante com a finalidade de cometer um crime. Sabendo que poderiam obter alguma vantagem sobre os clientes que o frequentavam, Abel e Felipe, sem qualquer combinação prévia, conseguiram, cada um, uniformes semelhantes aos utilizados pelos manobristas de tal restaurante.

No início da tarde, aproveitando a oportunidade em que não havia nenhum funcionário no local, a dupla, vestindo os uniformes de manobristas, permaneceu à espera de suas vítimas, mas, agindo de modo separado.

Tércio, o primeiro cliente, ao chegar ao restaurante, iludido por Abel, entrega de forma voluntária a chave de seu carro. Abel, ao invés de conduzir o veículo para o estacionamento, evade-se do local. Narcísio, o segundo cliente, chega ao restaurante e não entrega a chave de seu carro, mas Felipe a subtrai sem que ele o percebesse. Felipe também se evade do local.

Empregando os argumentos jurídicos apropriados e a fundamentação legal pertinente ao caso, responda às questões a seguir.

A) Qual a responsabilidade jurídico-penal de Abel ao praticar tal conduta? (responda motivando sua imputação) (Valor: 0,65)

B) Qual a responsabilidade jurídico-penal de Felipe ao praticar tal conduta? (responda motivando sua imputação) (Valor: 0,60)

Distribuição dos Pontos

Quesito avaliado	Valores
A) Abel cometeu o crime de estelionato, previsto no art. 171 do Código Penal brasileiro **(0,30)**. O crime caracteriza-se pela fraude que é usada como meio de obter o consentimento da vítima **(0,35)**.	0,00/0,30/0,65

Obs.: não será atribuída pontuação para a mera explicação, dissociada da correta tipificação do crime.	
B) Felipe cometeu o crime de furto, previsto no art. 155, *caput*, do Código Penal **(0,30)**. Tendo em vista que não estão presentes os elementos que qualifiquem o referido crime, **OU**, a atuação de Felipe só perfaz o núcleo do tipo previsto no *caput* **(0,30)**. *Obs.: não será atribuída pontuação para a mera explicação, dissociada da correta tipificação do crime.*	0,00/0,30/0,60

Questão 3

João e José foram denunciados pela prática da conduta descrita no art. 316 do CP (concussão). Durante a instrução, percebeu-se que os fatos narrados na denúncia não corresponderiam àquilo que efetivamente teria ocorrido, razão pela qual, ao cabo da instrução criminal e após a respectiva apresentação de memoriais pelas partes, apurou-se que a conduta típica adequada seria aquela descrita no art. 317 do CP (corrupção passiva). O magistrado, então, fez remessa dos autos ao Ministério Público para fins de aditamento da denúncia, com a nova capitulação dos fatos. Nesse sentido, atento(a) ao caso narrado e considerando apenas as informações contidas no texto, responda fundamentadamente, aos itens a seguir.

A) Estamos diante de hipótese de *mutatio libelli* ou de *emendatio libelli*? Qual dispositivo legal deve ser aplicado? (Valor: 0,50)

B) Por que o próprio juiz, na sentença, não poderia dar a nova capitulação e, com base nela, condenar os réus? (Valor: 0,50)

C) É possível que o Tribunal de Justiça de determinado estado da federação, ao analisar recurso de apelação, proceda à *mutatio libelli*? (Valor: 0,25)

Distribuição dos Pontos

Quesito avaliado	Valores
A) A hipótese é de *mutatio libelli* **(0,35)**, instituto descrito no art. 384 do CPP **(0,15)**.	0,00/0,15/0,35/0,50
B) Porque deve obediência aos princípios da imparcialidade e inércia da jurisdição. **OU** Porque tal conduta feriria o sistema/princípio acusatório. **OU**	0,00/0,50

Porque tal conduta feriria o princípio da correlação/congruência entre acusação e sentença.	
C) Não, nos termos do verbete 453 da Súmula do STF **(0,25)**. **OU** Não, pois nesse caso haveria supressão de instância.	0,00/0,25

Cuidado: a concussão teve sua pena modificada pelo *Pacote Anticrime*.

Questão 4

João foi denunciado pela prática do delito previsto no art. 299, *caput* e parágrafo único, do Código Penal. A inicial acusatória foi recebida em 30 de outubro de 2000 e o processo teve seu curso normal. A sentença penal, publicada em 29 de julho de 2005, condenou o réu à pena de 01 (um) ano, 11 (onze) meses e 10 (dez) dias de reclusão, em regime semiaberto, mais pagamento de 16 (dezesseis) dias-multa. Irresignada, somente a defesa interpôs apelação. Todavia, o Egrégio Tribunal de Justiça negou provimento ao apelo, ao argumento de que não haveria que se falar em extinção da punibilidade pela prescrição, haja vista o fato de que o réu era reincidente, circunstância devidamente comprovada mediante certidão cartorária juntada aos autos.

Nesse sentido, considerando apenas os dados narrados no enunciado, responda aos itens a seguir.

A) Está extinta a punibilidade do réu pela prescrição? Em caso positivo, indique a espécie; em caso negativo, indique o motivo. (Valor: 0,75)

B) O disposto no art. 110 *caput* do CP é aplicável ao caso narrado? (Valor: 0,50)

Distribuição dos Pontos

Quesito avaliado	Valores
A) Sim, resta configurada a prescrição da pretensão punitiva retroativa **(0,75)**. *Obs.: a indicação de espécie distinta de prescrição macula a integralidade do item "A".*	0,00/0,75
B) Não, o referido dispositivo somente é aplicado em se tratando de prescrição da pretensão executória **(0,50)**. **OU** Não, conforme o verbete 220 da Súmula do STJ **(0,50)**.	0,00/0,50

VII Exame de Ordem

Questão 1

Ricardo foi denunciado pela prática do delito descrito no art. 1.º da Lei n. 8.137/90, em concurso material com o crime de falsidade ideológica (art. 299 do CP). Isso porque, conforme narrado na inicial acusatória e confessado pelo réu no interrogatório, obteve, em determinado estado da federação, licenciamento de seu veículo de modo fraudulento, já que indicou endereço falso. Assim agiu porque queria pagar menos tributo, haja vista que a alíquota do IPVA seria menor. Ao cabo da instrução criminal, Ricardo foi condenado nos exatos termos da denúncia, sendo certo que todo o conjunto probatório dos autos era significativo e apontava para a responsabilização do réu. No entanto, atento às particularidades do caso concreto, o magistrado fixou as penas de ambos os delitos no patamar mínimo previsto nos tipos penais, resultando a soma em 03 anos de pena privativa de liberdade.

Como advogado(a) de Ricardo, você deseja recorrer da sentença. Considerando apenas os dados descritos na questão, indique o(s) argumento(s) que melhor atenda(m) aos interesses de seu cliente. (Valor: 1.25)

Distribuição dos Pontos

Quesito avaliado	Valores
Mencionar o princípio da consunção **OU** o princípio da absorção **(0,25)**.	0,00/0,25
O crime do art. 299 do CP teria constituído meio para o cometimento do delito-fim, que foi o crime contra a ordem tributária **(0,60)**, de tal modo que a vinculação entre a falsidade ideológica e esse último permitiria reconhecer, em referido contexto, a preponderância do delito contra a ordem tributária. Consequentemente, Ricardo deve responder pelo delito descrito no art. 1.º da Lei n. 8.137/90 **(0,40)**. *Obs. 1: a mera indicação da consequência, dissociada do correto desenvolvimento, não será pontuada.*	0,00/0,40/0,60/1,00

Questão 2

Larissa, senhora aposentada de 60 anos, estava na rodoviária de sua cidade quando foi abordada por um jovem simpático e bem-vestido. O jovem pediu-lhe que levasse para a cidade de destino, uma caixa de medicamentos para um primo, que padecia de grave enfermidade. Inocente, e seguindo seus preceitos religiosos, a Sra. Larissa atende ao rapaz: pega a caixa, entra no ônibus e segue viagem. Chegando ao local da entrega, a senhora é abordada por policiais que, ao abrirem a caixa de remédios, verificam a existência de 250 gramas de cocaína em seu interior. Atualmente, Larissa está sendo processada pelo crime de tráfico de entorpecente, previsto no art. 33 da Lei n. 11.343, de 23 de agosto de 2006.

Considerando a situação acima descrita e empregando os argumentos jurídicos apropriados e a fundamentação legal pertinente, responda: qual a tese defensiva aplicável à Larissa? (Valor: 1,25)

Distribuição dos Pontos

Quesito avaliado	Valores
1) Larissa agiu em erro de tipo essencial **(0,30)**, nos termos do art. 20 *caput* do CP **(0,15)**. *Obs. 1: a mera indicação de artigo não pontua.* *Obs. 2: teses contraditórias zeram a questão.*	0,00/0,30/0,45
2) Desenvolvimento jurídico: faltava-lhe consciência de que praticava conduta descrita em tipo penal **OU** não sabia que portava drogas, circunstância elementar do tipo **(0,40)**. *Obs.: somente será pontuado o desenvolvimento, se houver a correta indicação do instituto aplicável ao caso.*	0,00/0,40
3) Consequência: não houve dolo por parte de Larissa e, como o delito descrito no art. 33 da Lei n. 11.343/06 não admite a modalidade culposa, o fato é atípica **(0,40)**. *Obs.: a mera indicação da consequência, dissociada da identificação do instituto aplicável à espécie, não pontua.*	0,00/0,40

Questão 3

Há muito tempo Maria encontra-se deprimida, nutrindo desejos de acabar com a própria vida. João, sabedor dessa condição, e querendo a morte de Maria, resolve instigá-la a se matar. Pondo seu plano em prática, João visita Maria todos os dias e, quando ela toca no assunto de não tem mais razão para viver, que deseja se matar, pois a vida não faz mais sentido, João a estimula e a encoraja a pular pela janela.

Um belo dia, logo após ser instigada por João, Maria salta pela janela de seu apartamento e, por pura sorte, sofre apenas alguns arranhões, não sofrendo qualquer ferimento grave.

Considerando apenas os fatos apresentados, responda, de forma justificada, aos seguintes questionamentos:

A) João cometeu algum crime? (Valor: 0,65)

B) Caso Maria viesse a sofrer lesões corporais de natureza grave em decorrência da queda, a condição jurídica de João seria alterada? (Valor: 0,60)

Distribuição dos Pontos

Quesito avaliado	Valores
A) João não cometeu qualquer crime, pois o delito descrito no artigo 122 do CP só se consuma com a ocorrência de morte ou de lesão	0,00/0,65

corporal grave **OU** há crime, mas o fato não é punível por faltar a condição objetiva de punibilidade **(0,65)**. *Obs.: respostas incompletas não são pontuadas.*	0,00/0,65
B) A condição jurídica de João se alteraria, na medida em que o resultado de lesões corporais de natureza grave consuma o crime de instigação, auxílio e induzimento ao suicídio, devendo João responder pelo crime previsto no artigo 122 do CP da forma consumada **(0,60)**. *Obs. 1: respostas incompletas não são pontuadas.* *Obs. 2: a mera indicação da sanção penal não é pontuada.* *Obs. 3: a mera transcrição do artigo não é pontuada.*	0,00/0,60

Questão 4

Maurício, jovem de classe alta, rebelde e sem escrúpulos, começa a namorar Joana, menina de boa família, de classe menos favorecida e moradora de área de risco em uma das maiores comunidades do Brasil. No dia do aniversário de 18 anos de Joana, Maurício resolve convidá-la para jantar num dos restaurantes mais caros da cidade e, posteriormente, leva-a para conhecer a suíte presidencial de um hotel considerado um dos mais luxuosos do mundo, onde passa a noite com ela. Na manhã seguinte, Maurício e Joana resolvem permanecer por mais 2 dias. Ao final da estada, Mauricio contabiliza os gastos daqueles dias de prodigalidade, apurando o total de R$ 18.000,00 (dezoito mil reais). Todos os pagamentos foram realizados em espécie, haja vista que, na noite anterior, Maurício havia trocado com sua mãe um cheque de R$ 20.000,00 (vinte mil reais) por dinheiro em espécie, cheque que Maurício sabia, de antemão, não possuir fundos.

Considerando apenas os fatos descritos, responda, de forma justificada, os questionamentos a seguir.

A) Maurício e Joana cometeram algum crime? Justifique sua resposta e, caso seja positiva, tipifique as condutas atribuídas a cada um dos personagens, desenvolvendo a tese de defesa. (Valor: 0,70)

B) Caso Maurício tivesse invadido a casa de sua mãe com uma pistola de brinquedo e a ameaçado, a fim de conseguir a quantia de R$ 20.000,00 (vinte mil reais), sua situação jurídica seria diferente? Justifique. (Valor: 0,55)

Distribuição dos Pontos

Quesito avaliado	Valores
A.1) Joana não cometeu crime algum, pois não houve conduta de sua parte **(0,20)**.	0,00/0,20

A.2) Maurício cometeu crime de estelionato **OU** praticou a conduta descrita no art. 171 *caput* do CP **(0,30)**. *Obs.: a mera indicação de artigo não pontua.*	0,00/0,30
A.3) Poderia alegar em sua defesa a escusa absolutória prevista no art. 181, II do CP **(0,20)**. *Obs.: a mera indicação de artigo não pontua.*	0,00/0,20
B) Sim, pois passaria a responder por crime de roubo **OU** pela conduta descrita no art. 157 *caput* do CP **(0,20)**, na medida em que a isenção de pena prevista no Código Penal (art. 181, II do CP) não se aplica ao crime de roubo, conforme art. 183, I do CP **(0,35)**. *Obs.: a mera justificativa não deve ser pontuada.* *Obs.: a mera indicação de artigos não é pontuada.*	0,00/0,20/0,55

VI Exame de Ordem

Questão 1

Ao chegar a um bar, Caio encontra Tício, um antigo desafeto que, certa vez, o havia ameaçado de morte. Após ingerir meio litro de uísque para tentar criar coragem de abordar Tício, Caio partiu em sua direção com a intenção de cumprimentá-lo. Ao aproximar-se de Tício, Caio observou que seu desafeto bruscamente pôs a mão por debaixo da camisa, momento em que achou que Tício estava prestes a sacar uma arma de fogo para vitimá-lo. Em razão disso, Caio imediatamente muniu-se de uma faca que estava sobre o balcão do bar e desferiu um golpe no abdome de Tício, o qual veio a falecer. Após análise do local por peritos do Instituto de Criminalística da Polícia Civil, descobriu-se que Tício estava tentando apenas pegar o maço de cigarros que estava no cós de sua calça.

Considerando a situação acima, responda aos itens a seguir, empregando os argumentos jurídicos apropriados e a fundamentação legal pertinente ao caso.

A) Levando-se em conta apenas os dados do enunciado, Caio praticou crime? Em caso positivo, qual? Em caso negativo, por que razão? (Valor: 0,65)

B) Supondo que, nesse caso, Caio tivesse desferido 35 golpes na barriga de Tício, como deveria ser analisada a sua conduta sob a ótica do Direito Penal? (Valor: 0,6)

Distribuição dos Pontos

Item	Pontuação
a) Não, pois atuou sob o manto de descriminante putativa, uma vez que supôs estar em situação de legítima defesa **(0,5)** nos termos do artigo, 20, § 1.º, do CP **(0,15)**.	0/0,5/0,65

Obs.: a mera indicação do artigo não é pontuada.	0/0,5/0,65
b) Ainda que tenha procurado se defender de agressão que imaginou estar em vias de ocorrer, Caio agiu em excesso doloso **(0,45)**, na forma do artigo 23, parágrafo único, do CP **(0,15)**.	0/0,45/0,6

Questão 2

Hugo é inimigo de longa data de José e há muitos anos deseja matá-lo. Para conseguir seu intento, Hugo induz o próprio José a matar Luiz, afirmando falsamente que Luiz estava se insinuando para a esposa de José. Ocorre que Hugo sabia que Luiz é pessoa de pouca paciência e que sempre anda armado. Cego de ódio, José espera Luiz sair do trabalho e, ao vê-lo, corre em direção dele com um facão em punho, mirando na altura da cabeça. Luiz, assustado e sem saber o motivo daquela injusta agressão, rapidamente saca sua arma e atira justamente no coração de José, que morre instantaneamente. Instaurado inquérito policial para apurar as circunstâncias da morte de José, ao final das investigações, o Ministério Público formou sua opinião no seguinte sentido: Luiz deve responder pelo excesso doloso em sua conduta, ou seja, deve responder por homicídio doloso; Hugo por sua vez, deve responder como partícipe de tal homicídio. A denúncia foi oferecida e recebida.

Considerando que você é o advogado de Hugo e Luiz, responda:

A) Qual peça deverá ser oferecida, em que prazo e endereçada a quem? (Valor: 0,3)

B) Qual a tese defensiva aplicável a Luiz? (Valor: 0,5)

C) Qual a tese defensiva aplicável a Hugo? (Valor: 0,45)

Distribuição dos Pontos

Item	Pontuação
a) Resposta à acusação **(0,1)**, no prazo de 10 dias (art. 406 do CPP) **(0,1)**, endereçada ao Juiz da Vara Criminal / do Júri **(0,1)**. **OU** *Habeas corpus* para extinção da ação penal **(0,1)**; que não possui prazo determinado **(0,1)**; endereçado ao Tribunal de Justiça **(0,1)**.	0/0,1/0,2/0,3
b) Legítima defesa **(0,3)**. Não houve excesso, pois a conduta de José configurava injusta agressão e atentava contra a vida de Luiz (**OU** fundamentação jurídica da legítima defesa) **(0,2)**. *Obs.: a mera indicação de artigo não é pontuada.*	0/0,1/0,2/0,3

c) Não praticou crime **(0,2)**, pois, de acordo com a Teoria da Acessoriedade Limitada, o partícipe somente poderá ser punido se o agente praticar conduta típica e ilícita, o que não foi o caso, já que Luiz agiu amparado por uma causa excludente de ilicitude **(0,25)**. OU Não havia liame subjetivo entre Hugo e Luiz **(0,2)**, razão pela qual Hugo não poderia ser considerado partícipe **(0,25)**.	0/0,2/0,25/0,45

Questão 3

Caio, Mévio, Tício e José, após se conhecerem em um evento esportivo de sua cidade, resolveram praticar um estelionato em detrimento de um senhor idoso. Logrando êxito em sua empreitada criminosa, os quatro dividiram os lucros e continuaram a vida normal. Ao longo da investigação policial, apurou-se a autoria do delito por meio dos depoimentos de diversas testemunhas que presenciaram a fraude. Em decorrência de tal informação, o promotor de justiça denunciou Caio, Mévio, Tício e José, alegando se tratar de uma quadrilha de estelionatários, tendo requerido a decretação da prisão temporária dos denunciados. Recebida a denúncia, a prisão temporária foi deferida pelo juízo competente.

Com base no relatado acima, responda aos itens a seguir, empregando os argumentos jurídicos apropriados e a fundamentação legal pertinente ao caso.

A) Qual(is) o(s) meio(s) de se impugnar tal decisão e a quem deverá(ão) ser endereçado(s)? (Valor: 0,6)

B) Quais fundamentos deverão ser alegados? (Valor: 0,65)

Distribuição dos Pontos

Item	Pontuação
a) Relaxamento da prisão **(0,3)**, endereçado ao juiz de direito estadual **(0,3)**. OU *Habeas corpus* **(0,3)**, endereçado ao Tribunal de Justiça estadual **(0,3)**.	0/0,3/0,6
b1) Ilegalidade da prisão, pois não há formação de quadrilha quando a reunião se deu para a prática de apenas um delito **(0,25)**. Não se poderia decretar a prisão temporária, pois estelionato não está previsto no artigo 1.º, III, da Lei n. 7.960/89 **(0,2)**.	0/0,2/0,25/0,45
b2) A prisão temporária é medida exclusiva do inquérito policial **(0,2)**.	0/0,2

Questão 4

Carlos Alberto, jovem recém-formado em Economia, foi contratado em janeiro de 2009 pela ABC Investimentos S.A., pessoa jurídica de direito privado que tem como atividade principal a captação de recursos financeiros de terceiros para aplicar no mercado de valores mobiliários, com a função de assistente direto do presidente da companhia, Augusto César. No primeiro mês de trabalho, Carlos Alberto foi informado de que sua função principal seria elaborar relatórios e portfólios da companhia a serem endereçados aos acionistas com o fim de informá-los acerca da situação financeira da ABC. Para tanto, Carlos Alberto baseava-se, exclusivamente, nos dados financeiros a ele fornecidos pelo presidente Augusto César. Em agosto de 2010, foi apurado, em auditoria contábil realizada nas finanças da ABC, que as informações mensalmente enviadas por Carlos Alberto aos acionistas da companhia eram falsas, haja vista que os relatórios alteravam a realidade sobre as finanças da companhia, sonegando informações capazes de revelar que a ABC estava em situação financeira periclitante.

Considerando-se a situação acima descrita, responda aos itens a seguir, empregando os argumentos jurídicos apropriados e a fundamentação legal pertinente ao caso.

A) É possível identificar qualquer responsabilidade penal de Augusto César? Se sim, qual(is) seria(m) a(s) conduta(s) típica(s) a ele atribuída(s)? (Valor 0,45)

B) Caso Carlos Alberto fosse denunciado por qualquer crime praticado no exercício das suas funções enquanto assistente da presidência da ABC, que argumentos a defesa poderia apresentar para o caso? (Valor: 0,8)

Distribuição dos Pontos

Item	Pontuação
a) Sim, pois Augusto César agiu com dolo **(0,25)**, sendo autor do crime previsto no art. 6.º da Lei n. 7.492/86 **(0,2)**. *Obs.: a mera indicação do artigo não é pontuada.*	0/0,2/0,25/0,45
b) Poderia argumentar que não agiu com dolo / agiu em erro de tipo **(0,6)**, nos termos do art. 20 *caput* **OU** art. 20, § 2.º, do CP **(0,2)**. *Obs.: a mera indicação do artigo não é pontuada.*	0/0,6/0,8

V Exame de Ordem

Questão 1

Antônio, pai de um jovem hipossuficiente preso em flagrante delito, recebe de um serventuário do Poder Judiciário Estadual a informação de que Jorge, defensor público criminal com atribuição para representar o seu filho, solicitara a quantia de dois mil reais para defendê-lo adequadamente. Indignado, Antônio, sem averiguar a fundo a informação, mas confiando na palavra do serventuário, escreve um texto reproduzindo a acusação e o entrega ao juiz titular da vara criminal em que Jorge funciona como defensor público. Ao tomar conhecimento do ocorrido, Jorge apresenta uma gravação em vídeo da entrevista que fizera com o filho de Antônio, na qual fica evidenciado que jamais solicitara qualquer quantia para defendê-lo, e representa criminalmente pelo fato. O Ministério Público oferece denúncia perante o Juizado Especial Criminal, atribuindo a Antônio o cometimento do crime de calúnia, praticado contra funcionário público em razão de suas funções, nada mencionando acerca dos benefícios previstos na Lei n. 9.099/95. Designada Audiência de Instrução e Julgamento, recebida a denúncia, ouvidas as testemunhas, interrogado o réu e apresentadas as alegações orais pelo Ministério Público, na qual pugnou pela condenação na forma da inicial, o magistrado concede a palavra a Vossa Senhoria para apresentar alegações finais orais.

Em relação à situação acima, responda aos itens a seguir, empregando os argumentos jurídicos apropriados e a fundamentação legal pertinente ao caso.

A) O Juizado Especial Criminal é competente para apreciar o fato em tela? (Valor: 0,30)

B) Antônio faz jus a algum benefício da Lei n. 9.099/95? Em caso afirmativo, qual(is)? (Valor: 0,30)

C) Antônio praticou crime? Em caso afirmativo, qual? Em caso negativo, por que razão? (Valor: 0,65)

Distribuição dos Pontos

Item	Pontuação
a) Não, pois, de acordo com o artigo 141, II do CP **(0,1)**, quando a ofensa for praticada contra funcionário público em razão de suas funções, a pena será aumentada de um terço, o que faz com que a sanção máxima abstratamente cominada seja superior a dois anos **(0,2)**.	0/0,1/0,2/0,3
b) Sim, suspensão condicional do processo **(0,2)** art. 89 da Lei n. 9.099/95 **(0,1)**.	0/0,1/0,2/0,3
c) Não. Antônio agiu em erro de tipo **OU** ausência de dolo **(0,5)**, nos termos do art. 20 (não existe modalidade culposa) **(0,15)**.	0/0,50/0,65

Questão 2

Joaquina, ao chegar à casa de sua filha, Esmeralda, deparou-se com seu genro, Adaílton, mantendo relações sexuais com sua neta, a menor F.M., de 12 anos de idade, fato ocorrido no dia 2 de janeiro de 2011. Transtornada com a situação, Joaquina foi à delegacia de polícia, onde registrou ocorrência do fato criminoso. Ao término do Inquérito Policial instaurado para apurar os fatos narrados, descobriu-se que Adaílton vinha mantendo relações sexuais com a referida menor desde novembro de 2010. Apurou-se, ainda, que Esmeralda, mãe de F.M., sabia de toda a situação e, apesar de ficar enojada, não comunicava o fato à polícia com receio de perder o marido que muito amava.

Na condição de advogado(a) consultado(a) por Joaquina, avó da menor, responda aos itens a seguir, empregando os argumentos jurídicos apropriados e a fundamentação legal pertinente ao caso.

A) Adaílton praticou crime? Em caso afirmativo, qual? (Valor: 0,3)

B) Esmeralda praticou crime? Em caso afirmativo, qual? (Valor: 0,5)

C) Considerando que o Inquérito Policial já foi finalizado, deve a avó da menor oferecer queixa-crime? (Valor: 0,45)

Distribuição dos Pontos

Item	Pontuação
a) Sim. Estupro de vulnerável **(0,2)** – art. 217-A do CP **(0,1)**.	0/0,1/0,2/0,3
b) Sim, Estupro de vulnerável **(0,3)** – artigo 217-A do CP c/c artigo 13, § 2.º, "a", do CP **OU** era garantidora **(0,2)**. *Obs.: não pontua só artigo ou fundamento isolados.*	0/0,3/0,5
c) Não, por se tratar de ação penal pública incondicionada **(0,35)**. Art. 225, parágrafo único, do CP **(0,1)**.	0/0,35/0,45

Questão 3

Jaime, brasileiro, solteiro, nascido em 10 de novembro de 1982, praticou, no dia 30 de novembro de 2000, delito de furto qualificado pelo abuso de confiança (art. 155, parágrafo 4.º, II, do CP). Devidamente denunciado e processado, Jaime foi condenado à pena de 4 (quatro) anos e 2 (dois) meses de reclusão. A sentença transitou definitivamente em julgado no dia 15 de janeiro de 2002, e o término do cumprimento da pena se deu em 20 de março de 2006. No dia 24 de março de 2006, Jaime subtraiu um aparelho de telefone celular que havia sido esquecido por Lara em cima do balcão de uma lanchonete. Todavia, sua conduta fora filmada pelas câmeras do estabelecimento, o que motivou o oferecimento de denúncia, por parte do Ministério Público, pela prática de furto simples (art. 155, *caput*, do CP). A denúncia foi recebida em 14 de abril de 2006, e, em 18 de outubro de 2006, Jaime foi condenado à pena de 1 (um) ano de reclusão e 10 (dez) dias-multa. Foi fixado o regime inicial aberto para o cumprimento da pena privativa de liberdade, com sentença publicada no mesmo dia.

Com base nos dados acima descritos, bem como atento às informações a seguir expostas, responda fundamentadamente:

A) Suponha que a acusação tenha se conformado com a sentença, tendo o trânsito em julgado para esta ocorrido em 24 de outubro de 2006. A defesa, por sua vez, interpôs apelação no prazo legal. Todavia, em virtude de sucessivas greves, adiamentos e até mesmo perda dos autos, até a data de 20 de outubro de 2010, o recurso da defesa não tinha sido julgado. Nesse sentido, o que você, como advogado, deve fazer? (Valor: 0,60)

B) A situação seria diferente se ambas as partes tivessem se conformado com o decreto condenatório, de modo que o trânsito em julgado definitivo teria ocorrido em 24 de outubro de 2006, mas Jaime, temeroso de ficar mais uma vez preso, tivesse se evadido tão logo teve ciência do conteúdo da sentença, somente tendo sido capturado em 25 de outubro de 2010? (Valor: 0,65)

Distribuição dos Pontos

Item	Pontuação
a) *Habeas corpus* **OU** Petição dirigida ao relator **(0,3)**. Justificativa **(0,3)**.	0/0,3/0,6
b) Não haveria prescrição **(0,3)**. Jaime é reincidente **(0,35)**. *Obs.: a justificativa isolada não pontua.*	0/0,3/0,65

Questão 4

João e Maria iniciaram uma paquera no Bar X na noite de 17 de janeiro de 2011. No dia 19 de janeiro do corrente ano, o casal teve uma séria discussão, e Maria, nitidamente enciumada, investiu contra o carro de João, que já não se encontrava em bom estado de conservação, com três exercícios de IPVA inadimplentes, a saber: 2008, 2009 e 2010. Além disso, Maria proferiu diversos insultos contra João no dia de sua festa de formatura, perante seu amigo Paulo, afirmando ser ele "covarde", "corno" e "frouxo". A requerimento de João, os fatos foram registrados perante a Delegacia Policial, onde a testemunha foi ouvida. João comparece ao seu escritório e contrata seus serviços profissionais, a fim de serem tomadas as medidas legais cabíveis. Você, como profissional diligente, após verificar não ter passado o prazo decadencial, interpõe Queixa-Crime ao juízo competente no dia 18 de julho de 2011.

O magistrado ao qual foi distribuída a peça processual profere decisão rejeitando-a, afirmando tratar-se de clara decadência, confundindo-se com relação à contagem do prazo legal. A decisão foi publicada dia 25 de julho de 2011. Com base somente nas informações anteriores, responda:

A) Qual é o recurso cabível contra essa decisão? (Valor: 0,30)

B) Qual é o prazo para a interposição do recurso? (Valor: 0,30)

C) A quem deve ser endereçado o recurso? (Valor: 0,30)

D) Qual é a tese defendida? (Valor: 0,35)

Distribuição dos Pontos

Item	Pontuação
a) Apelação.	0/0,3

b) 10 dias.	0/0,3
c) Turma Recursal.	0/0,3
d) O juiz contou de forma equivocada o prazo decadencial.	0/0,35

IV Exame de Ordem

Questão 1

Maria, jovem extremamente possessiva, comparece ao local em que Jorge, seu namorado, exerce o cargo de auxiliar administrativo e abre uma carta lacrada que havia sobre a mesa do rapaz. Ao ler o conteúdo, descobre que Jorge se apropriara de R$ 4.000,00 (quatro mil reais), que recebera da empresa em que trabalhava para efetuar um pagamento, mas utilizara tal quantia para comprar uma joia para uma moça chamada Júlia. Absolutamente transtornada, Maria entrega a correspondência aos patrões de Jorge.

Com base no relatado acima, responda aos itens a seguir, empregando os argumentos jurídicos apropriados e a fundamentação legal pertinente ao caso.

A) Jorge praticou crime? Em caso positivo, qual(is)? (Valor: 0,35)

B) Se o Ministério Público oferecesse denúncia com base exclusivamente na correspondência aberta por Maria, o que você, na qualidade de advogado de Jorge, alegaria? (Valor: 0,9)

Distribuição dos Pontos

Item	Pontuação
a) Sim. / Apropriação indébita qualificada (ou majorada) em razão do ofício **(0,2)** / art. 168, § 1.º, III, do CP **(0,15)**.	0/0,15/0,2/0,35
b) Falta de justa causa para a instauração de ação penal **(0,3)** / já que a denúncia se encontra lastreada exclusivamente em uma prova ilícita **(0,3)** / porquanto decorrente de violação a uma norma de direito material (art. 151 do CP **OU** art. 395, III, do CPP **OU** art. 5º, XII e LVI, da CRFB) **(0,3)**.	0/0,3/0,6/0,9

Questão 2

Caio é denunciado pelo Ministério Público pela prática do crime de homicídio qualificado por motivo fútil. De acordo com a inicial, em razão de rivalidade futebolística, Caio teria esfaqueado Mévio quarenta e três vezes, causando-lhe o óbito. Pronunciado na forma da denúncia, Caio recorreu com o objetivo de ser impronunciado, vindo o Tribunal de Justiça da localidade a manter a pronúncia, mas excluindo a qualificadora, ao argumento de que Mévio seria arruaceiro e, portanto, a motivação não poderia ser considerada fútil. No julgamento em plenário, ocasião em que Caio confessou a prática do crime, a defesa lê para os jurados a decisão proferida pelo Tribunal de Justiça no que se refere à caracterização de Mévio como arruaceiro. Respondendo aos quesitos, o Conselho de Sentença absolve Caio.

Sabendo-se que o Ministério Público não recorreu da sentença, responda aos itens a seguir, empregando os argumentos jurídicos apropriados e a fundamentação legal pertinente ao caso.

A) A esposa de Mévio poderia buscar a impugnação da decisão proferida pelo Conselho de Sentença? Em caso positivo, de que forma e com base em que fundamento? (Valor: 0,65)

B) Caso o Ministério Público tivesse interposto recurso de apelação com fundamento exclusivo no art. 593, III, *d*, do Código de Processo Penal, poderia o Tribunal de Justiça declarar a nulidade do julgamento por reconhecer a existência de nulidade processual? (Valor: 0,6)

Distribuição dos Pontos

Item	Pontuação
a) Sim. A esposa da vítima poderia constituir advogado para que ele se habilitasse como assistente de acusação e interpusesse recurso de apelação **(0,35)** / com fundamento no artigo 598 **(0,3)**.	0/0,3/0,35/0,65
b) Não, pois a Súmula 160 do STF proíbe que o Tribunal conheça de nulidade não arguida no recurso de acusação **(0,3)**. Assim, a violação ao artigo 478, I, do CPP, por parte da defesa não poderia ser analisada se a acusação não lhe tivesse feito menção no recurso interposto **(0,3)**.	0/0,3/0,6

Questão 3

Na cidade de Arsenal, no Estado Z, residiam os deputados federais Armênio e Justino. Ambos objetivavam matar Frederico, rico empresário que possuía valiosas informações contra eles. Frederico morava na cidade de Tirol, no Estado K, mas seus familiares viviam em Arsenal. Sabendo que Frederico estava visitando a família, Armênio e Justino decidiram colocar em prática o plano de matá-lo. Para tanto, seguiram Frederico quando este saía da casa de seus parentes e, utilizando-se do veículo em que estavam, bloquearam a passagem de Frederico, de modo que a caminhonete deste não mais conseguia transitar. Ato contínuo, Armênio e Justino desceram do automóvel. Armênio imobilizou Frederico e Justino desferiu tiros contra ele, Frederico. Os algozes deixaram rapidamente o local, razão pela qual não puderam perceber que Frederico ainda estava vivo, tendo conseguido salvar-se após socorro prestado por um passante. Tudo foi noticiado à polícia, que instaurou o respectivo inquérito policial. No curso do inquérito, os mandatos de Armênio e Justino chegaram ao fim, e eles não conseguiram se reeleger. O Ministério Público, por sua vez, munido dos elementos de informação colhidos na fase inquisitiva, ofereceu denúncia contra Armênio e Justino, por tentativa de homicídio, ao Tribunal do Júri da

Justiça Federal com jurisdição na comarca onde se deram os fatos, já que, à época, os agentes eram deputados federais. Recebida a denúncia, as defesas de Armênio e Justino mostraram-se conflitantes. Já na fase instrutória, Frederico teve seu depoimento requerido. A vítima foi ouvida por meio de carta precatória em Tirol. Na respectiva audiência, os advogados de Armênio e Justino não compareceram, de modo que juízo deprecado nomeou um único advogado para ambos os réus. O juízo deprecante, ao final, emitiu decreto condenatório em face de Armênio e Justino. Armênio, descontente com o patrono que o representava, destituiu-o e nomeou você como novo advogado.

Com base no cenário acima, indique duas nulidades que podem ser arguidas em favor de Armênio. Justifique com base no CPP e na CRFB. (Valor: 1,25)

Distribuição dos Pontos

Item	Pontuação
Indicar **duas** entre as seguintes. Acertando duas, + **0,05**: **a)** Nulidade por incompetência absoluta com base no art. 564, I, do CPP e ausência de qualquer das hipóteses mencionadas no art. 109 da CRFB que justifiquem a atração do processo à competência da Justiça Federal **(0,3)**. O fato de os agentes serem ex-deputados federais não enseja deslocamento de competência, inclusive porque o direito ao foro por prerrogativa de função já havia cessado, já que os réus não se reelegeram. Assim, competente é o Tribunal do Júri da comarca onde se deram os fatos **(0,3)**. **b)** Nulidade com base no art. 564, IV, do CPP **(0,3)**. A nomeação de somente um advogado para ambos os réus, feita pelo juízo deprecado, não respeita o princípio da ampla defesa consagrado no art. 5.º, LV da CRFB **(0,3)**. **c)** Nulidade pela ausência da apreciação da causa pelo juiz natural do feito **(0,3)**. Fundamentar com base no art. 5.º, LII, da CRFB **OU** art. 413/414 do CPP **(0,3)**.	0/0,3/0,6/0,9/1,25

Questão 4

João e Maria, casados desde 2007, estavam passando por uma intensa crise conjugal. João, visando tornar insuportável a vida em comum, começou a praticar atos para causar dano emocional a Maria, no intuito de ter uma partilha mais favorável. Para tanto, passou a realizar procedimentos de manipulação, de humilhação e de ridicularização de sua esposa.

Diante disso, Maria procurou as autoridades policiais e registrou ocorrência em face dos transtornos causados por seu marido. Passados alguns meses, Maria e João chegam a um entendimento e percebem que foram feitos um para o outro, como um casal perfeito. Maria decidiu, então, renunciar à representação.

Nesse sentido e com base na legislação pátria, responda fundamentadamente:

A) Pode haver renúncia (retratação) à representação durante a fase policial, antes de o procedimento ser levado a juízo? (Valor: 0,65)

B) Pode haver aplicação de pena consistente em prestação pecuniária? (Valor: 0,6)

Distribuição dos Pontos

Item	Pontuação
a) Não, de acordo com o art. 16 da Lei n. 11.340, renúncia à representação só é admitida na presença do Juiz, em audiência especialmente designada para esta finalidade **(0,65)**.	0/0,65
b) Não, de acordo com o artigo 17 da Lei n. 11.340, a prestação pecuniária é vedada **(0,6)**.	0/0,6

2010.3 Exame de Ordem

Questão 1

Caio, na qualidade de diretor financeiro de uma conhecida empresa de fornecimento de material de informática, se apropriou das contribuições previdenciárias devidas dos empregados da empresa e por esta descontadas, utilizando o dinheiro para financiar um automóvel de luxo. A partir de comunicação feita por Adolfo, empregado da referida empresa, tal fato chegou ao conhecimento da Polícia Federal, dando ensejo à instauração de inquérito para apurar o crime previsto no art. 168-A do Código Penal. No curso do aludido procedimento investigatório, a autoridade policial apurou que Caio também havia praticado o crime de sonegação fiscal, uma vez que deixara de recolher ICMS relativamente às operações da mesma empresa. Ao final do inquérito policial, os fatos ficaram comprovados, também pela confissão de Caio em sede policial. Nessa ocasião, ele afirmou estar arrependido e apresentou comprovante de pagamento exclusivamente das contribuições previdenciárias devidas ao INSS, pagamento realizado após a instauração da investigação, ficando não paga a dívida relativa ao ICMS. Assim, o delegado encaminhou os autos ao Ministério Público Federal, que denunciou Caio pelos crimes previstos nos arts. 168-A do Código Penal e 1.º, I, da Lei n. 8.137/90, tendo a inicial acusatória sido recebida pelo juiz da vara federal da localidade. Após analisar a resposta à acusação apresentada pelo advogado de Caio, o aludido magistrado entendeu não ser o caso de absolvição sumária, tendo designado audiência de instrução e julgamento.

Com base nos fatos narrados no enunciado, responda aos itens a seguir, empregando os argumentos jurídicos apropriados e a fundamentação legal pertinente ao caso.

A) Qual é o meio de impugnação cabível à decisão do Magistrado que não o absolvera sumariamente? (Valor: 0,2)

B) A quem a impugnação deve ser endereçada? (Valor: 0,2)

C) Quais fundamentos devem ser utilizados? (Valor: 0,6)

Distribuição dos Pontos

Item	Pontuação
a) *Habeas corpus* **(0,2)**, uma vez que não há previsão de recurso contra a decisão que não absolvera sumariamente o acusado, sendo cabível a ação mandamental, conforme estabelecem os artigos 647 e seguintes do CPP.	0/0,2
b) Ao Tribunal Regional Federal.	0/0,2
c) Extinção da punibilidade **(0,25)** pelo pagamento **(0,1)** do débito.	0/0,1/0,25/0,35

Questão 2

Caio, residente no município de São Paulo, é convidado por seu pai, morador da cidade de Belo Horizonte, para visitá-lo. Ao dirigir-se até Minas Gerais em seu carro, Caio dá carona a Maria, jovem belíssima que conhecera na estrada e que, ao saber do destino de Caio, o convence a subtrair pertences da casa do genitor do rapaz, chegando a sugerir que ele aguardasse o repouso noturno de seu pai para efetuar a subtração. Ao chegar ao local, Caio janta com o pai e o espera adormecer, quando então subtrai da residência uma televisão de plasma, um aparelho de som e dois mil reais. Após encontrar-se com Maria no veículo, ambos se evadem do local e são presos quando chegavam ao município de São Paulo.

Com base no relatado acima, responda aos itens a seguir, empregando os argumentos jurídicos apropriados e a fundamentação legal pertinente ao caso.

A) Caio pode ser punido pela conduta praticada e provada? (Valor: 0,4)

B) Maria pode ser punida pela referida conduta? (Valor: 0,4)

C) Em caso de oferecimento de denúncia, qual será o juízo competente para processamento da ação penal? (Valor: 0,2)

Distribuição dos Pontos

Item	Pontuação
a) Não, uma vez que incide sobre o caso a escusa absolutória **(0,2)** prevista no artigo 181, II, do CP **(0,2)**.	0/0,2/0,4

b) Sim, uma vez que a circunstância relativa a Caio é de caráter pessoal, não se comunicando a ela **(0,2)**, com base no artigo 30 **OU** 183, II, do CP **(0,2)**.	0/0,2/0,4
c) Belo Horizonte, local em que o delito se consumou **(0,1)**, conforme artigos 69, I, **OU** do CPP **(0,1)**.	0/0,1/0,2

Questão 3

Jeremias é preso em flagrante pelo crime de latrocínio, praticado contra uma idosa que acabara de sacar o valor relativo à sua aposentadoria dentro de uma agência da Caixa Econômica Federal e presenciado por duas funcionárias da referida instituição, as quais prestaram depoimento em sede policial e confirmaram a prática do delito. Ao oferecer denúncia perante o Tribunal do Júri da Justiça Federal da localidade, o Ministério Público Federal requereu a decretação da prisão preventiva de Jeremias para a garantia da ordem pública, por ser o crime gravíssimo e por conveniência da instrução criminal, uma vez que as testemunhas seriam mulheres e poderiam se sentir amedrontadas caso o réu fosse posto em liberdade antes da colheita de seus depoimentos judiciais. Ao receber a inicial, o magistrado decretou a prisão preventiva de Jeremias, utilizando-se dos argumentos apontados pelo Parquet.

Com base no caso acima, empregando os argumentos jurídicos apropriados e a fundamentação legal pertinente ao caso, indique os argumentos defensivos para atacar a decisão judicial que recebeu a denúncia e decretou a prisão preventiva.

Distribuição dos Pontos

Item	Pontuação
Incompetência da Justiça Federal para julgar o caso **(0,15)**, por não se enquadras nas hipóteses do art. 109 da CRFB **(0,15)**.	0/0,15/0,3
Incompetência do Tribunal do Júri **(0,15)**, considerando que o crime de latrocínio tem natureza patrimonial **(0,15)**.	0/0,15/0,3
Ilegalidade na decretação da prisão preventiva **(0,2)**, com base na impossibilidade de fundamentar a prisão na gravidade abstrata do crime **OU** da presunção de que as vítimas se sentiriam amedrontadas **(0,2)**.	0/0,2/0,4

Questão 4

Caio, professor do curso de segurança no trânsito, motorista extremamente qualificado, guiava seu automóvel tendo Madalena, sua namorada, no banco do carona. Durante o trajeto, o casal começa a discutir asperamente, o que faz com que Caio empreenda altíssima velocidade ao automóvel. Muito assustada, Madalena pede insistentemente para Caio reduzir a marcha do veículo, pois àquela velocidade não seria possível controlar o automóvel. Caio, entretanto, respondeu aos pedidos dizendo ser perito em direção e refutando qualquer possibilidade de perder o controle do carro. Todavia, o automóvel atinge um buraco e, em razão da velocidade empreendida, acaba se desgovernando, vindo a atropelar três pessoas que estavam na calçada, vitimando-as fatalmente. Realizada perícia de local, que constatou o excesso de velocidade, e ouvidos Caio e Madalena, que relataram à autoridade policial o diálogo travado entre o casal, Caio foi denunciado pelo Ministério Público pela prática do crime de homicídio na modalidade de dolo eventual, três vezes em concurso formal. Recebida a denúncia pelo magistrado da vara criminal vinculada ao Tribunal do Júri da localidade e colhida a prova, o Ministério Público pugnou pela pronúncia de Caio, nos exatos termos da inicial.

Na qualidade de advogado de Caio, chamado aos debates orais, responda aos itens a seguir, empregando os argumentos jurídicos apropriados e a fundamentação legal pertinente ao caso.

A) Qual(is) argumento(s) poderia(m) ser deduzidos em favor de seu constituinte? (Valor: 0,4)

B) Qual pedido deveria ser realizado? (Valor: 0,3)

C) Caso Caio fosse pronunciado, qual recurso poderia ser interposto e a quem a peça de interposição deveria ser dirigida? (Valor: 0,3)

Distribuição dos Pontos

Item	Pontuação
a) Incompetência do juízo, uma vez que Caio praticou homicídio culposo **(0,2)**, pois agiu com culpa consciente, na medida em que, embora tenha previsto o resultado, acreditou que o evento não fosse ocorrer em razão de sua perícia **(0,2)**.	0/0,2/0,4
b) Desclassificação da imputação para homicídio culposo **OU** declínio de competência **(0,15)**, conforme previsão do artigo 419 do CPP **(0,15)**.	0/0,15/0,3
c) Recurso em sentido estrito **(0,15)**, conforme previsão do artigo 581, IV, do CPP. A peça de interposição deveria ser dirigida ao juiz de direito da vara criminal vinculada ao tribunal do júri **(0,15)**, prolator da decisão atacada.	0/0,15/0,3

Questão 5

Em 22 de julho de 2008, Caio foi condenado à pena de 10 (dez) anos de reclusão, a ser cumprida em regime inicialmente fechado, pela prática, no dia 10 de novembro de 2006, do crime de tráfico de drogas, previsto no art. 33 da Lei n. 11.343/2006. Iniciada a execução da sua pena em 7 de janeiro de 2009, a Defensoria Pública, em 10 de fevereiro de 2011, requereu a progressão do cumprimento da sua pena para o regime semiaberto, tendo o pedido sido indeferido pelo juízo de execuções penais ao argumento de que, para tanto, seria necessário o cumprimento de 2/5 da pena.

Considerando ter sido procurado pela família de Caio para advogar em sua defesa, responda aos itens a seguir, empregando os argumentos jurídicos apropriados e a fundamentação legal pertinente ao caso.

A) Qual(is) o(s) meio(s) de impugnação da decisão que indeferiu o pedido da Defensoria Pública? (Valor: 0,3)

B) Qual(is) argumento(s) jurídico(s) poderia(m) ser usado(s) em defesa da progressão de regime de Caio? (Valor: 0,7)

Distribuição dos Pontos

Item	Pontuação
a) *Habeas corpus* e agravo em execução penal **(0,15 cada um)**.	0/0,15/0,3
b) Tendo em vista que a norma que alterou as regras relativas à progressão de regime possui natureza penal **(0,3)**.	0/0,3
E é mais gravosa ao réu, não pode retroagir de modo a abarcar fatos que lhe são anteriores **(0,2)**.	0/0,2
No caso, o delito foi praticado antes da edição da lei, devendo em consequência, ser aplicada a fração de 1/6 para a progressão de regime **(0,2)**.	0/0,2

Cuidado: a progressão de regime sofreu profunda modificação pelo *Pacote Anticrime*. Veja o art. 112 da LEP.

2010.2 Exame de Ordem

Questão 1

José da Silva foi preso em flagrante pela polícia militar quando transportava em seu carro grande quantidade de drogas. Levado pelos policiais à delegacia de polícia mais próxima, José telefonou para seu advogado, o qual requereu ao delegado que aguardasse sua chegada para lavrar o flagrante. Enquanto esperavam o advogado, o delegado de polícia conversou informalmente com José, o qual confessou que pertencia a um grupo que se dedicava ao tráfico de drogas e declinou o nome de outras cinco pessoas que participavam desse grupo. Essa conversa foi gravada pelo delegado de polícia.

Após a chegada do advogado à delegacia, a autoridade policial permiti u que José da Silva se entrevistasse particularmente com seu advogado e, só então, procedeu à lavratura do auto de prisão em flagrante, ocasião em que José foi informado de seu direito de permanecer calado e foi formalmente interrogado pela autoridade policial. Durante o interrogatório formal, assisti do pelo advogado, José da Silva optou por permanecer calado, afirmando que só se manifestaria em juízo.

Com base na gravação contendo a confissão e delação de José, o Delegado de Polícia, em um único ato, determina que um de seus policiais atue como agente infiltrado e requer, ainda, outras medidas cautelares investigativas para obter provas em face dos demais membros do grupo criminoso: 1. quebra de sigilo de dados telefônicos, autorizada pelo juiz competente; 2. busca e apreensão, deferida pelo juiz competente, a qual logrou apreender grande quantidade de drogas e armas; 3. prisão preventiva dos cinco comparsas de José da Silva, que estavam de posse das drogas e armas. Todas as provas coligidas na investigação corroboraram as informações fornecidas por José em seu depoimento.

Relatado o inquérito policial, o promotor de justiça denunciou todos os envolvidos por associação para o tráfico de drogas (art. 35, Lei n. 11.343/2006), tráfico ilícito de entorpecentes (art. 33, Lei n. 11.343/2006) e quadrilha armada (art. 288, parágrafo único).

Considerando tal narrativa, excluindo eventual pedido de aplicação do instituto da delação premiada, indique quais as teses defensivas, no plano do direito material e processual, que podem ser arguidas a parti r do enunciado acima, pela defesa de José. Indique os dispositivos legais aplicáveis aos argumentos apresentados.

Distribuição dos Pontos

Item	Pontuação
Prova ilícita (art. 157, parágrafo 1º, CPP).	0/0,3
Vício na infiltração (art. 53, I, Lei n. 11.343/06).	0/0,3
Cumulação entre quadrilha e associação.	0/0,4

Questão 2

Caio, funcionário público, ao fiscalizar determinado estabelecimento comercial exige vantagem indevida.

A qual delito corresponde o fato narrado:

I. se a vantagem exigida servir para que Caio deixe de cobrar tributo devido;

II. se a vantagem, advinda de cobrança de tributo que Caio sabia não ser devida, for desviada para proveito de Caio?

Distribuição dos Pontos

Item	Pontuação
Art. 3.º, Lei n. 8.137/90.	0/0,5
Art. 316, parágrafo 2.º, CP.	0/0,5

Questão 3

Pedro, almejando a morte de José, contra ele efetua disparo de arma de fogo, acertando-o na região torácica. José vem a falecer, entretanto, não em razão do disparo recebido, mas porque, com intenção suicida, havia ingerido dose letal de veneno momentos antes de sofrer a agressão, o que foi comprovado durante instrução processual. Ainda assim, Pedro foi pronunciado nos termos do previsto no art. 121, *caput*, do Código Penal.

Na condição de Advogado de Pedro:

I. indique o recurso cabível;

II. o prazo de interposição;

III. a argumentação visando à melhoria da situação jurídica do defendido. Indique, ainda, para todas as respostas, os respectivos dispositivos legais.

Distribuição dos Pontos

Item	Pontuação
Recurso em sentido estrito (Art. 581, IV, CPP).	0/0,2
5 dias (art. 586, CPP).	0/0,2
Consumado para tentado (art. 13, CP).	0/0,2/0,4/0,6

Questão 4

Aurélio, tentando defender-se da agressão a faca perpetrada por Berilo, saca de seu revólver e efetua um disparo contra o agressor. Entretanto, o disparo efetuado por Aurélio ao invés de acertar Berilo, atinge Cornélio, que se encontrava muito próximo de Berilo. Em consequência do tiro, Cornélio vem a falecer.

Aurélio é acusado de homicídio.

Na qualidade de advogado de Aurélio indique a tese de defesa que melhor se adequa ao fato. Justifique sua resposta.

Distribuição dos Pontos

Item	Pontuação
Legítima Defesa (art. 25, CP) (Fundamentação).	0/0,5
Erro na execução (art. 73, CP) (Fundamentação).	0/0,5

Questão 5

Lucas, processado em liberdade, foi condenado na 1.ª instância à pena de 05 (cinco) anos em regime integralmente fechado, pelo crime de tráfico de drogas, cometido em setembro de 2006. Interpôs Recurso de Apelação o qual foi parcialmente provido. O Tribunal alterou apenas o dispositivo da sentença que fixava o regime em integralmente fechado para inicialmente fechado. Após o trânsito em julgado, Lucas deu início ao cumprimento de pena em 10 de fevereiro de 2009. O juízo da execução, em 10 de outubro de 2010, negou a progressão de regime sob o fundamento de que Lucas ainda não havia cumprido 2/5 da pena, em que pese os demais requisitos tenham sido preenchidos.

Diante dos fatos e da decisão acima exposta, sendo que sua intimação, na condição de Advogado de Lucas, ocorreu em 11.10.2010:

I. indique o recurso cabível.

II. apresente a argumentação adequada, indicando os respectivos dispositivos legais.

Distribuição dos Pontos

Item	Pontuação
Agravo de Execução (art. 197, LEP).	0/0,3
Lei n. 11.464/07 é posterior (Progressão com 2/5).	0/0,2/0,5/0,7

Cuidado: a progressão de regime sofreu profunda modificação pelo *Pacote Anticrime*. Veja o art. 112 da LEP.

10. SÚMULAS

TEMA	SÚMULAS
Lei nova favorável	611-STF.
Crime impossível	145-STF.
Crime continuado	711-STF.
Crime permanente	711-STF.
Dosimetria da pena	171-STJ; 231-STJ; 241-STJ; 444-STJ; 545-STJ; 630-STJ; 636-STJ.
Fixação do regime prisional	269-STJ; 440-STJ; 718-STF; 719-STF.
Medida de segurança	527-STJ; 422-STF; 520-STF; 525-STF.
Sursis	499-STF.
Livramento condicional	617-STJ.
Prescrição	191-STJ; 220-STJ; 438-STJ; 146-STF; 497-STF; 592-STF.
Perdão judicial	18-STJ.
Furto	442-STJ; 443-STJ; 511-STJ; 567-STJ; 582-STJ; 610-STF.
Extorsão	96-STJ.
Estelionato	17-STJ; 24-STJ; 48-STJ; 73-STJ; 246-STF; 554-STF.
Violação de direito autoral	502-STJ; 574-STJ.
Estupro	593-STJ.
Uso de documento falso	546-STJ.
Falsa identidade	522-STJ.
Crimes contra a Administração Pública	599-STJ.
Contravenções penais	51-STJ; 720-STF.

Crimes de responsabilidade dos prefeitos	164-STJ; 703-STF.
ECA	500-STJ.
Crimes contra a ordem tributária	609-STF; SV-24.
CTB	575-STJ; 720-STF.
Lei Geral de Telecomunicações	606-STJ.
Estatuto do Desarmamento	513-STJ.
Lei Maria da Penha	536-STJ; 542-STJ; 588-STJ; 589-STJ; 600-STJ.
Lei de Drogas	501-STJ; 587-STJ; 607-STJ.
Inquérito policial	524-STF; SV-14.
Uso de algemas	SV-11.
Ação penal	234-STJ; 542-STJ; 594-STF; 714-STF.
Crimes funcionais	330-STJ
Justiça Estadual	38-STJ; 42-STJ; 62-STJ; 104-STJ; 107-STJ; 140-STJ; 208-STJ; 209-STJ; 546-STJ; 498-STF; 522-STF.
Justiça Federal	122-STJ; 147-STJ; 165-STJ; 200-STJ; 208-STJ; 209-STJ; 528-STJ; SV-36.
Justiça Militar	53-STJ; 78-STJ; SV-36.
Foro por prerrogativa de função	451-STY; 704-STF; 702-STF; 721-STF; SV-45.
Conflito de competência	555-STF.
Citação por edital	415-STJ; 455-STJ; 351-STF; 366-STF.
Prisão	21-STJ; 64-STJ; 52-STJ; 347-STJ.
Carta precatória	273-STJ; 155-STF.
Prazos	710-STF.
Assistente de acusação	208-STF; 210-STF; 448-STF.
Mutatio Libelli	453-STF.
Suspensão condicional do processo	243-STJ; 337-STJ; 696-STF; 723-STF.
Transação penal	SV-35.
Tribunal do Júri	156-STF; 162-STF; 206-STF; 603-STF; 712-STF; 713-STF; SV-45.
Nulidades	361-STF; 523-STF; 564-STF; 706-STF; 707-STF; 708-STF.
Recursos	267-STJ; 347-STJ; 604-STJ; 160-STF; 705-STF; 709-STF.
Habeas corpus	344-STF; 395-STF; 606-STF; 691-STF; 692-STF; 693-STF; 694-STF; 695-STF.
Mandado de segurança	701-STF.

Revisão criminal	393-STF.
Meios de prova	74-STJ.
Embargos infringentes	355-STF.
Execução Penal	40-STJ; 192-STJ; 341-STJ; 439-STJ; 441-STJ; 471-STJ; 491-STJ; 493-STJ; 520-STJ; 526-STJ; 533-STJ; 534-STJ; 535-STJ; 562-STJ; 631-STJ; 671-STJ; 700-STF; 715-STF; 716-STF; 717-STF; SV-9; SV-26; SV-56.

10.1. Súmulas Vinculantes

Súmula Vinculante 9: O disposto no art. 127 da Lei n. 7.210/84 (Lei de Execução Penal) foi recebido pela ordem constitucional vigente, e não se lhe aplica o limite temporal previsto no *caput* do art. 58.

Súmula Vinculante 11: Só é lícito o uso de algemas em casos de resistência e de fundado receio de fuga ou de perigo à integridade física própria ou alheia, por parte do preso ou de terceiros, justificada a excepcionalidade por escrito, sob pena de responsabilidade disciplinar, civil e penal do agente ou da autoridade e de nulidade da prisão ou do ato processual a que se refere, sem prejuízo da responsabilidade civil do Estado.

Súmula Vinculante 14: É direito do defensor, no interesse do representado, ter acesso amplo aos elementos de prova que, já documentados em procedimento investigatório realizado por órgão com competência de polícia judiciária, digam respeito ao exercício do direito de defesa.

Súmula Vinculante 24: Não se tipifica crime material contra a ordem tributária, previsto no art. 1.º, incisos I a IV, da Lei n. 8.137/90, antes do lançamento definitivo do tributo.

Súmula Vinculante 26: Para efeito de progressão de regime no cumprimento de pena por crime hediondo, ou equiparado, o juízo da execução observará a inconstitucionalidade do art. 2.º da Lei n. 8.072, de 25 de julho de 1990, sem prejuízo de avaliar se o condenado preenche, ou não, os requisitos objetivos e subjetivos do benefício, podendo determinar, para tal fim, de modo fundamentado, a realização de exame criminológico.

> **Cuidado:** a progressão de regime sofreu profunda modificação pelo Pacote Anticrime. Veja o art. 112 da LEP.

Súmula Vinculante 35: A homologação da transação penal prevista no art. 76 da Lei n. 9.099/95 não faz coisa julgada material e, descumpridas suas cláusulas, retoma-se a situação anterior, possibilitando-se ao Ministério Público a continuidade da persecução penal mediante oferecimento de denúncia ou requisição de inquérito policial.

Súmula Vinculante 36: Compete à Justiça Federal comum processar e julgar civil denunciado pelos crimes de falsificação e de uso de documento falso quando se tratar de falsificação da Caderneta de Inscrição e Registro (CIR) ou de Carteira de Habilitação de Amador (CHA), ainda que expedidas pela Marinha do Brasil.

Súmula Vinculante 45: A competência constitucional do Tribunal do Júri prevalece sobre o foro por prerrogativa de função estabelecido exclusivamente pela Constituição Estadual.

Súmula Vinculante 56: A falta de estabelecimento penal adequado não autoriza a manutenção do condenado em regime prisional mais gravoso, devendo-se observar, nessa hipótese, os parâmetros fixados no RE 641.320/RS.

10.2. Súmulas do STF

Súmula 145-STF: Não há crime, quando a preparação do flagrante pela polícia torna impossível a sua consumação.

➔ No flagrante preparado, temos hipótese de crime impossível (CP, art. 17). Portanto fato atípico, vedada a prisão em flagrante. Não confunda com o flagrante esperado e o flagrante prorrogado.

Súmula 146-STF: A prescrição da ação penal regula-se pela pena concretizada na sentença, quando não há recurso da acusação.

Súmula 155-STF: É relativa a nulidade do processo criminal por falta de intimação da expedição de precatória para inquirição de testemunha.

Súmula 156-STF: É absoluta a nulidade do julgamento, pelo Júri, por falta de quesito obrigatório.

Súmula 160-STF: É nula a decisão do tribunal que acolhe, contra o réu, nulidade não arguida no recurso da acusação, ressalvados os casos de recurso de ofício.

Súmula 162-STF: É absoluta a nulidade do julgamento, pelo Júri, quando os quesitos da defesa não precedem aos das circunstâncias agravantes.

Súmula 206-STF: É nulo o julgamento ulterior pelo Júri com a participação de jurado que funcionou em julgamento anterior do mesmo processo.

Súmula 208-STF: O assistente do Ministério Público não pode recorrer, extraordinariamente, de decisão concessiva de *habeas corpus*.

Súmula 210-STF: O assistente do Ministério Público pode recorrer, inclusive extraordinariamente, na ação penal, nos casos dos arts. 584, § 1.º e 598 do CPP.

Súmula 246-STF: Comprovado não ter havido fraude, não se configura o crime de emissão de cheque sem fundos.

Súmula 344-STF: Sentença de primeira instância concessiva de *habeas corpus*, em caso de crime praticado em detrimento de bens, serviços ou interesses da União, está sujeita a recurso *ex officio*.

Súmula 351-STF: É nula a citação por edital de réu preso na mesma unidade da federação em que o Juiz exerce a sua jurisdição.

Súmula 355-STF: Em caso de embargos infringentes parciais, é tardio o recurso extraordinário interposto após o julgamento dos embargos, quanto a parte da decisão embargada que não fora por eles abrangida.

Súmula 366-STF: Não é nula a citação por edital que indica o dispositivo da lei penal, embora não transcreva a denúncia ou queixa, ou não resuma os fatos em que se baseia.

Súmula 393-STF: Para requerer revisão criminal, o condenado não é obrigado a recolher-se à prisão.

Súmula 395-STF: Não se conhece de recurso de *habeas corpus* cujo objeto seja resolver sobre o ônus das custas, por não estar mais em causa a liberdade de locomoção.

Súmula 422-STF: A absolvição criminal não prejudica a medida de segurança, quando couber, ainda que importe privação da liberdade.

➔ A sentença que impõe medida de segurança é considerada absolutória (absolvição imprópria).

Súmula 431-STF: É nulo o julgamento de recurso criminal, na segunda instância, sem prévia intimação, ou publicação da pauta, salvo em *habeas corpus*.

Súmula 448-STF: O prazo para o assistente recorrer, supletivamente, começa a correr imediatamente após o transcurso do prazo do Ministério Público.

Súmula 451-STF: A competência especial por prerrogativa de função não se estende ao crime cometido após a cessação definitiva do exercício funcional.

Súmula 453-STF: Não se aplicam à segunda instância o art. 384 e parágrafo único do CPP, que possibilitam dar nova definição jurídica ao fato delituoso, em virtude de circunstância elementar não contida, explícita ou implicitamente, na denúncia ou queixa.

Súmula 497-STF: Quando se tratar de crime continuado, a prescrição regula-se pela pena imposta na sentença, não se computando o acréscimo decorrente da continuação.

➔ No crime continuado (CP, art. 71), o agente é punido por um crime, mas a pena é aumentada de 1/6 a 2/3. Ex.: praticados dois crimes, com penas de 6 anos cada, o agente é punido apenas por um (6 anos), com aumento de um 1/6, totalizando 7 anos. Essa é a pena a ser cumprida. No entanto, para o cálculo da prescrição, desconsideramos esse uso da fração e utilizamos as penas individualizadas (6 anos para cada). Cada crime prescreverá a seu tempo.

Súmula 498-STF: Compete a justiça dos Estados, em ambas as instâncias, o processo e o julgamento dos crimes contra a economia popular.

Súmula 499-STF: Não obsta à concessão do *sursis* condenação anterior à pena de multa.

➔ Veja o art. 77, § 1.º, do CP.

Súmula 520-STF: Não exige a lei que, para requerer o exame a que se refere o art. 777 do Código de Processo Penal, tenha o sentenciado cumprido mais de metade do prazo da medida de segurança imposta.

Súmula 522-STF: Salvo ocorrência de tráfico para o exterior, quando, então, a competência será da justiça federal, compete à justiça dos estados o processo e julgamento dos crimes relativos a entorpecentes.

Súmula 523-STF: No processo penal, a falta da defesa constitui nulidade absoluta, mas a sua deficiência só o anulará se houver prova de prejuízo para o réu.

Súmula 524-STF: Arquivado o inquérito policial, por despacho do juiz, a requerimento do promotor de justiça, não pode a ação penal ser iniciada, sem novas provas.

Súmula 554-STF: O pagamento de cheque emitido sem provisão de fundos, após o recebimento da denúncia, não obsta ao prosseguimento da ação penal.

Súmula 555-STF: É competente o Tribunal de Justiça para julgar conflito de jurisdição entre Juiz de direito do estado e a Justiça Militar local.

Súmula 594-STF: Os direitos de queixa e de representação podem ser exercidos, independentemente, pelo ofendido ou por seu representante legal.

Súmula 603-STF: A competência para o processo e julgamento de latrocínio é do juiz singular e não do Tribunal do Júri.

Súmula 606-STF: Não cabe *habeas corpus* originário para o Tribunal Pleno de decisão de turma, ou do plenário, proferida em *habeas corpus* ou no respectivo recurso.

Súmula 608-STF: No crime de estupro, praticado mediante violência real, a ação penal é pública incondicionada.

➔ A Súmula 608-STF perdeu a razão de existir. Agora, o estupro é sempre de ação penal pública incondicionada.

Súmula 609-STF: É pública incondicionada a ação penal por crime de sonegação fiscal.

Súmula 610-STF: Há crime de latrocínio, quando o homicídio se consuma, ainda que não realize o agente a subtração de bens da vítima.

➔ Para a consumação do latrocínio, é irrelevante o fato de a coisa ter ou não sido subtraída. O que importa é se a vítima foi morte. Morreu? Consumou. Não morreu? Tentativa de latrocínio – não sei por qual motivo, mas tem uma lenda urbana de que não existe tentativa de latrocínio, algo sem pé e nem cabeça.

Súmula 611-STF: Transitada em julgado a sentença condenatória, compete ao juízo das execuções a aplicação de lei mais benigna.

➔ Veja o art. 66 da LEP.

Súmula 691-STF: Não compete ao Supremo Tribunal Federal conhecer de *habeas corpus* impetrado contra decisão do Relator que, em *habeas corpus* requerido a tribunal superior, indefere a liminar.

Súmula 692-STF: Não se conhece de *habeas corpus* contra omissão de relator de extradição, se fundado em fato ou direito estrangeiro cuja prova não constava dos autos, nem foi ele provocado a respeito.

Súmula 693-STF: Não cabe *habeas corpus* contra decisão condenatória a pena de multa, ou relativo a processo em curso por infração penal a que a pena pecuniária seja a única cominada.

Súmula 694-STF: Não cabe *habeas corpus* contra a imposição da pena de exclusão de militar ou de perda de patente ou de função pública.

Súmula 695-STF: Não cabe *habeas corpus* quando já extinta a pena privativa de liberdade.

Súmula 696-STF: Reunidos os pressupostos legais permissivos da suspensão condicional do processo, mas se recusando o Promotor de Justiça a propô-la, o Juiz, dissentindo, remeterá a questão ao Procurador-Geral, aplicando-se por analogia o art. 28 do CPP.

Súmula 700-STF: É de 5 dias o prazo para interposição de agravo contra decisão do juiz da execução penal.

Súmula 701-STF: No mandado de segurança impetrado pelo Ministério Público contra decisão proferida em processo penal, é obrigatória a citação do réu como litisconsorte passivo.

Súmula 702-STF: A competência do Tribunal de Justiça para julgar Prefeitos restringe-se aos crimes de competência da Justiça comum estadual; nos demais casos, a competência originária caberá ao respectivo tribunal de segundo grau.

Súmula 703-STF: A extinção do mandato do prefeito não impede a instauração de processo pela prática dos crimes previstos no art. 1.º do DL 201/67.

Súmula 704-STF: Não viola as garantias do juiz natural, da ampla defesa e do devido processo legal a atração por continência ou conexão do processo do corréu ao foro por prerrogativa de função de um dos denunciados.

Súmula 705-STF: A renúncia do réu ao direito de apelação, manifestada sem a assistência do defensor, não impede o conhecimento da apelação por este interposta.

Súmula 706-STF: É relativa a nulidade decorrente da inobservância da competência penal por prevenção.

Súmula 707-STF: Constitui nulidade a falta de intimação do denunciado para oferecer contrarrazões ao recurso interposto da rejeição da denúncia, não a suprindo a nomeação de defensor dativo.

Súmula 708-STF: É nulo o julgamento da apelação se, após a manifestação nos autos da renúncia do único defensor, o réu não foi previamente intimado para constituir outro.

Súmula 709-STF: Salvo quando nula a decisão de primeiro grau, o acórdão que provê o recurso contra a rejeição da denúncia vale, desde logo, pelo recebimento dela.

Súmula 710-STF: No processo penal, contam-se os prazos da data da intimação, e não da juntada aos autos do mandado ou da carta precatória ou de ordem.

Súmula 711-STF: A lei penal mais grave aplica-se ao crime continuado ou ao crime permanente, se a sua vigência é anterior à cessação da continuidade ou da permanência.

➔ A Súmula 711-STF é campeã em provas, pois parece violar o princípio da irretroatividade da lei penal mais gravosa – mas não viola. A ideia é a seguinte: em crimes permanentes e em caso de continuidade delitiva, a lei a ser aplicada é aquela do fim da permanência ou da continuidade, ainda que mais gravosa. Exemplo: no dia 4 de março, o agente dá início ao crime de sequestro. No dia 10 de março, entra em vigor lei nova, aumentando a pena do delito. No dia 15 de março, a vítima é libertada. Qual lei deve ser aplicada? A mais nova, em vigor quando cessou a permanência, mesmo sendo mais grave.

Súmula 712-STF: É nula a decisão que determina o desaforamento de processo da competência do Júri sem audiência da defesa.

Súmula 713-STF: O efeito devolutivo da apelação contra decisões do Júri é adstrito aos fundamentos da sua interposição.

Súmula 714-STF: É concorrente a legitimidade do ofendido, mediante queixa, e do ministério público, condicionada à representação do ofendido, para a ação penal por crime contra a honra de servidor público em razão do exercício de suas funções.

Súmula 715-STF: A pena unificada para atender ao limite de trinta anos de cumprimento, determinado pelo art. 75 do CP, não é considerada para a concessão de outros benefícios, como o livramento condicional ou regime mais favorável de execução.

Cuidado: o limite – agora, de 40 anos – permanece não sendo considerado para o cálculo de benefícios.

Súmula 716-STF: Admite-se a progressão de regime de cumprimento da pena ou a aplicação imediata de regime menos severo nela determinada, antes do trânsito em julgado da sentença condenatória.

Súmula 717-STF: Não impede a progressão de regime de execução da pena, fixada em sentença não transitada em julgado, o fato de o réu se encontrar em prisão especial.

Súmula 718-STF: A opinião do julgador sobre a gravidade em abstrato do crime não constitui motivação idônea para a imposição de regime mais severo do que o permitido segundo a pena aplicada.

➔ Veja o que foi dito a respeito da Súmula 440-STJ.

Súmula 719-STF: A imposição do regime de cumprimento mais severo do que a pena aplicada permitir exige motivação idônea.

➔ Veja o que foi dito a respeito da Súmula 440-STJ.

Súmula 720-STF: O art. 309 do Código de Trânsito Brasileiro, que reclama decorra do fato perigo de dano, derrogou o art. 32 da Lei das Contravenções Penais no tocante à direção sem habilitação em vias terrestres.

Súmula 721-STF: A competência constitucional do Tribunal do Júri prevalece sobre o foro por prerrogativa de função estabelecido exclusivamente pela Constituição estadual.

Súmula 723-STF: Não se admite a suspensão condicional do processo por crime continuado, se a soma da pena mínima da infração mais grave com o aumento mínimo de um sexto for superior a um ano.

10.3. Súmulas do STJ

Súmula 17-STJ: Quando o falso se exaure no estelionato, sem mais potencialidade lesiva, é por este absorvido.

➔ Exemplo: para a prática do um estelionato, falsifico um documento. Devo ser punido por dos crimes, em concurso? Não. O crime-meio é absorvido, restando apenas a responsabilidade pelo estelionato.

Súmula 18-STJ: A sentença concessiva do perdão judicial é declaratória da extinção da punibilidade, não subsistindo qualquer efeito condenatório.

Súmula 21-STJ: Pronunciado o réu, fica superada a alegação do constrangimento ilegal da prisão por excesso de prazo na instrução.

Súmula 24-STJ: Aplica-se ao crime de estelionato, em que figure como vítima entidade autárquica da Previdência Social, a qualificadora do § 3.º do art. 171 do CP.

Súmula 38-STJ: Compete à Justiça Estadual Comum, na vigência da CF/88, o processo por contravenção penal, ainda que praticada em detrimento de bens, serviços ou interesse da União ou de suas entidades.

Súmula 40-STJ: Para obtenção dos benefícios de saída temporária e trabalho externo, considera-se o tempo de cumprimento da pena no regime fechado.

Súmula 42-STJ: Compete à Justiça Comum Estadual processar e julgar as causas cíveis em que é parte sociedade de economia mista e os crimes praticados em seu detrimento.

Súmula 48-STJ: Compete ao Juízo do local da obtenção da vantagem ilícita processar e julgar crime de estelionato cometido mediante falsificação de cheque.

Súmula 51-STJ: A punição do intermediador, no jogo do bicho, independe da identificação do apostador ou do banqueiro

Súmula 52-STJ: Encerrada a instrução criminal, fica superada a alegação de constrangimento por excesso de prazo.

Súmula 53-STJ: Compete à Justiça Comum Estadual processar e julgar civil acusado de prática de crime contra instituições militares estaduais.

Súmula 54-STJ: A competência para processar e julgar o crime de uso de documento falso é firmada em razão da entidade ou órgão ao qual foi apresentado o documento público, não importando a qualificação do órgão expedidor.

Súmula 62-STJ: Compete à Justiça Estadual processar e julgar o crime de falsa anotação na Carteira de Trabalho e Previdência Social, atribuído à empresa privada.

Súmula 64-STJ: Não constitui constrangimento ilegal o excesso de prazo na instrução, provocado pela defesa.

Súmula 73-STJ: A utilização de papel moeda grosseiramente falsificado configura, em tese, o crime de estelionato, da competência da Justiça Estadual.

➔ Imagine o seguinte: para aplicar um golpe, mostro à vítima uma maleta cheia de dinheiro. Qualquer pessoa, ao pegar as cédulas na mão, perceberia a falsidade. Portanto, crime impossível em relação à moeda falsa (CP, art. 289). Contudo, a falsificação é capaz de enganar alguém que é ludibriado em um crime de estelionato. Por isso a falsificação grosseira pode caracterizar o delito do art. 171 do CP.

Súmula 74-STJ: Para efeitos penais, o reconhecimento da menoridade do réu requer prova por documento hábil.

➔ Para ser reconhecida a menoridade, tem de existir documento que a comprove. A regra vale também para a vítima.

Súmula 78-STJ: Compete à Justiça Militar processar e julgar policial de corporação estadual, ainda que o delito tenha sido praticado em outra unidade federativa.

Súmula 96-STJ: O crime de extorsão consuma-se independentemente da obtenção da vantagem indevida.

➔ Para a consumação, pouco importa se o agente conseguiu a vantagem indevida. Basta a prática da extorsão, em si.

Súmula 104-STJ: Compete à Justiça Estadual o processo e julgamento dos crimes de falsificação e uso de documento falso relativo a estabelecimento particular de ensino.

Súmula 107-STJ: Compete à Justiça Comum Estadual processar e julgar crime de estelionato praticado mediante falsificação das guias de recolhimento das contribuições previdenciárias, quando não ocorrente lesão à autarquia federal.

Súmula 122-STJ: Compete à Justiça Federal o processo e julgamento unificado dos crimes conexos de competência federal e estadual, não se aplicando a regra do art. 78, II, *a*, do CPP.

Súmula 140-STJ: Compete à Justiça Comum Estadual processar e julgar crime em que o indígena figure como autor ou vítima.

Súmula 147-STJ: Compete à Justiça Federal processar e julgar os crimes praticados contra funcionário público federal, quando relacionados com o exercício da função.

Súmula 151-STJ: A competência para o processo e julgamento por crime de contrabando ou descaminho define-se pela prevenção do Juízo Federal do lugar da apreensão dos bens.

Súmula 164-STJ: O prefeito municipal, após a extinção do mandato, continua sujeito a processo por crime previsto no art. 1.º do Decreto-Lei n. 201, de 27 de fevereiro de 1967.

Súmula 165-STJ: Compete à Justiça Federal processar e julgar crime de falso testemunho cometido no processo trabalhista.

Súmula 171-STJ: Cominadas cumulativamente, em lei especial, penas privativa de liberdade e pecuniária, é defeso a substituição da prisão por multa.

➔ Faz sentido. Caso contrário, teríamos duas penas de natureza pecuniária.

Súmula 191-STJ: A pronúncia é causa interruptiva da prescrição, ainda que o Tribunal do Júri venha a desclassificar o crime.

➔ O réu é pronunciado pela prática, por exemplo, de um homicídio. Aí, na segunda fase, no julgamento perante o Tribunal do Júri, os jurados entendem pela desclassificação para o delito de lesão corporal. Nesse caso, a pronúncia deve ser mantida como momento de interrupção (*zera a contagem*) do prazo prescricional? Sim.

Súmula 192-STJ: Compete ao Juízo das Execuções Penais do Estado a execução das penas impostas a sentenciados pela Justiça Federal, Militar ou Eleitoral, quando recolhidos a estabelecimentos sujeitos à administração estadual.

➔ Em execução penal, a competência é estabelecida, em caso de condenado preso, pela natureza administrativa da unidade prisional. Ex.: o criminoso foi condenado pela Justiça Federal, mas cumpre pena em presídio estadual. A competência é da Justiça Estadual. Da mesma forma, se condenado pela Justiça Estadual, mas preso em unidade prisional federal, a competência é da Justiça Federal.

Súmula 200-STJ: O Juízo Federal competente para processar e julgar acusado de crime de uso de passaporte falso é o do lugar onde o delito se consumou.

Súmula 208-STJ: Compete à Justiça Federal processar e julgar Prefeito Municipal por desvio de verba sujeita a prestação de contas perante órgão federal.

Súmula 209-STJ: Compete à Justiça Estadual processar e julgar Prefeito por desvio de verba transferida e incorporada ao patrimônio municipal.

Súmula 220-STJ: A reincidência não influi no prazo da prescrição da pretensão punitiva.

➔ A regra do art. 110, *caput*, do CP só é aplicada à prescrição da pretensão executória (PPE), e não à prescrição da pretensão punitiva (PPP).

Súmula 231-STJ: A incidência da circunstância atenuante não pode conduzir à redução da pena abaixo do mínimo legal.

➔ As atenuantes são aplicadas na segunda fase do cálculo da pena. Nunca, jamais, devem reduzir a pena abaixo do mínimo legal. Exemplo: se a pena mínima de um crime é de 2 anos, por mais que estejam presentes várias atenuantes, a pena mínima será de, no mínimo, 2 anos.

Súmula 234-STJ: A participação de membro do Ministério Público na fase investigatória criminal não acarreta o seu impedimento ou suspeição para o oferecimento da denúncia.

Súmula 241-STJ: A reincidência penal não pode ser considerada como circunstância agravante e, simultaneamente, como circunstância judicial.

➔ Se considerada a reincidência para aumentar a pena-base e, em seguida, utilizá-la como circunstância agravante, teremos punição em dobro. *Bis in idem.*

Súmula 243-STJ: O benefício da suspensão do processo não é aplicável em relação às infrações penais cometidas em concurso material, concurso formal ou continuidade delitiva, quando a pena mínima cominada, seja pelo somatório, seja pela incidência da majorante, ultrapassar o limite de um (1) ano.

Súmula 267-STJ: Não cabe mandado de segurança contra ato judicial passível de recurso ou correição.

Súmula 269-STJ: É admissível a adoção do regime prisional semiaberto aos reincidentes condenados a pena igual ou inferior a quatro anos se favoráveis as circunstâncias judiciais.

➔ Pela regra do art. 33, § 2.º, do CP, o reincidente deve começar o cumprimento da pena sempre em regime fechado. O STJ flexibilizou a regra, determinando o regime inicial semiaberto se aconselhado no caso concreto. Aliás, no art. 33, § 3.º, o CP estabelece que o regime inicial deve ser fixado em observância ao art. 59 do CP. Veja as Súmulas 440-STJ, 718-STF e 719-STF.

Súmula 273-STJ: Intimada a defesa da expedição da carta precatória, torna-se desnecessária intimação da data da audiência no juízo deprecado.

Súmula 330-STJ: É desnecessária a resposta preliminar de que trata o art. 514 do Código de Processo Penal – CPP, na ação penal instruída por inquérito policial.

Súmula 337-STJ: É cabível a suspensão condicional do processo na desclassificação do crime e na procedência parcial da pretensão punitiva.

Súmula 341-STJ: A frequência a curso de ensino formal é causa de remição de parte do tempo de execução de pena sob regime fechado ou semiaberto.

Súmula 347-STJ: O conhecimento de recurso de apelação do réu independe de sua prisão.

Súmula 415-STJ: O período de suspensão do prazo prescricional é regulado pelo máximo da pena cominada.

Súmula 438-STJ: É inadmissível a extinção da punibilidade pela prescrição da pretensão punitiva com fundamento em pena hipotética, independentemente da existência ou sorte do processo penal.

➔ O STJ não permite a chamada *prescrição virtual*, quando a punibilidade é extinta em razão da inevitável prescrição futura. Tem de esperar o natural decorrer do tempo. Não pode antecipar. Isso é coisa de gente ansiosa.

Súmula 439-STJ: Admite-se o exame criminológico pelas peculiaridades do caso, desde que em decisão motivada.

➔ O exame criminológico não é obrigatório.

Súmula 440-STJ: Fixada a pena-base no mínimo legal, é vedado o estabelecimento de regime prisional mais gravoso do que o cabível em razão da sanção imposta, com base apenas na gravidade abstrata do delito.

➔ Para definir o regime inicial de cumprimento da pena, pegue a pena da condenação e veja, no art. 33, § 2.º, do CP qual é o regime adequado. Todavia, se as circunstâncias do art. 59 do CP forem desfavoráveis, é possível que o magistrado imponha regime mais gravoso do que aquele fixado no art. 33, § 2.º. Ou seja, a gravidade em concreto é motivação idônea para a imposição de regime mais gravoso. O mesmo não pode ser dito em relação à gravidade em abstrato. Exemplo: é inegável que o crime de roubo é muito grave, mas isso não é suficiente para a imposição de regime inicial de pena mais gravoso. Tem de ser demonstrado, no caso concreto, que o criminoso não pode ficar naquele regime preestabelecido no art. 33, § 2.º. Vejas as Súmulas 718-STF e 719-STF.

Súmula 441-STJ: A falta grave não interrompe o prazo para obtenção de livramento condicional.

Súmula 442-STJ: É inadmissível aplicar, no furto qualificado, pelo concurso de agentes, a majorante do roubo.

Súmula 443-STJ: O aumento na terceira fase de aplicação da pena no crime de roubo circunstanciado exige fundamentação concreta, não sendo suficiente para a sua exasperação a mera indicação do número de majorantes.

➔ No art. 157, § 2.º, o CP estabelece o aumento de pena em 1/3 até metade. O juiz, no momento de *escolher* a fração de aumento, pode optar pela máxima (metade) com base, exclusivamente, no número de majorantes? Não. Tem de ser feita a análise das circunstâncias do caso concreto.

Súmula 444-STJ: É vedada a utilização de inquéritos policiais e ações penais em curso para agravar a pena-base.

➔ Até o trânsito em julgado da sentença condenatória, o réu é inocente. Portanto, inquéritos policiais e ações penais em trâmite não servem para exasperar a pena-base, por força do princípio da presunção de inocência ou de não culpabilidade.

Súmula 455-STJ: A decisão que determina a produção antecipada de provas com base no art. 366 do CPP deve ser concretamente fundamentada, não a justificando unicamente o mero decurso do tempo.

Súmula 471-STJ: Os condenados por crimes hediondos ou assemelhados cometidos antes da vigência da Lei n. 11.464/2007 sujeitam-se ao disposto no art. 112 da Lei n. 7.210/84 (Lei de Execução Penal) para a progressão de regime prisional.

Súmula 491-STJ: É inadmissível a chamada progressão *per saltum* de regime prisional.

➔ Não é possível o salto de regimes na progressão. Se o condenado está no regime fechado, ele não pode ir direto ao aberto. Tem de passar pelo semiaberto.

Súmula 493-STJ: É inadmissível a fixação de pena substitutiva (art. 44 do CP) como condição especial ao regime aberto.

Súmula 500-STJ: A configuração do crime do art. 244-B do ECA independe da prova da efetiva corrupção do menor, por se tratar de delito formal.

➔ Pouco importa o fato de o menor ter *ficha* mais extensa do que a do adulto com quem, em *coautoria*, praticou conduta típica. Deverá ser ele, o adulto, imputável, responsabilizado pelo crime do art. 244-B do ECA.

Súmula 501-STJ: É cabível a aplicação retroativa da Lei n. 11.343/2006, desde que o resultado da incidência das suas disposições, na íntegra, seja mais favorável ao réu do que o advindo da aplicação da Lei n. 6.368/76, sendo vedada a combinação de leis.

➔ Na Lei n. 6.368/76, o tráfico de drogas era punido com pena mínima de 3 anos. Na atual, a Lei n. 11.343/2006, a pena mínima é de 5 anos. Portanto, a princípio, a lei posterior é mais gravosa. Contudo, na atual lei, existe uma causa de diminuição de pena que não existia na antiga, no art. 33, § 4.º, intitulado tráfico *privilegiado*. Surge, aí, a seguinte ideia: uma pessoa praticou o tráfico em 2005. Em 2007, ao ser julgada pelo delito, o juiz aplica a antiga pena mínima (3 anos) com a causa de diminuição da lei atual. Ou seja, o magistrado juntou as duas leis. Ele pode fazer isso? Não. No caso concreto, tinha de ser analisado o que era mais benéfico. Exemplo: (1) com a causa de diminuição, a pena ficaria em menos de 3 anos. Logo, melhor a lei atual; (2) mesmo com a causa de diminuição, a pena fica superior a 3 anos. Portanto, deve incidir a lei antiga.

Súmula 502-STJ: Presentes a materialidade e a autoria, afigura-se típica, em relação ao crime previsto no art. 184, § 2.º, do CP, a conduta de expor à venda CDs e DVDs "piratas".

Súmula 511-STJ: É possível o reconhecimento do privilégio previsto no § 2.º do art. 155 do CP nos casos de crime de furto qualificado, se estiverem presentes a primariedade do agente, o pequeno valor da coisa e a qualificadora for de ordem objetiva.

➔ O STJ chama de *furto privilegiado* a causa de diminuição de pena do art. 155, § 2.º, do CP. Ela é aplicada se a coisa furtada for de pequeno valor. Inicialmente, não faria sentido dizer que um crime é, ao mesmo tempo, privilegiado (menos grave) e qualificado (mais grave). Para a Corte, no entanto, é possível conciliar, desde que a qualificadora seja de natureza objetiva (modo de execução, tempo e lugar do crime, instrumentos utilizados etc.). Com base nessa reflexão, é possível o *furto privilegiado-qualificado* se praticado com escalada, mas não é viável o furto privilegiado e, ao mesmo tempo, praticado com abuso de confiança (qualificadora subjetiva).

Súmula 513-STJ: A *abolitio criminis* temporária prevista na Lei n. 10.826/2003 aplica-se ao crime de posse de arma de fogo de uso permitido com numeração, marca ou qualquer outro sinal de identificação raspado, suprimido ou adulterado, praticado somente até 23 de outubro de 2005.

Súmula 520-STJ: O benefício de saída temporária no âmbito da execução penal é ato jurisdicional insuscetível de delegação à autoridade administrativa do estabelecimento prisional.

Súmula 522-STJ: A conduta de atribuir-se falsa identidade perante autoridade policial é típica, ainda que em situação de alegada autodefesa.

➔ Imagine que João da Silva tem um mandado para a sua prisão, o que é do seu conhecimento. Ao cair em uma *blitz*, ele mente e diz ser Raimundo Nonato, para tentar se livrar da prisão. Ou seja, ele agiu em autodefesa. No exemplo, ele deve ser punido pelo crime de falsa identidade? Sim. A autodefesa não é excludente do delito do art. 307 do CP.

Súmula 526-STJ: O reconhecimento de falta grave decorrente do cometimento de fato definido como crime doloso no cumprimento da pena prescinde do trânsito em julgado de sentença penal condenatória no processo penal instaurado para apuração do fato.

Súmula 527-STJ: O tempo de duração da medida de segurança não deve ultrapassar o limite máximo da pena abstratamente cominada ao delito praticado.

➔ STJ e STF não se entendem a respeito do assunto. Para o STF, a medida de segurança pode ser fixada pelo período máximo de 40 anos, com base no art. 75 do CP. Para o STJ, o limite é a pena máxima em abstrato cominada à infração penal (em um homicídio simples, por exemplo, 20 anos).

Súmula 528-STJ: Compete ao juiz federal do local da apreensão da droga remetida do exterior pela via postal processar e julgar o crime de tráfico internacional.

Súmula 533-STJ: Para o reconhecimento da prática de falta disciplinar no âmbito da execução penal, é imprescindível a instauração de procedimento administrativo pelo diretor do estabelecimento prisional, assegurado o direito de defesa, a ser realizado por advogado constituído ou defensor público nomeado.

Súmula 534-STJ: A prática de falta grave interrompe a contagem do prazo para a progressão de regime de cumprimento de pena, o qual se reinicia a partir do cometimento dessa infração.

Cuidado: a progressão de regime sofreu profunda modificação pelo *Pacote Anticrime*. Veja o art. 112 da LEP.

Súmula 535-STJ: A prática de falta grave não interrompe o prazo para fim de comutação de pena ou indulto.

Súmula 536-STJ: A suspensão condicional do processo e a transação penal não se aplicam na hipótese de delitos sujeitos ao rito da Lei Maria da Penha.

Súmula 542-STJ: A ação penal relativa ao crime de lesão corporal resultante de violência doméstica contra a mulher é pública incondicionada.

➔ A conclusão da Súmula 542-STJ se dá pela conjunção de vários artigos. A Lei Maria da Penha, em seu art. 41, veda a incidência da Lei n. 9.099/95, que, em seu art. 88, prevê que o crime de lesão corporal leve é de ação penal pública condicionada. Afastado o art. 88, é aplicado, isoladamente, o art. 129 do CP, que nada diz a respeito da ação penal – logo, pública incondicionada.

Súmula 545-STJ: Quando a confissão for utilizada para a formação do convencimento do julgador, o réu fará jus à atenuante prevista no art. 65, III, d, do CP.

➔ Veja os comentários à Súmula 630-STJ.

Súmula 546-STJ: A competência para processar e julgar o crime de uso de documento falso é firmada em razão da entidade ou órgão ao qual foi apresentado o documento público, não importando a qualificação do órgão expedidor.

➔ Se apresento um documento expedido por órgão federal a órgão ou entidade municipal ou estadual, a competência é da Justiça Estadual, e não da Justiça Federal, por conta do que diz a Súmula 546-STJ.

Súmula 562-STJ: É possível a remição de parte do tempo de execução da pena quando o condenado, em regime fechado ou semiaberto, desempenha atividade laborativa, ainda que extramuros.

Súmula 567-STJ: Sistema de vigilância realizado por monitoramento eletrônico ou por existência de segurança no interior de estabelecimento comercial, por si só, não torna impossível a configuração do crime de furto.

➔ Se houver um sistema de câmera de segurança em um estabelecimento comercial, é possível a consumação de um furto? Para o STJ, sim. É o que diz a súmula.

Súmula 574-STJ: Para a configuração do delito de violação de direito autoral e a comprovação de sua materialidade, é suficiente a perícia realizada por amostragem do produto apreendido, nos aspectos externos do material, e é desnecessária a identificação dos titulares dos direitos autorais violados ou daqueles que os representem.

➔ A Súmula 574-STJ tem dois aspectos. O primeiro, a perícia. Imagine que a polícia apreendeu dez mil unidades de um determinado produto falsificado. Tem de ser feita a perícia em todas as dez mil? É lógico que não. Além disso, não é preciso identificar quem é a vítima do direito autoral violado.

Súmula 575-STJ: Constitui crime a conduta de permitir, confiar ou entregar a direção de veículo automotor a pessoa que não seja habilitada, ou que se encontre em qualquer das situações previstas no art. 310 do CTB, independentemente da ocorrência de lesão ou de perigo de dano concreto na condução do veículo.

Súmula 582-STJ: Consuma-se o crime de roubo com a inversão da posse do bem mediante emprego de violência ou grave ameaça, ainda que por breve tempo e em seguida à perseguição imediata ao agente e recuperação da coisa roubada, sendo prescindível a posse mansa e pacífica ou desvigiada.

➔ No momento em que a vítima se vê privada do seu bem, o roubo ou o furto está consumado. Não é necessária a posse mansa e pacífica ou desvigiada. Ex.: o ladrão rende a vítima e subtrai seu celular. Imediatamente, inicia-se uma perseguição policial e o bandido é preso minutos depois. O roubo se consumou? Sim.

Súmula 587-STJ: Para a incidência da majorante prevista no art. 40, V, da Lei n. 11.343/2006, é desnecessária a efetiva transposição de fronteiras entre estados da Federação, sendo suficiente a demonstração inequívoca da intenção de realizar o tráfico interestadual.

➔ É a mesma lógica da Súmula 607-STJ. Veja os comentários mais abaixo.

Súmula 588-STJ: A prática de crime ou contravenção penal contra a mulher com violência ou grave ameaça no ambiente doméstico impossibilita a substituição da pena privativa de liberdade por restritiva de direitos.

➔ O STF entende que seria possível a substituição em caso de contravenção.

Súmula 589-STJ: É inaplicável o princípio da insignificância nos crimes ou contravenções penais praticados contra a mulher no âmbito das relações domésticas.

➔ Seria incoerente punir o agressor em caso de violência doméstica contra a mulher e, ao mesmo tempo, reconhecer o princípio da insignificância.

Súmula 593-STJ: O crime de estupro de vulnerável se configura com a conjunção carnal ou prática de ato libidinoso com menor de 14 anos, sendo irrelevante eventual consentimento da vítima para a prática do ato, sua experiência sexual anterior ou existência de relacionamento amoroso com o agente.

➔ Pouco importa se vítima e estuprador namoram, se a vítima é pessoa prostituída ou qualquer outra variável. Fez sexo com menor de 14 anos?

Estupro de vulnerável. Em 2018, foi adicionado o § 5.º ao art. 217-A do CP, dando fim à discussão.

Súmula 599-STJ: O princípio da insignificância é inaplicável aos crimes contra a administração pública.

➔ Cuidado, pois é possível o reconhecimento da insignificância em descaminho (CP, art. 334). Ademais, o STF tem posicionamento contrário à Súmula 599-STJ.

Súmula 600-STJ: Para a configuração da violência doméstica e familiar prevista no art. 5.º da Lei n. 11.340/2006 (Lei Maria da Penha) não se exige a coabitação entre autor e vítima.

➔ A Corte entendeu não ser necessário, para a configuração de violência doméstica contra a mulher, a coabitação (*morar junto*) entre o criminoso e a vítima. É justo, afinal, não é difícil visualizar situação em que a mulher é vítima de violência sem morar com o ofensor. A confusão se deu por conta da palavra *doméstica*, que passa a ideia de *casa*.

Súmula 604-STJ: O mandado de segurança não se presta para atribuir efeito suspensivo a recurso criminal interposto pelo Ministério Público.

Súmula 606-STJ: Não se aplica o princípio da insignificância a casos de transmissão clandestina de sinal de internet via radiofrequência, que caracteriza o fato típico previsto no art. 183 da Lei n. 9.472/97.

➔ Muitos não sabem, mas é crime a atuação não autorizada como provedor de internet. O delito está na Lei n. 9.472/97. Surgiu, então, a seguinte tese: se o sinal (no caso de internet via rádio) for de baixa amplitude, a conduta seria atípica por causa do princípio da insignificância. O STJ não concordou.

Súmula 607-STJ: A majorante do tráfico transnacional de drogas (Lei n. 11.343/2006, art. 40, I) configura-se com a prova da destinação internacional das drogas, ainda que não consumada a transposição de fronteiras.

➔ Imagine que o traficante está prestes a embarcar em um voo para a Espanha. Na fila do embarque, ainda no aeroporto, a polícia o surpreende com grande quantidade de cocaína. A pena deve ser aumentada? Sim, pois não é necessária a efetiva transposição de fronteira para a incidência da causa de aumento. Cuidado: em relação ao furto e ao roubo de veículo destinado ao exterior (CP, arts. 155, § 5.º, e 157, § 2.º, IV), tem de ocorrer a transposição da fronteira.

Súmula 617-STJ: A ausência de suspensão ou revogação do livramento condicional antes do término do período de prova enseja a extinção da punibilidade pelo integral cumprimento da pena.

Súmula 630-STJ: A incidência da atenuante da confissão espontânea no crime de tráfico ilícito de entorpecentes exige o reconhecimento da traficância pelo acusado, não bastando a mera admissão da posse ou propriedade para uso próprio.

➔ A Súmula 630-STJ tem tudo para cair em provas. Isso porque, na Súmula 545-STJ, é dito que, se a confissão for usada para o convencimento do juiz, deve incidir a atenuante. Ainda que se trate de confissão qualificada, quando o agente assume que praticou o crime, mas o faz para sustentar alguma tese (ex.: legítima defesa). Por essa razão, se digo que furtei, mas que assim agi por estado de necessidade, se a minha confissão for utilizada, faço jus à atenuante. Por outro lado, na Súmula 630-STJ, a Corte seguiu em linha inversa: para gozar da atenuante, o agente tem de dizer que a droga era, de fato, para o tráfico. Se disser que era para consumo pessoal, a atenuante não pode ser aplicada.

Súmula 631-STJ: O indulto extingue os efeitos primários da condenação (pretensão executória), mas não atinge os efeitos secundários, penais ou extrapenais.

Súmula 636-STJ: A folha de antecedentes criminais é documento suficiente a comprovar os maus antecedentes e a reincidência.

➔ Equivocadamente, muitos imaginam que a Súmula 636-STJ causou impacto na Súmula 444-STJ, que veda a utilização de inquéritos policiais e ações penais em curso para agravar a pena-base. Todavia, o que a nova súmula está dizendo é o seguinte: para a demonstração da reincidência do réu, não é necessária a certidão cartorária. Basta a folha de antecedentes.

Súmula 639-STJ: Não fere o contraditório e o devido processo decisão que, sem ouvida prévia da defesa, determine transferência ou permanência de custodiado em estabelecimento penitenciário federal.

Súmula 643-STJ: A execução da pena restritiva de direitos depende do trânsito em julgado da condenação.

Súmula 645-STJ: O crime de fraude à licitação é formal, e sua consumação prescinde da comprovação do prejuízo ou da obtenção de vantagem.

Súmula 648-STJ: A superveniência da sentença condenatória prejudica o pedido de trancamento da ação penal por falta de justa causa feito em *habeas corpus*.

Referências

CAPEZ, Fernando. *Curso de direito penal*: legislação penal especial. 13. ed. São Paulo: Saraiva Educação, 2018. v. 4.

DEZEM, Guilherme Madeira et al. *Prática jurídica penal.* 14. ed. São Paulo: Saraiva Educação, 2019.

MARCÃO, Renato. *Curso de execução penal.* 17. ed. São Paulo: Saraiva Educação, 2019.

MARQUES, Fernando et al. *Prática forense*: prática penal. São Paulo: Saraiva Educação, 2019.

MARQUES, Gabriela; MARQUES, Ivan. *Prisão*: manual prático. São Paulo: RT, 2021.

MASSON, Cleber. *Direito penal*: parte especial - arts. 213 a 359-H. 8. ed. São Paulo: Forense, 2018.

MOUGENOT, Edilson. *Curso de processo penal.* 13. ed. São Paulo: Saraiva Educação, 2019.

PAIVA, Caio Cezar. *Prática penal para defensoria pública.* Rio de Janeiro: Forense, 2016.